面向国土空间规划的
"双评价"理论与实践

岳文泽　著

科学出版社

北京

内 容 简 介

建立国土空间规划体系并监督实施是国家的重大战略,资源环境承载能力和国土空间开发适宜性评价("双评价")为此提供了重要的科学基础。本书主要提炼"双评价"的理论进展、总结实践项目技术方案、探索"双评价"成果在国土空间规划中的应用深化。理论进展包括"双评价"的源起与背景、"双评价"的研究进展与趋势、资源环境承载力评价的理论研究、国土空间开发适宜性评价的理论研究、"双评价"的现实挑战与应对策略,实践项目包括河南、浙江、宁夏固原、浙江嘉兴等地的"双评价"技术方案,应用深化包括"双评价"在空间冲突识别与格局优化、"三区三线"划定、主体功能区优化、资源环境承载力监测预警等方面的探索。

本书可供高等学校相关专业教师和研究生使用,也可供相关行业的管理与技术人员使用。

地图审核号:浙 S(2024)3 号

图书在版编目(CIP)数据

面向国土空间规划的"双评价"理论与实践 / 岳文泽著. —北京:科学出版社,2023.11
ISBN 978-7-03-077125-4

Ⅰ. ①面… Ⅱ. ①岳… Ⅲ. ①国土规划-研究-中国 Ⅳ. ① F129.9

中国国家版本馆 CIP 数据核字(2023)第 220694 号

责任编辑:文 杨 郑欣虹 / 责任校对:杨 赛
责任印制:张 伟 / 封面设计:迷底书装

斜 学 出 版 社 出版
北京东黄城根北街 16 号
邮政编码:100717
http://www.sciencep.com

北京中科印刷有限公司 印刷
科学出版社发行 各地新华书店经销
*
2023 年 11 月第 一 版 开本:787×1092 1/16
2023 年 11 月第一次印刷 印张:17 1/2
字数:450 000
定价:138.00 元
(如有印装质量问题,我社负责调换)

前　言

改革开放以来，我国国土空间开发失序、功能失调、结构失衡等问题加剧了开发与保护的矛盾。中国共产党第十八次全国代表大会（简称党的十八大）报告指出，要按照人口资源环境相均衡、经济社会生态效益相统一的原则，控制开发强度，调整空间结构，促进生产空间集约高效、生活空间宜居适度、生态空间山清水秀。2017 年 1 月中共中央办公厅、国务院办公厅联合印发了《省级空间规划试点方案》，提出通过试点研究资源环境承载能力和国土空间开发适宜性评价（以下简称"双评价"）技术规程。2017 年 9 月中共中央办公厅、国务院办公厅印发的《关于建立资源环境承载能力监测预警长效机制的若干意见》，提出根据资源环境承载能力超载情况及加剧或趋缓程度，划分五种警情等级，分别实行对应的综合奖惩措施。为进一步缓解人地矛盾，重塑国土空间开发与保护的时间秩序与空间格局，《中共中央　国务院关于建立国土空间规划体系并监督实施的若干意见》（以下简称《若干意见》）于 2019 年出台，明确在资源环境承载能力和国土空间开发适宜性评价（"双评价"）基础上，科学有序布局生态空间、农业空间和城镇空间，为可持续发展预留空间。《若干意见》还强调，要健全资源环境承载能力监测预警长效机制，对国土空间规划进行动态调整和完善。可见，"双评价"作为新的国土空间规划编制的科学基础，以及未来空间规划实施监督的重要手段的基础定位已经确立。《若干意见》是我国"多规合一"改革及空间规划体系重构的纲领性文件，标志着我国未来新国土空间规划体系的"四梁八柱"正式确定。基于《若干意见》，国家启动了"五级三类"的国土空间规划编制工作，其中，大多将"双评价"列为专题研究的必选项。作为国家空间规划工作的领导单位，自然资源部国土空间规划局也启动了"双评价"技术指南（技术规程）的制定。上述过程一方面说明，在我国的空间规划与国土空间治理体系变革中，"双评价"作为一项基础性工作，被提升到前所未有的高度、受到了前所未有的重视；另一方面也体现出，国土管理及规划业界对以"双评价"夯实国土空间规划的科学基础抱有很高期待。

相较于行业热潮，在学界中"双评价"却是一个相对冷门的研究议题，话题过于陈旧，技术相对成熟，在国际学术界尤为如此。通过文献梳理发现，国际上主要的相关研究机构及学者，近 10 多年来很少直接以"双评价"相关主题发表研究成果。国内研究中，20 世纪 80 年代伴随粮食安全受到广泛关注，土地承载力研究曾形成小的浪潮，但承载力评价研究并未形成体系。相反，党的十八大以来，"提升城市综合承载力"在政策文本中频繁出现，但有学者对城市综合承载力持不同看法，例如，有人认为城市综合承载力是一个"伪命题"，资源环境承载力的存在性、可知性与可度性上都缺少基本的科学共识等。实践需求超前，理论研究滞后，是当前"双评价"研究的一个客观现象。国家战略对"双评价"能用、管用、好用的需求不断提升，而资源环境承载能力和国土空间适宜性评价的定义不清、内涵不明、逻辑不顺也是客观事实。显而易见，"双评价"的理论研究不突破，就很难满足对国土空间规划实践科学支撑的需求。在国土空间治理体系与治理能力现代化背景下，亟待强化"双评价"理论研究，深化对"双评价"的科学认知与内涵理解，从而真正推动"双评价"在国土空间规划编制及监督实施中实现能用、管用与好用。

　　在空间规划体系重构背景下,本团队对"双评价"的研究起步较早,率先从实践开始突破。2017年《省级空间规划试点方案》印发后,作为省级试点之一的河南省开始编制省级空间规划,笔者作为负责人承担了其专题研究之一:资源环境承载力研究,并制定了省级资源环境承载力评价的技术规程。经过近两年研究,成果通过专家评审,并得到原国土资源部及河南省国土资源厅的好评。2018年12月,相关研究论文"面向省级国土空间规划的资源环境承载力评价思考"正式发表。2018年笔者还承担了上海市地质调查研究院委托的"上海市自然资源环境承载力监测预警方法研究"课题。在两个实践课题的推进过程中,引发了笔者对资源环境承载力基础理论问题的思考:究竟什么是承载力?资源环境承载力的基本内涵是什么?判断承载力大小的基本逻辑又是什么?经过深入、系统地思辨,研究论文"资源环境承载力评价与国土空间规划的逻辑问题"在《若干意见》出台前,发表于《中国土地科学》2019年第三期。该文一经发表迅速在学界和业内产生较大反响,并受到国土空间规划相关部门的重视。在该文的溢出效应影响下,2019年5月,笔者受邀承担了浙江省国土空间规划"双评价"专题项目,该专题是直接以"双评价"为题的研究项目。此后先后承担了浙江省湖州市、丽水市,山西省朔州市,宁夏回族自治区固原市等地的国土空间规划"双评价"研究专题,以及浙江省陆海"双评价"集成研究等相关课题。在实践项目推动下,2019年底组织了"面向国土空间规划的'双评价':理论与实践"专题学术研讨会,研讨会成果以《自然资源学报》"双评价"专刊的形式发表,产生较大影响。同时实践过程进一步促发对理论问题的反思,2021年研究论文"国土空间开发适宜性评价的反思"也正式发表。可见,本团队对"双评价"的研究在实践与理论互促中不断前进,并充分推动了学术界、管理部门与规划行业的紧密融合,实现"双评价"科学性与可用性的并行。本书正是对上述研究过程的一个系统总结,包括对"双评价"理论思考的提炼、实践项目报告中的成果总结、"双评价"成果在国土空间规划中的应用探索。本书编写一个基本的出发点是,"双评价"源于中国国土空间管理实践需求,其理论成果也要经得起实践检验,回归实践应用,因此理论必须与实践深度结合。

　　笔者负责全书整体框架、基本思路的设计与主要文字的撰写,笔者的多名研究生也参与了前期工作,他们参与了部分论文与研究报告撰写等基础工作。主要包括博士生王田雨、吴桐、夏皓轩、韦静娴、陈阳、候勃、熊锦惠、钟鹏宇等。此外,博士后徐荣华,博士生周秋实、苏亮、侯丽,硕士生胡宏伟、冯碧鸥、裴温琪、杨术等也参与部分文字编辑和校对工作。在本书的撰写过程中,参考了大量该领域的经典、优秀成果,我们尽量在文献中标注出来,由于历时较长,难免遗漏,对此深表歉意。

　　当前我国第一轮国土空间规划的编制工作还在路上,各地开展的"双评价"专题研究尚未完成评审与验收。"双评价"理论探索及其对国土空间规划的支撑作用还缺少进一步的实践检验,对承载力监测预警及其在国土空间规划实施监督中的作用探讨还未提上日程。因此,面向国土空间规划的"双评价"还处于"进行时",缺少系统总结与深刻反思。笔者深知"双评价"高度复杂、涉及面广,而且在不断发展中。作为对这项事业的一个初步探索,笔者水平有限,其中错误与不足之处在所难免,恳请各位师长和同行不吝指正,携手推进面向国土空间规划的"双评价"研究。

岳文泽
2022年1月于浙江杭州

目　　录

第一章　"双评价"的源起与背景

中国共产党第十九次全国代表大会（简称党的十九大）明确我国进入了中国特色社会主义新时代，深刻揭示我国社会经济发展的阶段性特征，为准确把握新时代的新变化、新要求提供了重要依据和实践遵循。立足新的历史方位，在中华民族伟大复兴战略布局和世界百年未有之大变局下谋划高质量发展路径，势必要大力推进国家治理体系与治理能力现代化。为实现高质量发展、高水平保护和高品质生活的整体目标，需要通过国土空间规划促进要素合理流动与高效集聚，发挥区域比较优势。资源环境承载能力和国土空间开发适宜性评价（"双评价"）是国土空间规划的重要基础，科学开展"双评价"，能够为国土空间规划编制及监督实施的决策提供有力支撑，已成为国土空间规划理论与实践研究的热点。本章主要内容为：首先，梳理空间规划的演化脉络，探究新时代国土空间规划的核心内涵。其次，回溯"双评价"的演化历程，构建"双评价"的系统认知。最后，梳理国土空间规划中"双评价"的实践发展，明晰"双评价"在新时期国土空间规划体系中的作用与定位。

第一节　国土空间规划体系的变革

一、空间规划的演变与发展

无论是日月星辰、江河湖海，还是草木、虫鱼、鸟兽，世间万物的存在形式都离不开时间和空间，这是人类探索世界的基点与落点。我国对时间和空间的认识早期体现于诸子百家的争鸣之中，《论语》《管子》《庄子》等著作很好地展现了古代人民的狭义时空观。例如，《论语·子罕》中，孔子师徒看见在山下浩浩汤汤、奔流不息的泗水，有感而发"逝者如斯夫，不舍昼夜"，体现了时间的一维性；《管子·宙合》提出"天地，万物之橐也，宙合有橐天地"，表达了宇宙空间的包容性；《庄子·庚桑楚》曰："有实而无乎处者，宇也"表达了空间的客观性与无限性（李海和张仁士，1995）。

规划作为一种对未来的安排，通常包含时间序列的计划和空间场所的布置。一般而言，规划是对个人、组织或系统未来发展的谋划、部署或愿景，如职业规划、公司规划或城乡规划。无论是何种规划，其根本目的都是在塑造未来发展的可能性，描绘优于当前的蓝图，是一种人类社会活动的组织架构。进一步而言，根据规划是否主要以空间为对象将其划分为空间规划和非空间规划（吴次芳等，2019）。空间规划以地域实体为主要对象，是对空间开发、保护、利用、整治和修复的部署安排，如城乡规划、土地规划、景观规划等；非空间规划则以经济关系、组织结构等非地域实体为主要对象，如国民经济和社会发展规划、科技规划、教育规划等。

空间规划的思想在国内外都有悠久的历史。国内可以追溯至半坡文化，其文化遗址折射了一种以聚落为中心的空间规划思想（钱耀鹏，1998）。西周时期推行的井田制也反映了一种以农耕文明为中心的空间规划思想（胡寄窗，1981）。中国早期地理著作《禹贡》将黄河、长江流域划分为九大区域并论述了各区域的水土资源及物产，体现了以农业生产为核心的空间规划思想萌芽（刘盛佳，1990；谢美英，2006）。国外的空间规划思想源于公元 3 世纪的古罗马时期，古罗马城镇的交通与水道布局证明了当时空间规划的思想已具雏形（吴次芳等，2019）。1898 年霍华德（Howard）在《明日的田园城市》中提出，城市四周应该有农业用地环绕，城市规模应该加以控制，工业企业应该建设在城市郊区，诸如此类的规划思想不仅在欧洲城市建设领域广为传播，也是现代城市建设的思想之源（高中岗和卢青华，2013）。1915 年格迪斯（Geddes）在《进化中的城市》中系统梳理了人与自然的辩证关系，提出了将自然地区作为规划的基本框架，反映了空间规划思想逐步走向成熟（薛威和李和平，2020）。

随着生产力进步与社会发展，人类对空间规划的认知也在不断变化，真正意义上的空间规划理论于 20 世纪中后期成形。第二次世界大战后，为了恢复区域经济和构建新的生产力布局，地域分工、区位论、地域生产综合体、增长极、核心-边缘等理论得到深入研究，并广泛应用于规划实践中（吴次芳等，2019）。这些理论主要以促进区域经济增长为目的，探讨如何从空间结构、产业布局、发展模式等方面实现资源要素的优化配置。然而这一阶段的资源保护意识还不到位，缺少对人与自然关系的整体性与系统性思考。20 世纪 70 年代以来，全球人口、资源、环境矛盾凸显，学者开始对传统的空间规划理论进行反思，认为空间规划的目的不仅包括经济增长，还应该包括社会进步、生态和谐、环境保护和人的需求保障（卜雪旸，2006；李松志和董观志，2006；牛文元，2012）。

在实践层面，国外发达国家的空间规划体系建设起步较早，主要形成了以德国、日本、荷兰和美国为代表的空间规划体系。德国的空间规划可以划分为综合性规划、专项规划及非正式规划三大类，其中最为主要的是综合性规划，其层级与国家行政体系（联邦、州、区域、市镇）相一致，层级清晰且纵向分权明显，重点关注空间结构与经济、生态、文化等功能的协同（吴志强，2020；罗超等，2018）。日本的空间规划体系是以提升国家竞争力、促进均衡发展为目标，横向上由国土利用规划和土地利用基本规划组成，纵向上形成了与行政层级对应的国家、区域、都道府县和市町村四级的空间规划体系（苗倩雯，2019）。荷兰的空间规划体系由国家、省、市三个层级组成，国家和地方分权主导，其中，国家、省、市级编制的结构愿景规划属于战略规划，仅有市政府编制的土地利用规划是法定规划（周静等，2017）。与德国、日本、荷兰相比，美国并无全国统一的空间规划体系，各州都有独立的立法权与行政体制，种类繁多但缺乏有效的协调机制（张弨等，2006），主要分为联邦级、州级、地区级和区域空间规划，其中，地区级空间规划最具体、最详细，州级空间规划次之，联邦层面规划大多仅有宏观指导作用（蔡玉梅和高平，2013）。

二、我国空间规划的探索历程

我国近代的空间规划探索在充分借鉴国外经验的同时还进行了本土化改良，具有一定的时代特色。新中国成立以来空间规划的演变与发展历程主要有五个阶段。

（一）计划经济时期

新中国成立初期，社会的主要任务是优先发展工业（特别是重工业），尽快地实现从落后农业国向先进工业国的转型。为此，我国以"苏联模式"为样板，以严格的计划经济体制为抓手，由"全能式"政府进行统一资源调配和事务管理（张京祥和夏天慈，2019）。在此背景下，城市规划、区域规划等空间规划作为国民经济计划的组成部分，呈现"生产计划驱动"的显著特征，成为国家层面"自上而下"配置各类资源、谋划布局生产力的重要手段。

（二）"双轨制"时期

改革开放后，我国开启"摸着石头过河"的改革新阶段，尝试在单一计划经济体制中逐渐引入市场机制。在"为谁生产、生产什么、如何生产、何处生产"的惯性思维下，这一时期计划经济的色彩仍然比较强烈，即由计划部门牵头编制国土规划、区域规划，用于服务国民经济发展计划的空间布局（朱雷洲等，2020）。但较上一阶段不同的是，地方层面自主性不断加强。各地纷纷开展城市总体规划编制、规划修编、专项规划编制等工作，借此表达发展诉求，总体表现为"齐头并进，同步交织"的特征。

（三）"增长主义"时期

为加快改革开放与社会主义现代化建设步伐，党的十四届三中全会通过了《中共中央关于建立社会主义市场经济体制若干问题的决定》（以下简称《决定》），标志着社会主义市场经济体制的改革大幕就此拉开。1994 年分税制改革中，通过行政性分权，地方政府开辟了一条以土地财政为核心的增长道路，并由此形成了高度企业化的政府，同时引发了地方债务风险、巨型"面子"工程建设和"竞次式"招商引资等现象（张三保和田文杰，2014）。这一时期，城市总体规划、控制性详细规划、城市发展战略规划等空间类规划成为地方刺激经济增长的工具，并实现了快速发展。

（四）"多规演义"时期

21 世纪初期，"增长主义"产生的粗放式发展、生态环境恶化、社会矛盾激化等一系列问题成为经济有效增长的掣肘，国家层面重新开始寻求宏观调控的手段。然而由于治理体系尚未完善，中央与地方的关系陷入了"一收就死，一放就乱"的两难处境，治理能力在央地拉锯之中逐步消磨（魏勇，2002）。空间规划体系更是进入"多规演义"的博弈与冲突之中，出现了类型、层级、事权、技术标准、审批管理等多方面的矛盾。一方面，中央各部委之间存在空间话语权争夺的现象，各类空间规划层出不穷；另一方面，地方政府为了使地方性规划纳入国家战略，各事权部门主导的规划种类也逐渐增多（张京祥和夏天慈，2019）。层出不穷、相互冲突的空间规划不仅难以满足国家"自上而下"进行空间治理的需求，还导致地方政府疲于应对"多规冲突"带来的频繁调整、无规可依等诸多问题。城乡规划、土地利用规划、主体功能区规划的矛盾最为集中且体现在多个不同方面：城乡规划作为地方政府招商引资的"蓝图"，更多地体现了地方发展诉求；土地利用规划则更多地体现了国家对土地资源的严格管控；主体功能区规划体现的是一种分类发展的政策性指导，然而缺乏相关政策配套机制，落实难度大。

（五）治理体系重构时期

党的十八届三中全会提出"推进国家治理体系和治理能力现代化"，首次在国家层面提出了"治理现代化"重大命题。值此背景下，我国的空间规划也迎来了多方位革新。2014

年,我国开展了不同层级的"多规合一"试点工作;2015 年,《生态文明改革总体方案》提出构建空间规划体系;2018 年,国家组建自然资源部,负责履行统一行使全民所有自然资源资产所有者职责,统一行使所有国土空间用途管制和生态保护修复职责,标志着国家空间规划体系重构迈出重要一步;2019 年 5 月,《若干意见》出炉,正式确立了国土空间规划体系的"四梁八柱",新时代国土空间规划将致力于解决"多规演义"时期的诸多矛盾,整合空间规划类型与空间治理职能。

三、统一空间治理体系的"破"与"立"

"多规演义"阶段,规划的目标、对象、范围、价值取向、方法手段、重点任务等都存在一定差异,不同类型空间规划之间的冲突与矛盾不仅导致政府管理工作的碎片化,也阻碍了统一的空间治理体系建设。有研究表明,机构改革前我国在规划工作方面形成了具有法定依据的各类规划已超过 80 种(严金明等,2017),并且各类规划目的不同,隶属于不同部门,贯穿不同层级,包括宏观战略类规划、国土资源类规划、生态环境类规划、城乡建设类规划及基础设施类规划等(林坚等,2018)。

既有研究总结了机构改革前隶属于不同部门的四大空间类规划,在横向上分别是国家发展和改革委员会(简称"发改委")、原国土资源部(简称"国土部")、住房和城乡建设部(简称"住建部")和原环境保护部(简称"环保部")主导的空间类规划,在纵向上以国家、省、市县三个层级为空间范围进行编制与实施(叶裕民和王晨跃,2019)。如图 1-1 所示,"发改委"的空间类规划以宏观层面为主,体现了"自上而下"的空间部署;"国土

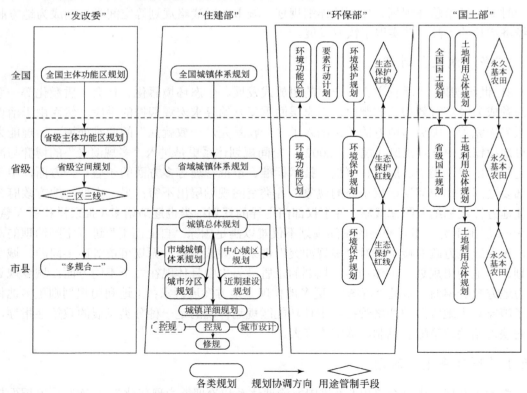

图 1-1　机构改革前不同部门的空间规划体系(根据叶裕民和王晨跃,2019 修改)

部"的空间类规划以土地利用总体规划为主,以落实指标和用途管制为主要抓手,且近年来也有对空间进行整体谋划的国土规划;"住建部"的空间类规划是一个"梯形体系",自上而下规划的数量类型逐渐增多,技术应用也逐渐加强,并且形成了一定的衔接机制;"环保部"的空间类规划则与住建部相反,在国家层面有形成环境类或指标性的空间规划,但是在市县层级上缺乏有效对接,从而形成了"倒梯形体系"。

另外,通过总结其中最具代表性和纲领性的四大规划(国民经济与社会发展规划、土地利用总体规划、城乡总体规划及环境保护规划)的法律依据、数据来源、用地分类标准、规划目标、规划逻辑、规划年限等特征,发现机构改革前的四大空间规划体系缺乏对空间事权的统筹机制,如同"铁路警察,各管一段"。在此治理逻辑下,很难从全局视角对空间规划事权进行合理划分,极大地影响了空间规划的可操作性与横向衔接性(严金明等,2017)。

面对"一个空间,多个规划"且彼此矛盾冲突的局面,各级政府往往采取重开发轻保护的惯性决策,对资源与生态环境保护造成了极大压力。究其根本,认知滞后、制度缺陷与政策博弈是重要原因,亟须完善法律法规体系,制定规程标准体系,丰富理论方法体系,提升治理能力,补齐国土空间治理的短板(孟鹏等,2019)。为此,党的十八届五中全会提出,要以市县级行政区为单元,建立由空间规划、用途管制、领导干部自然资源资产离任审计、差异化绩效考核等构成的空间治理体系。

构建空间治理体系,首先需要厘清空间治理的对象、内容与逻辑关系。空间治理的出发点是生态文明背景下对全域国土空间开发与保护的权衡,故而在现实的治理语境下,空间治理的对象指代国土空间及其承载的自然资源与人类活动。通过科学手段谋划合理布局与结构优化,对具有重要生态系统服务功能的空间加以重点保护,对具备适宜开发建设条件的空间进行高效开发,并且进行严格管理(林坚,2018)。从内容来看,国土空间规划与国土空间用途管制是构成空间治理体系的重要基础,国土空间规划则是对自然资源开发保护行为的基本依据,国土空间用途管制的核心职责是规划实施与监督等。除此之外,围绕空间治理的决策者与执行者,《中共中央关于全面深化改革若干重大问题的决定》(以下简称《决定》)提出将对领导干部实行自然资源资产离任审计作为加强生态文明建设的一项重要改革举措。中共中央、国务院办公厅印发的《领导干部自然资源资产离任审计规定(试行)》中列出了审计内容参考框架,要求审计机关充分考虑被审计领导干部所在地区的主体功能定位、自然资源资产禀赋、资源环境承载力等特征,因地制宜地确定审计内容和重点(郭鹏飞,2020)。

总体而言,当前我国大力推进的空间治理体系建设包含空间规划体系、用途管制体系及对领导干部的差异化绩效考核等三个基本维度,国土空间规划体系是空间治理体系的基石,它是空间治理体系运行的根本依据,而国土空间用途管制体系是空间治理的重要手段,处于核心位置,发挥承上启下的作用(岳文泽和王田雨,2019),领导干部自然资源资产离任审计、差异化绩效考核则为空间治理体系"保驾护航"(陈献东,2014),旨在推动高质量发展新理念。

四、新时代国土空间规划的内涵与探索

21世纪以来,我国国土空间开发失序、资源浪费枯竭、生态环境污染等问题越发严重,导致人口与经济、财力、土地及资源环境的"四大结构失衡"(杨伟民,2019)。构建空间

治理体系成为当代中国治理体系改革的重大标志性事件。2019 年 5 月《若干意见》指出，建立国土空间规划体系是保障国家战略有效实施、促进国家治理体系和治理能力现代化、实现"两个一百年"奋斗目标和中华民族伟大复兴中国梦的必然要求。由此，国土空间规划被纳入国家治理体系与治理能力现代化的总体框架，这需要从国土空间的特殊性出发，以人与自然的相互关系为对象，以协调空间开发与保护矛盾的时空秩序为主线，研究国土空间规划这一重大课题。

（一）新时代国土空间规划的内涵解析

新时代国土空间规划是生态文明建设、高质量发展和治理体系与治理能力现代化要求下，超越"多规"之上系统性、整体性的重大战略问题，也是建立我国空间治理体系、指导空间规划实践的理论基石。党的十八大以来，不同层级政府开展了"多规合一"试点工作，海南、厦门等地涌现了诸多优秀创新案例，但试点经验基本还停留在解决规划冲突的现实问题上。对国土空间开发与保护的基本理论问题缺乏深层次、系统性、整体性建构，尤其在制度创新上，还没有上升到国家治理体系的高度。直到党的十九大，将中国社会发展历史方位定位为"新时代"，并明确是生态文明的新时代，将高质量发展作为核心要义，将空间治理目标提升为"生产空间集约高效、生活空间宜居适度、生态空间山清水秀"。

必须指出，步入新时代意味着当前我国面临国际"百年未有之大变局"和国内"不平衡不充分"的双重挑战。国土空间是新时代生态文明建设与高质量发展的物理载体，时空两个维度上的"变"与"不变"是当前国土空间规划最基本的理论问题。近年来，随着我国"多规合一"试点工作及生态文明建设的深化，国土空间规划的相关研究逐渐深化，众多专家学者基于不同学科和不同视角对国土空间规划的内涵进行深度阐释。祁帆等（2017）认为国土空间规划是以区域可持续发展与自然资源总体利用效率最大化为目标，对国土空间开发行为的类型与边界进行管制的重要工具。庄少勤（2018）从空间与战略的逻辑进行解析，指出国土空间规划是生态文明时代的要求，应当取势（摸清发展的根本动力与目标需求）、正道（尊重科学规律与基本原则）、优术（优化空间治理的方法与手段）。董祚继（2019）认为高质量发展与高品质国土、集聚开发与均衡发展、新型城镇化与乡村振兴、新城开发与城市更新等四大关系是国土空间规划的时代主题和主要内容。杨保军等（2019）基于认识论、本体论及方法论三个维度对构建国土空间规划体系进行阐释，认为生态优先是其核心价值观，高水平治理是其根本依据，并通过高质量发展和创造高品质生活加以实现。梁鹤年（2019）认为国土空间规划的思维范式与价值取向是"以人为本"，要符合国情、符合逻辑且具有可操作性。林坚（2019）认为新时代国土空间规划体系的重构应立足于国家治理视角，以实现国土空间治理体系与治理能力现代化为目标，建立贯穿中央意志、落实基层治理、面向人民群众的国土空间规划体系。吴志强（2020）将国土空间规划解构为六大逻辑，分别为生命逻辑、蔓延逻辑、永续逻辑、四维逻辑、腰部逻辑和规划闭环递升逻辑。

国土空间规划与治理作为新时代的重要命题，人们对其内涵逻辑的认知正处于逐渐深化的阶段。回归初心，准确把握和深刻理解"新时代"，对于辨析国土空间规划的内涵具有重要意义。各界对"新时代"的内涵研究十分广泛，目前已经形成新时代以生态文明建设、高质量发展、国家治理体系和治理能力现代化"三位一体"为核心内涵的基本共识：

（1）生态文明建设。新时代的首要目标是要推动生态文明建设与经济、政治、文化、社会建设的紧密结合。首先，国土空间规划需要树立生态优先的价值理念。树立"人地和谐、生态优先"的规划理念，构建可持续发展的空间蓝图（王强和伍世代，2008；崔功豪，2019）。其次，要牢固构筑底线思维，强化底线约束。以底线思维来谋划国土空间开发保护行为，以"红线"管控落实刚性约束，为生态文明建设提供根本保障，将社会经济活动限制在资源环境承载能力范围内，为可持续发展预留弹性空间（刘希刚，2015）。最后，要深刻把握生命共同体的内在逻辑。"山水林田湖草生命共同体"理念深刻阐明了人与自然、自然与自然之间唇齿相依、共存共荣的一体化关系（成金华和尤喆，2019）。新时代国土空间规划应当处理好人与自然、局部与整体、发展与保护的关系（黄贤金，2019）。

（2）高质量发展。党的十九大报告做出"我国经济已由高速增长阶段转向高质量发展阶段"的重要判断。国土空间规划应深入理解高质量发展，需要把握以下四个方面的内涵："更高质量"是推动经济发展从有到优、从大到强，只有从"谋增量"向"提质量"的发展模式转变，才能更好满足人民日益增长的美好"生活需要"；"更有效率"是以更少要素投入获得更多效益，主要是提高全要素生产率；"更加公平"是不同区域、不同群体获得"同一起跑线"的发展机会，公平参与市场竞争，共享发展成果；"更可持续"是以永续发展为根本目的，要求经济发展不仅要与资源环境承载能力相匹配，又要有生生不息的动能。为此，应当规范国土空间开发秩序，合理控制开发强度，有效促进社会经济与资源环境的空间均衡。

（3）国家治理体系与治理能力现代化。对于治理体系现代化，要以经济体制改革为重点，处理好政府和市场关系；以生态文明体制改革为依托，协调开发与保护的关系。国家治理能力现代化，以人民为中心是本质要求，把握基本国情是最大实际。《若干意见》指出：建立空间规划体系，促进国家治理体系和治理能力现代化，标志着我国空间治理体系的建设步入正轨。由此可见，国土空间规划兼具空间性和治理性，构建二者之间的有机耦合具有重要的时代意义。

综上所述，新时代的国土空间规划必须紧密围绕着生态文明建设、高质量发展及国家治理体系与治理能力现代化等理念，从生态性、空间性和治理性"三位一体"的角度出发，既要纳入国家治理体系的总体框架来进行空间治理，又要以解决生态文明建设与高质量发展的矛盾为对象，建立一个协调空间开发与保护，高效、科学的时空秩序。

（二）新时代国土空间规划的路径探索

面向生态文明建设、高质量发展和空间治理体系与治理能力现代化要求，新时代国土空间规划的路径探索可以总结为"多规合一"与生态文明改革并行（图1-2）。一方面，生态文明建设提出了高质量空间治理的客观要求。2012年，党的十八大报告明确将生态文明建设纳入中国特色社会主义事业"五位一体"总体布局，主体功能区的战略格局正式形成。2013年，《决定》中以控制线划定为主要依据，以用途管制为主要手段，以"三生空间"（生产空间、生活空间、生态空间）为发展格局的空间规划逐渐明朗。2015年，《关于加快推进生态文明建设的意见》与《生态文明体制改革总体方案》出台。2017年，《自然生态空间用途管制办法（试行）》强调以"双评价"为基础，划定"三区三线"（"三区"指农业空间、生态空间、城镇空间三种类型的空间，"三线"指永久基本农田、生态保护红线、城镇开发边界三条控制线）作为生态空间用途管制的依据。同年《关于建立资源环境承载能力监测预警长效机制的若干意见》印发，强调要更加注重科学评价与空间管控手段的衔接结合，为空间规划提出了新的发展要求。

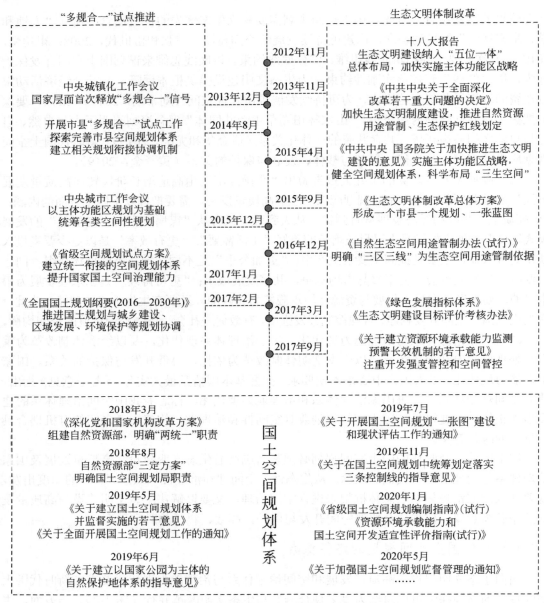

"多规合一"试点推进　　　　　　　　　　　　　生态文明体制改革

2012年11月
十八大报告
生态文明建设纳入"五位一体"
总体布局,加快实施主体功能区战略

中央城镇化工作会议
国家层面首次释放"多规合一"信号
2013年12月

2013年11月
《中共中央关于全面深化
改革若干重大问题的决定》
加快生态文明制度建设,推进自然资源
用途管制、生态保护红线划定

开展市县"多规合一"试点工作
探索完善市县空间规划体系
建立相关规划衔接协调机制
2014年8月

2015年4月
《中共中央 国务院关于加快推进生态文明
建设的意见》实施主体功能区战略,
健全空间规划体系,科学布局"三生空间"

中央城市工作会议
以主体功能区规划为基础
统筹各类空间性规划
2015年12月

2015年9月
《生态文明体制改革总体方案》
形成一个市县一个规划、一张蓝图

《省级空间规划试点方案》
建立统一衔接的空间规划体系
提升国家国土空间治理能力
2017年1月

2016年12月
《自然生态空间用途管制办法(试行)》
明确"三区三线"为生态空间用途管制依据

《全国国土规划纲要(2016—2030年)》
推进国土规划与城乡建设、
区域发展、环境保护等规划协调
2017年2月

2017年3月
《绿色发展指标体系》
《生态文明建设目标评价考核办法》

2017年9月
《关于建立资源环境承载能力监测
预警长效机制的若干意见》
注重开发强度管控和空间管控

国土空间规划体系

2018年3月
《深化党和国家机构改革方案》
组建自然资源部,明确"两统一"职责

2019年7月
《关于开展国土空间规划"一张图"建设
和现状评估工作的通知》

2018年8月
自然资源部"三定方案"
明确国土空间规划局职责

2019年11月
《关于在国土空间规划中统筹划定落实
三条控制线的指导意见》

2019年5月
《关于建立国土空间规划体系
并监督实施的若干意见》
《关于全面开展国土空间规划工作的通知》

2020年1月
《省级国土空间规划编制指南》(试行)
《资源环境承载能力和
国土空间开发适宜性评价指南(试行)》

2019年6月
《关于建立以国家公园为主体的
自然保护地体系的指导意见》

2020年5月
《关于加强国土空间规划监督管理的通知》
……

图 1-2　新时代国土空间规划的路径探索

　　另一方面,在地方"两规合一""三规合一"等规划改革实践不断深入的基础上,国家开始探索统一协调的空间规划体系。2013 年,中央城镇化工作会议首次释放"多规合一"的信号,开始从国家层面上提供政策支持探索规划体系重构。2014 年,《国家新型城镇化规划(2014—2020 年)》颁布,明确提出"多规合一"。随后,国家发改委等四部委联合下发《关于开展市县"多规合一"试点工作的通知》,全国 28 个市县"多规合一"试点工作正式启动,为之后的规划衔接与统筹协调提供了众多实践经验。2015 年,中央城市工作会议推进"多规合一",为规划体系重建明确了改革方向。2017 年,《省级空间规划试点方案》印发,进一步明确了空间规划改革的整体思路。2017 年,《全国国土规划纲要(2016—2030年)》被正式批复,标志着我国国土规划事业向高品质迈出坚实的一步,为优化国土空间开发格局奠定了基础（喻锋和张丽君，2013）。

此外，国家机构改革从根本上破除了国土空间规划的制度障碍。2018 年《深化党和国家机构改革方案》从制度设计上解决空间规划重叠等问题。同年，国务院正式发布自然资源部"三定方案"，总体上明晰了国土空间规划编制与实施的机构设置与事权分配。《若干意见》的出台标志着我国空间治理长达 40 多年的"多规演义"时代终结，新时代国土空间规划的"四梁八柱"基本形成。此后两年，关于自然保护地体系、"一张图"建设和现状评估、"三区三线"规定与"双评价"等国土空间规划体系"重要组件"的相关工作安排逐步明确，《省级国土空间规划编制指南》（试行）、《市级国土空间总体规划编制指南（试行）》等重要文件出台更是体现了国土空间规划对层级性、规范性和管控性的探索。

第二节　"双评价"的演化历程

一、资源环境承载力评价

（一）概念源起（20 世纪 50 年代前）

早在古希腊时期柏拉图的《理想国》及中国最早诗歌总集《诗经》的《大雅·緜》中，承载力概念初步萌芽（吴次芳等，2019）。然而，承载力作为一个相对具体的概念存在要追溯到马尔萨斯（Malthus）的《人口原理》（*An Essay on the Principle of Population*），该理论对自然环境有限论的一系列假设构成了资源环境承载力评价的基本前提，由此基于生态学视角的承载力研究逐渐兴起。在这一阶段，虽然形成了承载力的思维雏形，但并没有明确提出承载力概念，研究往往采用"饱和水平""S 形曲线渐近线""国家载畜量"等特指概念或名词来表示环境约束下的最大生物种群数量（Pearl and Reed，1920；Vogels et al.，1975）。直至 1921 年，帕克（Parker）和伯吉斯（Burgess）在人类生态学领域的相关研究中正式提出承载力的概念，即某一特定环境条件下（主要指生存空间、营养物质、阳光等生态因子的组合），某种个体存在数量的最高极限（石忆邵等，2013）。该定义中用承载力来表征环境限制因子对人类生产生活过程的重要影响，明确资源环境有限性与生物增长无限性之间的联系，直接推动了承载力的理论发展。与此同时，承载力思维逐渐得到量化表达，出现了承载力的相关模型，例如，比利时数学家菲尔哈斯特（Verhulst）基于马尔萨斯的人口论提出的逻辑斯蒂（Logistic）方程，以及福格特（Vogt）在《生存之路》（*Road to Survival*）提出的土地负载能力方程，这些研究为承载力提供了广义概念上的量化模型，奠定了承载力可量化和可实证的基础。此外，承载力拓展了人口统计、种群生物学及应用生态学等领域的研究，例如，1922 年哈德温（Hadwen）和帕默（Palmer）的草场畜牧承载力研究、1934 年高斯（Gauss）的酵母和原生动物实验、1938 年戴维森（Davison）对塔斯马尼亚岛绵羊种群的研究等（李陈，2016）。

总体而言，承载力理论在源起阶段，初步形成了以承载力的研究对象、内涵、概念、表达等为主体的基础架构，尤其是在应用生态学领域的探索，为后续研究奠定了坚实基础。

（二）探索发展（20 世纪 50～90 年代）

20 世纪下半叶，全球进入全面经济复苏与建设，欧美国家人口进入快速增长阶段，人类活动对环境与资源的开发与影响更加明显,这导致资源环境系统的压力不断加大,承载力研究的主阵地逐渐由生态学转向资源环境科学(岳文泽等,2020b)。这一时期承载力研究明确了"承载量"的概念,逐渐重视人类与环境的交互影响。如 Allan(1965)基于土地总面积、耕地面积和耕作要素等因素,提出了以粮食产量为标志的承载力计算方式,旨在估算某个地区农业生产的粮食所能承载的人口上限。20 世纪 70 年代以来,人口与资源环境系统的矛盾日益凸显,众多学者开始将人类社会要素纳入承载力的研究,如何协调人地关系成为这一阶段承载力研究的核心问题。其中,最具代表性的是 1972 年罗马俱乐部的研究报告《增长的极限》,提出了关于人类前景和地球发展极限的观点(Meadows et al.,1972;乔根·兰德斯和王小钢,2016)。此外,有关承载力是否存在极限的学术争鸣也推动了学术界对承载力理论研究的反思,如经济学家认为可以通过技术进步突破资源环境承载力对经济发展的桎梏,而生态经济学家则通过地球是封闭系统、自然界动物承载力超载案例及人类活动对生态影响三方面推导出承载力存在极限(张林波等,2009)。20 世纪 80 年代,承载力研究逐渐被应用于解决人类社会面临的资源环境问题,如联合国粮食及农业组织(Food and Agriculture Organization of the United Nations,FAO)通过农业投入产出效应和人类消费需求测算每公顷土地承载人口数量,联合国教育、科学及文化组织(United Nations Educational,Scientific and Cultural Organization,UNESCO)模拟分析了不同发展情景下的人口承载力,进一步提出了土地资源承载力、水资源承载力、森林资源承载力以及矿产资源承载力等概念(封志明,1994),中国科学院自然资源综合考察委员会主持的"中国土地资源生产能力及人口承载量研究"预测了我国土地资源在不同时期、不同投入水平下农、林、牧、渔产品的生产能力及可承载的人口数量,是当时国内关于承载力研究具有代表性的成果。

　　总体而言,在承载力探索发展阶段,承载力的量化研究不断深化,并且关注重点向人类与资源环境关系转移。面对与人类未来发展息息相关的科学问题,学术界展开了广泛的探索。

(三)理论延伸(20 世纪 90 年代至今)

　　20 世纪 90 年代以来,承载力研究在人口、环境规划、资源管理和可持续发展领域得到广泛应用,进入了以人类发展需求为核心导向的新阶段。随着文化承载力、社会承载力、生态足迹、行星边界等新概念被相继提出,学界更加关注资源环境承载力与技术进步、社会发展、政策响应等人为影响之间的交互关系,承载力研究的综合属性得到进一步提升(牛方曲等,2018;陈先鹏等,2020)。在此时期,承载力研究的认识论和方法论都有所拓展与延伸。认识论上,大量研究致力于论证承载力的客观存在,并可以通过技术方法进行测度。与此同时,一些研究开始关注到要素在不同时空尺度上的流动性和动态性,承载力研究的对象也从以往的封闭系统逐渐向开放系统转变。随着认知的深化,承载力的应用受到广泛关注,成为可持续发展、空间规划和区域管理等领域的决策依据。方法论上,承载力研究主要分为人口论、生态足迹、初级资产账户(能值)等系列研究(牛方曲等,2018)。

　　总体而言,在承载力理论延伸阶段,承载力研究的广度和深度进一步提升,在认识论和方法论层面都有较大进展,不再拘泥于对人口承载力的测算或是对新兴领域的承载力概念与定义的讨论,而是在区域特色和全局视野的角度下探讨资源环境的综合承载力。

二、国土空间开发适宜性评价

（一）实践源起（20 世纪 70 年代前）

国土空间开发适宜性评价的基本理念源于土地适宜性思想，由土地使用过程中产生的经验归纳总结而来，并应用于早期的土地适宜性评价（喻忠磊等，2015）。我国的土地适宜性评价研究历史悠久，其思想启蒙可以追溯到《周礼·地官司徒·大司徒》中的"以土宜之法，辨十有二土之名物"，关注的是不同性质的土壤对于不同生物有着不同的适宜程度。此外，《禹贡》中有记载夏禹治水后将九州的土地分为上、中、下三等九级，不同等级所缴纳的税赋不同。后来的《春秋》《左传》以至太平天国运动中的《天朝田亩制度》中都有土地适宜性评价的相关记载，但受限于当时的社会生产力和科学认知程度，中国早期的土地适宜性评价并未形成系统、严密的体系（倪绍祥，1999）。

国外的土地适宜性评价可以追溯到 19 世纪 30 年代的英国，其评价结果是资产阶级政府土地征税的重要依据，之后俄、美、法、德等国也陆续引入土地分类分级技术方法来确定土地产出并向农户征税。俄罗斯土壤地理学家道库恰耶夫（Dokuchaev）在位于黑钙土地区的尼日格勒州考察时，从自然和历史视角对该地区的土地进行鉴定，并于 1886 年出版了《尼日格勒州土地鉴定材料》，较为完整地拟定了土壤地理的调查方法（王玉印和张黎明，2009）。美国于 1933 年提出了斯托利指数分级（Storie index rating，STR）和康奈尔系统（Cornell system）；法国财政部于 1934 年提出了《农地评价条例》；德国提出了土地分级指数，并在 1934 年颁布了《土地评价法》服务于土地赋税（张雁和谭伟，2009）。20 世纪 30 年代后，部分国家环境退化问题越发突出，例如，美国西部地区发生了严重的水土流失，美国农业部按照土壤、坡度、侵蚀类型、侵蚀强度等影响因素划分了 8 个土地利用潜力分类，并于 1945 年编制了一系列土壤图，为后续系统性的土地评价奠定基础（Ernstrom and Lytle，1993），后于 1961 年正式颁布了土地潜力分类系统，这是国际首个较为系统全面的土地适宜性科学评估成果（傅伯杰，1990）。1969 年，麦克哈格（McHarg）的著作《设计结合自然》（*Design with Nature*）首次详细地阐述了土地适宜性的概念，提出了具有奠基性的"千层饼"式土地适宜性评价方法，引起了学界的广泛关注（何英彬等，2009）。

总体来看，这一阶段的适宜性评价从早期的提供赋税依据逐渐发展成为农业生产潜力评价的重要依据。该阶段中，国土空间所指代的主要是"土地"这一客体，并围绕土壤理化性质开展评价，对社会经济要素的考虑较少。囿于当时的技术手段与数理统计方法，评价结果的精确性也有待提升，但土地评价的思想已经开始出现在科学研究和政府决策中，初步形成的评价思路与评价方法推动了各国适宜性评价的研究进程。

（二）发展演化（20 世纪 70 年代至 90 年代）

进入 20 世纪 70 年代，随着地理信息系统和遥感等先进技术的应用，以及更大范围的资源调查需求激励，土地利用规划相关工作广泛开展，这标志着土地资源优化配置研究进入正式的实践阶段。1972 年，荷兰学者贝克（Beek）和本内马（Bennema）根据土地用途来匹配土地的质量，提出了服务于农地利用规划的适宜性评价分类体系（温华特，2006）。全球范围内广泛开展了农地适宜性评价，但所采用评价指标体系并不统一。为此，FAO 制定并颁布了作为土地适宜性评价纲领性指南的《土地评价纲要》，从土地限制性因素和管理层提出了土地适宜性纲、级、亚级和单元四级分类体系，该评价系统突破了过去土地潜力评价的桎梏，不仅揭示了土地的生产潜力，也表征了土地对于具体利用行为的适宜程度和改良的可能性，构建了土地适宜性评价的基本程序。此后，FAO 又陆续制定了《旱地农业土地评价》（1984 年）、《林业土地评价纲要》（1984 年）、《灌溉农业土地评价纲要》（1985年）、《牧业土地评价纲要》（1986 年）。在此背景下，各国开展了具有本土化特征的土地适宜性评价，例如，20 世纪 80 年代初，美国农业部土壤保持局提出了"土地评价和立地评价系统"（傅伯杰，1987）。苏联在 1955 年大规模进行土地资源调查的基础之上，于 1976年颁布了《全苏土地评价方法》，包括土地评价区划、土地质量评价和土地经济评价（陈茵茵，2008）。此后，学者开始将社会经济因素纳入土地评价，为后续的非农土地适宜性评价奠定了重要基础。

这一阶段我国的土地适宜性评价借鉴国外的评价经验，规范了评价流程，在原有土地评价实践的基础上开始构建新的土地适宜性评价系统。主要形成了两个全国性土地评价系统：一是全国第一次土壤普查所采用的土地评价系统，主要借鉴了美国的土地潜力评价；二是国家资源综合考察委员会组织汇编了《中国 1 ∶ 100 万土地资源图》，采用五级分类制，包括土地潜力区、土地适宜类、土地质量等、土地限制型和土地资源单位（凌云川，2007）。这两项研究全面、系统地总结了新中国成立以来的土地评价成果，深化了我国土地适宜性评价的理论研究与实践探索，也为国家和地方的土地利用规划编制提供重要参考。

总体而言，这一阶段的土地适宜性评价取得了重要进展，多个国家和机构出台了评价标准并开展了大量实践。评价开始关注土地与开发利用行为之间的匹配关系。此外，这一阶段的土地评价不仅是评价现状，更出现了具体的土地改良措施建议，为后续土地评价改进营造了良好的技术环境。不足的是，该阶段土地评价的关注重点仍然是农业领域，较少考量社会经济、技术进步因素对土地利用的影响，也较少关注城市内的土地开发适宜性评价。

（三）理念变革（20 世纪 90 年代至今）

20 世纪 90 年代以来，随着城镇化进程的加速，建设用地开发适宜性逐渐成为土地评价研究的热点。早期研究大多关注自然条件对建设用地适宜性的限制，如水资源、气候条件、地质环境、地形地貌等要素，但随着建设用地扩张、低效率蔓延、侵占耕地等问题的出现，学界逐渐意识到建设用地适宜性评价应当立足现实，综合考虑社会经济状况与资源禀赋条件。人类活动对土地资源的消耗与浪费引发了大量生态环境问题，生态适宜性逐渐引起关注。在全球可持续发展战略的引领下，土地可持续利用与管理被提上议程，土地的生态属性逐渐成为适宜性研究的重点。围绕土地生态适宜性，一些学者将景观生态学的理论与方法应用于土地适宜性评价（谷晓坤和陈百明，2008；李猷等，2010），另一些学者通过学科交叉融合的方式构建了引力、阻力、生态位等模型（欧阳志云等，1996；刘孝富等，2010；薛松和宗跃光，2011），综合分析自然和社会经济等因子与土地的空间作用关系。

长期以来，忽视在国土空间布局方面的统一规划，是我国空间开发无序、发展失衡的重要原因，在不同空间尺度上存在着人与自然之间、生产与生活之间、自然生态系统内部关系不尽协调的矛盾（樊杰，2007）。以往关注微观尺度（地块、片区、城市）的土地适宜性评价难以兼顾不同价值取向下的土地适宜性与综合效益，更无法满足宏观尺度（城市群、省域、国家）对国土空间格局组织与优化的需求。21 世纪以来，越来越多的研究开始探索国土空间的综合统筹，探究空间开发利用的最佳配置方式（梁涛等，2007；陈雯等，2007；段学军等，2009），学界就国土空间适宜性评价的概念定义、内涵拓展、研究尺度、研究方法等内容展开了进一步的探索（陶岸君等，2011；唐常春和孙威，2012；刘丰有和王沛，2014；李春燕等，2014；喻忠磊等，2015；朱明仓等，2018；王昆，2018；纪学朋等，2019；迪力沙提·亚库甫等，2019）。

总体而言，这一阶段经历了从单一的土地适宜性评价拓展至以建设用地适宜性评价与土地生态适宜性评价研究为主的过程，通过评价目标、价值判断和研究尺度等方面的变化形成了内涵丰富、目标多元的国土空间开发适宜性评价。评价因子的选取不仅关注自然资源条件对土地适宜性的影响，而且将社会经济、人文、生态等因子融入评价中，综合了不同学科的思维方式和方法手段，拓展了适宜性评价的认知结构与技术体系。评价目标从关注土地产出效益转变为关注国土空间综合效益，价值判断从单一开发建设转变为协调开发与保护关系，研究尺度则从微观层面逐渐向宏观层面延伸，并内嵌于资源专项调查、规划项目选址等具体决策中，形成了相对独立且规范的评价体系。

三、国土空间规划体系下的"双评价"

（一）"双评价"名称的形成与发展

从快速城镇化阶段的粗放式发展向以生态优先、绿色发展为导向的高质量发展转变是我国生态文明建设的必经之路。面对转型阶段资源环境约束与区域发展失衡的困境，提高国土空间治理水平、助力空间治理体系和治理能力现代化是解决该痛难点问题的基础。"双评价"这一概念的出现，正是国土空间规划体系发展的现实需求，更是与我国对长期以来国土空间治理体系的深刻反思、总体谋划、系统变革密切相关。随着对资源环境保护工作的日益重视，"双评价"相关实践也不断加强。通过梳理相关政策文件，并根据这些文件所体现的演变路径与内在逻辑分析资源环境治理的演进，大致可以将"双评价"演化历程分为应用探索、内涵扩充和系统支撑三个阶段（图1-3）。

应用探索阶段（2007～2011年）：经过在全国主体功能区规划、汶川地震灾后重建规划中的实践探索（樊杰，2007；彭立等，2009），全国环境保护大会提出，将环境容量和资源承载力作为发展的基本前提；此后，资源环境承载力评价的概念逐渐明晰，但在政策管控实践中的应用却相对分散，缺乏统一的应用体系。而这一时期，各地的实践探索中，适宜性评价只是作为承载力评价中的一个组成部分，适宜性评价对开发活动的决策支持作用还未得到重视。该阶段我国处于快速建设时期，面临日益严峻的资源环境问题，亟须强化资源环境承载力评价的系统应用，以解决经济发展与环境保护之间的冲突，所以该阶段主要聚焦资源环境单要素承载力评价的路径探索，而承载力评价与适宜性评价方法与用途差异不明显，二者的逻辑关联尚不清晰。

内涵扩充阶段（2012～2015年）：党的十八大提出，大力推进生态文明建设，此后围绕资源环境承载能力提出了建设监测预警机制并服务于城镇空间布局与规模结构优化等举措（袁国华等，2014），并且将资源环境承载力评价作为国土规划编制的基本依据。资源环境承载力内涵被界定为资源承载力、环境容量和生态重要性等几个方面，具有要素多元化、评价综合化、应用清晰化的发展趋势。在实践中，适宜性评价与承载力评价的逻辑关联仍未清晰，两者的区分边界比较模糊。总的来看，这一阶段"双评价"被赋予支撑生态文明建设的要求,应用方向也逐渐明确,全域全要素统筹的思想在这一阶段初步体现。

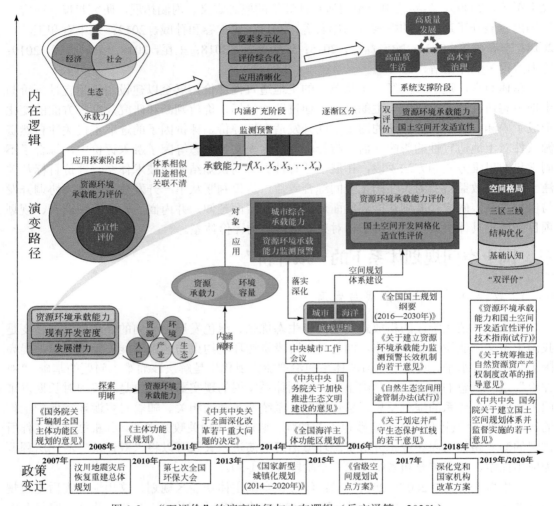

图 1-3　"双评价"的演变路径与内在逻辑(岳文泽等,2020b)

系统支撑阶段(2016 年至今):2016 年 12 月《省级空间规划试点方案》提出"开展陆海全覆盖的资源环境承载能力基础评价和针对不同主体功能定位的差异化专项评价,以及国土空间开发网格化适宜性评价",首次将两个评价共同作为空间规划的基础性评价而提出。2018 年国务院机构改革成立自然资源部,并明确由自然资源部国土空间规划局开始组织编制"双评价"的技术指南,至此两个评价合二为一,正式被统称为"双评价"。经历市县"多规合一"和省级空间规划的试点,两个评价之间的逻辑关系备受关注。2020 年 1 月印发的《资源环境承载能力和国土空间开发适宜性评价指南(试行)》中,"双评价"被界定为"一个评价",在应用上形成基本共识,不再局限于各自内容,而是共同作为确定资源禀赋认知、空间结构优化、"三区三线"划定的基础,其根本目的是为国土空间的高质量发展、高水平保护及高效能治理提供科学支撑。该阶段在空间规划体系建设的要求下,"双评价"对国土空间开发与保护决策支持的基础性作用进一步凸显,两者的逻辑关联关系也逐渐清晰、明确。

（二）国土空间规划对"双评价"的要求

建立国土空间规划体系是整合空间规划、保障空间治理机制有效运行的必然要求，其目的是为生态文明建设提供空间保障，为完善自然资源监管体制提供制度支撑（林坚等，2018；郝庆等，2019）。根据这一定位，归纳国土空间规划的内涵及其对"双评价"的要求，能够进一步明确"双评价"的地位与作用。

《若干意见》中关于国土空间规划的内涵可以归纳总结为三个方面：首先，国土空间规划是各类开发、利用与保护活动的空间准则。长期以来，空间类规划"多规并存"，相互矛盾冲突不断。在内容上自成体系，在规划边界和管制要求上相互掣肘，部门间协调机制难以有效发挥，造成空间资源的低效配置（岳文泽和王田雨，2019）。所以，明确国土空间规划是可持续发展蓝图、空间发展的行动指南、高质量发展的基础保障和开发保护建设活动的基本依据。在空间规划编制过程中，首先，一方面要深刻认识资源开发利用与保护现状，另一方面将可持续发展、高质量发展，以及以人民为中心的发展观落实在空间上。其次，国土空间规划强调生态优先、底线思维，以高水平保护牵引高质量发展。要从传统"重开发、轻保护"的规划理念转变为"生态优先、保护优先"的规划理念，以底线思维谋划未来国土空间的开发利用，以"红线"管理落实底线约束，将人类经济活动限制在资源环境承载力范围内，为未来可持续发展预留空间，为生态文明建设提供空间保障。从国土空间规划编制角度来看，要明确优先保护的"底线"，合理划定"三区三线"，落实刚性约束空间，着力协调生产性空间布局与保护性格局之间的关系。最后，规划需要解决空间资源的利用效率与公平分配问题。为维护空间资源分配和生产力布局的公平正义，规划应作为弥补市场失灵和宏观调控的手段，协调区域之间、部门之间等利益主体的关系，实现综合效益最大化（吴次芳等，2019）。因此，在编制过程中应当对自然资源的综合性和人类活动的动态性做系统考虑，为产业升级、要素集聚、设施布局等提供有效解决方案。

为了满足国土空间规划科学编制和有效实施，"双评价"要满足以下三点基本要求（岳文泽等，2020b）：一是要摸清资源环境要素本底和开发利用现状，识别制约区域发展的短板与问题。国土空间规划的对象是人与自然构成的命运共同体，需要以承载力评价为基础，明确国土空间资源禀赋、生态条件和环境容量等指标的基本特点，并摸清其地域分异特征，确认自然资源的利用极限和边界，为空间发展蓝图提供基本的资源现状底图。规划编制需要尊重国土空间的自然和社会发展规律，坚持因地制宜、坚持人与自然和谐共生。二是要辅助"三区三线"划定。"三区三线"是建立具有约束力的统一国土空间用途管制分区的核心内容，在"双评价"科学基点上，识别空间问题和冲突，科学划定"三区三线"，强化应对空间冲突调解和空间利益权衡，科学认知和系统把握全域空间布局和全要素禀赋（岳文泽等，2020a）。三是要为生态文明建设提供良好的时空秩序支撑，科学确定国土空间开发保护的规模、结构、方式、布局和时序。综合考虑区域资源禀赋、开发潜力、环境约束、区位条件等比较优势，引导人口、产业、资本等要素在空间上的高效集聚与合理分布。总体而言，"双评价"在国土空间规划体系下扮演着重要角色，对国土空间规划中资源本底识别、辅助"三区三线"划定及空间格局优化等方面起到支撑作用。

（三）官方"双评价"技术指南的演变历程

从理论视角上看，承载力与适宜性在本质上具有内在统一性，都是包含数量与方向的向量概念（郝庆等，2019）。承载力与适宜性是人地关系的两种体现形式，例如，采用人口规模测度承载力大小，同时在一定程度上反映了测度单元的适宜性水平。在实践工作中，"双评价"主要是根据技术指南的变化而反映不同的内容与特点（夏皓轩等，2020），本部分主要梳理"双评价"相关技术指南制定的演变历程，分析其实践特征。

"双评价"统称形成前的相关技术文件如表1-1所示。从文件的编制部门来看，相关技术文件大多由国家发改委牵头编制，其余则由机构改革前各部门针对事权管辖范围内的资源环境要素进行编制。各类技术规程在评价类型、范围、单元、指标内容等方面均有所不

表 1-1 "双评价"统称形成前的相关技术文件

年份	文件	部门	评价类型		评价范围	评价单元	评价指标/内容	评价特点
			承载力	适宜性				
2008	《省级主体功能区划技术规程》	国家发改委	●	○	陆域	县级	土地、水、环境容量、生态系统脆弱性、生态重要性、人口聚集度等10个指标	指标简易支撑规划
2009	《城乡用地评定标准》（CJJ 132—2019）	住建部		●	陆域	图斑	工程地质、地形、水文气象、自然生态、人为影响等五个一级指标；三十六个二级指标	开发为主考虑限制
2015	《海洋资源环境承载能力监测预警指标体系和技术方法指南》	国家海洋局	●		海域海岛	县级	海洋空间资源承载能力、海洋生态环境承载能力、海岛资源环境承载能力等三个一级指标；七个二级指标	对象明确三大方面
2015	《市县经济社会发展总体规划技术规范与编制导则（试行）》	国家发改委、原国家测绘地理信息局	○	●	陆域	图斑	适宜性指标五项、约束性指标可选不局限	因地制宜综合考量
2016	《资源环境承载能力监测预警技术方法（试行）》	国家发改委等13部委	●	○	陆域海域	县级	陆域（基础评价指标、专项评价指标、过程评价指标、待补指标）、海域（海域空间资源承载状况、海洋生物资源承载状况、海洋环境承载状况）	要素全面短板理论
2016	《国土资源环境承载力评价技术要求（试行）》	国土资源部	●		陆域	县级	土地综合承载力（土地资源、水资源、生态条件、环境系统等因素）、地质综合承载力（地质环境、地下水资源、矿产资源等因素）	两个对象综合承载
2016	《全国水资源承载能力监测预警技术大纲（修订稿）》	水利部	●		陆域水系	县级	水资源承载状况（水质、水量要素评价）	对象明确两个方面
2017	《省级国土规划编制要点》	国土资源部	●	●	陆域	网格	承载力（自然地理、生命安全、生态安全、粮食安全等资源environment要素）、适宜性（建设开发适宜性、农业生产适宜性、生态保护重要性）	安全导向功能指向

注：●表示涉及该评价类型；○表示未涉及该评价类型。

同。评价类型上，承载力评价与适宜性评价大多以"独立"形式出现，并且早期的技术文件中承载力评价与适宜性评价的边界模糊，直至 2017 年《省级国土规划编制要点》中明确提出开展资源环境承载力评价和国土空间适宜性评价工作，"双评价"的实践分工初步形成。评价范围上主要以陆域为主，海域评价由于数据、尺度、对象等原因仍处于探索阶段。评价单元方面，承载力评价大多以县级行政区范围作为最小单元，适宜性评价以网格、图斑等详细范围作为最小单元。指标内容上，承载力评价的指标集中在水、土地、生态、环境等要素，适宜性评价的指标还考虑了社会经济、人为影响的因素。

2018 年 3 月国家机构改革后组建自然资源部，设立国土空间规划局，负责开展"双评价"技术指南的编制工作。自然资源部组织多家单位起草"双评价"技术指南，并且经历多次修改，通过分析不同版本技术指南的细节与评价流程，将其划分为三个版本（分别对应 2019 年 3 月、2019 年 7 月与 2020 年 1 月的试行评价指南），归纳总结"双评价"的三种模式及其变化（表 1-2）。

表 1-2　"双评价"统称后技术指南的演变

版本	概念定义	评价原则	评价单元	耦合关系
1.0	承载力：综合支撑水平 适宜性：不同开发利用方式的适宜程度	尊重自然和科学规律 突出评价针对性 适应新发展阶段 注重评价操作性	全国 100m 栅格 省级 50m 栅格 县级 20～30m 栅格	
2.0	承载力：支撑人类活动的最大规模 适宜性：人类活动的适宜程度	生态优先 科学客观 因地制宜 简便实用	省级（区域）50m 栅格 市县级矢量或 30m 栅格	
3.0	承载力：支撑人类活动的最大规模 适宜性：人类活动的适宜程度	底线思维 问题导向 因地制宜 简单实用	未明确指出 （与同级国土空间规划一致）	

注：◯国土空间开发适宜性评价；▢资源环境承载能力评价；▭空间范畴；⟶评价顺序；△其他指标参数

概念定义上，承载力的概念由"水平"转变为"规模"，指南 1.0 版本中将资源环境承载能力描述为国土空间资源、环境、生态本底对人类活动的综合支撑水平，在指南 2.0 和 3.0 版本中将资源环境承载能力描述为资源环境要素能够支撑的农业生产、城镇建设等人类活动的最大规模。适宜性的概念凸显生态文明理念，在指南 1.0 版本中描述为国土空间对生态保护、农业生产、城镇建设等不同开发保护利用方式的适宜程度，在指南 2.0 和 3.0 版本中定义为在维系生态系统健康前提下，综合考虑资源环境要素和区位条件，特定国土空间进行农业生产、城镇建设等人类活动的适宜程度。

评价原则上，指南 1.0 版本处于探索阶段，相对比较详细。而 2.0 版本则是将原则进行精炼，首要原则变为生态优先，体现了生态的重要性，其次是尊重规律改为科学客观，评价的针对性和操作性分别对应了简化后的因地制宜和简单实用原则。指南 3.0 版本最主要的变化是强调底线思维和问题导向，沿用了因地制宜和简单实用原则。

评价单元上，三个版本经历了从"刚性要求"到"弹性要求"的变动，更加注重实践需求。最初根据不同尺度给定了栅格单元大小，随着"双评价"实践的推进，其评价单元应当在考虑数据精度的前提下与空间规划协调一致。

　　总体而言，指南 1.0 版本中，承载力评价作为先行评价通过"备选区"的概念强化空间约束，在此基础上结合其他指标参数进行适宜性评价。指南 2.0 版本确定了"适宜性定空间，承载力定规模"的关联逻辑，计算水资源和土地资源约束下城镇建设和农业生产指向下的承载规模。指南 3.0 版本沿用 2.0 版本的实践逻辑，将农业生产细化为耕地、畜牧、渔业等分类。从"双评价"技术指南的演变中可以发现承载力评价与适宜性评价的针对性也日益明确。空间分布与规模大小这两大特征有着紧密联系，在 3.0 版本中二者被分开呈现：承载力评价所呈现的规模是通过资源禀赋来刻画的极限规模，相对而言要大于人类真实利用规模，而适宜性评价确定的空间是人类真实的开发保护活动空间，因而确定了现有的评价模式。

参 考 文 献

卜雪旸. 2006. 当代西方城市可持续发展空间理论研究热点和争论. 城市规划学刊，（4）：106-110

蔡玉梅，高平. 2013. 发达国家空间规划体系类型及启示. 中国土地，（2）：60-61

陈雯，孙伟，段学军，等. 2007. 以生态—经济为导向的江苏省土地开发适宜性分区. 地理科学，（3）：312-317

陈先鹏，方恺，彭建，等. 2020. 资源环境承载力评估新视角：行星边界框架的源起、发展与展望. 自然资源学报，35（3）：513-531

陈献东. 2014. 开展领导干部自然资源资产离任审计的若干思考. 审计研究，（5）：15-19

陈茵茵. 2008. 区域可持续土地利用评价研究. 南京：南京农业大学博士学位论文

成金华，尤喆. 2019. "山水林田湖草是生命共同体"原则的科学内涵与实践路径. 中国人口·资源与环境，29（2）：1-6

崔功豪. 2019. 中国城市规划：生态优先、以人为本是国土空间规划价值取向. https://mp.weixin.qq.com/s/ PXY5YS_PigKBM8nViNvXlw［2019-06-24］

迪力沙提·亚库甫，严金明，李强，等. 2019.基于生态导向与自然条件约束的青海省国土空间开发适宜性评价研究. 地理与地理信息科学，35（3）：94-98

董祚继. 2019. 新时代国土空间规划的十大关系. 资源科学，41（4）：1589-1599

董祚继，吴次芳，叶艳妹，等. 2016. "多规合一"的理论与实践. 杭州：浙江大学出版社

段学军，秦贤宏，陈江龙. 2009. 基于生态—经济导向的泰州市建设用地优化配置. 自然资源学报，24（7）：1181-1191

樊杰. 2007. 我国主体功能区划的科学基础. 地理学报，（4）：339-350

封志明. 1994. 土地承载力研究的过去、现在与未来. 中国土地科学，8（3）：1-9

傅伯杰. 1987. 美国土地适宜性评价的新进展. 自然资源学报，2（1）：92-95

傅伯杰. 1990. 土地评价研究的回顾与展望. 资源科学，（3）：1-7

高中岗，卢青华. 2013. 霍华德田园城市理论的思想价值及其现实启示——重读《明日的田园城市》有感. 规划师，29（11）：105-108

谷晓坤，陈百明. 2008. 土地整理景观生态评价方法及应用——以江汉平原土地整理项目为例. 中国土地科学，22（12）：58-62

郭鹏飞. 2020. 领导干部自然资源资产离任审计重点研究——基于总体评价视角. 中国人口·资源与环境，（10）：105-112

郝庆，邓玲，封志明. 2019.国土空间规划中的承载力反思：概念、理论与实践. 自然资源学报，34（10）：

2073-2086

何英彬, 陈佑启, 杨鹏, 等. 2009. 国外基于GIS土地适宜性评价研究进展及展望. 地理科学进展, 28 (6):
　　898-904

胡寄窗. 1981. 关于井田制的若干问题的探讨. 学术研究, (4): 59-66

黄贤金. 2019. 武汉城市研究网络: 自然资源统一管理与国土空间用途管制. https://mp.weixin.qq.
　　com/s/4OeBm1p_egnfJ_PTRh1Yag [2019-08-09]

纪学朋, 黄贤金, 陈逸, 等. 2019. 基于陆海统筹视角的国土空间开发建设适宜性评价——以辽宁省为例.
　　自然资源学报, 34 (3): 451-463

李陈. 2016. 基于社会人假设的土地资源综合承载力模型及其应用. 杭州: 浙江大学博士学位论文

李春燕, 邢丽霞, 李亚民, 等. 2014. 基于ArcGIS的国土开发适宜性评价指标体系研究. 中国人口·资源
　　与环境, 24 (11): 175-178

李海, 张仁士. 1995. 中国古代对空间的认识. 理论探索, (3): 19-20

李松志, 董观志. 2006. 城市可持续发展理论及其对规划实践的指导. 城市问题, (7): 14-20

李猷, 王仰麟, 彭建, 等. 2010. 基于景观生态的城市土地开发适宜性评价——以丹东市为例. 生态学报,
　　30 (8): 2141-2150

梁鹤年. 2019. 以人为本规划的思维范式和价值取向. https://www.sohu.com/a/303967992_656518
　　[2019-03-26]

梁涛, 蔡春霞, 刘民, 等. 2007. 城市土地的生态适宜性评价方法——以江西萍乡市为例. 地理研究, (4):
　　782-788, 859

林坚. 2018. 空间治理问题的思考. 土地科学动态, (6): 4-7

林坚. 2019. 建立生态文化体系的重要意义与实践方向. 国家治理, (5): 40-44

林坚, 吴宇翔, 吴佳雨, 等. 2018. 论空间规划体系的构建——兼析空间规划、国土空间用途管制与自然
　　资源监管的关系. 城市规划, 42 (5): 9-17

凌云川. 2007. 土地适宜性评价理论与方法研究. 现代农业科技, (18): 191-192

刘丰有, 王沛. 2014. 基于熵值法的国土空间开发适宜性评价——以皖江城市带为例. 国土与自然资源研
　　究, (3): 11-14

刘盛佳. 1990. 《禹贡》——世界上最早的区域人文地理学著作. 地理学报, (4): 421-429

刘希刚. 2015. 论生态文明建设中的"底线"与"底线思维". 西南大学学报 (社会科学版), 41 (2): 5-11

刘孝富, 舒俭民, 张林波. 2010. 最小累积阻力模型在城市土地生态适宜性评价中的应用——以厦门为例.
　　生态学报, 30 (2): 421-428

罗超, 王国恩, 孙靓雯. 2018. 中外空间规划发展与改革研究综述. 国际城市规划, 33 (5): 117-125

孟鹏, 王庆日, 郎海鸥, 等. 2019. 空间治理现代化下中国国土空间规划面临的挑战与改革导向——基于
　　国土空间治理重点问题系列研讨的思考. 中国土地科学, 33 (11): 8-14

苗倩雯. 2019. 借鉴国外经验的我国国土空间规划体系的建设. 国土与自然资源研究, (4): 17-18

倪绍祥. 1999. 土地类型与土地评价概论. 上海: 上海科学技术出版社

牛方曲, 封志明, 刘慧. 2018. 资源环境承载力评价方法回顾与展望. 资源科学, 40 (4): 655-663

牛文元. 2012. 可持续发展理论的内涵认知——纪念联合国里约环发大会20周年. 中国人口·资源与环境,
　　22 (5): 9-14

欧阳志云, 王如松, 符贵南. 1996. 生态位适宜度模型及其在土地利用适宜性评价中的应用. 生态学报, (2):
　　113-120

彭立, 刘邵权, 刘淑珍, 等. 2009. 汶川地震重灾区 10 县资源环境承载力研究. 四川大学学报（工程科学版）, 41（3）: 294-300

祁帆, 邓红蒂, 贾克敬, 等. 2017. 我国空间规划体系建设思考与展望. 国土资源情报, （7）: 10-16

钱耀鹏. 1998. 关于半坡遗址的环壕与哨所——半坡聚落形态考察之一. 考古, （2）: 45-52

乔根·兰德斯, 王小钢. 2016. 极限之上: 《增长的极限》40 年后的再思考. 探索与争鸣, （10）: 4-8

石忆邵, 尹昌应, 王贺封, 等. 2013. 城市综合承载力的研究进展及展望. 地理研究, 32（1）: 133-145

唐常春, 孙威. 2012. 长江流域国土空间开发适宜性综合评价. 地理学报, 67（12）: 1587-1598

陶岸君. 2011. 我国地域功能的空间格局与区划方法. 北京: 中国科学院大学博士学位论文

王昆. 2018. 基于适宜性评价的生产—生活—生态（三生）空间划定研究. 杭州: 浙江大学硕士学位论文

王强, 伍世代. 2008. "人地和谐、生态优先"规划理念的应用研究——以南平市城镇体系规划为例. 规划师, （5）: 80-83

王玉印, 张黎明. 2009. 土地资源评价综述. 福建省土地学会 2009 年年会论文集. 福建: 福建省土地学会.

魏勇. 2002. 政策"一收就死一放就乱"的制度分析. 理论探讨, （1）: 66-67

温华特. 2006. 城市建设用地适宜性评价研究. 杭州: 浙江大学硕士学位论文

吴次芳, 叶艳妹, 吴宇哲, 等. 2019. 国土空间规划. 北京: 地质出版社

吴志强. 2020. 新时代国土空间规划理论体系. https://mp.weixin.qq.com/s/2VqklOEFZauwWi4kA6b2kw ［2020-07-23］

夏皓轩, 岳文泽, 王田雨, 等. 2020. 省级"双评价"的理论思考与实践方案——以浙江省为例. 自然资源学报, 35（10）: 2325-2338

谢美英. 2006. 从《尔雅》看中国古人的空间观. 社会科学战线, （5）: 274-276

薛松, 宗跃光. 2011. 基于潜力阻力模型的城市建设用地生态适宜性评价——以兰州榆中县为例. 国土资源科技管理, 28（1）: 1-6

薛威, 李和平. 2020. 格迪斯城市进化规律探索百年回顾与承鉴. 城市发展研究, 27（11）: 1-7

严金明, 陈昊, 夏方舟. 2017. "多规合一"与空间规划: 认知、导向与路径. 中国土地科学, 31（1）: 21-27, 87

杨保军, 陈鹏, 董珂, 等. 2019. 生态文明背景下的国土空间规划体系构建. 城市规划学刊, （4）: 16-23

杨伟民. 2019. 破解城市化四大结构性失衡需改革住房制度. 中国房地产, （26）: 25-26

叶裕民, 王晨跃. 2019. 改革开放 40 年国土空间规划治理的回顾与展望. 公共管理与政策评论, 8（6）: 25-39

喻锋, 张丽君. 2013. 遵循生态文明理念, 加强国土空间规划. 国土资源情报, （2）: 2-4

喻忠磊, 张文新, 梁进社, 等. 2015. 国土空间开发建设适宜性评价研究进展. 地理科学进展, 34（9）: 1107-1122

袁国华, 郑娟尔, 贾立斌, 等. 2014. 资源环境承载力评价监测与预警思路设计. 中国国土资源经济, 27（4）: 20-24

岳文泽, 王田雨. 2019. 中国国土空间用途管制的基础性问题思考. 中国土地科学, 33（8）: 8-15

岳文泽, 王田雨, 甄延临. 2020a. "三区三线"为核心的统一国土空间用途管制分区. 中国土地科学, 34（5）: 52-59

岳文泽, 吴桐, 王田雨, 等. 2020b. 面向国土空间规划的"双评价": 挑战与应对. 自然资源学报, 35（10）: 2299-2310

张京祥, 夏天慈. 2019. 治理现代化目标下国家空间规划体系的变迁与重构. 自然资源学报, 34（10）: 2040-2050

张林波，李文华，刘孝富，等. 2009. 承载力理论的起源、发展与展望. 生态学报，29（2）：878-888

张三保，田文杰. 2014. 地方政府企业化：模式、动因、效应与改革. 政治学研究，（6）：97-109

张彧，陈烈，慈福义. 2006. 国外空间规划特点及其对我国的借鉴. 世界地理研究，（1）：56-62

张雁，谭伟. 2009. 国内外土地评价研究综述. 中国行政管理，（9）：115-118

周静，胡天新，顾永涛. 2017. 荷兰国家空间规划体系的构建及横纵协调机制. 规划师，33（2）：35-41

朱雷洲，谢来荣，黄亚平. 2020. 当前我国国土空间规划研究评述与展望. 规划师，36（8）：5-11

朱明仓，辜寄蓉，江浏光艳，等. 2018. 四川省国土空间开发适宜性评价. 中国国土资源经济，34（12）：51-56

庄少勤. 2018. 新时代的规划逻辑. https://www.sohu.com/a/277951575_674586 [2018-11-26]

Allan W. 1965. The African Husbandman. Munster：Lit Verlag

Ernstrom D J，Lytle D. 1993. Enhanced soils information systems from advances in computer technology. Geoderma，60（1）：327-341

Maltus T R. 1978. An essay on the principle of population. London：St Paul's Church-Yard

Meadows D H，Meadows D L，Randers J，et al. 1972. The Limits to Growth，A report for the Club of Rome's Project on the Predicament of Mankind. New York：Universe Books

Pearl R，Reed L J. 1920. On the rate of growth of the population of the United States since 1790 and its mathematical representation. Proceedings of the National Academy of Sciences，6（6）：275-288

Vogels M，Zoeckler R，Stasiw D M，et al. 1975. P. F. Verhulst's "notice sur la loi que la populations suit dans son accroissement" from correspondence mathematique et physique. Journal of Biological Physics，3（4）：183-192

第二章 "双评价"的研究进展与趋势

国土空间是全面建设生态文明、经济社会高质量发展与国家治理体系和治理能力现代化的物质基础，为此，国家积极推动国土空间规划和用途管制体系建设、部署生态保护修复工程等重大战略。由资源环境承载力评价和国土空间开发适宜性评价共同构成的"双评价"逐渐成为落实上述战略的重要前置环节，在诊断资源环境问题、谋划空间可持续发展、制定差别化国土空间治理政策等方面发挥着支撑性作用。本章将重点综述资源环境承载力评价、国土空间开发适宜性评价及两者整合评价等三方面的理论演进、技术演化与实践应用，以期为进一步厘清"双评价"概念与内涵，构建好用、管用评价范式等提供参考借鉴。

第一节 资源环境承载力评价理论演进与实践进展

一、资源环境承载力评价的理论演进

早期的资源环境承载力并非一个抽象化的概念，而是用来衡量家庭牧场内牲畜数量所能到达的最大规模。随着 20 世纪自然科学的迅速发展，"承载力"这一术语被广泛应用于生物学、生态学、人口学等领域的研究中，并且逐渐扩展到规划科学等其他领域，泛指环境最大限度下可以持续支撑的负载能力。在区域规划中，资源环境承载力是指保证特定区域在一定时期内资源有序利用和生态系统良性循环的前提下，区域所能承载的人口数量和社会经济活动能力（毛汉英和余丹林，2001）。进入 21 世纪，世界上集中爆发了多次粮食危机、能源危机、生态危机等，引发了人类对可持续发展的深思，相应地资源环境承载力在经济、政治、社会等方面的应用均得到了扩展，其作用也日益凸显。

由于资源环境承载力的概念逐渐从简单到复杂，其应用也从自然科学领域扩展到社会科学领域，其术语表现形式日渐丰富，且语义也有所不同。有关资源环境承载力研究从聚焦水资源、土地资源、大气环境等特定要素开展的硬承载力研究，逐步向软承载力进行拓展。承载对象包括人口总量、消费规模等各类社会经济活动，如整个城市能承担多少就业，能提供多少良好生活用品等；载体不仅包括各类资源要素硬件，也涵盖服务、制度、政策等软件。因此，沿着以上两个基本维度，形成了载体视角下的资源、环境、生态承载力等，以及承载对象视角下的经济承载力和社会承载力等概念。从本质上来看，这些概念在构成要素上并无区别，因而将其统一纳入资源环境承载力分析框架下。

毋庸置疑，人类的生产建设活动会大量损耗自然资源（水资源、土地资源、矿产资源、生物资源等），并破坏生态汇（碳循环、氮循环）。随着社会经济发展和既有研究不断深入，资源环境承载力概念、内涵也不断拓宽。从其特征变化来看，资源环境承载力的理论演化大致经历了三个阶段。

（一）资源环境承载力的理论源起：科学主义下的萌芽

承载力思想早期体现在土地等基本生产资料与人口数量之间的关系中。例如，柏拉图在《理想国》中指出："从土地供需均衡、国家政权稳定角度出发，一国人口的最佳限度为5040"。在中国，承载力思想古已有之，两千多年前秦国商鞅有言："民过地，则国功寡而兵力少；地过民，则山泽财物不为用"。在社会生产力低下的时代，维持土地面积与人口规模平衡，就是资源环境承载力的早期考量（陈卫和孟向京，2000），其仍停留于对于事物关系的描述，尚未形成系统性理论并应用于实践中。

随着工业革命带来生产力的飞速发展，越来越多的学者主张以分析性的逻辑实证主义方式来研究各类人类社会现象，承载力随即被应用于衡量物种数量与资源总量之间的关系。在牧场管理领域，承载力定义为在草场不受到损害的情况下，在特定期限内可以承载的牲畜数量（Price，1999）。Seidl 和 Tisdell（1999）将承载力概念追溯到马尔萨斯（Malthus）所著的《人口理论》中，其以自然因素有限为前提，概括了生物（人类）与自然环境（粮食）之间相互制约的关系（Worster，1985）。该理论在取得巨大成功的同时，也受到了学术界的批评，指责其粗糙、不切实际的假设没有先验知识来支撑。此外，该理论拒绝了人口增长的限制及对于人口生殖的制度约束，将人与其他物种等同对待，忽略人具有社会性这一本质（Bowen，1954）。

虽然与承载力相关的研究早已有之，但是针对承载力测算方法的研究并未深入。事实上，有关承载力的数学模型早已有之，只不过许多学者并未将两者相结合。1920 年，美国人口学家通过研究美国人口增长趋势发现了 S 形增长规律（Pearl and Reed，1920）。然而，当他们的论文发表之后，许多学者才意识到 Logistic 模型早在 1838 年便由比利时学者 Verhulst 所提出（Kingsland，1995）。随后，种群生物学者通过自然实验对 Logistic 方程进行检验，如酵母和原生动物繁殖实验、岛屿种群演变研究等（Gause，1934；Davidson，1938）。1948 年土地资源人口承载力（Vogt，1948）等公式提出，奠定了定量化和实证研究的基础，尽管这些研究中的测量均较为粗略（户艳领，2014）。上述研究均验证了 Logistic 模型的合理性，为后续系统化的承载力理论奠定了良好基础。

1953 年，Odum（1953）在其影响深远的著作《生态学基础》中对承载力进行了系统的归纳总结，将其定义为"种群数量增长上限"，并且给出了数学表达式，也就是 Logistic 方程式（张林波等，2009）。该模型映射了两个基本观点：客观环境为人口增长设置了增长极限；人口总量将持续增长并且最终稳定在这个极限（图 2-1）。此后，承载力概念在人口学、生态学、生物学中取得了长足的发展。这一时期内，承载力研究更多聚焦于资源环境要素对于物种总量的约束，忽略了社会、经济、文化等多因素开放系统对物种的支撑作用，由于理论上存在缺陷，承载力在现实世界中并未获得验证。

（二）资源环境承载力的应用探索：环境主义下的应用

第二次世界大战结束后，各类新技术在社会生产中迅速推广。日本、美国等西方发达资本主义国家迅速从战争的阴霾中走出，实现了经济的繁荣增长。然而，20 世纪中叶爆发的数次全球性资源环境危机迫使经济学、生态学等各领域的学者开始反思人与自然的辩证关系（李文华，2000）。与前一阶段不同的是，相关学科的承载力研究不再囿于自然的环境和实验中，而是从理论研究走向实践领域，重心从单一粮食约束下的人口问题转向现代经济社会发展问题。1972 年，罗马俱乐部发表的《增长的极限》报告认为人口增长、农业发展、工业生产、自然资源、环境污染是影响社会经济发展的决定性要素（Meadows et al.，1972）。该报告中虽然并未明确使用承载力这一概念，但不可否认的是，这项研究是承载力研究中一个重要的里程碑，因为该报告批判地继承了马尔萨斯的人口论思想（Monte-Luna et al.，2004），并基于系统动力学构建了著名的"世界模型"，预测人类社会若仍然按照这种增长方式持续下去，人类世界将在一百年后发生崩溃。

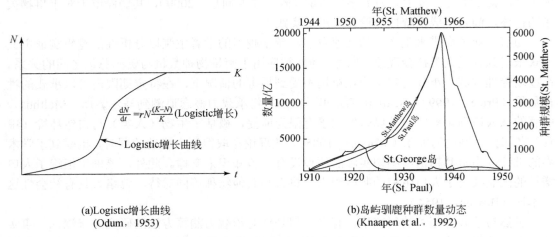

$$\frac{dN}{dt} = rN\frac{(K-N)}{K} \text{（Logistic增长）}$$

(a)Logistic增长曲线
(Odum，1953)

(b)岛屿驯鹿种群数量动态
(Knaapen et al.，1992)

图 2-1　物种增长曲线与实验证明

《增长的极限》的发表还引发了学者对于资源环境承载力是否存在的激烈争论，主要分为乐观派与悲观派。乐观派经济学者从历史发展过程进行推断，认为自然资源与环境对经济增长的制约可以通过技术进步突破桎梏。悲观派则从地球的封闭性、人类造成的生态影响等实例来证明资源环境承载力的有限性。不管人类增长的"极限"是否存在，不可否认的是，这篇报告引发了人们对于资源环境承载力的关注，促进了承载力的研究、应用和发展（Maserang，1977）。在这之后，承载力的研究内容从单一的粮食问题拓展到了水、矿产、能源、土地等资源，所涉及的学科也逐渐从生态学延伸到了区域规划、森林管理、旅游管理、农业等。

20 世纪 70 年代后，在发展中国家人口急剧增长和发达国家资源需求迅速扩张等多重压力下，更多学者投入到资源环境承载力研究当中，提升研究的广度和深度。Ehrlich 和 Holdren（1971）将人口、财富、技术等因素纳入到资源环境承载力模型中，提出 IPAT 方程，其中，I 表示人类影响（human impact）；P 表示人口（population）；A 表示富裕程度（affluence）；T 表示技术（technology）。20 世纪 80 年代，承载力研究继续深化，英国学者 Slesser 提出了提高承载力的策略（enhancement of carrying capacity options，ECCO）模型，并通过系统动力学方法，将人口、能源、资本等要素纳入考虑之中，从动态角度模拟了不同发展方案下资源环境的人口承载力（郝晓辉，1995）。

进入到 20 世纪 80 年代，人类科技进步（特别是载人航天技术的发展）扩展了科学家思考问题的深度，开始将地球视为一个整体。例如，在 1977 年，FAO 基于农业生态区划法（agro-ecological zone，AEZ），以国家为单位，通过土壤、气候的叠加来评价 117 个发展中国家的农业生产潜力，并给出了不同投入水平下粮食产出及其承载人口数量。研究预计，在当前人口增长水平下，若保持低水平农业投入，在 2000 年将有超过 50%的国家人口超载（FAO，1982；1985）。随着联合国教科文组织、国际科学理事会等跨国机构陆续开展人与生物圈计划、国际全球环境变化计划等全球性研究，各界逐步认识到人类正在对生态系统其至整个地球造成巨大破坏并伴随难以预计的后果，这加深了学界对于地球资源环境承载力的担忧（Ehrlich et al.，1989）。

在这一时期内，相关资源环境承载力研究也在中国逐步展开。受 FAO 影响，我国早期以土地资源承载力为主要研究方向。例如，陈百明和石玉林开展的"中国土地资源生产能力及人口承载力（1986-1990）"研究，该研究参照了 FAO 的承载力测算方法，提出了缓解人地矛盾的主要措施（封志明，1994）。与此同时，诸多学者针对土地资源、水资源、矿产资源展开资源环境承载力测算，取得了丰硕的成果（杨晓鹏和张志良，1993；徐强，1996；许新宜，2002）。

综上，资源环境承载力在这一阶段从单纯的学术性研究逐渐应用到国家决策当中，其内涵也从单一的粮食限制扩展到了土地、矿产、水资源等因素，许多学者和组织都已经意识到了资源环境是多因素限制下的复杂系统。然而，仅有少数学者认识到了社会、经济、文化发展在资源环境承载力中所发挥的效用，这使得承载力研究难以给予全面的决策支撑。

（三）资源环境承载力的深化探索：可持续发展下的推广与反思

随着经济全球化的持续深入，全球产业分工和国际格局历经了深刻变革，数次石油危机迫使人们意识到化石燃料等不可再生能源对于经济发展的影响，可持续发展的思潮应运而生。20 世纪 80 年代末期，文化、社会承载力逐渐从承载力的研究中开始分离。科技进步、生活方式、价值理念、社会制度、道德伦理、教育程度等人类自身社会因素逐渐走进承载力研究当中。例如，Hardin（1986）认为资源环境承载力与制度、建筑物、风俗习惯等一切人类相关文化因素密切相关，且文化承载力总是小于生物承载力。Daily 和 Ehrlich（1992）提出了社会承载力的概念，认为社会承载力是在各种社会系统条件下所能够支撑的最大人口数量。在这一阶段，许多学者都意识到文化因素、科技进步和消费结构的改变都会影响承载力的大小，使其与特定的生物物理承载力区分开来。

也是在这一时期，中国承载力研究取得了较大突破。在土地资源承载力方面，中国在1989 年和 1996 年先后进行了两次大规模的土地资源承载力的研究工作：一是国家土地管理局与 FAO 联合完成的"中国土地的食物生产潜力和人口承载潜力研究"；二是中国科学院地理科学与资源研究所完成"中国农业资源综合生产能力与人口承载能力研究"。在水资源方面，夏军和朱一中（2002）通过"社会-经济-生态"多维度的复合系统测度水资源承载能力。

生态学家也同样开始尝试将社会文化因素融入模型之中。加拿大生态经济学家 Rees（1992）综合考虑消费、科技、贸易等因素，提出了生态足迹（ecological footprint）。该方法区别于传统承载力研究方法，从供给和需求两方面出发，综合确定生态赤字或盈余。受"生态足迹"理论启发，Chapagain 和 Hoekstra（2003）进一步提出了"水足迹"（water footprint）概念，通过系统梳理人类消费和生产过程中对于水资源的消耗和污染状况，基于产品和服务来呈现人类消费与水资源的关系（方恺，2015）。从生态足迹创立至今的 20 年间，能源足迹、碳足迹、水足迹、氮足迹等一系列新足迹类型被相继提出，丰富了足迹概念的内涵与外延，也为资源环境承载能力定量化研究提供了全新视角。

随着计算机技术迅猛发展，硬件支持和软件开发为资源环境承载力发展带来了新机遇，3S技术的应用更是极大地促进了资源环境承载力的可视化研究，为大尺度、多时相的研究提供了可能。Rockström等（2009）秉持"地球系统观"，从地球系统过程的结构和功能稳定性出发，提出了"行星边界"（planetary boundaries）的概念框架，为资源环境承载力量化研究提供了新思路。该框架以全新世地质时期的环境状态为背景参考，以复杂系统稳态转变中的阈值效应为理论依据，基于预警性原则将环境边界值设定在生态阈值或危险状态不确定区间的相对安全端，以作为地球系统状态靠近临界转变的警示信号（表2-1）。行星边界概念的提出引发了国际资源环境承载力领域的激烈讨论。国际环境领域一流专家在*Nature Reports Climate Change*专刊上发文对行星边界的科学性和实用性进行了讨论，大致肯定了行星边界在承载力领域的应用价值，同时也指出了其在边界设置、体现区域差异和指导管理实践等方面的不足（Allen，2009）。随后，Lane和Dawes（2013）提出了承载力仪表（carrying capacity dashboard），从气候、粮食、森林、能源、基础设施、自然保护区等各个方面测算澳大利亚的承载力，并且开发形成交互式网站，使用者可根据个性化需求计算资源环境承载力。在国内，随着资源环境承载力被国内多个重大规划和决策所采用，相关研究蔚然成风。例如，多名学者利用生态足迹等模型对中国的资源环境承载力进行研究（刘东等，2012；周侃和樊杰，2015）。目前，资源环境承载力已经渐趋成熟，但概念的滥觞逐渐引起国内外学者的反思，资源环境承载力"无用论"等观点也引发相关决策者对承载力科学性的反思。

表2-1　行星边界框架控制变量与其行星边界的设定（陈先鹏等，2020）

地球系统过程	控制变量	行星边界（不确定区间）	承载状态
气候变化	大气CO_2浓度/ppm	350（350～450）	超载
	辐射强迫变化/（W/m^2）	1.0（1.0～1.5）	超载
生物多样性损失	物种灭绝速率/（E/MSY）	<10（10～100）	超载
	生物多样性完整指数/%	90（30～90）	超载
生物地球化学流动	氮循环：工业和生物固氮/（Tg N/a）	62（62～82）	超载
	磷循环：全球为流入海洋的磷；区域为从化肥流入土壤的磷/（Tg P/a）	全球：11（11～110）区域：6.2（6.2～11.2）	超载
平流层臭氧消耗	平流层臭氧浓度/DU	276（261～276）	南极洲上空超载
海洋酸化	表层海水霰石全球平均饱和度	2.75（2.41～2.75）	盈余
淡水资源利用	淡水消耗量/（km^3/a）	4000（4000～6000）	盈余
土地利用变化	土地转化为耕地的比例/%	15（15～20）	盈余
	林地面积占原始森林覆盖的比例/%	75（54～75）	超载
大气气溶胶负载	全球气溶胶光学厚度	待定	待定
化学污染	待定	待定	待定

资源环境承载力在可持续发展思潮影响下继续深化、发展，内涵得到了极大的丰富（图2-2）。一方面，资源环境承载力扩展到了文化社会领域；另一方面，随着科技的进步，资源环境承载力在实践中的操作性、可视性也得到了较大的提升。但是，随着大数据时代

的来临，资源环境承载力如何在越发复杂的社会活动中指导实践，是当下值得进一步研究的方向。

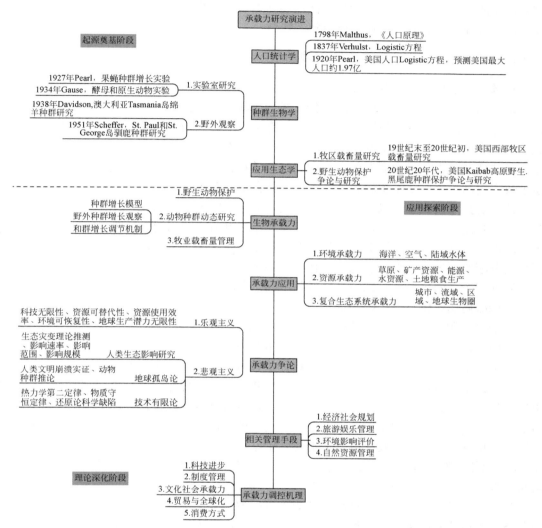

图 2-2 资源环境承载力起源与发展树（根据张林波等，2009 修改）

二、资源环境承载力评价技术演化

资源环境承载力评价是衡量人类社会经济活动和自然系统交互关系的一种测度方法。开展承载力研究的主要目的之一就是为规划服务，承载力是编制土地利用规划的重要依据（Fearnside，1986）。在国家治理体系和治理能力现代化的要求下，系统性、全局性梳理资源环境承载力评价的实践进展是精准定位资源环境承载力的前置条件，也是明晰资源环境承载力科学内涵的基础。

不同研究者在世界观的指引下，对资源环境承载力认识论的取向不同，由此构建的概念、分析框架、模型方法均有不同，从而形成不同的技术演化方向（郑杭生和李霞，2004）。资源环境承载力评价在实践层面主要形成了四种主流技术模式，分别是基于短板效应的资源环境承载力评价、基于协同效应的资源环境承载力评价、基于可比性原则的资源环境承载力评价、基于"虚拟载体"的资源环境承载力评价（李陈，2016）。随着社会经济的不断发展，资源环境承载力评价的模型方法也逐渐丰富，面临的资源环境问题也更加多元化和复杂，资源环境承载力技术模式也会随之转型。

（一）基于短板效应的资源环境承载力评价

1. 源起：最小因子限制定律

最小因子限制定律在 19 世纪由德国化学家李比希提出，该定律早期用于植物学研究，即"植物的生长取决于那些处于最少量状态的营养元素"。在特定条件下，自然生境所能承载的人口大小由最稀缺的资源决定（杨正先等，2018）。在农业生产力低下的背景下，粮食作为稀缺资源是人口规模限制的主导因素。随着社会生产力发展和研究不断深入，资源环境承载力逐渐扩展到了水资源、矿产资源、社会资源等多个方面。

该评价技术模式基于以下三个研究假设（李陈，2016）：①孤立国假设，将整个区域视为孤立、封闭、静止的系统，不与外界产生作用，并且人类自身及所处社会本身的进步处于相对停滞的状态；②均等分配假设，假设在整个封闭系统内部的所有个体相同，所有资源平均分配给系统内人群并且保持个体的资源需求恒定；③因素可比、独立性原则，不同的限制性因子之间可以相互比较，并且各个因子之间不存在相互扰动的现象。

2. 核心内涵：供给-需求-阈值

基于最小限制性因子的资源环境承载力评价围绕着资源的供给-需求-阈值的逻辑展开，因而在该技术方向中，一般将资源环境承载力定义为"一定生产条件下资源的生产力和一定生活水平下所承载的人口规模"。该评价技术主要关注三个层面：①资源的供给特征，一方面包括了资源环境的生产条件，例如光、热等自然条件，以及管理、技术等社会经济条件，另一方面也涵盖了在一定的生产条件下，资源环境所能提供产品的潜力；②资源的需求属性，在一定生活水平下，人类所需要消耗的资源结构及资源量，可以是实物消费也可以是虚拟物质消费，如粮食消费、能量消耗等形式（封志明等，2017）；③人口承载的限度，资源供给的有限性与人口需求的无限性之间产生的矛盾使得资源环境能力存在某一"极限阈值"。

基于以上逻辑起点，资源环境承载力评价普遍遵循以下流程：首先，针对一定区域内的各类资源环境本底进行全面调查，分析各类资源的生产力所能够承载的人口规模；其次，对比不同的资源所能够承载的人口规模，确定限制性资源和最终的人口承载规模。

3. 评价方法：需求规模与承载规模两种体系

从资源的供给和需求两个维度出发，资源环境承载力的具体评价方法形成了两种主流体系：一是从需求的角度出发，通过测算特定资源的人均拥有量，对照特定的参照标准判断各类资源的人均需求量来判断各类因子的供需平衡状态，进而判断限制性因子，典型的方法是直接比较法（石忆邵等，2013）、状态指数法（孟菲等，2019）、逐级修正法（周锁铨等，1992）等。二是从供给的角度出发，明确各类资源所能够承载的人口规模，并且横向对比各因素所能容纳人口规模的差异以确定限制性因子。传统的研究方法有趋势外推法、逐级修正法、经验模型法（方精云，2000）、遥感估算法（李卫国等，2009）等。另外，也有学者从动态变化的角度出发，运用系统动力学测算不同策略方案下承载力与人口增长的动态变化关系（童玉芬，2010）。

4. 评价的局限

基于限制性因子的评价技术模式在早期测度中大多将粮食（即土地承载力）作为限制性因子，认为土地生产潜力是资源环境承载力测算的鲍马（Bouma）核心。因此，根据地区平均生活水平设定了不同的人均粮食量。但是这种评价方法忽略了随着社会经济发展，人类对于粮食的消费结构会发生改变，导致不同食物生产所需的土地面积及土地生产该食物的潜力发生变化。Bouma 等（1998）指出了居民消费结构从素食向肉食性转变将会导致同等生产条件下的土地面积增长三倍以上。类似社会经济变化及科技进步导致资源环境承载供给、需求产生的变化较难直观地反映在资源环境承载力评价当中，例如，在上海等大型城市的人口远远超出了按照人类生理性需求测算的资源环境承载力，这也是众多学者认为"资源环境承载力是一个伪命题"的核心所在。另外，在经济全球化背景下，多数国家的资源以市场化配置为主，因而较难出现"平均分配"的现象，模型过于理想化的假设导致结果与实际的差异较大。

（二）基于协同效应的资源环境承载力评价

1. 源起：补偿效应原理

任何一个地区的社会经济发展都建立在经济、社会、环境等多因素协同的基础之上。一方面，许多国家发展历程表明，自然资源丰度与经济发展水平并不完全呈正相关关系，甚至有许多国家陷入了"资源魔咒"的困境（Laurance et al.，2012）。另一方面，许多资源相当匮乏的国家和地区反而实现了长时间的繁荣，如日本东京和中国深圳。以上现象表明，一个地区的资源环境承载力不仅仅取决于自然资源，也同样依赖于整体的经济、人文因素，并且各个因素之间存在联系和补偿效应（郭志伟，2008）。

以上技术模式基于以下的假设：①资源的关联性、可比性假设，资源环境承载力是多因素的综合体，当某一个因子存在短板时，可以通过与之相互联系的因子弥补其对人口增长的限制。②均等分配假设，尽管多因素评价跳出了纯粹的自然资源视角，但是其仍然建立在人类获得资源均等的假设之上。另外，由于多因素综合评价技术模式考虑了诸多社会经济因素，但是大多评价仍然以相对静态的视角看待整个研究区，较少考虑区域与外界的交互。

2. 核心内涵：多因素协同作用

20 世纪下半叶，许多学者开始跳出纯粹的"耕地供给与粮食需求"的资源环境承载力研究，并且传统的资源环境承载力研究已经难以真实有效地解释不同国家和地区的人口规模。因此学界开始注重多种因素对资源环境承载力综合的影响，该评价技术模式的核心在于构建分析框架，如何构建框架影响了资源环境承载力评价因素的广度和深度（靳相木和李陈，2018），其主要遵循以下步骤：①在明晰资源环境承载力概念和内涵的基础上建立分析框架；②对相关指标的甄选，一般采用分级量化、标准化等去量纲方法消除数据量纲的影响；③确定各类因子的相对影响力，一般用权重表示；④进行测算并确定资源环境承载力的大小。

目前，国内主流的资源环境承载力的评价分析框架主要有三类：①基于支持系统的分析框架，从自然、社会系统整体的功能视角出发来衡量所能支撑的人口规模。例如从经济技术子系统、生态环境子系统、社会文化子系统（蓝丁丁等，2007）或资源承载力、环境承载力、社会经济承载力（卫思夷等，2018）等维度评估资源环境承载力。类似的做法在后续的研究中得到了广泛的认可,并且在相关资源环境承载力评价的技术指南中有所体现。②基于载体和负载之间的相对作用关系构建的互动框架,该框架从力学中"相对作用力"的思想出发,判断区域人类活动的胁迫程度及社会、经济、环境整体的容量进而计算资源环境承载力,例如,通过压力指标和承压指标两个层面对比研究区的资源环境承载现状(许联芳和谭勇,2009)。③基于压力-状态-响应(pressure-state-response,PSR)模型及其改进评价框架,该框架被广泛用于评价生态系统健康,较好地反映了自然、社会、经济条件之间的作用关系,在资源环境承载力领域也得到了广泛运用。例如,黄贤金和宋娅娅(2019)基于PSR模型发展形成了四维开发-环境-生态-社会模型(图2-3)。

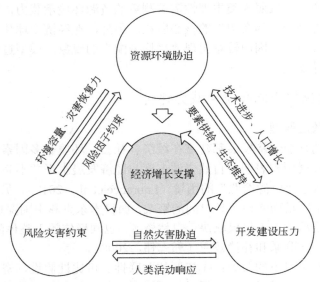

图2-3　开发-环境-生态-社会模型框架(根据黄贤金和宋娅娅,2019修改)

3. 评价方法:筛选-求权-综合

按照主流研究框架的一般评价步骤,该评价模式所涉及具体的评价方法主要包括三个方面:①影响因素筛选。筛选资源环境承载力影响因素的方法主要有频度统计法、极大不相关、相关性分析、主成分分析等指标筛选方法。②因子求权法。不同的因子之间属性不同,其对资源环境承载力的影响也各有不同,权重的计算方法主要有主观、客观两类,主观方法主要有德尔菲(Delphi)法、层次分析法等;客观方法主要有因子分析法、主成分分析法、方差分析法、熵值法、模糊评价法等。③因子综合法。让具有不同量纲因素具有可比性的普遍处理方式是标准化法,如 Z-Score 标准化、极值标准化、位序标准化等,在此基础上综合不同因素的方法主要有加权求和法、状态空间法等。

4. 评价的局限

尽管多因素综合下的资源环境承载力评价较为全面地考虑了经济、自然、社会多方面的影响,但是不同分析框架存在较大差异,评价因子、权重也有诸多不同,如何确保分析框架的合理性,构建科学合理的综合指标体系仍是今后研究的重点(黄贤金等,2018)。另外,如何跳出资源环境承载力评价的"黑箱"怪圈,明确各个影响因素之间的关联机制及作用机理,是学界亟须研究的方向,同样也能够更进一步指导国土空间规划实践。

（三）基于可比性原则的资源环境承载力评价

1. 源起：可比性原则

可比性原则是指将一个或数个区域（参照区）作为理想对比标准，根据参照区的人均资源消费量、资源存量来对比测算区域的各类因素的承载力，以求得研究区最终资源环境承载力（黄宁生和匡耀求，2000）。该评价技术模式将整个自然社会系统的开放性考虑在内，为资源环境承载力的评价提供了新思路。

该模式与传统资源环境承载力计算承载规模的绝对量所不同的是，基于参照区的资源环境承载力评价模式，秉持着资源环境承载力绝对量是不可知的基本思路，因而转向了资源环境承载力的相对值的测算（黄常锋等，2010）。

2. 核心内涵：资源环境承载力的相对性

我国虽然资源储量较为丰富，但是人口众多，运用国际标准来计算我国的资源环境承载力后，结论是各地区大多处于超载状态，这难以有效指导实践和解决问题。因此，我国学者黄宁生和匡耀求（2000）提出了相对资源承载力的模型，其核心可以用式（2-1）表示：

$$相对资源承载力 = \sum_{i=1}^{n} w_i \frac{参照区人口}{参照区因素} \times 研究区因素 \qquad (2\text{-}1)$$

式中，w_i 为第 i 个影响因素的权重。该模式通常综合了自然、社会、经济因素测算资源环境承载力，且较易从长时间序列角度来分析资源环境承载力的动态变化，所涉及的研究尺度从县区到省级各不相同，其遵循的一般研究步骤有三步：①参照区的选择。关键是找到一个资源环境相对理想的区域，例如，以全国为参照区分别对省级资源环境承载力进行评价（曾红春等，2018）。②影响因子的确定。根据分析框架的差异，指标也有所不同，例如，孙慧和刘媛媛（2014）以自然、经济、环境、社会为切入点，选取了水资源指标、耕地面积、工业废水排放量、国民生产总值等作为关键指标。③综合不同类别因素计算承载力，即综合各类因子及其所含的指标，计算研究区的综合资源环境承载力。

3. 评价方法

根据该范式的主流评价步骤，其涉及具体研究方法有两种：①综合承载力测算。在早期的研究当中许多学者将不同影响因子的权重平均分配或进行简单的线性加权，这种方法忽略了各类因子的替代效应可能是非线性的，因此许多学者提出了几何平均、加权-几何混合模型、突变级数来克服模型的缺陷（顾学明和王世鹏，2011）。②承载状态研判。具体的方法有直接比较法、资源的"牵引—束缚"效应比较法等。

4. 评价的局限

尽管基于参照区的资源环境承载力评价模式提供了一种全新视角，摆脱了一种相对静态的思维，但是这种评价模式仍然存在一定的局限性。例如，理想参照区的选取缺乏统一的界定标准，使得其存在一定主观性。另外，所选取的参照区往往包含研究区本身，参照区所反映的承载人口规模已经包含了研究区，两者在数据上必然存在一定的自相关性，这对于实际资源环境承载力的具体影响机制有待进一步研究。

（四）基于"虚拟载体"的资源环境承载力评价

1. 源起：人类活动对资源环境作用的关系

资源环境承载力研究经历了由分类到综合、由定性到定量、由研究到实践的转变。为考虑具有不同性质和量纲的因素对资源环境承载力的影响，除了采用数理去量纲方法外，也有许多学者尝试将物质折算成为能量、货币等统一度量。该评价模式认为，资源性消耗仅有很小一部分来自于可见面积，大部分来自于"影子面积"。Catton（1980）将这一概念继续发展，认为科技进步和国际贸易的影响，不仅增强了资源环境承载力，也促进了人均消费自身的增长。该模式发展形成了生态足迹下的"虚拟土地"、"虚拟水"和"虚拟能量"等概念。

该模式强调人类活动对资源环境的"压力"，其评价基于以下假设：①各类生物所需的生产性物质在空间上是互斥的，因而不同需求所需的生产性物质具有可加性；②人类活动所生成和消耗的特定生产性物质可以进行折算；③人类活动对资源环境施加的结果是可度量的。

2. 核心内涵：从人的需求刻画资源环境

该评价模式认为理论上人类所有的消耗性活动都可以追溯到提供该产品或服务的原始物质或者能量上，并且折算成一定量的生产性物质。其一般遵循以下的评价步骤：①识别主要消费项目及消费标准；②测算各消费项目的实际消费量，如土地面积、水资源总量、能量等；③比对当前生产性物质总量与计算所得的结果，确定最终"盈余"或者"赤字"。

该模式的核心在于对生产性物质的测算，包括均衡因子和产量因子的设定和计算。该模式的资源环境承载力的载体是区域内部所有的生产性物质，承载物是人类各项社会经济活动所需要的"虚拟物质"，最终确定资源环境承载力的情况。

3. 评价方法：虚拟物质评估

面向"虚拟载体"的评价模式中，主要形成了生态足迹、虚拟水、能值分析、行星边界四种主流的模型。①生态足迹模型：生态足迹是指能够持续地提供资源或消纳废物的地域空间。根据数据的分析形式分为综合法和组分法，前者着眼于初级产品，后者注重人类消费行为的划分。例如，Bicknell 等（1998）将投入产出分析与生态足迹分析进行结合，Venetoulis 和 Talberth（2008）提出基于净初级生产力的核算方法，随后陆续有学者提出三维生态足迹模型、基于生命周期的生态足迹模型等。②虚拟水模型：最初用于农业领域，即生产农业产品所需要的水资源量。随着研究的深入，虚拟水的概念逐渐扩展到了虚拟水贸易、虚拟水含量、虚拟水流量。③能值分析模型：自然界的能量是平衡的，可以互相转化。从理论上来说，所有的系统均是由能量所构成，以能值为度量可以克服不同类型资源环境的量纲难以统一的困境，有学者利用能值承载力（energy carrying capacity，ECC）等促进系统性掌握资源环境承载力的研究。④行星边界模型：人类各项活动规模与强度应当被限定在维持地球系统稳态所界定的安全操作空间之间。各利益相关主体在界定环境边界的过程中，应综合考虑地球行星边界和资源禀赋、发展阶段等实际情况，以体现"全球化思维，地方化行动"（Galli et al.，2018）。

4. 评价的局限

该评价模式较为系统地考虑了人类与社会、经济、自然整个巨型生态系统的开放性，但是其发展起来的四种主流评价方法均存在不同程度的缺陷。首先，针对生态足迹评价，有学者指出这种评价方法忽视了地理环境差异及自然资产存量的影响，因而所计算的结果仅仅为多对一的单维指标，难以评价不同类型影响因子的承载状态，对于实践的指导相对有限。其次，从虚拟水资源承载力的评价方法来看，该方法可获取水资源承载能力及水资源对外依存状况，但是这种评价方法只强调通过贸易的手段节约水资源，如果节约出来的水资源没有得到合理的利用，这种节约毫无意义，因而虚拟水在实践当中很少运用（高阳等，2011）。再次，从能值分析的角度来看，尽管能值分析从一个全新的视角看待资源环境承载力，但是能值转换的计算较为复杂，能量流动的机制也尚未得到统一，因此这种方法有待进一步完善（魏胜文等，2011）。最后，行星边界分析框架作为近年来的新模式，从地球系统过程的结构和功能稳定性角度为资源环境承载力评价提供了新视角。但是，部分学者对于其边界参数设定、空间异质性检验、指导管理实践等方面提出了质疑，例如，Lewis（2012）认为某些过程如磷循环的参数存在的是固定极限，而不是边界，且自下而上整合而成的行星边界对区域环境问题缺乏指导价值。

第二节　国土空间开发适宜性评价研究进展

一、国土空间开发适宜性评价的理论研究

国土空间开发适宜性与传统的土地适宜性存在密切的联系，两者依托于国土空间，均反映了一定条件下、一定范围内某种土地利用行为的适宜程度。早期国土空间开发适宜性评价侧重于土壤理化性质评价，更关注土地的自然属性。随着人类活动的日益复杂，国土空间开发适宜性评价逐渐从农业生产扩展到商业布局、工业选址、景观生态等多个领域，关注因素融合了自然、社会、经济等多方面，评价方法向着智能化、动态化发展。关于国土空间开发适宜性评价的起源与形成，在第一章第二节作了详细的介绍。因此，本部分主要从可持续发展理念下的多宜性评价与面向空间统筹的空间开发适宜性评价方面，对国土空间开发适宜性评价的理论演进与实践进展进行阐述。

（一）土地适宜性的扩容：可持续发展理念下多维评价

土地适宜性研究早期主要集中于农业生产领域，国土空间开发适宜性评价在 20 世纪 80 年代后随着计算机理论和方法的广泛运用，向着综合、精细、定量、动态等系统性演化。例如，1981 年，美国农业部土壤保持局提出"土地评价和立地评价"（Wright et al.，1983），其中，土地评价包括了土地生产潜力、农田鉴定和土壤生产力，侧重土壤理化性质；立地评价系统主要针对自然、经济、社会等因素的评价，强调宏观因素，如区位、分布格局、时间等。两个评价系统相结合既考虑了土壤理化性质，又考虑了土地税收和法规，具有很强的公共政策含义（傅伯杰，1987）。

与此同时，注重生态系统服务功能和价值显现的土地生态评价逐渐成形。早在 1939 年，德国地理学家特罗尔（Troll）将生态学观点引入到土地评价当中（Bastian and Steinhardt，2002）。到了 20 世纪 80 年代，部分学者意识到不同资源要素存在生态阻力效应差异，在水平空间上存在作用强度变化趋势。基于这个思维，他们认为某种土地开发方式应从水平尺度上衡量各种资源环境要素对它的限制，采用"引力"或"阻力"来表征，构建了基于引力或阻力的土地适宜性评价模式（Knaapen et al.，1992）。加拿大学者 Moss（1985）则以景观为土地评价单元，将气候、土壤生产潜力相结合进行土地评价。加拿大学者 Stewart 等（1984）改良了 FAO 所提出的农业生态区划法，以预测各类农作物在不同土地条件下的生产适宜性。

在 20 世纪 90 年代之前，建设用地评价并未像农地评价一样进行大规模的实践，而是

主要运用于城市规划、建筑工程等领域。早期的建设用地适宜性评价更加关注地形地貌及水文地质条件对建设项目的限制性影响，并且在计算机制图技术尚未普及之前，所采用的适宜性评价大多采用人工手绘的方法（Collins et al.，2001）。然而，随着第二次世界大战以后的城市重建工作和经济发展对建设用地的需求增加，建设用地开发评价的尺度越来越宏观，所需要考虑的因素也越来越多，传统的方法难以回应现实需求。20 世纪 80 年代后，随着计算机科学的普及，建设用地适宜性评价得到了长足发展，在之后许多研究都尝试着将社会、经济、人口、交通等因素融入评价体系当中。典型的研究包括 Jaeger 等（2010）从 13 个维度评价城市蔓延模型质量，Xu 等（2011）根据整体的地理环境和地质灾害风险等评估了城市的建设开发适宜性。

进入 20 世纪 90 年代，可持续发展理念逐渐兴起，土地可持续利用备受关注，例如，FAO、世界银行等全球组织颁布《可持续土地管理评价纲要》《土地质量指标》等一系列土地适宜性评价指南，为各国开展实践提供基本方向。这一时期内，遥感、地理信息系统和全球定位系统技术被广泛应用于土地评价当中，在土地评价工具不断提升的同时，各类模型方法诸如层次分析法、模糊隶属度、神经网络等的广泛运用，提升了土地评价为决策服务的精准性和科学性。

在我国，土地评价的相关认知随着 20 世纪 80 年代后期土地利用规划与耕地保护工作展开而不断深化。1986 年，农牧渔业部土地管理局和中国农业工程研究设计院等单位共同研究制订的《县级土地评价技术规范（试行）》，是我国土地评价系统建设的标志性事件之一。受国外土地评价研究与实践的影响，我国发展形成了农地评价、建设用地评价、可持续评价综合的多宜性评价体系。在农地评价方面，农业部门发展了农地分等定级与农地估价，从偏重土地自然属性管理发展到人地一体化的资产管理，更关注经济效益的农地估价实践、森林种植的林业评价、草地质量的土地评价等（倪绍祥，2003）。在建设用地评价方面，随着城市土地定级估价模型、城市建设用地质量评估等模型不断进行改进，许多研究将公共政策影响纳入考虑范围，例如，薛继斌等（2011）将规划管制作为了影响城市建设用地适宜性的影响因子。

这一阶段土地评价已经广泛应用于规划领域当中，并在可持续发展理念影响下衍生出了许多新的研究分支。土地生态评价、土地可持续利用评价逐渐受到重视，许多土地评价的研究与实践开始注重经济效益和生态效益而非单纯的农业生产潜力或者建设项目的适宜性。在认识论层面，土地评价更多地与土壤学、景观生态学、经济学、计算机科学等技术相结合，成为公共决策的有效依据，空间分析方法、数理统计方法也丰富了评价技术体系。这一时期内的土地评价呈现出"爆发式"成长，为后续向国土空间适宜性评价演化奠定了良好的基础。

概括而言，该阶段以建设用地和土地生态适宜性研究为主，关注自然资源环境和社会经济条件对适宜性的综合影响。在认识论上，土地适宜性不再被单纯地认为是"千层饼模式"，更多与经济学、景观生态学、地理信息系统等学科结合，产生基于空间相互作用、生态位等新认识角度。在研究方法上，形成了以空间叠加法、多指标决策法、人工智能法为核心构架，景观生态法、生态位法、阻力-引力法等为补充的方法体系。这一时期的土地适宜性评价，不仅已成为世界各地把握土地开发与利用优化的基本流程，而且涉及尺度、应用领域、技术条件等日臻多元，评价的纲领、流程、内容和技术渐趋成熟。

（二）土地适宜性的深化：面向空间统筹的开发适宜性评价研究

进入 21 世纪，中国城镇化和工业化进程快速推进，国土空间开发利用格局发生了显著变化，城镇空间在快速扩张的同时，生态农业空间受到严重挤占。优化国土空间开发格局，协调开发与保护之间的矛盾，已经成为亟待解决的重要命题（樊杰，2007）。这一时期内许多计算机模拟及数学决策方法已经相当成熟，人们对国土开发适宜性这一概念有了较为深刻的理解，其在宏观层面上指代国土空间城镇、生态、农业功能适宜程度，在微观层面上是某一土地是否适合进行开发建设活动。

当前，越来越多的研究在进行国土空间开发适宜性评价时更多地融合了社会、经济、环境等因素并且聚焦特定某一类建设项目的用地适宜性。例如，Gong 等（2012）利用物元分析法针对整体建设用地开发适宜性进行评价；Delgado 等（2008）运用布尔逻辑、二项权重法、加权求和法等多个方法评价公共设施用地适宜性；Javadian 等（2011）认为学生心理健康与教育环境紧密相关，可以从自然、文化、经济和环境四个维度评价教育用地的适宜性。类似的商业、工业、住宅、基础设施等也是国外学者研究的热点方向。另外，研究者也试图从人本身出发来研究适宜性评价的内在机制。Chow 和 Sadler（2010）为了进一步追踪在适宜性评价中各因子的"权重"作用机制，运用层次分析法对利益相关人和外部参与者两类专家的打分展开适宜性评价，发现了两类专家系统的决策结果差异较大，但是经过反复权衡能够达成一致。此外，在传统的农用地评价方面，有学者尝试开发自动化的土地评价软件并且运用在山地农业适宜性评价当中（Nguyen et al.，2020），且聚焦的尺度趋向于微观化，旨在更为精准地识别扰动不同作物生长状况的主导因素（Cornwell et al.，2020）。

从国内来看，如何构建国土空间开发秩序对国土空间开发适宜性评价提出了更高的要求，相关研究也正处于不断增长的阶段。在理论研究方面，唐常春和孙威（2012）、喻忠磊等（2015）给出了国土空间开发适宜性的定义。在研究尺度上，随着计算机硬件技术的支持，国家、经济带等大尺度研究逐渐成为应用方向，省、市、县的国土开发适宜性评价也开始注重方法模型的运用。在研究对象上，研究所关注的地域类型也存在不同，涉及山地丘陵、平原地区、河湖岸线、扩展建设用地等（Pourebrahim et al.，2011；Gong et al.，2012；彭建等，2015）。针对不同地域类型，既有研究所选择的适宜性评价因子、评价单元、权重处置方法等有所差异。在评价单元上，研究学者采用栅格单元、景观图斑等单元进行评价，通常采用行政区划为评价单元，以满足不同层级政府的决策需要。

这一阶段中，国土空间开发适宜性评价概念越来越清晰，研究尺度和评价单元呈现出多元化的态势。然而，在这一阶段内国土空间开发适宜性评价在总体上仍然是延续了土地适宜性评价的研究框架，所采用的方法也仍然是过去主流的评价技术，如何与大数据、深度学习等相互融合是适宜性评价中的重难点。另外，在理论层面，尽管很多学者尝试着明晰"国土空间开发适宜性"的概念，但是其理论研究仍较为羸弱，尚未形成系统的研究成果，例如，其在国土空间规划体系中是一个什么样的地位？其与过去土地利用规划、城乡规划中的土地适宜性评价的有什么区别？这些都是在规划编制和实施时需要考虑的问题，因此亟须学术界进行理论响应。

二、国土空间开发适宜性评价技术的演化

国土空间开发适宜性评价是近百年来国内外土地资源领域的研究热点之一。一方面，适宜性评价不仅涉及资源环境本底勘察，也涵盖决策科学、数理统计、地理信息系统多个领域，吸引众多领域的学者深入研究；另一方面，适宜性评价已经从纯粹意义上的研究扩展到了一项"扎根于大地"的实践性研究，规划基础性工作的定位已经深入人心。

国土空间开发适宜性评价采用的方法直接影响了评价结果的科学性，Malczewski（2004）曾指出适宜性评价方法必须遵循实用、严谨、经济、便捷原则，并且能够反映多个利益相关人的需求。根据不同的评价方法，国土空间开发适宜性评价的主流技术模式主要有四类：多因素综合评价、基于空间相互作用的评价、基于生态位模型的评价和基于公众参与理念的评价。

（一）多因素综合的国土空间开发适宜性评价

1. 源起：多因素的协同作用

国土空间是自然、经济、社会的综合体，人类的任何开发建设活动都是多要素权衡之下的综合考量。早期原始社会人类"逐水草而居"到现代文明社会的"空间集聚效应"，建设活动的核心逐渐从关注自然禀赋向强调经济文化转型。这些现象表明，国土空间不仅是一种物质空间，更是一种功能空间，适宜性是国土空间内多种因素对特定行为共同作用的结果。

该评价模式集成了自然、经济、社会多个因素，每一个因素的重要性不同，一般建立在以下假设的基础之上：①影响因素的可比性、可加性，即在特定的土地利用行为之下，不同因素与该行为的匹配程度不同，且这种差异可以被探测到，具有可加性。②评价结果的主观性。国土空间开发适宜性评价作为决策的过程性结果，主观性体现在土地开发的选择方式，各个因素的重要性，评价结果在生态、经济、社会效益及长期短期利益之中的权衡。

2. 核心内涵：影响因素的筛选与判断准则

基于多因素的国土空间适宜性评价更关注垂直性的开发过程。从使用范围来看，该模式是当前主流，既体现了国土空间开发决策的科学性，也体现了一定程度上的决策前瞻性。因此该模式既适用于宏观的国土空间开发适宜性评价，也适合微观尺度上具体建设项目的选址。

一般而言，国土空间开发适宜性评价遵循以下的评价步骤：①确定国土开发的方式，包括建设开发、农业生产、生态保护等不同主要类型的开发方式，也指具体的行为；②筛选评价指标，面向特定的土地利用行为，选择不同的评价因子并且比较其相对重要性；③综合确定评价结果，在不同的价值取向下，确定国土空间面向不同土地利用行为的适宜性。

3. 评价方法：多学科方法综合

在国土开发适宜性研究早期，主要用手绘的方式叠加不同空间要素。随着人类活动的日趋多元化，决策者所关注的尺度越来越宏大，所考虑的因素也越来越复杂。总体而言，该模式所涉及的方法牵涉多个学科，且各类方法的侧重有所不同，主要形成了三类带有明显不同学科偏好的评价方法：①计算机叠置评价法，为了克服手工绘图难以适应大量数据的局限，地图代数和制图模型被引入评价当中，大多采用较为简单的加权线性运算和布尔

逻辑判断来综合各个因素（Lai and Hopkins，1989）；②多因素决策模型，多因素决策模型融合了空间性与非空间性的数据、决策者的偏好及根据特定规则的数据操控。该模型可具体分为多目标和多属性决策，多目标决策面向结果，其方案是通过定义多个目标函数通过数学规划的方式来确定最佳方案（Malczewski，1999），而多属性决策面向数据，其最终的方案是依据不同因素的相对权重叠加而单独生成的，因简单可行、操作成本较低而被广泛运用在实践当中，主要方法为有序加权平均（Jiang and Eastman，2000）和层次分析法（Saaty，1980）；③人工智能分析法，人工智能算法与地理信息系统（geographic information system，GIS）相结合是适宜性评价方法的主流方向之一，包括模糊逻辑判断、神经网络、进化（遗传）算法、物元分析等，其以非线性的方式模拟了真实世界，在计算过程中也"隐含"了人类的复杂决策过程，因此许多学者展开进行了一系列的改进研究（赵柯等，2021）。

4. 评价方法的局限

该评价模式在综合了众多学科研究方法的同时，也难以回避一些固有的问题。首先，从普通的计算机叠置方法来看，有学者认为这种评价方法过于简化了规划问题背后的过程复杂性，过于注重对事实的描述，而忽视建立在事实基础上的价值判断。其次，在多因素决策模型中，多属性和多目标决策也存在一定缺陷，多目标决策难以保证国土空间利用格局在最终的结果当中具有连续性、紧凑性，往往需要进行修正。而多属性决策对不同影响因素的标准化至今尚没有较好的理论研究来支撑。进一步，对应到具体的决策方法中，不同的评价标准导致了适宜性评价结果有很大的差别，因此采用多种方法进行稳健性判断是当前公认的方法之一（Carver and Peckham，1999）。最后，从人工智能分析法来看，许多计算方法将整个决策过程伪装成了一个"黑箱"，并且在模型的参数选择方面对于用户的门槛较高，可理解性较差，使用成本高（O'Sullivan and Unwin，2003）。

（二）基于空间相互作用的国土空间适宜性评价

1. 源起：空间的相关性、异质性定律

土地利用行为和区域开发受本地资源要素与人类活动过程等多方面影响，多要素综合评价难以兼顾国土空间开发的空间相互作用一直是其缺陷所在，而基于空间相互作用的评价模式从地理学第一定律、第二定律出发，更关注空间的相邻评价单元之间的影响。

在多因素判断的基础之上，该评价模式依赖于两个基本地理学定律：①空间相关定律（地理学第一定律），即各类土地利用行为与邻近的开发行为有关，一般来说，距离越近，各开发行为间相关性越大，反之距离越远，相异性越大；②空间异质性定律（地理学第二定律），即空间区位不同，土地利用开发的行为也会存在差异。

2. 核心内涵：识别空间的相互作用

近几年来，许多学者尝试着从空间相互作用的角度进行国土空间开发适宜性评价。该评价模式关注不同空间开发行为的相互作用，从宏观上把握地域经济发展格局、生态安全格局等多方面的特征。

该评价模式主要遵循以下四个步骤：①国土空间开发行为的确定，该评价模式所关注的更多为宏观上的主体功能，如城镇、农业、生态，较少研究微观的土地开发行为；②识别各类空间要素，如地形地貌、交通可达性、土地覆盖类型等；③判别各类空间要素的作用关系，该模式在与多要素叠置评价的基础之上，注重运用景观生态模型、累积阻力模型、引力模型来识别各影响因子的关系；④集成评价结果，一般通过两种方式将空间作用关系纳入考虑，一是直接运用空间作用关系进行适宜性评价，二是利用各类影响因素的空间作用关系对多要素综合评价进行修正。

3. 评价方法：地理学模型的融合运用

该类研究模式在多要素综合评价的基础之上，更为注重探究各个影响因子的空间作用关系，其主要有三类研究方法：①景观格局指数修正，先基于多要素综合法对国土空间开发适宜性进行评价，再根据图斑破碎度、连通度、多样性等景观格局指数来修正适宜性结果；②"源-汇"视角下的累积阻力模型，首先确定扩展的"源"，其次构建连通性或者成本距离评价国土空间开发适宜性；③经济地理学中的引力模型、重力模型，用该类评价方法进一步探究各评价单元之间的作用关系。例如，杨立等（2011）利用引力模型识别了各个村庄与近邻城镇之间的吸引力，结合适宜性评价判断不同的农村居民点如何进行整治优化。

4. 评价的局限

该评价模式从地理学视角为国土空间开发适宜性评价提供了新思路，认识了人类各类开发活动的外部性。但是仍然具有一定缺陷：首先，从景观格局指数修正法来看，其测度标准虽然多样化，但如何修正适宜性评价仍然缺乏一定的科学支撑；其次，在阻力模型中，各种影响因子的阻力判断仍然具有一定的主观性，在实践中难以进行大范围推广。此外，此类研究均是在中观、宏观的尺度展开，较少深入到更细微的层面。

（三）基于生态位模型的国土空间适宜性评价

1. 源起：发展的资源需求与需求生态位

生态位概念最初由 Grinell（1917）明确提出，其概念为"生物在栖息地所占据的空间单元"，之后 Elton 和 Hutchinson 等将生态位这一概念扩展到了资源环境领域（欧阳志云等，1996）。区域发展必须立足于资源环境，这里的资源不仅是指自然资源，同样也指社会经济条件等多维的资源空间。因此，不同的国土空间开发活动所需求的资源空间存在着不同。例如，农业生产当中关心的是当地的光、温、水、热等自然要素，包括劳动力投入、机械化水平投入等；而在房地产开发中，其关心的更多是当地的人口结构、收入水平及区位条件等因素，所需求的因素共同构成了国土空间开发的生态位。

该模式一般基于以下假设，①Shefold 限制性定律，任何一个因子在质量或者数量上的不足，都会使得该类开发活动不适宜或者受限制（蒙莉娜等，2011）；②开发活动的"优势种"假设，各类开发活动的需求空间与实际资源空间的匹配程度决定其竞争力强度大小，由此决定了适宜性程度的大小。

2. 核心内涵：需求空间-资源空间-适宜性

基于生态位的适宜性评价模式在中国最初由欧阳志云等于 1996 年引入到国土空间开发适宜性评价当中，并由牛海鹏和张安录（2008）、赵素霞等（2016）从耕地开发保护的角度进行了相关深化研究。该评价模式聚焦于空间的供需平衡，承认了各类影响因素的相关性，并认为各类要素对各类开发行为的影响可以分为三种类型：①必须满足特定开发行为的最低要求，资源的供给越丰富该开发越适宜；②要求各类资源的供给必须在一个区间范围内，过多或者过少均会影响开发利用的适宜性；③随着各类资源的供给增加，对开发利用行为的制约越发严重。

基于各类要素对于国土空间开发适宜性的影响类型，该评价模式所遵循的基本步骤为：

①构建面向国土空间开发的指标体系；②确定各类影响因子的限制类型并量化最优生态位值；③收集资源空间内部各类影响因子的现状值；④确定特定开发行为下的适宜性等级或评分。

3. 评价方法：生态位模型

该评价模式主要运用在农业开发适宜性评价当中。不同开发行为的需求共同构成了一个 n 维的超体积，将需求空间与资源空间所能提供的支持空间相比较，从而确定国土空间对于该开发行为的适宜程度。各类影响因子可以抽象为以下三种函数。

（1）正向因子：

$$N_i = \begin{cases} 0, & x_i < D_{i\min} \\ x_i / D_{i\_opt} & D_{i\min} < x_i < D_{i\_opt} \\ 1, & x_i \geq D_{i\_opt} \end{cases} \quad (2\text{-}2)$$

（2）适度因子：

$$N_i = \begin{cases} 0, & x_i \leq D_{i\min}, x_i \geq D_{i\max} \\ (x_i - D_{i\min})/(D_{i\_opt} - D_{i\min}), & D_{i\min} \leq x_i < D_{i\_opt} \\ (D_{i\max} - x_i)/(D_{i\max} - D_{i\_opt}), & D_{i\_opt} \leq x_i < D_{i\max} \end{cases} \quad (2\text{-}3)$$

（3）负向因子：

$$N_i = \begin{cases} 1, & x_i \leq D_{i\min} \\ 1 - (x_i - D_{i\min})/(D_{i\max} - D_{i\min}) & D_{i\min} \leq x_i < D_{i\max} \\ 0, & x_i \geq D_{i\max} \end{cases} \quad (2\text{-}4)$$

式中，N_i 为第 i 项评价因子的生态位适宜度；x_i 为第 i 项评价因子的现实生态位；D_{i_opt} 为第 i 项评价因子的最优生态位；$D_{i\min}$ 为第 i 项评价因子的生态位最小值；$D_{i\max}$ 为第 i 项评价因子的生态位最大值。最终结合各类评价因子的适宜度，取其几何平均值作为适宜度指数。

$$N = \left[\prod_{i=1}^{n} N_i \right]^{1/n} \quad (2\text{-}5)$$

式中，N 为国土空间对该开发行为的生态位适宜度指数。

4. 评价的局限

该评价范式较为全面地考虑了各类影响因子对开发活动的影响，并以模型化的方式刻画了其中的影响机制。然而，基于生态位模型如何确定最优生态位值的大小及生态位最大值、最小值仍然带有强烈的主观性。另外，如何定量刻画不同因子的相对重要性仍是有待进一步商榷的问题。

（四）基于公众参与理念的国土空间适宜性评价

1. 源起：关注不同利益主体的诉求

上述三类评价模式关注特定开发方式与土地自然条件的匹配程度。然而，人类的开发活动具有经济、社会、生态多维内涵，国土空间适宜性评价也已经深入决策领域，评价结果影响到了各个利益相关人的切身利益。单纯考虑国土空间开发行为和国土空间的属性而忽略利益相关人，只是形式上的"最优选择"而并非事实上的"最优决策"。事实上，在许多适宜性评价的规划实践当中，其结果并非是不变的，往往综合了决策者的开发意志和空间约束等多种考量。该评价体系认为国土空间适宜性取决于区域内相关利益主体的价值和利益诉求,重点聚焦公众利益诉求、不同土地用途内部协调的参与式适宜性评价。

该类评价模式一般基于以下假设:①人类在各类决策当中不只是"理性人",更是社会人,内部专家所提供的知识在短期的决策当中更为有效;②国土空间适宜性评价不仅是一项封闭实验,更是一项裹挟了众多利益相关人的决策过程。

2. 核心内涵:从"人-地"关系到"人-人"关系

该评价模式如今在各地被广泛采纳,尽管在具体的实施层面差异较大,但是关注"人-人"关系已经成为规划界主流趋势。一般遵循以下步骤:①构建参与式评价框架,除了考虑传统的自然因素之外,各利益相关人的诉求一般通过设立单独的适宜性评价因子,或者基于参与者对已经设定的适宜性评价因子的判断来反映;②进行社会调查采集信息,早期研究往往采用抽样调查的方式,但是随着开放式网页平台的普及,越来越多的学者采用网上问卷的方式,既节约了成本也可以规避样本过少的问题;③数据处理与空间叠置,对收集的利益相关人的需求进行量化,大多选择将其相对重要性量化为权重。

值得注意的是,该研究模式随着研究目的变化,整体设计方案也会有所不同,例如,在判断各类影响因素的重要性时,传统研究中一般不同利益相关人的"声音"会被滤波最终形成一个平均"权重",但这种做法容易忽略少数人的利益而有失公正,因此有学者尝试构建新的公众参与式评价框架以满足少数利益诉求者的需求。

3. 评价方法:以社会调查为核心

基于公众参与的评价模式涉及评价方法与不同的评价阶段有关,分别是社会调查法与空间叠置法两类。社会调查法注重评价数据来源的准确、全面、科学,具体来看主要有两类:一是实地调查访谈,通过参与式调查、结构或半结构式访谈、问卷调查获取;二是利用网络调查问卷的方式进行民意调查,例如,Shearer 和 Xiang(2009)通过在线问卷的方式进行了社会调查。目前此类方法在国内规划实践中尚未成熟,主要为规划编制提供参考借鉴。

4. 评价的局限

当前基于公众参与的评价模式大多局限在小尺度研究,例如,社区公园的建设选址、垃圾场的选址等具体项目的适宜性评价。在宏观尺度上开展公众参与式的国土空间开发适宜性评价工作量较大,而基于小样本的研究方法是否具有尺度依赖性也值得进一步探讨,这是当前的难点也是未来研究的方向之一。同时,由于公众包含了不同产业部门、知识背景,如何综合不同公众的意见进而维持公正,值得研究界进一步深入。此外,当前诸多研究在形式上注重社会公众的"有效需求",较少以科学、正式的角度去看待纵向不同层级政府,横向政府部门的"有效供给",使得政府决策缺乏理论依据。

第三节　两个评价整合的研究进展

一、"双评价"的理论研究进展

自改革开放以来,我国在短短 30 多年期间走完了西方发达经济体数百年的工业化、城镇化道路。在中国国内生产总值(gross domestic product,GDP)增长"奇迹"背后,是以大量自然资源消耗、生态环境破坏为代价的,这种"高生产、高污染、高消耗"发展模式滋生的环境问题,迫使中国重新审视自身发展道路。面对新时代国内"发展不平衡不充分"

和国际"百年未有之大变局"两大挑战，国土空间治理转型是全面深化改革的重要组成部分，"双评价"也被赋予了全新的内涵。

从两个评价的各自源起上看，资源环境承载力评价理论渊源更为悠久，而国土空间开发适宜性评价从诞生起就服务于实践决策，两者之间的逻辑关联在早期尚未出现类似的研究。直到 FAO 在 1977 年开始运用农业生态区划法（AEZ）来测算发展中国家的资源环境承载力，该实践巧妙地结合了土地对农业开发的适宜性，并且计算了所能承载的人口规模。尽管该实践注重于农业导向的适宜性评价与人口承载规模，但也证明了"双评价"集成范式的可行性与有效性。

尽管当前"双评价"工作在新一轮国土空间规划的热潮下正在如火如荼地进行，但是许多基础性的理论问题尚未厘清，例如，"双评价"的概念界定；两者在实践之中如何相结合；不同的结合方式又具有什么样的特点等均尚未达成共识或形成系统性的研究体系。"双评价"给出了评价单元对城镇建设、农业生产或生态保护等不同地域功能的适宜程度（王亚飞等，2019）。随着实践的不断深入，"双评价"相关问题越辩越明，当前相关"双评价"的研究主要集中在两个评价的关联逻辑研究、基础应用研究、指标体系研究三个方面。

（一）两个评价的关联逻辑研究

以"双评价"作为前端性、基础性的工作来支撑国土空间规划的编制已经成为广泛的共识，但是在具体的规划工作中，"双评价"两者有何关联、如何实践仍然是当前的研究热点。在"双评价"的关联逻辑上，不同的学者对两者的主次顺序、价值取向、技术响应进行了探讨。例如，樊杰（2007）认为，资源环境承载力评价更基础，适宜性评价必须基于承载力评价的结果进行开展；岳文泽和王田雨（2019）则认为承载力以保护为价值导向，具有约束性，而适宜性评价则以开发为价值导向，具有发展性，两者相互制衡同时又相互促进；郝庆等（2019）认为"双评价"具有内在统一性，两者都包含数量与方向的概念，必须要确定特定承载的对象或者开发利用的行为，才能确定承载力大小或者适宜性高低。

在技术响应方面，当前学界主要流行三类评价模式：一是将适宜性评价作为承载力评价的组成部分，在 FAO 的早期生态农业区划实践、我国的《资源环境承载能力监测预警技术方法（试行）》中均有体现类似的技术模式；二是将承载力评价结果作为适宜性评价的基础，2019 年 3 月"双评价"指南中，通过资源环境承载能力评价结果得到生态保护等级，以及农业功能、城镇功能指向的承载等级，进而筛选出生态、农业、城镇备选区域，并在备选区域中进行适宜性评价；三是将"双评价"整合为一个评价，在 2020 年 1 月"双评价"指南中，将承载力评价整合至农业、城镇功能指向下的适宜性评价中，再根据评价结果计算承载规模，确定了"适宜性定空间，承载力定规模"的技术模式。

（二）"双评价"的基础应用研究

在"双评价"的基础性作用得到广泛认可的同时，也有许多学者针对"双评价"的技术难点进行探讨，特别是如何在"双评价"结果的基础之上开展规划编制工作，是当前实践中遇到的难题。当前，"双评价"在实践应用主要分为两个方面：一是为划定"三线"等控制线做基础支撑，例如，在城镇开发边界划定方面，张韶月等（2019）基于"双评价"的结果，结合未来土地利用模拟（Future Land Use Simulation，FLUS）模拟城镇扩张以确定城镇开发边界；申杨等（2021）构建了"承载力-适宜性-质量"三位一体的永久基本农田划定技术模型，在耕地综合分区基础上划定永久基本农田。然而，魏旭红等（2019）指出"双评价"的结果并不能直接决定"三区三线"划定，只是对"三区三线"从生态、农业、城镇综合视角下的一种判断，最终的划定应当结合地区发展战略、利益相关人诉求进行协调统筹。二是为落实主体功能区战略，在宏观层面指示不同地域功能，例如，王亚飞等（2019）则运用"双评价"集成的思路，构建了综合效益最大化的目标函数，为地域功能优化分区提供最优的方案。

　　"双评价"同样也存在着许多理论上的问题，如约束性不强、指标体系构建不全面、计算方法不科学的问题；结果的社会性、公正性的缺失，陆海统筹的可操作性存在较大难度；在不同层级的国土空间规划中传导失灵等。因此许多研究者针对这些问题提出了相应的策略，有学者提出了"基础数据、技术衔接、建立传导"三个维度的建议，从技术层面、制度层面探讨了"双评价"工作的优化路径（蒋国翔等，2020），并且进一步构建了微观层面的"空间传导-空间划定-空间测算"的评价技术框架（李永浮等，2020）。另外，也有研究者基于"本底-状态-效率"的承载力评价与"限制-优势-潜力"的国土开发适宜性评价为中小尺度的建设用地布局与指标分配提供参考依据（南锡康等，2020）。

（三）"双评价"指标体系研究

　　虽然"双评价"在概念上统一了资源环境承载力评价与国土空间开发适宜性评价，但是在具体的实践当中，两者的具体技术方法仍然有所不同。在资源环境承载力方面，研究层面与实践当中所采用的方法差异较大。一方面，现行的资源环境承载力的评价方法较以往更为注重生态、经济、社会含义，同时更加注重评价的实践意义。在具体的评价模式方面，目前以多因素综合下的资源环境承载力评价为主流模式，如"资源承载力、环境承载力和社会承载力"三维框架（姜长军和李贻学，2017）；"承载能力、承载状态、敏感性、承载压力"一级指标的划分（黄敬军等，2015）；还有"支撑力、压力、润滑力"的评价方式（吴大放等，2020）；其余的评价模式由于其操作较为复杂或存在一些回避的方法缺陷而较少的使用。另一方面，在实践当中的资源环境承载力评价则更强调操作性、灵活性，在早期的"双评价"指南中一般通过适宜性评价去除强限制性因子，即在国土空间开发适宜性评价的基础上来确定城镇导向、农业导向下的承载规模。在2020年1月的"双评价"指南当中已经对各地的评价指标做出严格的限制，鼓励因地制宜确定指标，并且将农业承载的类型进一步细分为种植业、渔业及养殖业各类，极大地丰富了承载力的内涵。

　　在国土开发适宜性评价方面，当前的实践中已经倾向于认为其与资源环境承载力评价是串联递进的，而不是独立割裂的两个并行评价。"双评价"指南主要采用判断矩阵进行逻辑修正的方法综合不同影响因素的适宜性，而较少采用加权赋分方法。从研究层面来看，不同学者的评价体系各有不同，有学者将资源环境承载力归为适宜性评价的组成部分；也有基于国土空间开发约束、开发程度和规划政策的评价（刘丰有和王沛，2014）。

　　综上所述，当前"双评价"的研究反映出来以下问题：一是由于评价模型尚未统一，各个层级政府之间的数据传导机制尚不完善且存在失真和误差，数据的选取就存在不确定性；二是无论在实践层面或是研究层面，均忽视了各类影响因子之间的共线性，从而导致评价结果容易放大某一因素的影响而忽视了其余因素；三是尽管当前的研究承认了社会、经济因素在国土空间开发中的重要作用，但是过度考虑该类指标容易放大开发建设活动的经济效益而忽略生态环境的正外部性。

二、"双评价"实践方法的探索

从当前的实践探索来看，省、市、县不同尺度的"双评价"方法均存在较大的差异，各地所进行的实践特色与缺陷并存。

（一）省级"双评价"方法的实践探索

省级国土空间规划是落实国家重大发展战略的重要载体，是对省域国土空间一定时期开发、保护、修复的统筹部署和政策总纲，也是市县国土空间规划的基本依据。当前各省"双评价"工作已陆续完成，从已有的省级实践来看，广东省的地方实践在方案制定、评价程序等方面的探索较为深入。

首先，广东省针对技术指南中可能不适用于本省指标、算法、阈值等问题，组织开展了多次多学科专家的研讨，在多方案比选的基础上，进行了数据、指标的替代。例如，广东省地处亚热带季风区，在进行生态系统服务评价时针对评价因子的标准化方法进行了修正；对于国土空间开发适宜性评价与资源环境承载力评价的判断矩阵等，上述方法的调整使得"双评价"更符合实际。其次，广东省尝试开发自动化的评价程序，避免了人工操作运算可能带来的错误，保证了评价过程的智能化和规范化。最后，广东省建立了省-市联动评价流程，明确了不同层级的国土空间评价重点，同时也增加了评价结果与现状和规划校验等技术环节，提升了整体的科学性（陈伟莲等，2020）。

再如，浙江省构建了"能力-压力-潜力"三个层面的承载力分析框架，并且通过承载能力和承载潜力对适宜性评价的范围和结果进行修正优化。一方面，将土地资源所能支撑的最大国土空间开发范围（即极限承载能力范围）作为适宜性评价在空间上的底线约束；另一方面，以资源环境承载潜力作为国土空间开发适宜性评价的修正因子，以国土空间开发适宜性评价结果为基础，若资源环境承载潜力为低等级，则将适宜性等级下调一级，修正结果可以作为各类开发活动空间选择的优先级（夏皓轩等，2020）。该方案的"承载能力"量化了底线约束范围，并且通过承载能力修正适宜性的评价也较好地满足了空间开发优先级决策的需要。

上述省级"双评价"实践当中同时也存在一定的问题，一是省级"双评价"侧重落实国家层面的战略引导，同时也应注重引导市级国土空间开发方向。如何沟通省-市的"双评价"，解决不同层级"双评价"所存在的精度差异，兼顾下级政府之间的发展需求差异是省级实践中的难点。二是各个评价指标之间的逻辑尚未厘清。"双评价"是一个过程，不仅要识别当地的自然地理格局风貌，更要识别面向未来发展的资源短板，若将生态保护红线、永久基本农田等管制性指标先入为主地作为限制性因子则很难反映地区的资源本底全貌。

（二）市县"双评价"方法的实践探索

《指南》中指出市县级"双评价"是对省级评价的扩展，市县级"双评价"应当更进一步提高评价精度。例如，长沙市"双评价"采取并行方式，独立开展生态、城镇、农业特定指向的资源环境承载力评价，随后进行修正得出国土空间开发适宜性初步评价结果，在生态优先思维下，以生态适宜性结果对农业、城镇开发适宜性评价结果进行修正。进而，在后续的工作中进一步分析，识别国土空间开发保护优势与短板，评估国土空间规划存在潜在问题与风险，进一步为"三区三线"划定、主体功能区研判提供支撑与参考（罗逍等，2019）。

从县级"双评价"实践来看，浙江嘉兴市嘉善县主要以《指南》评价流程为主要依据，创新构建了"空间传导-空间划定-空间测算"评价技术思路。首先，分别开展生态、农业、城镇国土空间开发适宜性评价。其次，将县域城镇建设不适宜区、生态保护极重要区等重点区域进行扣除，并作为农业、城镇的最大承载规模。最后，以规划指南中有关地均、人均标准为依据，计算资源约束下农业生产和城镇建设最大承载规模，依据"短板原理"确定最终承载规模。该实践案例为沿海发达地区进行"双评价"在技术流程上提供了参考（李永浮等，2020）。

总体来看，市、县级"双评价"中也存在着一些问题：首先，基础数据的缺失迫使规划部门只能替换数据，而有的数据精度不够，例如，水资源的数据难以落到空间，极大地影响了"双评价"的准确性；其次，在处理城镇和农业空间的冲突时，如何权衡城市发展和粮食安全之间的矛盾亟待寻求解决路径；最后，在评价结果传导方面，如何与评价精度可能存在差异的省级"双评价"衔接，同时更好地传导到城镇建设中也是当前存在的难题。

参 考 文 献

陈伟莲，李升发，张虹鸥. 2020. 面向国土空间规划的"双评价"体系构建及广东省实践. 规划师，36（5）：21-29

陈卫，孟向京. 2000. 中国人口容量与适度人口问题研究. 市场与人口分析，（1）：21-31

陈先鹏，方恺，彭建，等. 2020. 资源环境承载力评估新视角：行星边界框架的源起、发展与展望. 自然资源学报，35（3）：513-531

樊杰. 2007. 我国主体功能区划的科学基础. 地理学报，（4）：339-350

方精云. 2000. 中国森林生产力及其对全球气候变化的响应. 植物生态学报，（5）：513-517

方恺. 2015. 足迹家族：概念、类型、理论框架与整合模式. 生态学报，35（6）：1647-1659

封志明. 1994. 土地承载力研究的过去、现在与未来. 中国土地科学，8（3）：1-9

封志明，杨艳昭，闫慧敏，等. 2017. 百年来的资源环境承载力研究：从理论到实践. 资源科学，39（3）：379-395

傅伯杰. 1987. 美国土地适宜性评价的新进展. 自然资源学报，2（1）：92-95

高阳，冯喆，王羊，等. 2011. 基于能值改进生态足迹模型的全国省区生态经济系统分析. 北京大学学报（自然科学版），47（6）：1089-1096

顾学明，王世鹏. 2011. 基于突变级数法的北京市相对资源承载力评价研究. 资源与产业，13（3）：61-65

郭志伟. 2008. 北京市土地资源承载力综合评价研究. 城市发展研究，（5）：24-30

郝庆，邓玲，封志明. 2019. 国土空间规划中的承载力反思：概念、理论与实践. 自然资源学报，34（10）：2073-2086

郝晓辉. ECCO 模型：持续发展的全新定量分析方法. 1995. 中国人口·资源与环境，（1）：47-50

户艳领. 2014. 区域土地综合承载力评价及应用研究. 北京：中国地质大学博士学位论文

黄常锋，何伦志，刘凌. 2010. 基于相对资源承载力模型的研究. 经济地理，30（10）：1612-1618

黄敬军，姜素，张丽，等. 2015. 城市规划区资源环境承载力评价指标体系构建——以徐州市为例. 中国人口·资源与环境，25（S2）：204-208

黄宁生，匡耀求. 2000. 广东相对资源承载力与可持续发展问题. 经济地理，（2）：52-56

黄贤金,宋娅娅. 2019. 基于共轭角力机制的区域资源环境综合承载力评价模型. 自然资源学报,34(10):2103-2112

黄贤金,周艳. 2018. 资源环境承载力研究方法综述. 中国环境管理,10(6):36-42,54

姜长军,李贻学. 2017. 基于熵值法TOPSIS模型的陕西省资源环境承载力研究. 资源与产业,19(3):53-59

蒋国翔,王金辉,罗彦. 2020. 国土空间"双评价"再认识及优化路径探讨. 规划师,36(5):10-14

靳相木,李陈. 2018. 土地承载力研究范式的变迁、分化及其综论. 自然资源学报,33(3):526-540

蓝丁丁,韦素琼,陈志强. 2007. 城市土地资源承载力初步研究——以福州市为例. 沈阳师范大学学报(自然科学版),(2):252-256

李陈. 2016. 基于社会人假设的土地资源综合承载力模型及其应用. 杭州:浙江大学博士学位论文

李卫国,李正金,申双和. 2009. 小麦遥感估产研究现状及趋势分析. 江苏农业科学,(2):6-7

李文华. 2000. 可持续发展的生态学思考. 西华师范大学学报(自然科学版),(3):215-220

李永浮,蔡宇超,唐依依,等. 2020. 我国县域国土空间"双评价"理论与浙江嘉善县实证研究. 规划师,36(6):13-19

刘东,封志明,杨艳昭. 2012. 基于生态足迹的中国生态承载力供需平衡分析. 自然资源学报,27(4):614-624

刘丰有,王沛. 2014. 基于熵值法的国土空间开发适宜性评价——以皖江城市带为例. 国土与自然资源研究,(3):11-14

罗逍,邓方荣,郭美芳,等. 2019. 长沙市"双评价"实践探索:活力城乡 美好人居//2019中国城市规划年会论文集(11总体规划):46-59

毛汉英,余丹林. 2001. 区域承载力定量研究方法探讨. 地球科学进展,(4):549-555

蒙莉娜,郑新奇,赵璐,等. 2011. 基于生态位适宜度模型的土地利用功能分区. 农业工程学报,27(3):282-287

孟菲,赵海霞,牛铭杰,等. 2019. 南京市环境承载力评价及其成因分析. 中国环境科学,39(9):4007-4016

南锡康,刘天科,周璞,等. 2020. 土地资源建设开发承载力与适宜性评价研究. 中国国土资源经济,33(2):66-70

倪绍祥. 2003. 近10年来中国土地评价研究的进展. 自然资源学报,(6):672-683

牛海鹏,张安录. 2008. 基于生态位理论的耕地数量变化驱动机制分析. 资源科学,(10):1533-1540

欧阳志云,王如松,符贵南. 1996. 生态位适宜度模型及其在土地利用适宜性评价中的应用. 生态学报,(2):113-120

彭建,谢盼,刘焱序,等. 2015. 低丘缓坡建设开发综合生态风险评价及发展权衡——以大理白族自治州为例. 地理学报,70(11):1747-1761

申杨,龚健,叶菁,等. 2021. 基于"双评价"的永久基本农田划定研究——以黄石市为例. 中国土地科学,35(7):27-36

石忆邵,尹昌应,王贺封,等. 2013. 城市综合承载力的研究进展及展望. 地理研究,3(21):133-145

孙慧,刘媛媛. 2014. 相对资源承载力模型的扩展与实证. 中国人口·资源与环境,24(11):126-135

唐常春,孙威. 2012. 长江流域国土空间开发适宜性综合评价. 地理学报,67(12):1587-1598

童玉芬. 2010. 北京市水资源人口承载力的动态模拟与分析. 中国人口·资源与环境,2(9):42-47

王亚飞,樊杰,周侃. 2019. 基于"双评价"集成的国土空间地域功能优化分区. 地理研究,38(10):2415-2429

卫思夷, 居祥, 荀文会. 2018. 区域国土开发强度与资源环境承载力时空耦合关系研究——以沈阳经济区为例. 中国土地科学, 32 (7): 58-65

魏胜文, 陈先江, 张岩, 等. 2011. 能值方法与存在问题分析. 草业学报, 20 (2): 270-277

魏旭红, 开欣, 王颖, 等. 2019. 基于"双评价"的市县级国土空间"三区三线"技术方法探讨. 城市规划, 43 (7): 10-20

吴大放, 胡悦, 刘艳艳, 等. 2020. 城市开发强度与资源环境承载力协调分析——以珠三角为例. 自然资源学报, 35 (1): 82-94

夏皓轩, 岳文泽, 王田雨, 等. 2020. 省级"双评价"的理论思考与实践方案——以浙江省为例. 自然资源学报, 35 (10): 2325-2338

夏军, 朱一中. 2002. 水资源安全的度量: 水资源承载力的研究与挑战. 自然资源学报, (3): 262-269

徐强. 1996. 区域矿产资源承载能力分析几个问题的探讨. 自然资源学报, (2): 135-141

许联芳, 谭勇. 2009. 长株潭城市群"两型社会"试验区土地承载力评价. 经济地理, 29 (1): 69-73

许新宜. 2002. 浅谈水资源的承载能力与合理配置. 中国水利, (10): 42-44

薛继斌, 徐保根, 李湛, 等. 2011. 村级土地利用规划中的建设用地适宜性评价研究. 中国土地科学, 25 (9): 16-21

杨立, 郝晋珉, 王绍磊, 等. 2011. 基于空间相互作用的农村居民点用地空间结构优化. 农业工程学报, 27 (10): 308-315

杨晓鹏, 张志良. 1993. 青海省土地资源人口承载量系统动力学研究. 地理科学, (1): 69-77

杨正先, 索安宁, 张振冬, 等. 2018. "短板效应"理论在资源环境承载能力评价中的应用及优化研究. 海洋环境科学, 37 (4): 602-607

喻忠磊, 张文新, 梁进社, 等. 2015. 国土空间开发建设适宜性评价研究进展. 地理科学进展, 34 (9): 1107-1122

岳文泽, 王田雨. 2019. 中国国土空间用途管制的基础性问题思考. 中国土地科学, 33 (8): 8-15

曾红春, 杨奇勇, 李文军, 等. 2018. 湖南省相对水资源承载力时空变化分析. 水资源与水工程学报, 29 (3): 69-74

张林波, 李文华, 刘孝富, 等. 2009. 承载力理论的起源、发展与展望. 生态学报, 29 (2): 878-888

张韶月, 刘小平, 闫士忠, 等. 2019. 基于"双评价"与FLUS-UGB的城镇开发边界划定——以长春市为例. 热带地理, 39 (3): 377-386

赵珂, 李洁莲, 夏清清. 2021. 土地生态适宜性评价的机器学习方法——以山地传统聚落选址适宜性评价为例. 城市发展研究, 28 (5): 84-92

赵素霞, 牛海鹏, 张捍卫, 等. 2016. 基于生态位模型的高标准基本农田建设适宜性评价. 农业工程学报, 32 (12): 220-228

郑杭生, 李霞. 2004. 关于库恩的"范式"——一种科学哲学与社会学交叉的视角. 广东社会科学, (2): 119-126

周侃, 樊杰. 2015. 中国欠发达地区资源环境承载力特征与影响因素——以宁夏西海固地区和云南怒江州为例. 地理研究, 34 (1): 39-52

周锁铨, 戴进, 姚小强. 1992. 土地生产潜力和人口承载力方法的研究——以陕西宝鸡地区为例. 自然资源, (6): 56-62

Allen M. 2009. Planetary boundaries: Tangible targets are critica. Nature Reports Climate Change, 3: 114-115

Bastian O, Steinhardt U. 2002. Development and Perspectives of Landscape Ecology. Berlin: Springer

Bicknell K，Ball R，Cullen R，et al. 1998. New methodology for the ecological footprint with an application to the New Zealand economy. Ecological Economics，27：149-160

Bouma J，Batjes N H，Groot J J R. 1998. Exploring land quality effects on world food supply. Geoderma，86（1）：43-59

Bowen I. 1954. Population. Cambridge：Cambridge University Press

Carver S，Peckham R. 1999. Using GIS on the Internet for planning//Stillwell J，Geertman S，Openshaw S. Geographical Information and Planning：European Perspectives. Berlin：Springer，371-390

Catton W. 1980. Overshoot：The Ecological Basis of Revolutionary Change. Social Forces，61（1）：167

Chapagain A，Hoekstra A. 2003. Virtual Water Trade：A quantification of virtual water flows between nations in relation to international crop trade Proceedings of the International Expert Meeting on Virtual Water Trade，IHEDELFT

Chow T E，Sadler R. 2010. The consensus of local stakeholders and outside experts in suitability modeling for future camp development. Landscape and Urban Planning，94（1）：9-19

Collins M G，Steiner F R，Rushman M J. 2001. Land-use suitability analysis in the United States：Historical development and promising technological achievements. Environmental Management，28（5）：611-621

Cornwell E，Sposito V，Faggian R. 2020. Land suitability projections for traditional sub-alpine cropping in the Australian Alps and Chilean Dry Andes. A combined biophysical and irrigation potential perspective. Applied Geography，121：102248

Daily G C，Ehrlich P R. 1992. Population，sustainability，and Earth's carrying capacity. BioScience，42（10）：761-771

Davidson J. 1938. On the growth of the sheep population in Tasmania. Transactions of the Royal Society of South Australia，2（62）：342-346

Delgado O B，Mendoza M，Granados E L，et al. 2008. Analysis of land suitability for the siting of inter-municipal landfills in the Cuitzeo Lake Basin，Mexico. Waste Management，28（7）：1137-1146

Del Monte-Luna P，Brook B W，Zetina-Rejón M J，et al. 2004. The carrying capacity of ecosystems. Global Ecology and Biogeography，13（6）：485-495

Ehrlich P R，Holdren J P. 1971. Impact of population growth. Science，171（3977）：1212

Ehrlich P R，Daily G，Ehrlich A，et al. 1989. Global Change and Carrying Capacity：Implications for Life on Earth. Washington，D. C：National Academy Press

FAO. 1982. Potential Population Supporting Capacities of Lands in Developing World. Rome：Food and Agriculture Organization of the United Nations

FAO. 1985. Carrying Capacity Assessment with a Pilot Study of Kenya：a Resource Accounting Methodology for Exploring National Options for Sustainable Development. Rome：Food and Agriculture Organization of the United Nations

Fearnside P M. 1986. Human Carrying Capacity of the Brazilian Rainforest. New York：Columbia University Press

Galli A，Durović G，Hanscom L，et al. 2018. Think globally，act locally：Implementing the sustainable development goals in Montenegro. Environmental Science and Policy，84：159-169

Gause G F. 1934. Experimental analysis of Vito Volterra's mathematical theory of the struggle for existence. Science，79（2036）：16-17

Gong J，Liu Y，Chen W. 2012. Land suitability evaluation for development using a matter-element model: A case study in Zengcheng，Guangzhou，China. Land Use Policy，29（2）：464-472

Grinell J. 1917. The niche relationship of the California thrasher. Auk，34：364-382

Hardin G. 1986. Cultural carrying capacity: A biological approach to human problems. BioScience，36（9）：599-604

Jaeger J A G，Bertiller R，Schwick C，et al. 2010. Suitability criteria for measures of urban sprawl. Ecological Indicators，10（2）：397-406

Javadian M，Shamskooshki H，Momeni M. 2011. Application of sustainable urban development in environmental suitability analysis of educational land use by using Ahp and Gis in Tehran. Procedia Engineering，21：72-80

Jiang H，Eastman J R. 2000. Application of fuzzy measures in multi-criteria evaluation in GIS. International Journal of Geographical Information Science，14（2）：173-184

Kingsland S E. 1995. Modeling Nature: Episodes in the History of Population Ecology. Chicago: University of Chicago Press

Knaapen J P，Scheffer M，Harms B. 1992. Estimating habitat isolation in landscape planning. Landscape and Urban Planning，23（1）：1-16

Lai S，Hopkins L. 1989. The meanings of trade-offs in multiattribute evaluation methods: A comparison. Environment and Planning B: Planning and Design，16：155-170

Lane M，Dawes L. 2013. Carrying capacity dashboard analyses: Australian case studies of populations scaled to Place. Urban Environment，（1）：27-37

Laurance W F，Kakul T，Tom M，et al. 2012. Defeating the 'resource curse': Key priorities for conserving Papua New Guinea's native forests. Biological Conservation，151（1）：35-40

Lewis S L. 2012. We must set planetary boundaries wisely. Nature，485（7399）：417

Malczewski J. 1999. GIS and Multicriteria Decision Analysis. New York: Wiley

Malczewski J. 2004. GIS-based land-use suitability analysis: a critical overview. Progress in Planning，62（1）：3-65

Maserang C H. 1977. Carrying capacities and low population growth. Journal of Anthropological Research，33（4）：474-492

Meadows D H，Meadows D L，Randers J，et al. 1972. The Limits to Growth，A Report for the Club of Rome's Project on the Predicament of Mankind. New York: Universe Books

Moss M R. 1985. Land processes and land classification. Journal of Environmental Management，20：295-319

Nguyen H，Nguyen T，Hoang N，et al. 2020. The application of LSE software: A new approach for land suitability evaluation in agriculture. Computers and Electronics in Agriculture，173：105-140

Odum E P. 1953. Fundamentals of Ecology. Philadelphia: Saunders

O'Sullivan D，Unwin D J. 2003. Geographic Information Analysis. New York: Wiley

Pearl R，Reed L J. 1920. On the rate of growth of the population of the United States since 1790 and its mathematical representation. Proceedings of the National Academy of Sciences，6（6）：275-288

Pourebrahim S，Hadipour M，Bin Mokhtar M. 2011. Integration of spatial suitability analysis for land use planning in coastal areas; case of Kuala Langat District，Selangor，Malaysia. Landscape and Urban Planning，101（1）：84-97

Price D. 1999. Carrying capacity reconsidered. Population and Environment，21（1）：5-26

Rees，William E. 1992. Ecological footprints and appropriated carrying capacity: what urban economics leaves out. Environment and Urbanization，4（2）: 121-130

Rockström J，Steffen W，Noone K，et al. 2009. A safe operating space for humanity. Nature，461（7263）: 472-475

Saaty T L. 1980. The Analytic Hierarchy Process. New York: McGraw-Hill

Seidl I，Tisdell C. 1999. Carrying capacity reconsidered: From Malthus' population theory to cultural carrying capacity. Ecological Economics，31: 395-408

Shearer K S，Xiang W. 2009. Representing multiple voices in landscape planning: A land suitability assessment study for a park land-banking program in Concord，North Carolina，USA. Landscape and Urban Planning，93（2）: 111-122

Stewart R B，Dumanski J，Acton D F. 1984. Production potential for spring wheat in the Canadian prairie provinces-An estimate. Agriculture，Ecosystems & Environment，11（1）: 1-14

Venetoulis J，Talberth J. 2008. Refining the ecological footprint. Environment，Development and Sustainability，10（4）: 441-469

Vogt W. 1948. Road to Survival. New York: William Sloane Associates

Worster D. 1985. Nature's Economy: A History of Ecological Ideas: The Geographical Journal. Cambridge: Cambridge University Press

Wright L E，Zitzmann W，Young K，et al. 1983. LESA-agricultural land evaluation and site assessment. Journal of Soil and Water Conservation，38（2）: 82

Xu K，Kong C，Li J，et al. 2011. Suitability evaluation of urban construction land based on geo-environmental factors of Hangzhou，China. Computers & Geosciences，37（8）: 992-1002

第三章 资源环境承载力评价的理论研究

21 世纪以来，我国国土空间开发失序、资源利用效率不高、生态环境风险增加等问题日益凸显。在自然资源的需求端，生态文明建设新时代促使人民对优质空间资源的诉求不断提高；在供给端，水资源短缺、水土匹配性差、环境污染加剧、生态安全不容乐观。若要解决资源错配、协调空间冲突与矛盾、提升空间治理能力，必须直面我国"多规"并存、空间治理体系混乱的现状（许景权等，2017）。因此，党的十八大报告指出要按照人口资源环境相均衡、经济社会生态效益相统一的原则，控制开发强度，调整空间结构，促进"生产空间集约高效、生活空间宜居适度、生态空间山清水秀"。

在"双评价"的理论建构与政策应用中，争议主要聚焦在资源环境承载力相关的理论逻辑问题。技术进步、消费结构及政策规制的动态性使承载力评价的现实意义受到质疑，目前对资源环境承载力的理论内涵与科学认知还缺乏基本的共识，这将会进一步影响其向实践应用的扩展。因此，本章将在第二章对国内外资源环境承载力研究系统梳理的基础上，重点围绕资源环境承载力的概念、内涵、外延及逻辑框架展开理论研究，深化对资源环境承载力的理论认知，明确界定资源环境承载力的理论内涵，厘清资源环境承载力内涵维度之间的逻辑关系，强化对资源环境承载力评价的技术支撑，提升"双评价"的科学性。

第一节 资源环境承载力的概念与内涵

鉴于我国资源环境问题的日益加剧，国家相继出台了一系列相关管理政策，旨在强化资源环境承载力评价在国土空间开发过程中的基础性支撑作用。以"双评价"为基础来支撑国土空间规划编制已经成为基本共识，资源环境承载力的综合评价已被视为规划决策的重要依据，在优化国土空间开发格局和促进可持续发展等方面发挥重要作用。但就如何形成可落地、可操作、可推广的承载力评价技术规范，仍然存在争议。同时，随着资源环境承载力社会影响的扩大，对资源环境承载能力的科学认知也引发了学术界的诸多探索，但理论争议始终存在。只有厘清这些基础性的理论问题，才能为国土空间规划提供必用、管用、好用的决策支撑。

一、资源环境承载力的概念与内涵逻辑

承载力的概念经历了从物理学到生态学再到社会学的演变（谭文垦等，2008），其理论演进的相关内容在第二章第一节已经做了详细的阐述，本节仅从概念与内涵逻辑方面进行梳理。承载力首先是一个工程力学概念，用以表达承载体与被承载体之间的物理作用。随后承载力概念被引入生态学领域，Park 和 Burgess（1921）将其定义为满足一定资源环境条件下，某类生物能够存活的最大数量。随着研究深化，承载力在社会科学领域被广泛应用于表达人类活动与自然系统作用的关系。例如，联合国教育、科学及文化组织将其定义为：在可预见时期内，利用国家或地区的能源和其他自然资源及智力、技术等条件，在保证符

合其社会文化准则的物质生活水平下所能持续供养的人口数量（UNESCO 和 FAO，1985）。国内学者大多将其定义为：一定时期和一定区域范围内，在维持资源结构符合可持续发展需要，环境功能仍具有维持其稳态效应能力的条件下，资源环境系统所能承受人类各种社会经济活动的能力（牛方曲等，2018）。

社会系统的开放性、动态性与复杂性引发承载力问题的广泛争议（朱国宏，1996；方创琳，2009；宋艳春和余敦，2014；雷勋平和邱广华，2016；李焕等，2017）。在一个开放的社会系统中，首先，人口的跨区域迁徙决定了人类社会经济活动的流动性，同时，大部分资源要素和一部分环境要素也是跨区域流动的；其次，人类社会对资源环境系统的需求标准、开发与利用的技术水平，都随着社会经济发展而动态变化；再次，人类社会系统与资源环境系统的作用与反馈、适应与调整，形成了二者之间的复杂性、层级性、非线性关系。上述社会系统的三种特征决定了资源环境承载力存在与否、是否可知、能否测度等存在性、可知性、可度性的基本理论问题争议。即使假设资源环境承载力是存在的，面对高度复杂的人类社会经济活动系统，其可度性也存在较大的挑战。

回归本源，则需要重新界定承载"力"，以理解评价对象。从力学角度看，资源环境承载力由三个"力"共同作用而构成：资源环境系统对人类社会经济活动的支撑力；人类活动对资源环境系统施加的压力；由技术进步、消费结构转变及管理（治理）活动所产生的润滑力（图 3-1）。其中，支撑力和压力构成了传统资源环境承载力的基础（靳亚亚等，2018）。例如，人们已经意识到近年灰霾天气的增多或 $PM_{2.5}$ 浓度上升等环境污染问题不仅取决于当地的自然本底条件，还与如机动车尾气排放等人类活动因素密切相关（石忆邵等，2013）。然而，从历史角度看，城市人类活动强度总体呈上升趋势，但仍然保持在"可载"范围内，这主要归因于科技进步及政府治理活动所产生的润滑作用。为了组织、协调与管理城市资源环境系统支撑与人类活动施压的关联与矛盾，城市往往通过人为干预（管理优化与科技进步等）的方式实现"扩容"。例如，上海、北京、香港等大都市一再突破规划人口上限，却又能在一定程度上保持和谐、通畅运行。

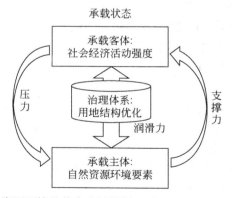

图 3-1　资源环境承载力内涵逻辑（岳文泽和王田雨，2019）

因此，如果单从资源环境本底支撑能力和人类活动施压的视角进行承载力评价，实际上否定了外部干预导致的承载弹性存在，这也是部分学者坚持认为城市资源环境承载力是伪命题的重要原因，同时这会导致资源环境承载力评价与空间管理的割裂。但需要指出的是，如以色列通过创新农业灌溉技术，大幅度提高农业系统的承载能力，管理（治理）所产生的"润滑力"来自于承载力核心系统（人地系统）外部，在某种程度上正是后续空间规划所要承担的职责，而不应纳入测度某一时刻、一定区域承载力大小的范畴。如果把资源环境承载力看作一个关系，即某一时刻人地作用的状态，那么测度（评价）的就是资源环境系统的支撑力与人类活动系统压力之间的平衡点。至于治理及规划则是后续人为从外部去干预这种平衡，使其遵从自然系统稳定性与社会可持续发展目标。从这个角度看，资源环境承载力是存在的、可知的，而且是可度的，评价对象是明确的，即特定时刻、给定区域资源环境系统承载客体与人类活动系统（即承载主体）作用所形成的相对平衡的一种"承载状态"。

二、资源环境承载力内涵的层次性

从资源环境系统的基本构成来看，其包含多种要素，如普遍认同的资源要素、环境要素和生态要素。从上述要素与人类系统的作用方式来看，不同要素的作用关系并不相同，承载力判断的逻辑也不相同。而在已有的资源环境承载力评价体系中，资源、环境及生态这三类要素往往被放在同一层面考虑。本节基于对人地关系的深入解读，认为评价对象可以划分为三个维度，并且各个维度之间存在一定的层级关系。

资源型要素与人类活动的相互作用与反馈机制体现在资源对人类活动的支撑和人类对资源的消耗两个方面。一方面，人类为满足自身生存和发展所需要的物质和能量，需要不断向自然索取，而主要的资源，如土地资源、不可再生能源等的数量都是有限的。另一方面，人类不可能无限度地开发利用自然资源，资源的数量和可开发规模决定了资源承载人类活动的极限。当人类向自然环境索取的物质和能量超出极限时，往往会产生资源短缺、生态破坏等问题。此外，环境与生态要素对人类活动的作用方式并不是名义上的支撑或承载，环境要素提供的是容纳及消解人类活动排放的废弃物功能，即人类在利用自然环境中各种物质和能量的过程中，无法避免地会产生一些废弃物，尤其是工业生产活动，这些废弃物需要排放到自然环境中去消解。特定环境要素，如大气和水对废弃物排放的容量都是有极限的，这种容纳（消解）的极限往往与区域特定产业模式和经济结构紧密相关。当人类向自然环境排放过多的废弃物，超过了自然环境的自净能力，也就是超出了环境要素的承载极限时，便会带来严重的生态环境问题，损害人类自身的可持续发展能力。最后，生态要素与人类活动的作用方式既不是支撑，也不是容纳，而是为人类提供生态系统服务，一种更高级别的"承载"。一定条件下，生态系统服务价值是持续存在的，不管是否被消费，因此，生态系统服务极限除了与生态要素本身有关外，还取决于享受这种服务的人类。社会发展的一般趋势是人类对居住环境、生活质量、生态服务分配的公平正义及社会福祉等的要求越来越高，所以在保证基本生态服务的基础上，提升生态系统服务分配结构合理性越发重要。从以上分析可见，资源环境承载力内涵至少可以解构为三个维度：资源承载型、环境容纳型与生态服务型（图3-2）。

三个维度与承载力逻辑判断具有鲜明的层次性（图3-3），且不同发展阶段人类对三个维度的要求是不同的（樊杰，2014）。在生产力水平较低的农业文明时期，生存和发展的内在动力必然要求开发更多的资源、提升资源利用效率，更加看重资源的数量与规模，因此资源承载的重要性首先体现在保证生存，是基础性、底层的。而到了工业文明时期，产业模式与经济结构发生巨大变化，工业生产获得巨大价值回报的同时，也排放了大量废弃物，环境容量日趋紧张，直接威胁人类的生存健康、生产效率与生态安全。因此，环境的承载作用不再是满足基本生存需要，而是更加看重经济结构提升与生活质量改善，相对于资源承载的基础性、底层性，环境承载则居于中间层次。到了生态文明时期，人类对自然系统的需求不仅局限在满足基本生存、高效生产，而且更加看重如何满足人类更高层次的需求，如优美的环境、愉悦的心情、社会公平与正义等，生态系统服务价值是"承载"这些需求的重要途径之一。缺乏生态服务并不会产生生存问题，对工业生产的影响也不大，所以相对于生态服务提供的基础规模、经济结构而言，如何让不同社会群体都能平等地享受生态服务更为重要，生态系统服务的公平与正义就构成了资源环境承载力判断逻辑的第三个层次。

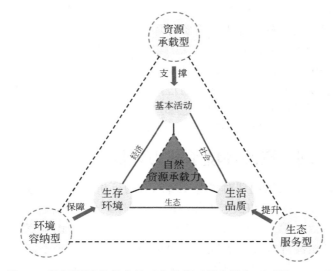

图 3-2　资源环境承载力的三个维度（岳文泽和王田雨，2019）

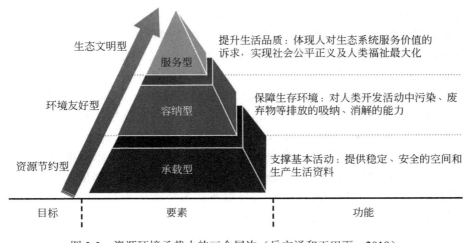

图 3-3　资源环境承载力的三个层次（岳文泽和王田雨，2019）

第二节　面向国土空间规划的资源环境承载力定位

按照新时代"多规合一"的要求，根据"双评价"支撑生态保护红线、永久基本农田、城镇开发边界三条控制线的划定，科学谋划国土空间开发保护格局，建立健全国土空间管控机制，已成为国土空间格局优化的重要内容。其中，资源环境承载力的综合评价被视为规划决策的重要依据，在优化国土空间开发格局和促进可持续发展等方面发挥着重要作用。

一、国土空间规划的主要任务

随着理论研究与实践的不断推进，国土空间规划的主要任务也更加清晰。首先，划定城镇开发边界、基本农田保护红线、生态保护红线三条控制线是基础（樊杰，2016）。要依据资源环境的自然禀赋与社会经济发展态势，统筹城镇空间、农业空间和生态空间的配置，满足人口增长、经济生产和生态服务的需求，形成全域国土空间开发与保护的底图。其次，控制开发强度，调整空间结构是抓手。将资源环境承载潜力大、适宜于建设开发的区域，确定为重点开发，适当提高开发强度，以保障集聚高效开发需求；而对于保障粮食安全的农业生产区，要鼓励国土整治，从严控制开发强度，实现高效保护；对于那些生态脆弱性地区及承担重要生态功能的地区，要逐步通过降低开发强度来实现生态安全保障。最后，理顺发展与保护的关系是核心。要明确界定哪些应该重点保护，哪些区域应该优先发展，以保障区域可持续发展为终极目标，重构发展与保护的空间关系（高吉喜和陈圣宾，2014）。

二、国土空间规划对资源环境承载力评价的核心要求

面向国家需要，国土空间规划对资源环境承载力评价的内在要求也被广泛讨论（陈劭锋，2003）。总结相关方案研讨和试点工作经验，当前国土空间规划对资源环境承载力最直接的需求包括以下三点：第一，明晰区域资源环境本底状况，识别资源环境短板。这意味着不仅需要摸清各种资源环境要素的现状，更重要的是需要明确不同地区制约社会经济发展潜力的资源环境要素短板。目前对资源环境系统自然本底的评价最具操作性，也被不同承载力评价方案广泛采纳，但是如何针对性地选择资源环境评价要素及不同要素的功能与区域承载力之间的逻辑关系等问题仍不清晰。第二，需要摒弃"一刀切"的简单评价模式，为空间规划提供更加丰富、具体的决策支撑。以往对资源环境承载力的评判如下：①对当前承载状态的判断，是已超载，还是未超载，例如，部分方案把承载力划分为超载、临界超载、未超载三种状态；②在当前承载状态下，还能够增加承载多少人口？这种评价模式在 20 世纪 80 年代曾被广泛使用，当时人口数量很大程度上可以由粮食的供给能力来决定。但在今天，资源环境承载力评价作为国土空间规划的基础性工作，不应简单地以是否超载与承载人口来衡量。首先，仅仅知道是否超载或还能承载多少人口，对国土空间规划决策支持价值并不高；其次，在今天的开放性和流动性下，承载人口数量的估计往往是困难的，也是不准确的；最后，是否超载的判断则会衍生出阈值确定和等级划分等更复杂的问题。第三，如果能对未来资源环境承载态势做出预判，提前发布不同区域资源环境承载力的警情，就可以实现空间规划的预见性。

第三节　资源环境承载力评价的逻辑悖论

随着对资源环境承载力评价重视程度的提升，相关研究也逐渐深化。面向国土空间规划需求，国内相关学者和技术单位提出了多种评价方案。尽管这些方案的框架、侧重点、指标体系、指标复合逻辑等都存在差异，但共性特征也十分明显。例如，大部分方案都认

同资源环境承载力是个复杂系统,过去流行的估计承载人口、判断超载与否的评价模式已不再适用;多要素、多指标、多层次评价思路则成为基本共识(张子珩等,2009)。在要素选择上,资源、环境与生态要素被广泛认可(郭志伟,2008;童玉芬,2010;李刚等,2015);在评价层次上,资源环境本底评价、承载状态评价及预警最为常见(向芸芸和蒙吉军,2012)。但面向国土空间规划的核心需求,上述主流评价框架,除技术层面问题外,还存在一些基本逻辑问题。

一、资源环境承载压力、能力与潜力之间的逻辑不清

根据第一节中对资源环境承载力内涵的界定,资源环境承载"压力"揭示了人类社会经济活动对资源环境系统的作用。压力大小反映的是一种施压状态,但无法回答某区域还有多大的承载能力,还能承载多少经济活动。压力评价对国土空间规划的决策需求并没有给出很好的回应,因此,资源环境承载"能力"概念被提出。能力一般是指个人或组织完成既定目标或任务时所体现的综合素质,也常被用于国家资源环境承载力相关表述的政策文件中。区域资源环境承载能力的前提是封闭系统假设,主要由区域资源环境系统本底所决定。然而,现实世界的开放性决定了资源利用活动和环境污染、生态扰动等的跨区域特点。此外,在新的社会经济条件下,由于政策调整等外部因素影响,当地承载能力具有明显的动态性。仅仅采用资源环境本底开展承载能力评价对空间规划的支持显然是不够的。在这种情况下,承载潜力的概念得以凸显,例如,区域的水资源承载能力可能会因为一项跨区域调水工程而有根本性改变,这种变化后的值称为承载潜力。此外,能源政策改变也会影响区域大气环境污染的排放容量,从而改变区域未来的环境承载能力。如果将承载压力、能力和潜力的评价相结合,能为国土空间规划决策提供有效支撑。但目前很少对承载潜力做出评价,核心原因是对可能影响承载力的复杂外部因素,特别是政策因素难以把握。

在这样的逻辑下,当前主流承载力评价框架中对资源环境本底的评价还不足以回答未来"潜力"的大小。对压力的评价,有助于理解区域当前人地关系,但对于国土空间规划决策支持能力不足。如果能在评价中考虑潜力因素,就可以通过综合整治、生态修复等措施提升未来的承载能力,以保障规划蓝图的落地。可见,在当前的主流评价体系中,需要进一步明确本底评价与承载能力的关系、承载状态评价与压力的关系,以及探索潜力评价方法,通过理顺压力、能力与潜力的关系,提升对国土空间规划的决策支持能力。

二、生态要素承载力评判的逻辑缺乏

在进行承载压力评价时,往往需要耦合人类活动与资源环境系统的关系,资源型要素和环境型要素具有较为清晰的判断逻辑。资源要素往往通过开发强度等指标判断承载压力大小,环境要素则通过主要污染物的排放量与区域容量之间的关系来判断承载压力大小。二者正是通过资源要素的承载功能与环境要素的容纳功能把人类活动与资源环境系统关联起来。对于生态要素,现行方案大多从生态重要性与脆弱度两个维度来进行判断,即生态系统越重要或脆弱度越高则生态承载压力越大(张彦英和樊笑英,2011)。但生态系统的重要性或脆弱度高低与人对生态系统服务的关联并没有直接的逻辑联系,导致判断该类要素承载力大小的逻辑缺乏。

此外,国土空间规划的核心内涵之一是优化国土空间开发与保护的格局,笔者认为不

能死板地理解为只要具有重要生态功能或脆弱系统就首先要保护起来。生态系统对人类而言核心功能是提供生态服务价值，如果不能与人的需求联系起来，只要生态重要或脆弱，就一味地强调封闭、隔离保护，这也失去了生态系统存在的价值。而生态保护更应该考虑人与生态系统相互作用背景下维持系统可持续发展的保护，是一种促进"三生"（生产、生活、生态）空间协同发展的保护。国土空间的优化逻辑中保护与开发并不是相对的、矛盾的，其内涵应该是一致的，即都是为了提高"人"的幸福感。对于生态要素来说，评判其承载力大小除了维持生态系统安全的可持续性外，更应该关注其生态系统服务能力的发挥效率，换句话说，能否使人类公平地获取生态系统服务机会更为重要。因此，对于生态系统来说，生态系统服务的公平性和可获取性才是判断生态要素承载力更应遵循的逻辑。

三、"木桶原理"复合思路与适宜性评价的逻辑矛盾

评价结果的复合是资源环境承载力评价的难点之一。对于复杂系统，为了决策需要，有必要进行一定的简化。考虑到多指标加权复合方法存在逻辑不清、方向不明，结果难以解释等一系列问题，"木桶原理"中"短板效应"的复合方式被引入并被广泛采用。通过比较不同指标的结果等级，实现复合，即通过最短的"木板"决定"木桶"容量（林道辉等，2001；刘玉玉和周典，2014）。基于"木桶原理"的复合规则，决定了凡是人口聚集、密度、高强度、开发历史悠久的区域总能找到短板，因此，往往都处于高承载压力状态，如果有阈值（无论采用何种方案），可以明确这些地区大部分都是超载的。然而，可以肯定的是，人类历史长河中的选择足以证明这些区域都是地势平坦、光热水土等资源要素合理匹配、区位优越、开发条件最好、最适宜人类活动的区域。造成承载力评价结果压力最大的区域往往也是适宜性评价结果最好的区域，"双评价"的结果明显是矛盾的。二者之间的矛盾性明显无法回应国土空间规划的要求，即如何坚持"资源环境承载力与国土空间开发相匹配"的原则。对于一个最适宜开发同时又是承载压力大的地区，今后究竟应该重点开发还是重点保护，这是国土空间规划中需要做出的选择。这个选择除了要引入其他判断准则外，还必须要重新理解"双评价"之间逻辑关系的矛盾性与统一性。

四、面向过去评价原则与面向未来预警之间的逻辑问题

加强对不同地区资源环境承载力的监测预警也是当前国家高度重视的工作（洪亮等，2018；贾滨洋等，2018）。通过资源环境承载力预警管理，实现对区域人地关系的动态监管，具有重要实践意义。"预警"通常是指在灾害或其他危险发生之前，根据以往总结的规律或观测得到的可能性前兆，发出警情信号，以做出充分准备来最大限度地减轻危害所造成的损失。当前，资源环境承载力主流的动态预警思路是将当前的承载状态与过去几年的变化趋势结合起来，划分警情，从而实现对未来的动态预警（卢亚灵等，2017；杨正先等，2017）。然而，这种基于过去的视角对未来的情况进行判断的行为本身就有逻辑性问题。尤其是应用于承载力预警上，人类在调节、改造人地关系的过程中具有积极正向的能动性，且由于技术进步、政策调整等外界因素引起的趋势非线性变化时有发生。这种逻辑缺陷本身无法避免，但也不容忽视。今后应尝试设置差异化监测周期、潜力测算等手段，诊断和预判短期内承载力状态和可持续发展的耦合程度，及时动态调整警情等。

第四节　资源环境承载力评价的优化路径

在新的国土空间规划框架下，重塑资源环境承载力理论内涵、重构评价模式固然重要，但资源环境承载力科学内涵的复杂性与实践的可行性之间的矛盾是客观存在的。因此，如何在管用与好用的原则下寻求二者"最大公约数"是当前开展资源环境承载力评价的重要挑战。本节提出以下几点建议供学界与实践单位讨论。

一、拓展评价维度：能力-压力-潜力

当前"双评价"框架中的资源环境承载能力评价不足以支撑面向未来的国土空间规划决策。建议进一步拓展资源环境承载力评价的内涵，从能力-压力-潜力三个维度来认识和评价资源环境承载力。首先，"资源环境承载能力"旨在识别低承载能力区域的强限制因子，辨识区域内资源环境短板要素，明确当前社会经济发展所面临的刚性约束状况。重点测算区域内固有自然资源支撑人类社会可持续发展的规模和限度，或区域内自然生态环境对人类社会发展产生的负外部性的容纳能力。其次，"资源环境承载压力"侧重评价人类活动对资源环境的开发程度与资源环境最大承载规模、容纳能力之间的关系，把握资源环境系统支撑人类开发活动的状态。最后，结合承载能力和承载压力的评价，判断区域"资源环境承载潜力"，挖掘区域在资源环境本底和现有人类开发强度下的资源环境承载潜力（余量），并以此作为未来生产力布局的决策依据（岳文泽等，2020）。

二、差异化评判标准：兼顾公平和效率

针对评价单元的主导功能，不同要素承载力应采用差异化的判断逻辑，不同功能区域（如生态保护区与城镇发展区）的生态承载力判断逻辑可以不同。在理念导向上，融入以人为本（简称人本）思维，更加关注人本诉求。例如，生态要素承载力评价不仅要评判其自然区域的生境与物种数量和质量，更需考虑人民对美好生态环境日益增长的需求，要更加关注社会文化服务的价值，统筹考虑生态环境保护与人居环境建设的承载能力和适宜性。在操作逻辑上，协调多重功能属性在评价单元中的定位，即以评价单元主导功能为辨识不同要素承载力评判的核心依据，保障评价结果的科学化、高效化。在实践应用上，不能割裂保护与开发，在评判不同要素承载力大小时，更应关注人类获取该类要素服务机会的公平性，构造公平合理的要素承载力评价体系（陈阳等，2020）。

三、厘清一对关系：承载力与适宜性的关联逻辑

在资源环境承载力评价和国土空间开发适宜性评价自成体系阶段，由于服务对象和目标相似，难免出现指标重叠、逻辑不清等问题。《指南》将两个评价"合二为一"，如果将资源环境承载力评价和国土空间开发适宜性评价看作"双评价"系统中的两个齿轮，要保证"双评价"系统高效运作，一是要明确每个齿轮的轴心，即其在系统中的位置和独特作用；二是要确保齿轮之间的咬合。对于"双评价"而言，首先要明确单个评价在评价系统中发挥的作用，承载能力评价更加关注资源环境对人类活动高度制约的区域，强调空间底图的"底线约束"，而适宜性评价则侧重于分析有条件支撑人类活动的范围内空间的利用方式是否能够达到最佳状态或者空间开发是否能获得最高效率。通过将资源环境承载能力和

国土空间开发适宜性关联，实现"将国土空间开发活动控制在资源环境承载能力范围内"。其次，在明确"轴心"的基础上梳理"双评价"的技术逻辑，合理设定两个评价的评价指标和评判阈值，思考如何利用这些指标得到具有实际意义的"双评价"成果。面向国土空间规划的多样性需求，进一步将空间开发适宜性与未来资源环境潜力进行关联，确定不同要素布局的空间优先级，实现未来生产力布局既满足空间适宜性要求，又能保证具有承载的可能性（岳文泽等，2020）。

四、深化理论认知：构建完整的理论和测度体系

资源环境承载能力评价面向当下，然而国土空间规划需要具备前瞻性，客观要求资源环境承载力评价需要为面向未来的空间组织与安排提供决策支撑。然而受地方实际的社会经济条件、政策调整及科技进步等因素影响，国土空间对于特定用途的适宜程度和承载状态处于动态变化中，需要强调"双评价"未来的动态性和潜在性，但受到历史数据可得性低等客观因素限制，常常未能进行必要的动态预警分析，静态的评价结果存在滞后性（贾克敬等，2017）。因此，有必要进一步深化和拓展承载力的内涵，以提升承载力评价的实际应用价值。

虽然"双评价"作为国土空间布局调整和格局优化的主要依据，已成为学界与业务部门的广泛共识，国家相关文件也对此进行了明确的阐述和具体规定。但目前对资源环境承载力评价和国土空间开发适宜性评价的理论内涵、内在逻辑等基础性问题认知仍然不足。"双评价"万能论、无用论等观点的出现，反映出地方探索过分依赖于"工具理性"，对"双评价"的本质、系统结构、发生机制及不同影响因素的作用机理缺乏深入研究。基于此，首先应当完善当前"双评价"模式，以"双评价"能做什么、不能做什么、如何做等问题为出发点，构建完整的理论体系和测度体系，例如，在生态空间的评价中探索由"生态孤岛"的离散式评价模式向"生态网络"的系统性评价模式转变。其次，客观评判"双评价"在国土空间规划（如"三区三线"划定、主体功能确定等）中的作用，在深入应用好评价成果的基础上，加强"双评价"与其他支撑体系的结合，以更好地服务国土空间规划决策（夏皓轩等，2020）。

参 考 文 献

陈劭锋. 2003. 承载力：从静态到动态的转变. 中国人口·资源与环境，（1）：15-19
陈阳，岳文泽，张亮，等. 2020. 国土空间规划视角下生态空间管制分区的理论思考. 中国土地科学，34（8）：1-9
樊杰. 2014. 人地系统可持续过程、格局的前沿探索. 地理学报，6（98）：1060-1068
樊杰. 2016. 我国国土空间开发保护格局优化配置理论创新与"十三五"规划的应对策略. 中国科学院院刊，3（11）：1-12
方创琳. 2009. 中国快速城市化过程中的资源环境保障问题与对策建议. 中国科学院院刊，2（45）：468-474
高吉喜，陈圣宾. 2014. 依据生态承载力优化国土空间开发格局. 环境保护，4（224）：12-18
郭志伟. 2008. 北京市土地资源承载力综合评价研究. 城市发展研究，（5）：24-30
洪亮，黄露，史晓明，等. 2018. 湖北省资源环境承载能力监测预警长效机制建立初探. 测绘通报，（11）：103-106+110
贾滨洋，袁一斌，王雅潞，等. 2018. 特大型城市资源环境承载力监测预警指标体系的构建——以成都市

为例. 环境保护，46（12）：54-57

贾克敬，张辉，徐小黎，等. 2017. 面向空间开发利用的土地资源承载力评价技术. 地理科学进展，36（3）：335-341

靳亚亚，靳相木，李陈. 2018. 基于承压施压耦合曲线的城市土地承载力评价——以浙江省 32 个城市为例. 地理研究，3（76）：1087-1099

雷勋平，邱广华. 2016. 基于熵权 TOPSIS 模型的区域资源环境承载力评价实证研究. 环境科学学报，36（1）：314-323

李刚，卢晓宁，边金虎，等. 2015. 岷江上游土地资源承载力评价. 水土保持研究，2（21）：262-268+331

李焕，黄贤金，金雨泽，等. 2017. 长江经济带水资源人口承载力研究. 经济地理，3（71）：181-186

林道辉，杨坤，周荣美，等. 2001. 可持续发展的定量评价与限制因子分析. 浙江大学学报（理学版），2（81）：76-81

刘玉玉，周典. 2014. 基于限制因子法的渭北黄土高原沟壑区村落生态承载力分析研究. 华中建筑，32（11）：100-103

卢亚灵，刘年磊，程曦，等. 2017. 京津冀区域大气环境承载力监测预警研究. 中国人口·资源与环境，27（5）：36-40

牛方曲，封志明，刘慧. 2018. 资源环境承载力评价方法回顾与展望. 资源科学，4（4）：655-663

石忆邵，尹昌应，王贺封，等. 2013. 城市综合承载力的研究进展及展望. 地理研究，3（21）：133-145

宋艳春，余敦. 2014. 鄱阳湖生态经济区资源环境综合承载力评价. 应用生态学报，2（510）：2975-2984

谭文垦，石忆邵，孙莉. 2008. 关于城市综合承载能力若干理论问题的认识. 中国人口·资源与环境，（1）：40-44

童玉芬. 2010. 北京市水资源人口承载力的动态模拟与分析. 中国人口·资源与环境，2（9）：42-47

夏皓轩，岳文泽，王田雨，等. 2020. 省级"双评价"的理论思考与实践方案——以浙江省为例. 自然资源学报，35（10）：2325-2338

向芸芸，蒙吉军. 2012. 生态承载力研究和应用进展. 生态学杂志，3（111）：2958-2965

许景权，沈迟，胡天新，等. 2017. 构建我国空间规划体系的总体思路和主要任务. 规划师，33（2）：5-11

杨正先，张志锋，韩建波，等. 2017. 海洋资源环境承载能力超载阈值确定方法探讨. 地理科学进展，36（3）：313-319

岳文泽，王田雨. 2019. 中国国土空间用途管制的基础性问题思考. 中国土地科学，33（8）：8-15

岳文泽，吴桐，王田雨，等. 2020. 面向国土空间规划的"双评价"：挑战与应对. 自然资源学报，35（10）：2299-2310

张彦英，樊笑英. 2011. 生态文明建设与资源环境承载力. 中国国土资源经济，24（4）：9-11+8+54

张子珩，濮励杰，康国定，等. 2009. 基于可能—满意度法的城市人口承载力研究——以乌海市为例. 自然资源学报，24（3）：457-465

朱国宏. 1996. 关于中国土地资源人口承载力问题的思考. 中国人口·资源与环境，（1）：22-26

Park R E, Burgess E W. 1921. Introduction to the Science of Sociology. Chicago：University of Chicago Press

UNESCO，FAO. 1985. Carrying capacity assessment with a pilot study of Kenya：a resource accounting methodology for exploring national options for sustainable development. Paris and Rome，9-12

第四章 国土空间开发适宜性评价的理论研究

改革开放以来，我国国土空间开发失序、功能失调、结构失衡等问题加剧了国土空间开发与保护的矛盾（刘继来等，2017；王亚飞等，2020）。为缓解人地矛盾，重塑国土空间开发、利用与保护的时空秩序，《若干意见》明确在"双评价"的基础上，科学有序布局生态空间、农业空间和城镇空间。可见，作为"双评价"的核心内涵之一，国土空间开发适宜性评价已经成为国土空间规划不可或缺的有机构成。

然而，随着国土空间治理体系建设推进，单功能指向下的国土空间开发适宜性评价越来越无法满足多功能国土空间开发的需求，阻碍了国土空间利用转型（Turner et al.，2007；Lambin and Meyfroidt，2010；宋小青，2017；龙花楼等，2019）。囿于地域实体唯一性与地域功能多样性矛盾的客观存在，以某项单一开发或保护的功能需求为导向，显然会导致国土空间功能多宜性与适宜性评价结果唯一性之间的矛盾。特别是在国土空间规划编制中，若适宜性评价无法协调同一空间上城镇建设、农业开发和生态保护等功能需求的矛盾，将直接影响"三区三线"划定与主体功能区优化等，导致现状认知与规划决策的脱节（贾克敬等，2020；刘小波等，2021）。此外，随着人本需求的升级，国土空间利用方式日益多元化和复合化，单功能指向的适宜性评价难以匹配以"三生融合"为原则的规划需求（刘彦随，2020；岳文泽和王田雨，2021）。因此，如何统筹国土空间开发的单功能导向和空间功能多宜性是适宜性评价亟待解决的现实问题（Zhu et al.，2021）。显然，国土空间开发适宜性评价需要突破传统思维方式和"为评价而评价"的技术逻辑。基于此，本章面向国土空间规划的现实需求，探讨国土空间开发适宜性概念与内涵，明确国土空间开发适宜性评价的核心需求与现实挑战，反思评价的理论逻辑，改进评价思路。

第一节 国土空间开发适宜性的概念与内涵

一、国土空间的概念与内涵

对国土空间的科学认知是厘清国土空间开发适宜性概念的前提。国土空间是客观存在的物理主体与其对应属性的集合，也是人类开发、保护及治理的客体，被赋予治理内涵（郝庆等，2021）。在客观物质视角下，国土空间作为自然资源和人类社会经济活动的基本载体，是社会经济发展和生态文明建设的物质基础，具备要素和空间双重属性（黄征学和王丽，2020）。然而，长期以来，国土空间被人为分割为要素型"国土"与区域型"空间"，分别采用土地用途管制和主体功能区为代表的政策进行治理（林坚等，2018）。因此，国土空间规划语境中的国土空间核心特征是要素属性与空间属性的有机融合。

国土空间包含实体空间、功能空间、治理空间三个内涵维度，三者相互关联但有所区别。其中，地表及其立面上的要素构成实体空间，具备位置固定性与唯一性，例如，山水林田湖草沙冰等要素实体；而人类活动对实体要素的利用与改造，产生了功能性空间，具备功能多样性、流动性和交互性（高鑫等，2012）；治理空间则作为国家行使公权力的范围载体，一般表现为各级行政单元范围等（岳文泽和王田雨，2019b）。显然，国土空间开发适宜性评价的核心对象是功能性空间，其首要任务是基于要素属性研判空间功能性，协调实体属性、功能属性与治理属性。由于实体空间唯一性与功能多样性的矛盾客观存在，协调同一实体空间上不同功能适宜性之间的关系已成为国土空间开发适宜性评价的核心要求。

二、国土空间开发适宜性的概念界定

国土空间开发适宜性的基本理念源于土地适宜性（喻忠磊等，2015；朱明仓等，2018；张臻等，2020）。1969 年，麦克哈格首次提出土地适宜性概念，认为土地自然属性决定某项土地用途的适宜程度，强调土地开发利用要顺应自然生态规律（麦克哈格，2006）。1976 年，FAO 颁布《土地评价纲要》，以提高粮食产量和提升农业生产水平为出发点，从农地生产潜力视角明晰了农地适宜性概念（FAO，1976）。进入 20 世纪 90 年代，面向土地可持续利用的适宜性评价体系逐步建立（Bouma，2002；Du et al.，2007），评价对象逐渐拓展至建设用地（Ustaoglu and Aydinoglu，2020）、未利用地（Chen and Lin，2011）等。GIS 的发展极大地丰富了适宜性评价方法（何英彬等，2009），形成了以 GIS 空间叠加法（Malczewski，2004）、多指标决策法（Everest et al.，2021）、人工智能法（Habibie et al.，2020）为核心，景观生态法（Freudenberger et al.，2013）、生态位法（Zhao et al.，2013）、阻力-引力模型法（Knaapen et al.，1992）等为补充的方法体系。此外，相关研究重视适宜性评价的公共参与，评价中凸显人本诉求（刘小波等，2021）。

20 世纪 70 年代，我国引入 FAO 土地适宜性概念，并建立了基于中国国情的土地适宜性评价体系（杜海娥等，2019）。早期国内开展了黄淮海平原农业治理（李秀斌和黄荣金，1989）、黑龙江土地考察（赵松乔等，1983）、秦岭山区开发（刘彦随，2001）等适宜性评价项目，目的是"摸清家底"，以备开发利用，具有普查性、大尺度、面向生产实践等特征。随着可持续发展概念深入推进，适宜性评价更加重视对中、小尺度的土地资源保护（倪绍祥和陈传康，1993；史同广等，2007）。迄今为止，我国土地适宜性评价经历了农地适宜性（凌云川，2007）、建设用地开发适宜性（陈雯等，2006）、土地生态保护适宜性（欧阳志云等，1996）等阶段，其概念一般被界定为：一定条件下、一定范围内的土地对某种用途的适宜程度，即某一土地单元是否及在多大程度上适宜某项利用方式（喻忠磊等，2015）。在理论认知上，强调土地自然条件、社会经济、生态环境的多重作用，形成了"适宜性+限制性"的逻辑范式。在评价方法上，关注土地垂直与水平作用过程，形成以多因素"千层饼"叠加为主，以空间交互作用为辅的操作逻辑模式。

2007 年后，随着空间规划体系变革，土地适宜性概念逐渐演变为国土空间开发适宜性。樊杰教授强调国土空间与地域功能的匹配程度，奠定了国土空间开发适宜性的概念雏形（樊杰，2007）。随着国土空间规划推进，国土空间开发适宜性也表现出一些新特征：在逻辑起点上，从地域功能视角出发，由城镇开发的单一指向转向生态保护、农业生产、城镇建设的综合集成，生态优先和底线思维成为地域功能集成的核心原则；在价值取向上，由追求经济效益的同时使自然生态空间不受干扰，向"绿水青山就是金山银山"的思维转变，重视空间保护与开发的统筹协调。例如，《指南》将国土空间开发适宜性定义为：在维系生态系统健康和国土安全的前提下，综合考虑资源环境等要素条件，特定国土空间进行农业生产、城镇建设等人类活动的适宜程度。

国土空间开发适宜性评价的目的是协调空间多维功能支撑人类多样化、多层次、全方位的需求，实现国土空间功能的综合效用最大化。因此，国土空间开发适宜性不应局限于某一特定地域功能，而是基于空间视角，审视国土开发方式、功能定位和结构组织，探索多重功能综合适宜性。基于此，本章将国土空间开发适宜性界定为：一定国土空间内的资源、环境和社会状态下，生态保护、城镇建设、农业生产等人类开发保护活动在空间、时序等维度上的综合适宜程度。

三、国土空间开发适宜性的内涵

厘清国土空间开发适宜性内涵是科学评价的基础。根据上述概念界定，适宜性关乎各类地域功能在时空维度的组织协调，旨在实现国土空间生态、经济、社会的综合效益最大化。因此，国土空间开发适宜性的内涵可概括为空间协调性、时序统筹性、效益综合性三个方面。

（一）空间协调性

国土空间开发适宜性是针对国土空间开发保护失序，构建地域功能空间秩序的基础，其重点在于塑造多尺度、多途径、高效率的国土空间功能结构，使地域功能开发符合自然、经济和生态规律（喻忠磊等，2015）。微观尺度上，以地块用途为协调对象，在关注某一地块用途适宜性时，考虑与周边地块用途的排他性和自身多用途适配性，确保地块开发与保护冲突的最小化（樊杰，2019）。中观尺度上，以地域单元的空间结构为协调对象，考虑地域功能结构和空间交互作用（龙花楼和陈坤秋，2021），保障适宜性空间有序和有度。宏观尺度上，以国土空间开发保护的时空秩序为协调对象，明确生态功能敏感区、脆弱区和重要区，保障生态安全底线；关注城镇建设和农业生产的兼容性和动态性，构建城镇建设与农业生产效率的良性互动格局。

（二）时序统筹性

国土空间开发适宜性的关键在于统筹国土空间开发保护历史、发展现状与未来需求，关注国土空间开发保护现状是否合理及给后世带来的影响（高文文等，2021）。在时序上，一是基于国土空间开发历史，权衡适宜性与开发现状的匹配程度，统筹匹配或错配空间上的生产生活方式。二是考虑区域未来战略定位、人口规模、用地需求等趋势对适宜程度的影响，动态调整开发与保护空间。例如，在识别城镇建设适宜区时，预估未来人口流量对区域空间的需求，确保人口要素流动格局与国土空间供给的协调。综合而言，既要确定短期内地域功能的刚性空间和弹性空间，保障发展稳定性、韧性和持续性，也要维持人地关系的长期均衡，将人类活动保持在资源环境承载能力范围内。

（三）效益综合性

国土空间开发适宜性强调人地系统交互所产生的综合效益，包括经济、社会、生态等，以提升人类福祉为终极目标。受发展阶段和区域差异影响，综合效益选择有所偏重，涉及多重效益的权衡决策（Bradford and D′Amato，2012）。进入生态文明新时代，平衡自然生态过程与社会经济发展成为国土空间开发适宜性综合效益判断的基本原则（王亚飞等，

2019）。一方面，尊重自然发展规律，以生态安全为底线，维系生态空间持续提供生态系统服务和生态产品的能力。另一方面，精准刻画城镇建设和农业生产空间，为人口集聚、产业发展、基础设施布局等提供保障，促进要素配置与空间功能的匹配，支撑区域高质量发展。利用主体功能区思想与"三生融合"原则为空间赋能，挖掘国土空间多维价值，塑造特色鲜明的空间格局（岳文泽和王田雨，2021）。

第二节 国土空间规划下适宜性评价的核心需求与现实挑战

一、国土空间规划对适宜性评价的核心需求

随着《若干意见》出台，国土空间规划对适宜性评价的定位与需求逐渐明确。首先，支撑国土空间规划分区是基础。在认知区域自然地理格局、资源环境禀赋、社会经济现状的基础上，识别开发保护重点区域和地域功能特色区域，服务于"三区三线"划定和主体功能区落实，优化国土空间分区。其次，协调国土空间开发与保护是关键。统筹国土空间结构和功能，引导国土空间高效率开发和高水平保护。最后，建设美丽国土是最终目标。以人与自然和谐相处为目标，营造高品质国土空间，确保以人为本、生态优先、生命共同体等理念落地，助力"经济、政治、文化、社会、生态"综合的美丽国土建设（陈明星等，2019）。可见，国土空间开发适宜性评价的职能是保障空间安全、提高空间效率、提升空间品质，反映了国土空间规划对适宜性评价的安全、效率、品质三个方面的需求。

（一）安全需求

安全需求是对长期以来城镇无序扩张、耕地流失、生态退化等生存风险的响应。国土空间开发适宜性评价的直接目的是辨识开展各类开发保护活动的适宜程度，廓清国土空间安全底盘、底数和底线。具体而言，一是界定某类地域功能指向的适宜区，通过对底线实施刚性管控来保障人居环境安全、耕地粮食安全和生态环境安全，优化人类生存发展底线；二是协调区域功能多宜性，引导空间复合利用与弹性转换，以灵活应对国土空间开发保护的不确定性、提升空间韧性；三是重构不适宜区，加速区域国土空间利用方式转变，降低国土空间利用风险（Nuissl et al.，2009；龙花楼，2015）。因此，国土空间开发适宜性评价以可持续人地关系为基点，构筑功能凸显、刚弹并济、开发保护统筹的国土空间结构（黄安等，2017）。

（二）效率需求

效率需求源于对空间资源有限性的应对，强调采用合理的自然资源消耗谋取价值最大化。国土空间开发适宜性支撑空间功能分区，其本质是通过明晰要素流动边界促进要素与空间高效匹配，实现自然资源的优化配置、自然资产的保值增值及效益最大化（杨保军等，2019）。具体地，在开发活动适宜区引导要素高效聚集，提升国土空间活力；在不适宜区淘汰低效开发方式、释放低效利用空间、盘活低效利用资源。在此基础上，组合功能分区建立要素流动网络，促进不同功能区的优势互补。这要求国土空间开发适宜性评价兼顾区域要素的静态属性及流动特征，构建要素充分流动、功能深度融合、空间有效交互的结构（傅伯杰，2014）。

（三）品质需求

品质需求源于人民对美好生活的追求，区别于过去唯GDP和以物质增长为中心的功能导向。缔造以人为本的高品质国土空间是国土空间开发适宜性评价的重要导向，其关键不仅在于满足人民日益增长的物质需求，更在于能否满足健康安全、精神享受、文化传承等精神文化需求，提升人民的获得感、幸福感、安全感。因此，国土空间开发适宜性不仅反映特定国土空间上的自然、经济、社会等要素与开发保护活动的匹配程度，还反映开发保护活动能否提升人的体验和满足多样化需求。

二、国土空间开发适宜性评价的现实挑战

目前，国土空间开发适宜性评价已形成三种主流模式。一是以人类活动为逻辑起点，关注人类对国土空间的开发利用，分析自然环境制约、利用强度及未来潜力，形成"开发约束—开发强度—开发潜力"的评价体系（迪力沙提·亚库甫等，2019；石龙宇等，2020；王静等，2020）。二是从国土空间生产-生活-生态（"三生"）功能属性出发，依托"要素-结构-功能"的系统构架，基于土地利用类型及其对应结构和功能，确定国土空间开发保护适宜性（李广东和方创琳，2016；吴艳娟等，2016）。三是与资源环境承载能力评价耦合，即在"双评价"体系下，以资源环境承载能力为基础，结合区位条件、社会经济、目标定位等因素，综合研判国土空间适宜程度，形成"承载力定规模、适宜性定空间"的评价逻辑（夏皓轩等，2020；周道静等，2020）。

然而，面向国土空间规划对适宜性评价提出的安全、效率、品质需求，主流适宜性评价模式仍面临一系列现实挑战，包括忽视了人类活动与国土空间长期交互的"适应性"状态、对地域功能的空间联系缺乏足够重视、对多元人本需求关注不足（左为等，2019；郝庆等，2020）。

（一）忽视了人类活动与国土空间长期交互的"适应性"状态

现行适宜性评价重在衡量国土空间最适宜某项人类开发与保护活动的"最优解"，寻求"理想"状态下的适宜开发模式。然而，国土空间与人类活动的交互作用是一个复杂的自适应过程，经过长期的作用—反馈—调整的循环，形成某一时点下特定的适应状态（岳文泽等，2020a）。这种适应状态未必契合评价出来的"理想"适宜开发模式。例如，浙西南山区理想的适宜功能是生态保护，但在人类活动与自然环境长期交互的作用下，形成了诸如云和梯田、松阳古村落等与理想适宜功能不一致的利用状态。因此，必须要在某一特定功能指向的适宜开发模式中权衡人地长期互动形成适应性状态的作用，以提升适宜性评价的实践应用价值。

（二）对地域功能的空间联系缺乏足够重视

国土空间承载的物质、能量、信息等流动过程，决定空间功能的发挥（王仰麟等，1999）。然而，当前评价思路以单一、割裂式操作模式看待空间功能关系，忽略功能联系的空间结构（岳文泽等，2020b）。尽管部分研究提出基于空间交互过程的评价模式，关注基质、节点、廊道等构成的生态安全格局，但忽略了不同生态过程的权衡与协同，难以把握生态系统的完整性（彭建等，2017）。同时，鲜有考虑城镇功能与农业功能内部及其相互的空间联

系与网络作用，造成适宜性评价失灵。例如，城镇建设缺乏对人口流动特征的考虑，导致适宜空间与人类活动范围的空间失配，产生"空城"、"鬼城"、职住分离等问题；农业开发欠缺规模连片、地块连通等空间形态支撑，难以实现农业集群式开发。因此，需在国土空间开发适宜性评价中考虑格局、过程和功能集成，提高地域功能的空间联系。

（三）对多元人本需求关注不足

国土空间开发适宜性评价强调以人为本，关注人的多元价值需求，具有阶段性与多层次性。现阶段，人民已不再满足单一的物质需求，更注重生活品质和精神享受等更高层次的需求。然而，主流国土空间开发适宜性评价思路仍沿袭传统"工具"思维，将人的需求降维为对开发强度与开发方向的判断（庄少勤等，2020）；忽略了人文特性与空间体验，导致空间品质低下的问题。因此，在国土空间开发适宜性评价中需强化对"人本"多元、多层次需求的尊重，充分权衡国土空间的人文特性。

第三节 国土空间开发适宜性评价的反思与改进

一、国土空间开发适宜性评价的逻辑反思

国土空间开发适宜性评价基于人地关系的逻辑起点，以国土空间为客体，以人类活动为主体。针对当前评价面对的三大挑战，本节提出尊重国土空间适应性状态，满足人类多层次需求，凸显适宜性空间结构的逻辑反思（图4-1）。

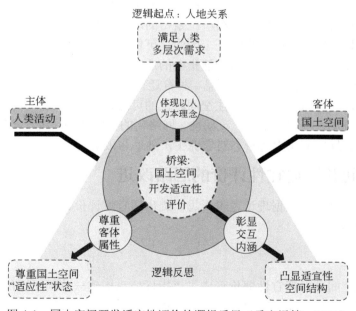

图4-1 国土空间开发适宜性评价的逻辑反思（岳文泽等，2021）

（一）尊重国土空间"适应性"状态

人类开发活动与国土空间长期交互形成适应性状态，维持着良性动态均衡。不同于传

统适宜性侧重刻画空间客体对开发活动的"理想值"判断，适应性是长期自然选择和人类干预下的空间性状，符合自然演化规律和社会发展需求，可采用国土空间当前用途或现状功能来表征。适应性反映了现实已发生且与人类长期交互的国土空间自组织状态，具有存在性、已知性和确定性，为功能双宜性或多宜性的权衡提供明确的辅助判别依据，减少不确定性。同时，国土空间适应性状态可度量，在空间和数量上衔接适宜性评价，能降低适宜性集成的主观性。例如，城镇建设与农业开发"双宜"的评价单元就可以通过现状用途来确定区域的适宜功能。

（二）体现以人为本理念，满足人类多层次需求

人类活动是国土空间开发适宜性评价的主体，"适宜"与否的价值取向和评判标准均在于是否符合人类生存与发展的客观需要。适宜性评价不仅需要界定城镇建设、农业开发和生态保护的底线，将人类活动保持在资源环境承载能力内（岳文泽和王田雨，2019a），也要权衡"人"的多重价值需求。在生态保护上，不局限于供给、支撑或调节等自然生态服务功能，关注生态系统对人类提供的社会文化服务，将服务于人的生态空间纳入保护范畴。在城镇建设上，在权衡人口、产业、交通等社会经济条件基础时，充分结合居民生活宜居适度的价值导向，聚焦基础设施布局、建成区品质等。在农业开发上，以促进农业规模化生产、产业化经营为原则，优先考虑规模集中连片、农业基础设施配套充分联通等条件。

（三）以"流"空间为抓手，凸显适宜性空间结构

适宜性评价结果以适宜功能空间结构为表征，反映适宜性功能类型、数量规模、表现强度等多维属性，包含了空间方位、形态格局、网络联系等结构特征。适宜功能空间结构是由功能要素通过交互通道或空间网络产生紧密的联系，从而形成适宜性功能集成的空间组织，表现出"以流定形"的过程特征。因此，可依托"流"空间理论，优化适宜性空间结构（吴志强，2015）。对于不同地域功能指向的适宜性评价，甄别不同"流"类型与特征。针对生态保护，结合能量循环、生物栖息、种群迁徙等"流"，建构连通物质、信息、能量的生态景观格局。针对城镇开发，关注空间区位的可达性联系，也需权衡人口、产业、交通等要素集聚和流动，构筑多中心、流动性、网络化的空间结构（吴一洲等，2016）。针对农业开发，关注耕地空间集聚等形态对农业生产效率与效益的影响。

二、国土空间开发适宜性评价的思路改进

基于现有操作路径，根据理论逻辑反思，提出适宜性评价、适应性调整、结构性优化的改进思路（图4-2）。

（一）适宜性评价

目前，国土空间开发适宜性评价形成了"指标体系构建－单因子评价－多因子复合"的操作思路。其中，指标甄选是关键。生态保护重要性评价主要选取生态系统服务功能与生态环境脆弱性两个维度指标（赵珂等，2007；徐卫华等，2008）。农业生产适宜性评价侧重水土资源环境、气象灾害对农业生产的影响（傅伯杰，1995；俞艳和何建华，2008）。城镇建设适宜性评价兼顾自然资源环境、地质灾害等维度的限制性指标，以及社会经济条件、区位优势度等维度的适宜性指标（祁豫玮和顾朝林，2010；樊杰，2015）。根据理论逻辑反

思,应该重视适宜性评价中人本多元需求的表达与量化。依托兴趣点(point of interest,POI)、热力图、手机信令等时空大数据,通过个体行为特征聚合社会群体的行为规律,来表征空间内多元化、主导性的人类需求,拓展适宜性评价指标体系。具体而言,在生态保护重要性评价中纳入生态系统社会文化服务的权衡(陈阳等,2020),在城镇建设适宜性评价中引入空间品质(唐婧娴和龙瀛,2017)、基础设施公平性(秦萧等,2019)等表征,在农业开发适宜性评价中考虑景观格局指数、区域服务功能等指标。

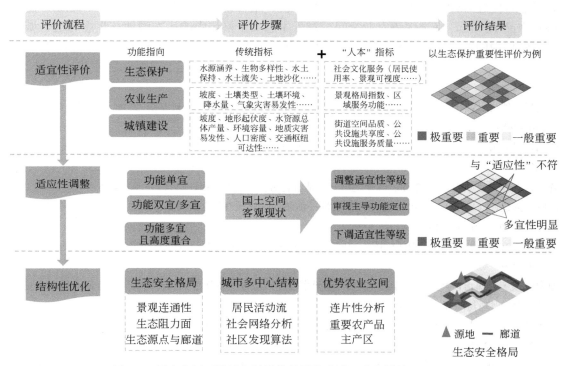

图 4-2 国土空间开发适宜性评价的思路改进(岳文泽等,2021)

(二)适应性调整

将国土空间现状用途来刻画适应性状态,辅助对国土空间开发多宜性评价结果权衡判断。针对单宜性空间,当国土空间现状用途与对应主导功能适宜性冲突时,依据适宜性等级,重新选择主导功能或下调适宜性等级;当两者匹配时,可优先将主导功能区划入"三线"。针对双宜性或多宜性空间,优先将现状用途功能确定为主导功能。当现状用途所在空间的主导功能适宜性较低时,需重新审视其功能定位与分区选择,将其划为主导功能适宜性较高的空间(岳文泽等,2020a)。若多重功能适宜性较高且重合,难以界定有效的适应性现状用途参照,可在弹性发展的目标导向下,下调适宜性等级,避免划入"三线"实施刚性管控。考虑到国土空间现状用途的多样性,对于单宜性、双宜性和多宜性空间可采用现状用途的组合修正,提升适宜性评价结果的应用价值。

(三)结构性优化

从"以流定形"视角,依据生态流、人口流、产业流等流动特征,优化适宜性结果的空间结构。在生态保护重要性评价中，根据生态景观斑块的连通性和邻接性分析，界定生态保护的源地；综合生物多样性、水源涵养、水土保持等生态系统服务的权衡协同，刻画生态流动向和阻力，提取以基质、节点、廊道等为基础、以复杂生态网络为目标的生态安全格局（陈昕等，2017）。在城镇建设适宜性评价中，利用手机信令、出租车轨迹、宜出行等流数据，结合社会网络分析、社区发现算法等方法，辨识城市多中心体系、通勤网络体系、城市活力体系等结构，优化城镇体系结构（陈伟等，2017）。在农业生产适宜性评价中，开展适宜区连片性、集聚性、形状复杂性分析，结合重要农产品主产区分布、地域特色优势农产品生产区，确定优势农业空间。对于生态安全格局中的生态源地与生态廊道、城市网络结构中的城市中心体系、优势农业空间等，可上调适宜性等级，凸显适宜性结构优化。

参 考 文 献

陈明星，梁龙武，王振波，等. 2019. 美丽中国与国土空间规划关系的地理学思考. 地理学报，74（12）：
　　2467-2481

陈伟，刘卫东，柯文前，等. 2017. 基于公路客流的中国城市网络结构与空间组织模式. 地理学报，72（2）：
　　224-241

陈雯，孙伟，段学军，等. 2006. 苏州地域开发适宜性分区. 地理学报，61（8）：839-846

陈昕，彭建，刘焱序，等. 2017. 基于"重要性—敏感性—连通性"框架的云浮市生态安全格局构建. 地理
　　研究，36（3）：471-484

陈阳，岳文泽，张亮，等. 2020. 国土空间规划视角下生态空间管制分区的理论思考. 中国土地科学，34
　　（8）：1-9

迪力沙提·亚库甫，严金明，李强. 2019. 基于生态导向与自然条件约束的青海省国土空间开发适宜性评
　　价研究. 地理与地理信息科学，35（3）：94-98+111

杜海娥，李正，郑煜. 2019. 资源环境承载能力评价和国土空间开发适宜性评价研究进展. 中国矿业，28
　　（S2）：159-165

樊杰. 2007. 我国主体功能区划的科学基础. 地理学报，62（4）：339-350

樊杰. 2015. 中国主体功能区划方案. 地理学报，70（2）：186-201

樊杰. 2019. 地域功能—结构的空间组织途径——对国土空间规划实施主体功能区战略的讨论. 地理研究，
　　38（10）：2373-2387

傅伯杰. 1995. 黄土区农业景观空间格局分析. 生态学报，15（2）：113-120

傅伯杰. 2014. 地理学综合研究的途径与方法：格局与过程耦合. 地理学报，69（8）：1052-1059

高文文，张占录，张远索. 2021. 外部性理论下的国土空间规划价值探讨. 当代经济管理，43（5）：80-85

高鑫，修春亮，魏冶. 2012. 城市地理学的"流空间"视角及其中国化研究. 人文地理，27（4）：32-36+160

郝庆，彭建，魏冶，等. 2021. "国土空间"内涵辨析与国土空间规划编制建议. 自然资源学报，36（9）：
　　2219-2247

郝庆，单菁菁，邓玲. 2020. 面向国土空间规划的人居环境自然适宜性评价. 中国土地科学，34（5）：86-93

何英彬，陈佑启，杨鹏，等. 2009. 国外基于 GIS 土地适宜性评价研究进展及展望. 地理科学进展，28（6）：
　　898-904

黄安，许月卿，郝晋珉，等. 2017. 土地利用多功能性评价研究进展与展望. 中国土地科学，31（4）：88-97

黄征学，王丽. 2020. 国土空间治理体系和治理能力现代化的内涵及重点. 中国土地，（8）：16-18

贾克敬，何鸿飞，张辉，等. 2020. 基于"双评价"的国土空间格局优化. 中国土地科学，34（5）：43-51

李广东, 方创琳. 2016. 城市生态—生产—生活空间功能定量识别与分析. 地理学报, 71 (1): 49-65

李秀斌, 黄荣金. 1989. 黄淮海平原土地农业适宜性评价. 资源科学, 1 (4): 32-38

林坚, 刘松雪, 刘诗毅. 2018. 区域—要素统筹: 构建国土空间开发保护制度的关键. 中国土地科学, 32 (6): 1-7

凌云川. 2007. 土地适宜性评价理论与方法研究. 现代农业科技, (18): 191-192, 194

刘继来, 刘彦随, 李裕瑞. 2017. 中国"三生空间"分类评价与时空格局分析. 地理学报, 72 (7): 1290-1304

刘小波, 王玉宽, 李明. 2021. 国土空间开发适宜性评价的理论、方法与技术应用. 地球信息科学学报, 23 (12): 2097-2110

刘彦随. 2001. 山地土地类型的结构分析与优化利用——以陕西秦岭山地为例. 地理学报, 56 (4): 426-436

刘彦随. 2020. 中国乡村振兴规划的基础理论与方法论. 地理学报, 75 (6): 1120-1133

龙花楼. 2015. 论土地利用转型与土地资源管理. 地理研究, 34 (9): 1607-1618

龙花楼, 陈坤秋. 2021. 基于土地系统科学的土地利用转型与城乡融合发展. 地理学报, 76 (2): 295-309

龙花楼, 戈大专, 王介勇. 2019. 土地利用转型与乡村转型发展耦合研究进展及展望. 地理学报, 74 (12): 2547-2559

倪绍祥, 陈传康. 1993. 我国土地评价研究的近今进展. 地理学报, 48 (1): 75-83

欧阳志云, 王如松, 符贵南. 1996. 生态位适宜度模型及其在土地利用适宜性评价中的应用. 生态学报, 16 (2): 113-120

彭建, 赵会娟, 刘焱序, 等. 2017. 区域生态安全格局构建研究进展与展望. 地理研究, 36 (3): 407-419

祁豫玮, 顾朝林. 2010. 市域开发空间区划方法与应用——以南京市为例. 地理研究, 29 (11): 2035-2044

秦萧, 甄峰, 李亚奇, 等. 2019. 国土空间规划大数据应用方法框架探讨. 自然资源学报, 34 (10): 2134-2149

石龙宇, 冯运双, 高莉洁. 2020. 长三角县域国土空间开发适宜性评价方法研究——以长兴县为例. 生态学报, 40 (18): 6495-6504

史同广, 郑国强, 王智勇, 等. 2007. 中国土地适宜性评价研究进展. 地理科学进展, 26 (2): 106-115

宋小青. 2017. 论土地利用转型的研究框架. 地理学报, 72 (3): 471-487

唐婧娴, 龙瀛. 2017. 特大城市中心区街道空间品质的测度——以北京二三环和上海内环为例. 规划师, 33 (2): 68-73

王静, 翟天林, 赵晓东, 等. 2020. 面向可持续城市生态系统管理的国土空间开发适宜性评价——以烟台市为例. 生态学报, 40 (11): 3634-3645

王亚飞, 樊杰, 周侃. 2019. 基于"双评价"集成的国土空间地域功能优化分区. 地理研究, 38 (10): 2415-2429

王亚飞, 郭锐, 樊杰. 2020. 国土空间结构演变解析与主体功能区格局优化思路. 中国科学院院刊, 35 (7): 855-866

王仰麟, 赵一斌, 韩荡. 1999. 景观生态系统的空间结构: 概念、指标与案例. 地球科学进展, 14 (3): 24-30

吴艳娟, 杨艳昭, 杨玲, 等. 2016. 基于"三生空间"的城市国土空间开发建设适宜性评价——以宁波市为例. 资源科学, 38 (11): 2072-2081

吴一洲, 赖世刚, 吴次芳. 2016. 多中心城市的概念内涵与空间特征解析. 城市规划, 40 (6): 23-31

吴志强. 2015. 以流定形的理性城市规划方法. 广州: 中国城市科学研究会

夏皓轩, 岳文泽, 王田雨, 等. 2020. 省级"双评价"的理论思考与实践方案——以浙江省为例. 自然资源学报, 35 (10): 2325-2338

徐卫华, 欧阳志云, 王学志, 等. 2008. 汶川地震重灾区生态保护重要性评价与对策. 生态学报, 28 (12): 5820-5825

杨保军，陈鹏，董珂，等. 2019. 生态文明背景下的国土空间规划体系构建. 城市规划学刊，（4）：16-23

伊恩·伦诺克斯·麦克哈格. 2006. 设计结合自然. 芮经纬 译. 天津：天津大学出版社

俞艳，何建华. 2008. 基于生态位适宜度的土地生态经济适宜性评价. 农业工程学报，24（1）：124-128

喻忠磊，张文新，梁进社，等. 2015. 国土空间开发建设适宜性评价研究进展. 地理科学进展，34（9）：1107-1122

岳文泽，王田雨. 2019a. 资源环境承载力评价与国土空间规划的逻辑问题. 中国土地科学，33（3）：1-8

岳文泽，王田雨. 2019b. 中国国土空间用途管制的基础性问题思考. 中国土地科学，33（8）：8-15

岳文泽，王田雨. 2021. 构建高质量的国土空间布局. https://mgmwcn/baijia/2021-02-04/34597414html［2021-02-04］

岳文泽，王田雨，甄延临. 2020a. "三区三线"为核心的统一国土空间用途管制分区. 中国土地科学，34（5）：52-59+68

岳文泽，吴桐，王田雨，等. 2020b. 面向国土空间规划的"双评价"：挑战与应对. 自然资源学报，35（10）：2299-2310

岳文泽，韦静娴，陈阳. 2021. 国土空间开发适宜性评价的反思. 中国土地科学，35（10）：1-10

张臻，曹春霞，何波. 2020. 国土空间规划体系重构语境下"双评价"研究进展与趋势. 规划师，36（5）：5-9

赵珂，吴克宁，朱嘉伟，等. 2007. 土地生态适宜性评价在土地利用规划环境影响评价中的应用——以安阳市为例. 中国农学通报，23（6）：586-589

赵松乔，戴旭，申元村，等. 1983. 黑龙江省及其西部毗邻地区的自然地带与土地类型. 北京：科学出版社

周道静，徐勇，王亚飞，等. 2020. 国土空间格局优化中的"双评价"方法与作用. 中国科学院院刊，35（7）：814-824

朱明仓，辜寄蓉，江浏光艳，等. 2018. 四川省国土空间开发适宜性评价. 中国国土资源经济，31（12）：51-56

庄少勤，赵星烁，李晨源. 2020. 国土空间规划的维度和温度. 城市规划，44（1）：9-13，23

左为，唐燕，陈冰晶. 2019. 新时期国土空间规划的基础逻辑关系思辨. 规划师，35（13）：5-13

Bouma J. 2002. Land quality indicators of sustainable land management across scales. Agriculture，Ecosystems and Environment，88（2）：129-136

Bradford J B，D′Amato A W. 2012. Recognizing trade-offs in multi-objective land management. Frontiers in Ecology and the Environment，10（4）：210-216

Chen T S，Lin H J. 2011. Application of a landscape development intensity index for assessing wetlands in Taiwan. Wetlands，31（4）：745-756

Du Y，Wang C S，Zhao H Y，et al. 2007. Functional regionalization with the restriction of ecological shelter zones：a case of Zhaotong in Yunnan. Journal of Geographical Sciences，17（3）：365-374

Everest T，Sungur A，Özcan H. 2021. Determination of agricultural land suitability with a multiple-criteria decisionmaking method in Northwestern Turkey. International Journal of Environmental Science and Technology，18（5）：1073-1088

Freudenberger L，Hobson P R，Rupic S，et al. 2013. Spatial road disturbance index （SPROADI） for conservation planning：a novel landscape index，demonstrated for the State of Brandenburg，Germany. Landscape Ecology，28（7）：1353-1369

Habibie M I，Noguchi R，Matsushita S，et al. 2020. Development of micro-level classifiers from land suitability analysis for drought-prone areas in Indonesia. Remote Sensing Applications: Society and Environment, 20: 100-121

Knaapen J P, Scheffer M, Harms B. 1992. Estimating habitat isolation in landscape planning. Landscape and Urban Planning, 23 (1): 1-16

Lambin E F, Meyfroidt P. 2010. Land use transitions: socioecological feedback versus socio-economic change. Land Use Policy, 27 (2): 108-118

Malczewski J. 2004. GIS-based land-use suitability analysis: a critical overview. Progress in Planning, 62 (1): 3-65

Nuissl H, Haase D, Lanzendorf M, et al. 2009. Environmental impact assessment of urban land use transitions-a context-sensitive approach. Land Use Policy, 26 (2): 414-424

Turner B L, Lambin E F, Reenberg A. 2007. The emergence of land change science for global environmental change and sustainability. Proceedings of the National Academy of Sciences, 104 (52): 20666-20671

Ustaoglu E, Aydinoglu A C. 2020. Suitability evaluation of urban construction land in Pendik district of Istanbul, Turkey. Land Use Policy, 99: 104-183

Zhao J, Xu M, Lu S L, et al. 2013. Human settlement evaluation in mountain areas based on remote sensing, GIS and ecological niche modeling. Journal of Mountain Science, 10 (3): 378-387

Zhu C M, Dong B Y, Li S N, et al. 2021. Identifying the tradeoffs and synergies among land use functions and their influencing factors from a geospatial perspective: a case study in Hangzhou, China. Journal of Cleaner Production, 314: 128-136

第五章 "双评价"的现实挑战与应对策略

"双评价"中的承载力评价与适宜性评价历经了从独立发展到合二为一、从基本理论认知到实践应用探索的演变过程，在国土空间开发与保护中起着基础性的支撑作用，是当前理论研究与地方实践的热点话题。"双评价"是一项涉及多学科、多部门、多目标的复杂系统工程，不仅需要地形、气象、水文、环境、灾害等多源数据与模型的融合应用，更需要与不同层级国土空间规划要求紧密结合。然而，当前"双评价"在关联逻辑、传导方式与决策支持机制等方面依然存在诸多问题与挑战。为此，本章在梳理"双评价"面临的理论问题与现实挑战的基础之上，从科学基础、逻辑关联、传导反馈三个方面探讨"双评价"的提升路径与优化策略。

第一节 "双评价"面临的问题与挑战

一、"双评价"面临的理论问题

（一）数据与模型选取

"双评价"是支撑国土空间规划编制的一项基础性工作，需要庞杂的数据和模型，主要的评价模型与数据类型可分为城镇、农业和生态三个方面。从不同资源环境要素对承载力和适宜性进行刻画，可供选择的评价要素和相关数据如表 5-1 所示，包括地理、环境、气象、林业、灾害、交通等相关数据。由于这些数据涉及自然资源、农业、水利、生态环境、气象等多个部门，数据收集与整理工作耗费大量时间成本与沟通成本，影响了评价工作的快速推进。另外，区域条件和数据采集部门治理能力的差异导致各地方的基础数据统计口径、统计范围、详细程度等参差不齐，直接影响了评价结果的可比性。而部分相对容易获取的开源数据，往往精度较低，在一定程度上影响评价结果的准确性。

表 5-1 "双评价"的评价要素与相关数据

类型	可供评价要素	可能涉及数据
城镇	土地资源	数字高程模型（digital elevation model，DEM）数据
	水资源	县（区）多年平均水资源量、流域分区多年平均水资源量
	气候	区域内及周边地区气象站点多年平均的月均温度、月均空气相对湿度
	水环境	控制单元或流域分区水质目标、地表水资源量
	大气环境	区域内及周边地区气象站点多年平均静风日数和多年平均风速
	灾害	活动断层分布图、崩滑流易发程度分区图、地面沉降累计沉降量（沉降速率）分区图、地面塌陷易发性分区图
	区位优势度	道路、路网数据

续表

类型	可供评价要素	可能涉及数据
农业	土地资源	DEM 数据、土壤质地数据
	水资源	区域内及周边地区气象站点多年平均降水量数据
	气候	区域内及周边地区气象站点多年日平均气温≥0℃活动积温数据
	环境	土壤污染状况详细调查数据
	灾害	气象灾害数据（干旱、洪涝、高温热害、低温寒潮、大风日数等）
生态	土壤盐渍化敏感性	蒸散发量/降水量、地下水矿化度、地下水埋深、土壤质地等因子
	生态系统服务功能重要性	国家重点保护物种、中国生物多样性红色名录及分布（含水生生物）、蒸散发量/降水量、生态系统空间分布数据、自然保护地分布数据、饮用水水源保护区分布数据、土壤数据库、DEM 数据、归一化植被指数（normalized difference vegetation index, NDVI）数据、净初级生产力（net primary productivity, NPP）数据
	生态敏感性	土壤数据库、DEM 数据、NDVI 数据、多年平均风力、干燥度指数、起风沙天数、降水量

　　在既定的数据支撑下，应用不同的评价模型也会直接影响评价结果。以生物多样性维护重要性评价为例，《指南》中提及的方法主要是参照《生态保护红线划定指南》中的物种分布模型法和 NPP 法。而在实践中，物种分布模型往往囿于数据获取难度较大而难以实现；NPP 法由于数据精度较低，在市县尺度上适用性不足，影响了生物多样性评价的可操作性与准确性。此外，横跨多部门、多要素的繁杂数据也大大增加了评价难度。因此，将这些数据进行整合统一管理，建立统一的空间数据库与模型库，是提升"双评价"支撑能力的基本前提。鉴于模型选择的不同会导致评价结果的差异性，建议实践中在共识性技术流程原则上，运用系统的国土空间数据支撑，结合实际情况增加特色评价指标构建修正模型，以更好地提高评价结果的准确性。

（二）尺度与层级传导

　　空间数据的分析结果会产生不确定性，造成这种不确定性的主要原因之一是可塑性面积单元问题（modifiable areal unit problem，MAUP），即分析结果随着面积单元的不同定义而产生变化的效应（陈江平等，2011）。尺度效应和区划效应是 MAUP 主要呈现的两个方面，即空间数据分析结果受到粒度大小和分区方法的影响，"双评价"中的尺度效应是一个主要难题。尺度效应是指空间数据因聚合而改变粒度时，其分析结果也随之变化，如图 5-1 所示，不同尺度的面积单元随着空间数据粒度增大，数据反映的特征信息减少，数据分析的精准度也逐渐降低。

　　数据精度与计算单元的不一致是尺度效应在"双评价"实践中产生的主要原因，也是不同层级"双评价"相互衔接的难点。若采取相同的数据精度和分级标准进行不同层级的评价，因其划分范围不同，层级间的结果也会存在一定差异。尺度效应会对评价结果的准确性产生影响，并且在市县层面的规划编制时难以起到支撑作用，解决尺度效应的关键在于不同层级间的协调。当前，"双评价"要求的评价单元应当与国土空间规划保持一致，且市县层面的评价结果需要基于省级评价进一步提高精度与边界校核。这里主要反映了两个问题，第一，省市之间评价目的差异，从省级尺度即相对宏观的视角来看评价结果，最初的评价目的是提供宏观战略格局的参考，而市县层面更多关注于空间分布情况；第二，市县之间评价工作的差异，由于区县层级的"双评价"工作不是一个必选项，可以直接沿用市级的评价结果，但是实践中市级评价往往也不能"面面俱到"，导致细节上存在偏差。因此，需要对不同尺度下开展"双评价"，进行衔接统筹。省市"双评价"的衔接应当以落实发展战略、完善指标配置为导向，从省级层面的谋篇布局到市级层面的空间分布。而市县"双评价"的衔接应当以表达发展诉求、全域统筹为举措，健全沟通协调机制。

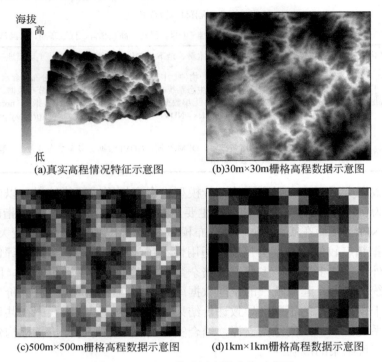

(a)真实高程情况特征示意图　　　(b)30m×30m栅格高程数据示意图

(c)500m×500m栅格高程数据示意图　　(d)1km×1km栅格高程数据示意图

图 5-1　MAUP 的"尺度效应"示意图

（三）应用与管控路径

　　"双评价"的本质目的是服务于国土空间规划，然而从科学评价到规划决策之间的应用仍存在一定差距。《指南》中提及的"双评价"应用共有七大"支撑"，分别是支撑优化国土空间格局、支撑优化主体功能定位、支撑"三区三线"划定、支撑确定和分解规划目标指标、支撑重大决策和安排重大工程、支撑高质量发展战略，以及支撑编制专项规划。但在实践工作中发现，"双评价"并没有像预期那样全能，其结果往往难以直接应用于空间规划编制，需要通过应用路径的创新才能发挥一定作用。

　　近年来，各地在实践中积极探索"双评价"的应用路径，如识别冲突与布局优化、划区划线与研判发展、为专题研究提供参考思路等。其中最为关键的问题是厘清服务目标，明晰应用路径。例如，在支撑生态保护红线划定方面，生态保护极重要区与生态保护红线的评价方法类似，但是性质存在差异。后者具有更强的管控约束性，在实践中极重要区的范围可能更大，因此需要将评价结果结合实际情况进行调整完善，建立国土空间规划与"双评价"之间的支撑与反馈机制。

二、"双评价"在应用中面对的关键挑战

（一）现状承载能力评判与未来规划决策之间的逻辑悖论

生产力布局是国土空间规划的重要内容，需要将各类生产要素像"棋子"一样，按照一定的规则和次序，科学、有序落入"棋盘"。当前，通过"双评价"中资源环境承载能力评价得到的产出，即空间约束下的"承载规模"，是基于资源环境禀赋对农业生产或城镇建设最大承载规模的预判，是"双评价"支撑生产力布局的主要依据。然而，空间约束下的"承载规模"是对资源本身可承载能力的评价，缺点是未能将人类社会经济活动对资源环境系统所施加的压力，以及未来对资源环境系统的需求变化考虑在内。同时，水资源约束考虑了用水总量控制指标等因素，是在人为控制的政策约束下进一步计算得到的承载上限，与空间约束下的承载规模仅考虑自然条件的测算逻辑并不相同，二者按照"短板"原则进行复合也缺少充分依据。因此，当"承载规模"与人类的未来资源消耗脱节时，耕地保有量、建设用地规模等规划指标分解便陷入以当前承载能力判断来决定未来生产力布局的逻辑悖论。从实用性角度来看，承载力要回答的核心问题是某区域已经承载了多少人类活动、未来还能再承载多少，而不是简单回答"可用资源规模"。从空间视角来看，同样规模的资源，位于珠三角地区与位于我国西北地区其所能支持的人类经济活动是无法相提并论的。从动态性来看，长三角地区资源禀赋得天独厚，但随着开发强度增加，资源要素保障逐渐趋紧，对未来承载余量的预判显得尤为重要。

（二）两个评价之间的关联逻辑尚不清晰

实践表明，"双评价"的关联逻辑不清是制约其应用的主要障碍。在应用中二者之间仍然存在指标逻辑、空间逻辑和价值逻辑上的问题。指标逻辑上，由于承载力和适宜性都能够表征人地关系的协调程度，难以避免二者在指标选择上有重叠，无论是根据水土资源要素、环境要素进行分类，还是根据自然地理条件、生态环境、社会经济要素进行分类，都无法从根本上解决指标重叠问题，进而更难以判别承载力和适宜性哪种评价是基础性的。空间逻辑上，存在两类关联的问题，一类是先在全域范围内做承载力评价，再选取其中的高值区域做适宜性评价，这种关联模式无法体现承载力的约束性，也无法解释为何在高值区域进行适宜性评价；另一类是两个评价都在全域范围开展，但需要在评价单元上明确二者集成的原则，进行协调与复合。对于"双评价"的集成，学术界存在不同的观点，缺乏基本的科学共识（郝庆等，2020）。价值逻辑上，承载力的"约束性"与适宜性的"开发性"两种价值判断的关系缺乏系统认知。"双评价"在价值判断上应该是开发与保护的辩证统一。"约束"代表高水平保护，"开发"代表高质量发展，二者相辅相成，只有厘清核心价值取向才能明确二者之间的关联逻辑。

（三）"双评价"对"三区三线"划定的支撑不足

回归初心，"双评价"要为"三区三线"的划定提供科学支撑。理论上，"双评价"产出结果之一的生态保护极重要区、农业生产和城镇建设适宜区将分别作为生态保护红线、永久基本农田和城镇开发边界三条控制线的空间基础。然而，在实践中仍面临诸多挑战：第一，在生态保护重要性评价中，不论是生态系统服务功能重要性，还是生态脆弱性，其

内涵构成、指标选择、计算方法都没有形成充分的科学共识。例如，生物多样性维护评价就缺少统一的评价思路与方法。其次，生态保护重要性等级的划分缺少科学依据，例如，《指南》中推荐以生态服务价值累积百分比达到 50% 为极重要等级的阈值，缺乏基本的说服力，难以支撑生态保护红线划定。此外，使用网格单元的评价忽略了生态系统服务的整体性，忽视了生态廊道、生态网络对区域生态安全格局的作用。第二，"双评价"集成的适宜性仅考虑到空间的单宜性，存在农业生产适宜空间与城镇建设适宜空间重叠的现象，并且对这两种开发需求之间的重叠与矛盾缺乏有效的评判准则和协调机制。因此，在"三线互不交叉"原则下，由"双评价"支撑"三线"划定面临一定的挑战。第三，"三区"的划分也是依托于"双评价"结果中的适宜性，从而忽视了长期以来人类活动与空间互动形成的"适应性"关系，导致"三区"划分与现实脱节（岳文泽等，2020a）。

（四）"双评价"在不同层级中的传导机制不完善

不同层级的国土空间规划对"双评价"要求不同。国家和省级层面，重点关注宏观战略问题，如粮食安全、生态安全等；市县层面，主要是高层次规划目标的落地，统筹划定各类管控边界，优化生态、农业、城镇空间的合理布局。面对不同层级的规划，"双评价"的传导机制是模糊的。首先，在评价单元选择上缺乏尺度性考虑，用一种评价单元应对多个层级的决策需求。对于宏观规划而言，单元过小导致信息严重冗余，降低了决策效率；对于市县级规划而言，单元过大会导致信息失真，影响到决策的准确性。其次，在评价思路上缺少灵活性。在宏观尺度上资源环境承载力评价对决策具有更好的支撑，而在微观尺度上国土空间开发适宜性评价效果更佳。当前主流是一种评价思路从国家级贯穿到市县级，灵活性不足。最后，在传导机制上，《指南》要求市县级要以省级评价结果为基础，进行校准核验，导致新的逻辑问题。以生态保护重要性评价为例，各层级评价采用相同的分级思路，即按从大到小将生态系统服务累积量前 50% 的单元划入极重要区。省级评价是基于全省生态系统分布确定的，而市级则是在更小的空间范围内确定的，对于全省范围生态本底较好或生态脆弱性较高的县，则会有较大面积划入省级评价的极重要区，而这些极重要区在市级评价中却变为"相对"不重要。这种由"尺度性"造成的矛盾很难通过技术手段得以有效解决，从而导致生态保护红线的刚性传导失效。因此，如何体现各层级国土空间规划差异，开展适应不同尺度的评价，建立有效传导机制，还需要进行深入研究。

第二节　"双评价"应用提升与策略优化

一、完善"双评价"的基础

（一）构建多源数据集成模式

准确、完备的基础数据资料是科学开展"双评价"的基础前提。面对上述问题与挑战，首先应着力构建多源数据的整合优化体系，为开展"双评价"工作提供有力支撑。一方面，把好一手数据渠道这"第一道关口"。由于政府部门在获取"双评价"所需数据具有较低交易成本及人才、技术等优势，其重点是将多部门之间的数据进行有效衔接与整合。另一方面，将开源资源环境数据、高分辨率卫星影像作为重要的数据补充。例如，基于世界土壤数据库（Harmonized World Soil Database，HWSD）获取土壤类型、相位、理化性状等信息；通过中国气象数据网（http://data.cma.cn/）可获取气象站点信息和降水数据。社会经济方面的数据，可以利用现有的大数据平台获取统计年鉴、经济公报等数据，必要情况下需要对一些资料进行矢量化处理。另外，可以采用网络爬虫等方法获取更为精细的数据，如百度热力图、路网数据、高德地图路径规划数据等（陈阳等，2020）。其他可供参考的国内外数据平台有：中国科学院资源环境科学与数据中心（http://www.resdc.cn）、地理空间数据云（https://www.gscloud.cn/）、WorldPop 人口数据（https://www.worldpop.org/）等。

形成一定的数据基础后，需从"统一标准、统一管理、统一决策"三层次推进"双评价"基础信息平台建设，以加快形成统一的国土空间"底图"、"底线"和"底板"，为各部门提供便捷的数据信息共享服务，为重大工程和项目规划、建设提供基本依据。首先，建立统一的数据采集、分类、入库标准，规范设置多源数据空间坐标系、栅格单元、数据范围，并依据评价类型、功能指向规范命名标签，进行分类归置。其次，建立适应数据库运行的组织管理体系，按照终端用户需求、职能等分层设置管理权限，打通各部门间信息壁垒。最后，根据相关数据汇交标准构建统一的"双评价"成果数据库，为业务部门、主管部门提供决策依据。

（二）优化"双评价"指标体系与技术方法

由于《指南》仅提供了原则性的评价方法，各省、市、县（区）应当在参考借鉴的基础上，根据国土空间各要素耦合机理，社会经济活动与资源环境两者关系，因地制宜地构建评价指标体系、选取技术方法（郝庆等，2021），具体有如下操作思路：一是根据地域自然环境及社会经济条件设置指标体系，例如，针对喀斯特地貌区评价，应着重考虑降雨侵蚀力、碳酸盐露出面积比等测度水土流失指标设置（李龙等，2020）。二是与上位"双评价"统筹衔接，并进一步细化，例如，在市级"双评价"中，应结合省级评价成果沿用相对统一的评价范式，结合地方经验对于部分项目指标予以细化。三是结合评价目的构建指标体系，如陆域"双评价"、陆海统筹"双评价"等具有差异化评价目的，需根据生态、城镇、农业不同目的指向增补相关指标（于连莉等，2021）。

此外，在阈值取值与方法选择时，切忌完全采用《指南》的分级标准，要注重分析数据的可获取性和分布特征，结合地方经验进行阈值参数的尝试和调整，使评价结果更加符合实际，同时要注重与部门之间的沟通以满足国土空间规划的要求。例如，侯笑云等（2017）在鹤壁市开展的生物多样性保护重要性评价结果显示，NPP 定量指标法在研究区并不适用，结合实地调研结果选取了更为合理的评价方法。另外，在对评价指标赋权重时，通常采用的方法有专家打分法、层次分析法、多层次模糊综合评价法、熵值法、主成分分析法等，无论是专家经验的主观判定还是数据特征的客观赋值，都应当以地方特色为落脚点，注重反映当地的实际情况，同时还可以采用主客观相结合的方法进行权重赋值。

二、厘清承载力与适宜性的逻辑关联

（一）理论与实践中"双评价"的关联模式

"双评价"并非两个评价简单相加，而是关乎二者的系统耦合。以往的研究中，两个评价多以单独的形式出现，在各自的研究范畴内形成了一定的理论基础。近年来，不同学者探讨了两个评价在实践中关联的技术逻辑。

通过梳理发现（图 5-2），当前的承载力与适宜性评价存在三种主流的关联模式（岳文泽等，2020b）。关联模式Ⅰ将适宜性评价作为土地承载力评价的有机组成部分，该模式在早期汶川地震灾后重建规划中出现，更为典型的是 2016 年由十三部委联合印发的《资源环境承载能力监测预警技术方法（试行）》提出在陆域土地资源评价中根据土地适宜性结果判断土地资源承载力（樊杰等，2017）。这种关联模式侧重于从行政单元的尺度判定承载状态和预警等级，再进行成因分析和政策预判，缺点是对于具体的空间布局则缺少精细化指引。关联模式Ⅱ将承载力评价结果作为适宜性评价的基础，2019 年 3 月的《指南》征求意见稿中，通过资源环境承载能力评价结果得到生态保护等级及农业功能、城镇功能指向的承载等级，进而筛选出生态、农业、城镇备选区域，并在备选区域中进行适宜性评价。这种关联方式虽然能得到承载等级和适宜性等级双项结果，但计算过程过于复杂，逻辑关系不清。关联模式Ⅲ将承载力和适宜性评价"合二为一"，在 2020 年 1 月《指南》中，将承载力评价整合至农业、城镇功能指向下的适宜性评价中，再根据评价结果计算承载规模，确定了"适宜性定空间布局，承载力定最大可承载规模"的关联逻辑，被概括为：一个评价一评到底，承载力定规模、适应性定空间，"双评价"变成了一个评价，强调适宜性，而承载力被大大弱化。相较于前两种模式，关联模式Ⅲ更多地将国土空间规划编制需求考虑在内，承载力评价和适宜性评价各司其职，为国土空间规划编制的不同方面提供科学支撑。

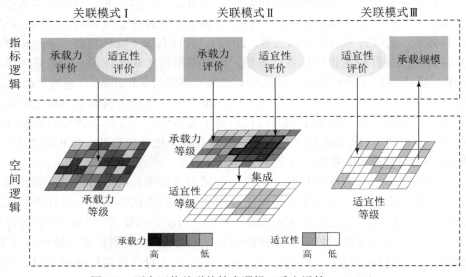

图 5-2　两个评价关联的技术逻辑（岳文泽等，2020b）

（二）承载力与适宜性"一体两面"的内在逻辑

经历了理论与实践的发展，"双评价"对人类活动与自然生态系统内在关系的揭示具有重要作用，可为国土空间规划的要素合理配置、空间格局优化提供依据。具体来说，这两个评价均是以资源环境要素与人类活动关系为对象，评价内容都是测算与分析资源环境禀赋与人类活动协调程度，评价目标都是识别资源供给充足、环境约束较小且利于人类可持续发展的区域，或者反过来识别资源要素匮乏、生态环境约束较大且难以支撑人类可持续发展的空间。特别是在国土空间规划语境下，"双评价"承担了摸清资源环境本底、提供规划编制依据、辅助空间治理决策等多重任务。并且从理论演进脉络与实践发展历程的角度来看，二者在内在本质、价值取向等方面均存在"一体两面"的逻辑关联。

其一，战略定位层面是"约束性"与"发展性"的协同。资源环境承载能力评价一般表征资源环境系统可支撑人类活动的容纳能力，强调其在国土空间规划中的"约束性"。一方面，纵观承载力研究的源与流，生物量、人口数量、生态足迹、环境容量、上限阈值、承载规模等内涵都体现了资源环境对人类活动承载约束与控制的思维倾向（封志明和李鹏，2018）。另一方面，在国土空间规划编制与实施过程中，要求将国土空间开发活动控制在资源环境承载能力范围内，人类活动不得突破区域资源环境系统所能支撑的最大国土开发规模或强度，这也是"约束性"的体现。国土空间开发适宜性评价通过综合权衡国土空间开发的现实需求和目标导向，集成区域资源禀赋、生态环境、社会经济等多维因素，研判人类开发保护活动的适宜程度，更多强调的是其在国土空间规划中的"发展性"。从根本上讲，国土空间开发适宜性关注人类活动在空间上的效率，适宜性评价一般以不同开发利用方式为导向分析区域宜农、宜林、宜建，双宜甚至多宜的特性，剖析由评价单元在区域国土空间上的组织结构与整体格局。因此，在国土空间规划体系下，国土空间开发适宜性评价尤其关注适宜区与不适宜区，重在识别具有某项开发活动发展潜力的区域及不具备开发活动条件的空间，从而服务于"三区三线"划定和主体功能区落实、优化国土空间分区、保障空间安全、提高空间利用效率。

其二，管理目标层面是"管控"与"引导"的组合。"双评价"是国土空间治理体系下的重要抓手，其评价结果兼具科学性与政策性，其中政策性的体现之一就是在管理目标上。一般而言，在超载区域应当加以更为严格的管控，识别区域资源环境的短板，进一步建立监测预警机制作为管控手段；在未超载区域，可以有序推进人类开发利用活动。因此，从管理角度来看，资源环境承载能力评价的重点在于揭示资源环境与国土空间开发现状的失调区域，强调人类开发利用活动的规模或限度，体现了严格管控的特征。与之对应，国土空间开发适宜性评价通过识别区域内适宜某种开发利用方式的空间，反映人类开发活动与国土空间长期交互形成适应性状态，有利于构建高效集聚和合理分布的空间格局，对开发利用活动形成一种积极引导。因此，从管理目标层面看，国土空间开发适宜性评价旨在对国土空间规划的合理布局起到引导作用，其实质是通过土地的空间承载功能满足人类对国土空间安全、效率、品质等多样化需求（史同广等，2007）。

其三，治理导向层面是空间开发与保护的权衡。从战略定位和管理目标的差异中可以发现两个评价之间"一体两面"的基本关系，回归空间治理的内核，二者存在着开发与保护关系的协调。从快速城镇化及工业化的背景向新型城镇化高质量发展和生态文明建设的背景转变，资源环境承载能力评价的空间治理导向在于保护，重点关注超载、超负荷的区域空间。从国家、城市群、省级等宏观尺度来看，资源环境承载能力评价反映区域内不同资源环境要素的状态、警情及趋势等方面的差异，能够对超载区域保护策略部署起到一定的指引作用；从市县等微观尺度来看，资源环境承载能力评价可摸清区域内部资源环境系统支撑人类活动的能力，识别低承载能力的区域，从空间治理的角度推进对该类区域的优先保护。相比之下，国土空间开发适宜性评价是国土空间规划体系下划定"三区三线"的参考依据，也是农业生产、城镇建设、产业布局、交通网络、文化旅游、公共设施等综合开发格局的空间部署和优化调整的重要支撑，其空间治理导向在于开发。具体而言，宏观上，国土空间开发适宜性评价旨在探索符合自然资源本底状况且适宜高效集聚的空间格局，塑造多尺度、多途径、高效率的国土空间功能结构；微观上，地块用途为其协调对象，通过考虑生产、生活、生态空间的适宜程度，综合协调区域空间开发秩序，确保国土空间开发与保护冲突的最小化（吴艳娟等，2016）。

三、加强"双评价"的传导管控与协调反馈

（一）"双评价"传导管控的着力方向

《指南》中将省级和市县级生态保护重要性、城镇建设适宜性以及农业生产适宜性的评价方法加以区分，要求市县级在省级评价结果的基础上根据更高精度的数据进行边界校核，结合当地实际进行必要的补充评价，或者是当省级评价内容与精度满足市县级国土空间规划编制要求时直接在省级评价结果的基础上进行综合分析。不同层级的"双评价"工作，服务于不同层级的国土空间规划编制工作的需要。然而由于《指南》仅包含省级和市县级两个层级评价内容的衔接，未指明不同层级之间如何进行传导、补充和优化等工作（蒋国翔等，2020）。面对传导与管控的实践难点，一些学者在探索中提出了可供参考的应对思路。

其一，数量与空间约束。"双评价"的评价结果可划分为数量规模与空间约束，其中数量规模对应了国土空间规划的核心控制指标，并且这些控制性参数可以通过降尺度传导的方式，实现上层对下层的规划管控，包括对下层规划的空间比例关系、管控参数设置、资源环境配置方案等规划内容进行约束，由此对不同层级的规划进行有效衔接（周道静等，2020）。不仅如此，考虑以往土地利用规划中过于注重指标的分解与宏观数量平衡，将城市复杂的空间性、系统性的问题抽象为统计意义的数学问题，而忽略了微观尺度上功能空间的布局与高质量发展的诉求，由此引入空间约束即是对微观尺度上的边界约束，体现国土空间规划的可落地性（贾克敬等，2020）。

其二，机制约束。实践中应当结合国土空间规划体系构建"双评价"的机制约束，明确都市圈、市域、区县、乡镇等多个空间尺度下"双评价"的刚性管控内容（张臻等，2020）。这意味着，"双评价"的传导与管控应依据不同层级行政单元赋予更多自主性，一方面，要在恰当的事权层级开展"双评价"，于省级层面着重体现资源统筹管理和政策协调方面的作用，在《指南》基础上编制省级工作方案或评价指南，注重总量的管控，明确省市县级"双评价"工作范围，进一步确定衔接与协调的内容。在市县级层面侧重具有地方特征的较小区域内的协同，细化省级"双评价"的内容，在此基础上，适当补充具有地方特色的评价指标，明确评价结果的层级传导与冲突协调机制，构建不同类型评价结果在不同层级传导时需要遵循的规范性细则；另一方面，省内指标和空间管理时可适当进行扁平化处理，减少传导层级，加强互动协同，以及根据地方特征提出精细化应对策略（杨帆等，2020；蒋国翔等，2020；郝庆等，2021）。另外，可以参考"落实、深化、优化、增补"等四种衔接传导方式将涉及国土空间开发与保护的核心管控要素贯穿于不同层级的"双评价"当中（白娟等，2020）。

其三，应用导向。不同空间尺度评价结果往往具有不同的应用导向，因而后续评价结果使用和调整规则的制定应纳入整个工作流程中来。一方面，基础评价结果难以形成绝对刚性约束，这就要求结合相应管控要求和治理手段综合确定最终结果；另一方面，局部地块调整准则的构建也十分关键，如决策层级、调整区域与调整规模等，从而形成规范的动

态调整优化的良性机制（武廷海等，2019）

进一步而言，还有一些学者提供了更为详细的传导与管控的技术框架。例如，贾克敬等（2020）提出了一个基于"双评价"的国土空间格局优化总体框架（图 5-3）。该框架中明确了两个传导方向，分别是"自上而下"约束和"自下而上"引导。具体来说，"自上而下"约束是根据资源环境本底条件由上至下确定承载规模，并以此作为国土空间开发利用的刚性约束条件，重点关注土地利用结构上的数量约束；"自下而上"引导则是指结合由下至上的国土空间开发适宜性评价，通过确定国土空间开发的适宜程度，支撑空间布局优化规则与地类转化概率的确定。这两个方向的传导提供科学的承载规模测度和地域功能空间识别参考，在此基础上，基于承载规模设定区域多目标结构优化约束条件的参数，基于适宜性确定空间布局转换规则，构建多目标耦合优化模型，以期提供以"双评价"为抓手的国土空间格局优化方案。

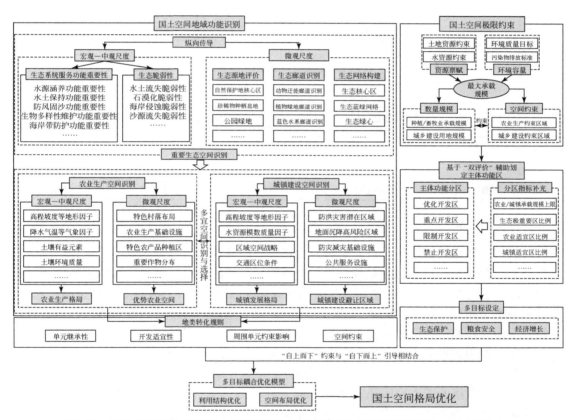

图 5-3 基于"双评价"的国土空间格局优化总体框架（根据贾克敬等，2020 修改）

马涛等（2020）认为新时代可持续发展目标与空间治理体系下的国土空间规划强调充分认识、科学评价资源环境承载能力与国土空间开发适宜性，以适应国土空间开发中存在的跨区域尺度、跨层级治理与跨时期统筹中的管控需求。"双评价"应当调整以辅助主体功能区制度有效分解、传导、落实，为国土空间管控与治理提供系统性、科学性与政策性的支撑，据此提出了一个基于"双评价"的空间规划框架（图 5-4），主要从降低不确定性和容纳复杂性两个维度，改善了主体功能在底线管控、弹性管控、分区管控、量化管控 4

个环节的实施原则与具体要求。底线管控上主要包括空间比例与"三线划定",辅助区际生态补偿的边界;弹性管控上主要包括有效反映产业的空间布局,有效反映要素的空间布局;分区管控上主要包括衔接宏观战略需求,精准化差异化分区,增加主体功能细化的辅助指标,增加陆海统筹评价;量化管控上需要"双评价"提供有效的量化手段。

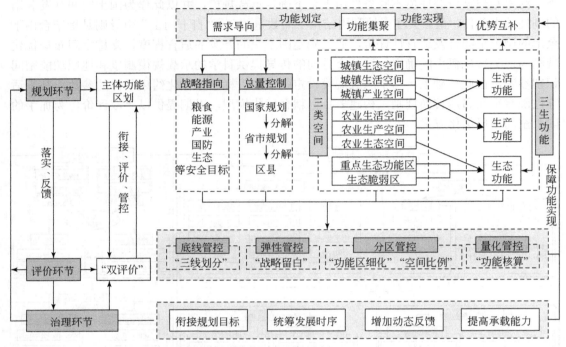

图 5-4　基于"双评价"的空间规划框架(根据马涛等,2020 修改)

　　周侃等(2019)提出了一个以地域功能和资源环境承载力为科学基点的国土空间管控体系框架(图 5-5),其中包括功能管控和参数管控。功能管控是以主体功能区划和"三区三线"协同划定方案为基础,从宏观尺度到微观尺度按照四类主体功能、三类空间(生态、农业和城镇空间)、六类分区(生态保护红线及一般生态区、永久基本农田及一般农业区、城镇开发边界及城镇预留区)及 N 类建设和非建设类用途分层级实施传导;参数管控则以国土开发强度为关键的目标参数,包含基于"总量-目标"和"增幅-过程"双控的阈值管控,以及基于开发上限和保护下限两方面的分类型管控途径,旨在构建"三生"结构均衡有序、高质量发展的国土空间开发保护格局。

　　总体而言,当前"双评价"的传导过程与管控策略尚未明晰,众多学者基于地方实践经验给出了具有参考价值的建议,回归传导与管控本身,可理解为宏观政策目标面向管理末梢的精细化,或者具体管控对象特征面向决策中枢的概念化(杨帆等,2020)。在构建"双评价"有效传导与管控机制时,笔者认为应当以省级"双评价"为主要衔接中枢,并且要遵循三个"一致性",分别是战略一致性、格局一致性和规模一致性(夏皓轩等,2020)。首先,战略一致性是指基于省级"双评价"与国土空间规划的战略决策下,市县级"双评价"与国土空间规划要遵循自上而下的战略部署,实际上也是遵循主体功能区划的一种体现。其次,格局一致性是指"双评价"的结果在不同层级要形成一致的国土空间格局,尽管在评价方法、数据、尺度上有所差异,但是不应在格局上有较大的冲突,对于有较大差异的区域应当进行进一步校核举证。最后，规模一致性并非如之前一些学者提出的严格的刚性约束，而是在承载规模、空间比例上不要有较大出入，各层级形成接近一致的数量规模。

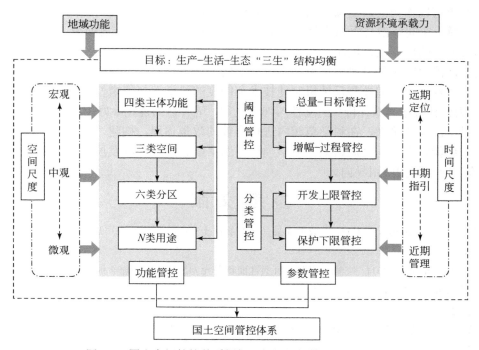

图 5-5 国土空间管控体系框架（根据周侃等，2019 修改）

（二）"双评价"协调反馈的优化路径

"双评价"作为构建国土空间规划体系的重要抓手，评价过程中的互动、协调与反馈也十分关键。当前国土空间规划"双评价"工作已形成一定的成果，基于当前学者在理论与实践上的探索，协调与反馈工作存在着一些关键难点，主要包括不同层级评价、不同职能部门及不同专题研究之间的协调与反馈。

首先，不同层级评价间除了上述的传导管控机制，还需要进行动态协调反馈，例如，陈伟莲等（2020）为保证评价成果科学、权威、好用、适用，满足省级和市县国土空间规划的编制需求，在广东省实践中对"双评价"的流程进行了优化，构建了智能评价流程与校核反馈机制，同时还建立了省市联动评价流程，不断提高评价结果的准确性、合理性，并且能在保证市县评价结果相对合理与省级评价结果一致的前提下有效减少评价工作量。

其次，"双评价"的协调与反馈工作中涉及最多的是同级政府不同职能部门，如地级市政府部门中的自然资源部门、生态环境部门、农业部门、水利/水务部门、发改部门（蒋国翔等，2020）。其中涉及大量数据、行政流程、管理方式的矛盾，往往会造成效率滞后，建议以国土空间规划为主线进行职能重构，增进部门的沟通效率，减少不必要的沟通成本，实现数据与方案的标准化与统一化管理。

再次，根据《指南》中的要求，"双评价"成果应用有许多为其他专题研究支撑的内容，因此不同专题研究之间的协调与反馈也是一项重要工作。周道静等（2020）认为"双评价"是有机衔接不同层级空间规划、联结空间规划与部门专项规划的关键途径，其合理使用可以有效协调与衔接不同层级的规划体系，例如，在衔接空间规划与专项规划时，"双评价"的基本结果可以作为同级专项部门规划的基础底图，保障各类专题研究的基础一致性。并且，对于国土空间整治与生态修复、开发保护格局优化等空间类专题研究，"双评价"应当与其形成良好的协调反馈机制。

最后，需要明确的是"双评价"不是万能的，但没有"双评价"也是万万不能的。有学者认为"双评价"弹性和反馈机制使技术和制度的科学性与严肃性面临挑战（杨帆等，2020）。由此体现了"双评价"的刚性与弹性之辩，笔者认为能用、好用、管用的"双评价"应兼顾科学性与政策性，在科学范畴内进行有效的政策体现，构建"双评价"协调与反馈机制对于更新国土空间格局认知、科学摸清资源禀赋、表达区域发展诉求具有重要意义，"双评价"应当紧扣应用导向。

参 考 文 献

白娟，黄凯，李滨. 2020. "双评价"成果在县（区）级国土空间规划中的应用思路与实践. 规划师，36（5）：30-38

陈江平，张瑶，余远剑. 2011. 空间自相关的可塑性面积单元问题效应. 地理学报，66（12）：1597-1606

陈伟莲，李升发，张虹鸥，等. 2020. 面向国土空间规划的"双评价"体系构建及广东省实践. 规划师，36（5）：21-29

陈阳，岳文泽，张亮，等. 2020. 国土空间规划视角下生态空间管制分区的理论思考. 中国土地科学，34（8）：1-9

樊杰，周侃，王亚飞. 2017. 全国资源环境承载能力预警（2016 版）的基点和技术方法进展. 地理科学进展，36（3）：266-276

封志明，李鹏. 2018. 承载力概念的源起与发展：基于资源环境视角的讨论. 自然资源学报，33（9）：1475-1489

郝庆，单菁菁，邓玲. 2020. 面向国土空间规划的人居环境自然适宜性评价. 中国土地科学，34（5）：86-93

郝庆，邓玲，封志明. 2021. 面向国土空间规划的"双评价"：抗解问题与有限理性. 自然资源学报，36（3）：541-551

侯笑云，刘世梁，成方妍，等. 2017. 生态保护红线划定中生物多样性重要性评价的不同方法对比研究. 科研信息化技术与应用，8（3）：79-88

贾克敬，何鸿飞，张辉，等. 2020. 基于"双评价"的国土空间格局优化. 中国土地科学，34（5）：43-51

蒋国翔，王金辉，罗彦. 2020. 国土空间"双评价"再认识及优化路径探讨. 规划师，36（5）：10-14

李龙，吴大放，刘艳艳，等. 2020. 生态文明视角下喀斯特地区"双评价"研究——以生态敏感区宁远县为例. 自然资源学报，35（10）：2385-2400

马涛，谭乃榕，王昊. 2020. "双评价"中主体功能分解与传导的理论机制. 开发研究，（4）：11-19

史同广，郑国强，王智勇，等. 2007. 中国土地适宜性评价研究进展. 地理科学进展，（2）：106-115

吴艳娟，杨艳昭，杨玲，等. 2016. 基于"三生空间"的城市国土空间开发建设适宜性评价——以宁波市为例. 资源科学，38（11）：2072-2081

武廷海，周文生，卢庆强，等. 2019. 国土空间规划体系下的"双评价"研究. 城市与区域规划研究，11（2）：5-15

夏皓轩，岳文泽，王田雨，等. 2020. 省级"双评价"的理论思考与实践方案——以浙江省为例. 自然资源

学报，35（10）：2325-2338

杨帆，宗立，沈珏琳，等. 2020. 科学理性与决策机制："双评价"与国土空间规划的思考. 自然资源学报，35（10）：2311-2324

于连莉，郭晓林，杜臣昌. 2021. 青岛市"双评价"的传导与支撑研究. 规划师，37（S2）：18-23

岳文泽，王田雨，甄延临. 2020a. "三区三线"为核心的统一国土空间用途管制分区. 中国土地科学，34（5）：52-59

岳文泽，吴桐，王田雨，等. 2020b. 面向国土空间规划的"双评价"：挑战与应对. 自然资源学报，35（10）：2299-2310

张臻，曹春霞，何波. 2020. 国土空间规划体系重构语境下"双评价"研究进展与趋势. 规划师，36（5）：5-9

周道静，徐勇，王亚飞，等. 2020. 国土空间格局优化中的"双评价"方法与作用. 中国科学院院刊，35（7）：814-824

周侃，樊杰，盛科荣. 2019. 国土空间管控的方法与途径. 地理研究，38（10）：2527-2540

第六章　河南省资源环境承载力研究

2016 年 10 月，中央全面深化改革领导小组第二十八次会议确定河南等 9 个省级单位开展省级空间规划试点工作。2017 年 4 月，河南省委办公厅、省政府办公厅印发《河南省省级空间规划试点实施方案》，强调以主体功能区规划为基础，全面摸清并分析国土空间本底条件，坚持空间开发与承载能力相匹配，划定城镇、农业、生态空间及生态保护红线、永久基本农田、城镇开发边界，统筹省域空间开发、利用、保护和整治，形成可持续发展的美丽河南目标蓝图。"河南省资源环境承载力研究"是本次省级空间规划试点工作中的基础性专题研究，旨在分析河南省资源支撑能力、环境容量，摸清全省重要资源环境要素的本底，识别不同区域社会经济发展中的资源环境短板，以期为河南省国土空间开发决策提供基础参考。

第一节　评　价　方　案

一、基本概念

资源环境承载力不仅取决于承载主体条件，也取决于承载对象的规模与结构。资源环境承载力是自然资源环境数量、质量及人类生产和生活方式、类型、结构、效率等交互作用的结果（周璞等，2017）。科学评价资源环境承载力，必须从自然资源环境条件和社会经济发展状况两个维度进行综合分析。

（一）自然资源环境本底视角

从自然资源环境本底视角出发，资源环境承载力是指在一定时期和一定区域范围内，在维持资源结构符合可持续发展需要并且环境功能维持稳态的条件下，资源环境系统所能承受人类社会经济活动的能力。当资源环境系统承载的人类活动达到一定规模强度后，系统将进入不可恢复的状态，即达到资源环境系统阈值。同时，对于相同类型、规模强度的人类活动，不同规模和结构的资源环境系统承载阈值不同。

（二）社会经济活动强度视角

从社会经济活动强度视角出发，资源环境承载力是以可持续发展为目标指向，既可以通过资源环境条件的状态和变化态势进行人类社会经济活动可持续性的评价与预警，也可以通过确定人口经济合理规模（即资源环境约束上限）等关键阈值的方式进行承载状态的监测与预警（樊杰等，2015）。其中，由于最大人口规模和经济规模受发展方式、产业结构、科技水平、消费结构等因素影响，通过假设诸多前提条件而测算的最大人口规模或经济规模在规划管理实践中指导性较差，常常在短期内被现实情况突破。因此，评价方案应避免测算自然资源环境系统所能支撑的最大人口、经济发展规模，而注重评价自然资源环境系统对地域功能承载的适宜性及对人口与社会经济发展强度的保障程度。

综上，资源环境承载力评价的基本概念可确定为：以自然资源环境系统禀赋条件为切入点，分析各类资源与环境子系统的供容能力，评价自然环境系统对地域发展功能的适宜程度，并测度人类活动是否处于自然资源环境系统承受范围。相应地，资源环境承载力评价应用方向是通过承载状态阈值设定对资源环境承载力进行预警，明确区域发展限制性因素和可持续发展方向。

二、基本要求

（一）摸清家底、识别短板

通过科学的资源支撑能力、环境容量的计算分析，摸清评价区域在社会经济发展过程中重要资源环境要素的本底，面向不同区域社会经济发展水平与空间开发强度针对性识别资源环境短板。

（二）测算压力、明确警情

为实现评价区域社会经济持续稳定快速发展的目标，定量测算区域资源环境承载压力，同时发布不同资源环境要素的承载压力警情，为国土空间规划与治理提供具备实践性的决策参考。

（三）形成规程、普及推广

设计一套服务于空间规划编制的区域资源环境承载力评价理论与技术方法体系，努力形成可操作、能监管、易推广的资源环境承载力评价技术规程，为其他省级区域的资源环境承载力评价提供参考。

三、评价思路与技术路线

依据基本概念的界定，资源环境承载力评价拟从承载本底、承载状态两个层面开展：从资源环境支撑力出发，开展综合限制性与适宜性评价得到承载本底；从资源环境开发利用的强度出发，判定区域资源环境综合承载状态。两个层面的评价均先开展单要素评价，在单要素评价结果的基础上，开展综合评价。总体方案形成"两个层次、三种主导功能、两个阶段"的评价框架（图6-1）。

（一）两个层次

1. 资源环境承载本底评价

从资源环境系统的支持力出发，从资源供给能力、环境容纳能力和生态支撑能力等方面定量评价区域资源环境系统禀赋的优劣程度，揭示自然系统对人类经济社会活动潜在承载能力的高低（周璞等，2017）；评价区域自然资源环境系统对地域不同发展功能的适宜程度；进而通过本底评价识别各区域空间资源环境短板要素，为国土资源开发与空间规划提供功能指引和布局导向。

2. 资源环境承载状态评价

综合考虑资源环境系统的支持力和经济社会系统的压力状态，基于供需平衡视角，统筹分析资源环境子系统的供给能力与社会经济子系统的需求程度,测度人类社会经济活动是否处于自然资源环境系统的承受范围内,即是否超载。通过承载状态评价指明国土资源利用方式是否集约高效,确定国土整治目标靶区,改进资源环境管理政策和制度,指导区域发展功能定位,形成区域发展战略的优化路径。

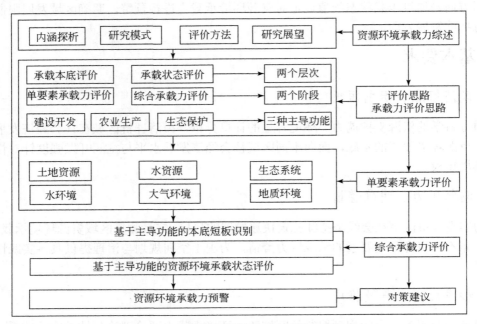

图 6-1　河南省资源环境承载力评价技术路线

(二)三种主导功能

本底评价突出的是资源环境的适宜性和限制性,但评价单元所承担的社会经济功能是多样化的,针对不同功能的资源环境适宜性要求是不同的。因此在不打破县域空间范围的前提下,对主要功能进行细分,明确评价单元的主导功能。根据区域承担的人类社会经济活动的主要类型,划分为三种主导功能:①城镇建设开发,包括综合建设开发和工矿建设开发等功能;②农业生产,包括农业生产开发和牧业生产开发等功能;③生态保护,包括生物多样性保护、水源涵养、水土保持、防风固沙等功能。

将评价单元的国土空间开发利用现状作为基本背景,结合区域经济社会发展目标定位、生态文明建设要求及主体功能规划定位,将各县级评价单元划分为建设开发、农业生产和生态保护三种不同的功能类型。采用综合评价与集成方法,因地制宜地构建差别化的评价指标体系,综合集成自然资源禀赋和环境条件等单要素评价结果,科学地揭示不同县域的资源环境承载力综合水平。

(三)两个阶段

1. 单要素评价阶段

单要素评价阶段的核心在于要素的选择及构建表征该要素的指标(体系)。资源环境承载力评价包含资源承载力评价和环境承载力评价两部分,其中资源特指自然资源范畴,主要包含土地资源、水资源、生物资源、森林资源等；环境特指自然环境范畴，主要包含大气环境、水环境、地质环境、生态等。遵循不重叠、差异化和主导性的原则，按照资源、环境要素与人类社会经济发展关联的密切程度，筛选土地资源、水资源、大气环境、水环境、地质环境、生态作为区域资源环境承载力评价的核心要素，以此为基础开展承载本底和承载状态评价。

承载本底评价指标主要反映资源环境禀赋的优劣程度，用以表征资源供给能力、环境容纳能力和生态支撑能力等。遵循科学性、可操作性等指标体系构建准则，共选取了 8 项指标来评价区域资源环境承载力本底（表 6-1）。

表 6-1 资源环境承载力本底评价指标体系

要素	指标	性质
土地资源	适宜建设土地资源	【＋】
	优质耕地资源	【＋】
水资源	可利用水资源总量	【＋】
水环境	水环境容量	【＋】
大气环境	大气环境容量	【＋】
地质环境	地质灾害易发性	【－】
	地壳稳定性	【＋】
生态	生态资源丰富度	【＋】

注：【】为指标性质，＋表示正向指标，－表示负向指标。

资源环境承载状态指标主要是反映资源环境系统供容能力与经济社会系统发展需求的供需平衡状况，遵循科学性、可操作性等指标体系构建的一般准则，共构建 10 项指标来评价反映国土资源环境承载力承载状态（表 6-2）。

表 6-2 国土资源环境承载力承载状态评价指标体系

要素	指标	性质
土地资源	建设用地现状开发程度	【－】
	建设用地布局匹配度	【＋】
	耕地承载压力	【－】
水资源	水资源开发强度	【－】
	农用水与农用地耦合协调度	【＋】
	生活和工业用水与城镇工矿用地耦合协调度	【＋】
水环境	水环境承载指数	【－】
大气环境	大气环境承载指数	【－】
地质环境	地质灾害风险性	【－】
生态	生态用地退化率	【－】

注：【】为指标性质，＋表示正向指标，－表示负向指标。

2. 综合评价阶段

资源环境承载本底综合评价以单要素承载评价为基础,功能适宜性为导向开展。区域可持续发展受到稀缺资源的限制,资源环境承载本底评价重点在于识别区域的"短板要素"。以区县为评价单元,对比土地资源、水资源、水环境、大气环境、地质环境、生态本底指标优劣程度,选取状态水平条件最低的一类或者多类要素作为"短板要素"初步识别结果。结合各区县的主导功能对各类资源的需求程度,依据"影响程度高则短板制约强"的原则,最终确定各区县的"短板要素",作为区域资源环境本底的综合评价结果。

资源环境承载状态综合评价以区域主体功能为导向进行判定。在区县尺度上,国土空间作为功能复杂的综合体,难以采用单一的功能类型加以表征,需要综合考虑功能定位重叠的现实情况。同时各类主导功能对于资源环境要素的要求程度存在差异,因此利用各区县的主导功能定位确定相应要素对资源环境承载状态的影响权重,利用加权综合的方式确定各区县的资源环境承载综合状态。依据土地利用类型与区域主体功能的对应关系,建立资源环境适宜性与承载状态的连接,最后判定资源环境综合承载状态。

(四)评价单元

评价的空间范围应覆盖全部省域空间,考虑到承载力的预警管理,以及其对空间规划、国土开发的决策支持,资源环境承载力评价采用县级行政单元和 5km×5km 格网两类空间评价单元。其中以县区行政单元为基本评价单元,土地资源承载力评价中建设用地适宜性评价部分采用 1:25 万土地利用数据为基本评价单元。最终,所有资源环境要素的本底、承载状态评价及预警都统一到县区行政单元上,并且将市辖区合并为一个统一的单元。在单要素评价阶段,两类空间单元上的评价结果有相似的空间分布,本章仅展示县级行政单元的评价结果。在综合评价阶段,由于不同空间单元采用不同方案确定评价单元的主导功能,两类空间单元的评价结果均进行展示。

第二节　土地资源承载力评价

一、河南省土地利用现状及问题

河南省面积 16.57 万 km^2,平原地区面积占比超过全省面积 50%,土地资源丰富。根据土地利用数据,河南省 2017 年农用地面积为 12.68 万 km^2,占全省面积的比重为 76.52%,其中耕地面积达 8.11 万 km^2,多为水浇地和旱地;建设用地面积为 2.55 万 km^2,占全省土地面积的比重为 15.39%,其中城乡建设用地面积达 2.18 万 km^2;未利用地面积总计 1.34 万 km^2,占全省土地面积的比重为 8.09%。

作为我国的人口大省,第七次全国人口普查公报数据显示河南省 2020 年常住人口达 9936.55 万人,以全国 1.74% 的土地承载了全国 7.04% 的人口,全省人口密度达 595 人/km^2,因此河南是全国土地承载压力较高的地区之一。河南省总体土地资源利用现状呈现以下特点:①耕地后备资源潜力小。根据耕地后备资源调查评价成果,河南省耕地后备资源面积仅为 0.37 万 km^2,占全省面积的比重仅为 2.23%。②生态环境问题突出,耕地总体质量不高。城镇和村庄超标侵占优质耕地,工业"三废"和农业生产资料投入造成耕地污染及耕地生态环境恶化。③建设用地集约利用程度低,布局不尽合理,供给压力大。随着国家提出并逐步实施中部崛起、中原城市群战略，河南省建设用地扩张十分迅速，城镇用地、独立工矿用地和交通用地的规模显著增加（吕可文等，2012）。此外，城乡建设用地利用方式较为粗放，集约利用程度较低，空间布局不尽合理，基础设施建设重复、滞后和过度超前现象并存。同时存量建设用地盘活较少，新增建设用地需求已超出资源的供给能力。

二、土地资源承载力评价方法

以建设用地与耕地为对象，土地资源本底评价通过适宜建设土地资源、优质耕地资源两项指标来考量区域建设和耕地的本底状况。建设用地资源承载状态评价通过现状开发程度和空间布局匹配度表征，耕地资源承载状态评价则选取耕地产能变化率作为耕地承载压力指标，以此反映近年来区域的耕地产能补充潜力和本地粮食供给压力。通过以上三个指标的加权计算，得到土地资源承载状态评价综合指标值，反映土地资源利用整体的合理性与集约性。

（一）土地资源承载本底评价方法

1. 适宜建设的土地资源

1）强限制性因子

强限制性因子所在区域指建设用地难以开发及不允许开发的区域。强限制性因子分为两类，一类是由于耕地和生态用地保护的需求而禁止开发的因子，主要是永久基本农田和重要生态区；另一类是由于建设危险性和生活不适宜而难以开发的因子，主要指采空塌陷区和难以利用土地等因子。

2）较强限制性因子

较强限制性因子所在区域是指较不适宜建设用地开发的区域，具有不同的限制性等级，对建设用地适宜性的影响程度也存在差异。较强限制性因子包括地形起伏度、基本农田与农用地重叠度、一般农用地保护、矿产资源规划开采区、矿山地质环境问题区、突发地质灾害、蓄滞洪区、地震活跃及地震断裂等因子。该类因子所在区域的建设用地开发适宜性评价需要考量限制性因子的影响程度。

3）限制性因子阈值、分值与权重

根据各个较强限制性因子的等级差异，分别赋予其图斑单元相应的适宜性分值。研究采用了国家行业标准与专业部门专项研究成果相结合的方式确定限制性因子的阈值区间，在采用等间距法等统计学方法的基础上，利用专家咨询法调整适宜性分值的划分方式。综合强限制性因子和较强限制性因子的适宜性分值，建设开发适宜性评价因子见表6-3。

利用层次分析法梳理建设开发适宜性评价的要素层级及相互关系，将较强限制性因子利用特定准则进行分组，形成递阶层次的结构形式，即项目层、因素层和指标层3个层次。其中，建设开发适宜性评价为项目层；通过文献分析法确定开发难度、开发危险及破坏程度为因素层。开发难度因素包含地形起伏度、矿山地质环境问题区、突发地质灾害、地震活跃及地震断裂和蓄滞洪区五种指标；开发危险因素包括矿山地质环境问题区、突发地质灾害、地震活跃、地震断裂和蓄滞洪区四种指标；破坏程度因素包括基本农田与农用地重叠度、一般农用地保护及矿产资源规划开采区三种指标。

表 6-3 建设开发适宜性评价因子

因子类型	因子	分类	适宜性分值
强限制性因子	基本农田	重叠超过 50%耕地	0
		其他	1
	重要生态区	森林公园、地质公园、风景名胜区、自然保护区、湿地保护区等,以及河流水域、湖泊水域、坑塘水面、水库水面等地类	0
		其他	1
	采空塌陷区	采空塌陷区	0
		其他	1
	难以利用土地	冰川及永久积雪、沙地、沼泽地、盐碱地等	0
		其他	1
较强限制性因子	地形起伏度	15°以上	40
		6°~15°	60
		2°~6°	80
		0~2°	100
	基本农田与农用地重叠度	重叠 30%~50%耕地或重叠 75%~100%一般农用地	40
		重叠 20%~30%耕地或重叠 50%~75%一般农用地	60
		重叠 10%~20%耕地或重叠 25%~50%一般农用地	80
		重叠少于 10%耕地或重叠少于 25%一般农用地	100
	一般农用地保护	高于平均等耕地	60
		低于平均等耕地	80
		园林、林地、人工草地	90
		其他	100
	矿产资源规划开采区	矿产资源规划开采区	60
		其他	100
	矿山地质环境问题区	重点治理区	40
		一般治理区	60
		其他	100
	突发地质灾害	高易发区	40
		中易发区	60
		低易发区	80
		无地质灾害风险	100
	地震活跃及地震断裂	地震及地震断裂极不稳定区	40
		其他	100
	蓄滞洪区	重要蓄滞洪区	40
		一般蓄滞洪区	60
		蓄滞洪保留区	80
		其他	100

利用德尔菲法确定因素层之间的重要性差异及每个因素层中指标间的重要性差别，从而得出层次分析法的判断矩阵（1～9 标度法），计算每个判断矩阵的最大特征值 λ_{max} 和对应的特征向量并做一致性检验，确定各个单因素的指标权重，较强限制性因子权重如表 6-4 所示。

表 6-4　较强限制性因子权重

较强限制性因子	权重
地形起伏度	0.2513
基本农田与农用地重叠度	0.1672
一般农用地保护	0.1416
矿产资源规划开采区	0.0576
矿山地质环境问题区	0.1137
突发地质灾害	0.1328
地震活跃及地震断裂	0.0643
蓄滞洪区	0.0715

4）适宜建设指标计算

采用限制系数法计算开发适宜性分值：

$$E = \prod_{j=1}^{m} F_j \times \sum_{k=1}^{n} w_k \times f_k \tag{6-1}$$

式中，E 为综合适宜性分值；j 为强限制性因子编号；k 为较强限制性因子编号；F_j 为第 j 个强限制性因子适宜性分值；f_k 为第 k 个较强限制性因子适宜性分值；w_k 为第 k 个较强限制性因子的权重；m 为强限制性因子个数；n 为较强限制性因子个数。采用聚类分析法确定适应性分值的阈值，将建设开发适宜性区域划分为最适宜区、基本适宜区、较不适宜区、不适宜区域区四类，其中最适宜区和基本适宜区土地被视为适宜建设用地。在区县尺度上，根据区县适宜建设用地统计结果，采用等量分类法将结果划分为五个等级。

2. 优质耕地资源

研究通过耕地面积和耕地国家利用等别，分别考察耕地资源的数量和质量，利用式（6-2）估算得到耕地的粮食生产能力，评价耕地资源本底情况。

$$P = \sum_{k=4}^{12} p_k \times S_k \tag{6-2}$$

式中，P 为各区县耕地的产能总和；k 为耕地国家利用等；p_k 为 k 等耕地对应的单位面积标准粮产量；S_k 为各区县 k 等耕地的面积总和。

在区县尺度上直接采用河南省各区县 2015 年度更新报告中的更新后耕地产能数据，衡量优质耕地资源。然后将耕地产能结果依据等间距分类法划分为五个等级。

（二）承载状态评价方法

1. 建设用地现状开发程度

现状开发程度从区域适宜建设用地资源本底出发，衡量区域极限开发强度，对比已开发建设用地强度，反映可利用土地资源的开发利用程度。计算公式为

$$现状开发程度指标=［现状开发强度］/［极限开发强度］ \qquad (6\text{-}3)$$

其中，现状开发强度指各评价单元现状建设用地占县域总面积，衡量目前现状建设用地的开发状况。计算方法为

$$现状开发强度=［现状建设用地面积］/［国土面积］ \qquad (6\text{-}4)$$

极限开发强度考虑了各评价单元的极限开发规模。通过适宜建设土地资源的本底评价，确定河南省各评价单元最适宜建设用地和基本适宜建设用地，与现状建设用地叠加，根据并集规则获得城乡建设用地发展的极限开发规模，进而计算各评价单元极限开发强度。计算方法为

$$极限开发强度=［极限开发规模］/［国土面积］ \qquad (6\text{-}5)$$

在区县尺度上，计算各区县的建设用地现状开发程度指标，采用等间距分类法将评价结果划分为五个等级。

2. 建设用地布局匹配度

建设用地布局匹配度用于表征现状建设用地布局与适宜建设空间匹配情况。计算方法为

$$建设用地布局匹配度=［适宜区建设用地面积］/［现状建设用地面积］ \qquad (6\text{-}6)$$

在区县尺度上，计算各区县的建设用地布局匹配度，采用等间距分类法将评价结果划分为五个等级。

3. 耕地承载压力

耕地产能变化率，即近年来区域内耕地产能变化量占评价区域原有耕地产能的比重，反映了区域粮食生产能力的潜力值。本章选取 2013～2014 年耕地产能变化率作为区域耕地承载压力，计算方法为

$$耕地承载压力=（［2014 年耕地产能］-［2013 年耕地产能］）/［2013 年耕地产能］$$
$$(6\text{-}7)$$

在区县尺度上，采用河南省各区县 2014 年度更新报告中的 2013 年、2014 年耕地产能数据，计算耕地承载压力，然后采用等间距分类法将评价结果划分为五个等级。

4. 土地资源承载状态综合评价

土地资源承载状态考虑了建设用地现状开发程度、建设用地布局匹配度和耕地承载压力三项指标，采用指标加权法综合评价土地资源要素承载状态。根据河南省各评价单元主导功能，分别确定各指标在建设开发、农业生产、生态保护三类主导功能下对土地资源承载状态综合的权重，并区别计算各评价单元的综合指标值（表 6-5）。进行计算之前，采用极值法利用式（6-8）对三项指标进行标准化处理。

表 6-5　土地资源承载综合评价指标权重表

评价指标	建设开发	农业生产	生态保护
建设用地现状开发程度	0.4420	0.2377	0.3389
建设用地布局匹配度	0.3821	0.2654	0.4011
耕地承载压力	0.1759	0.4969	0.2600

$$S_i = \begin{cases} \dfrac{a_i - a_{\min}}{a_{\max} - a_{\min}} & (1) \\[3mm] \dfrac{a_{\max} - a_i}{a_{\max} - a_{\min}} & (2) \end{cases} \qquad (6\text{-}8)$$

式中，S_i 为第 i 项分指数指标的标准化值；a_i 为第 i 项分指数指标的原始值；$a_{\max}$ 为第 i 项分指数指标原始值中的最大值；$a_{\min}$ 为第 i 项分指数指标原始值中的最小值。其中，式（6-8）（1）适用于正向指标，式（6-8）（2）适用于负向指标。

三、土地资源承载力评价结果

（一）承载本底评价结果

1. 适宜建设土地资源

从区县单元评价上分析（图 6-2），适宜建设的土地资源丰富地区主要为西南部的南阳盆地连片区及中部的郑州、开封连片区，主要原因是这些地区地形平坦，建设适宜性高，且区县行政范围较大，区县适宜建设用地绝对量在河南省排名较高。其中，信阳市辖区适宜建设土地资源总面积最大，达 1095.96km²；栾川县最少，仅 22.57km²。从比重上分析，许昌市辖区适宜建设土地资源比重最大，占县域国土面积的 91.08%；栾川县最小，仅占区域国土面积的 0.91%。

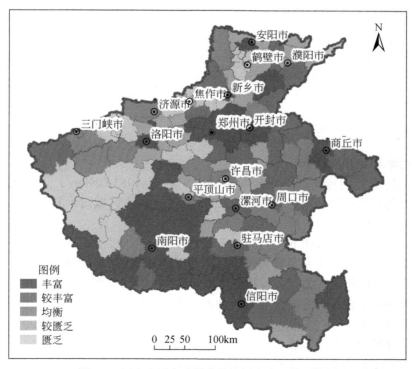

图 6-2　河南省适宜建设土地资源本底区县评价图

2. 优质耕地资源

从区县单元评价上分析（图6-3），优质耕地资源的丰富程度呈现从东南向西北逐渐减少的态势，鹤壁市的浚县、安阳市的滑县和濮阳市的濮阳县在黄淮海平原东北部形成一个小的优质耕地资源连片区。其中，南阳市的邓州市耕地总产能最大，达 202.63 万 t；三门峡市的义马市最少，仅 2.64 万 t。

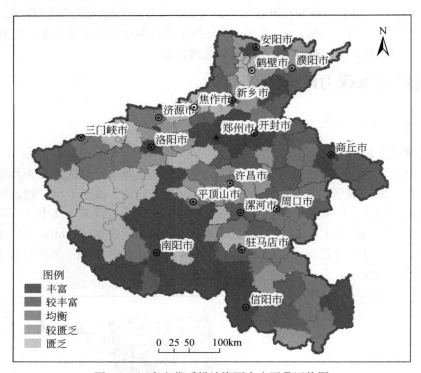

图6-3　河南省优质耕地资源本底区县评价图

（二）承载状态评价结果

1. 建设用地现状开发程度

截至研究时点，河南省已开发建设用地面积达到 17510.09km²，占区域国土面积的10.55%。河南省建设用地极限开发规模为 28789.69km²，占区域国土面积的 17.35%，建设用地开发程度为 60.82%。

从区县单元评价上看（图6-4），现状开发程度呈从东向西递减的总体规律，北部的鹤壁市、安阳市、濮阳市、新乡市和焦作市，中北部的郑州市，以及东部的漯河市、周口市和商丘市连片区高值集聚较为突出。其中，郑州市辖区附近出现一个开发程度"洼地"，主要原因在于所在区县范围内存在部分未被划入基本农田的耕地，作为适宜建设区域导致了区县现状开发程度下降。

2. 建设用地空间布局匹配度

从区县单元评价上看（图6-5），位于黄淮海平原和豫西黄土丘陵区的众多区县及位于南阳盆地的邓州市、新野市等共 49 个区县的布局匹配度均达到 100%，被划为建设用地布局高匹配区；剩余 75 个区县被等量划分为其他四个等级，其中卢氏县建设用地布局匹配度最低，仅为 8.07%。

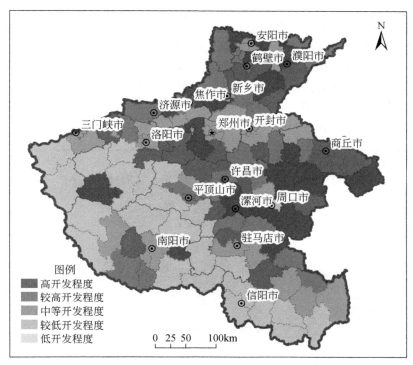

图 6-4　河南省建设用地现状开发程度区县评价图

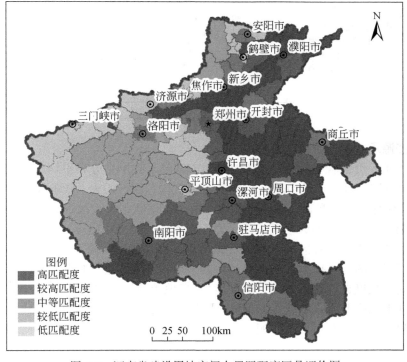

图 6-5　河南省建设用地空间布局匹配度区县评价图

3. 耕地承载压力

从区县单元评价上分析（图 6-6），河南省 124 个评价单元被等间距划分为五个等级。其中，南部信阳市、驻马店市众多区县形成集中连片区，黄河流域开封市辖区至焦作市博爱县几个区县形成带型区域，及西部南阳盆地区的邓州市、淅川县，2014 年耕地产能均有明显提高，属于耕地"低承载压力"或"较低承载压力"区；而豫西山地丘陵区和北部濮阳市到焦作市范围的大部分区县，2014 年耕地产能多有明显降低，属于"高承载压力"或"较高承载压力"区。其中，淇县的耕地承载压力最低，指标值为 4.07%；许昌市辖区耕地承载压力最高，指标值达到 7.51%。

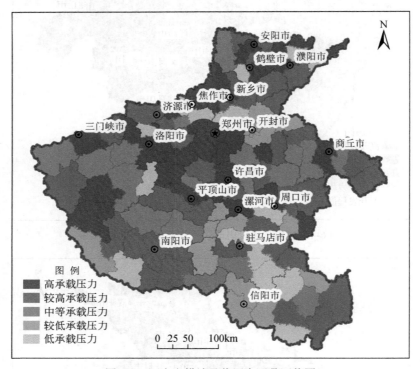

图 6-6　河南省耕地承载压力区县评价图

4. 土地资源承载状态综合评价

从区县单元评价上看（图 6-7），各地市的市辖区承载压力分布不均，开封市、信阳市、南阳市、周口市和驻马店市的市辖区土地资源承载状态评价均为"低承载压力"，而平顶山市、鹤壁市、焦作市、许昌市、濮阳市和漯河市的市辖区则为土地资源"高承载压力"区；除卢氏县、栾川县在西部形成"高承载压力"聚集区，开封市辖区、中牟县、原阳县在中部形成"低承载压力"连片区外，土地资源承载压力总体呈西南低、东北高的分布态势。总体来看，郑州市的新密市承载压力最高，其中现状开发程度评价状态为"高开发程度"，建设用地布局匹配度评价状态为"低匹配度"，耕地承载压力评价状态为"高承载压力"；信阳市的新县土地资源要素承载压力最低，现状开发程度评价状态为"低开发程度"，建设用地布局匹配度评价状态为"高匹配度"，耕地承载压力评价状态为"低承载压力"。

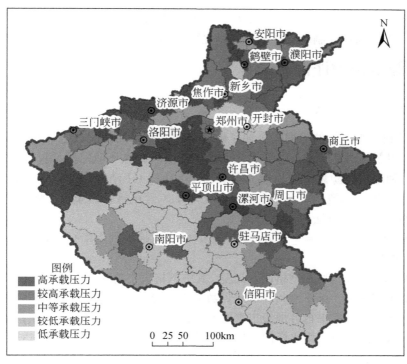

图 6-7　河南省土地资源承载状态区县评价图

第三节　水资源承载力评价

水资源承载力为某一区域的水资源条件在"自然-人工"二元模式影响下，基于可预见的经济社会发展水平、技术条件及水资源的动态变化，以可持续发展为目标，以维护生态良性循环发展为条件，经过合理优化配置，为区域社会经济发展所能提供的最大支撑能力（惠泱河等，2001）。水资源承载力分析是为了揭示水资源与区域人口及社会经济之间的关系，实现水资源的合理利用和优化配置，确保区域自然资源和社会经济的可持续发展（张丽等，2003）。

一、河南省水资源分布与利用现状

河南省地跨海河、黄河、淮河、长江四大流域，其流域面积分别为 1.53 万 km²、3.62 万 km²、8.64 万 km²、2.76 万 km²，全省 100km² 以上的河道有 493 条。河南省多年平均年降水量 771.1mm。降水量等值线呈东西走向，平原地区大体呈东北—西南走向，大别山、伏牛山等山区的主峰周围有着明显的降水高值区闭合等值线。水资源时空分布南多北少，四流域丰枯不同步。依据河南省水资源公报，2015 年全省各行业总用水量 222.83 亿 m³，其中农、林、渔业用水 120.09 亿 m³，占总用水量的 53.9%。河南省地表水资源贫乏，但东部广大平原区地下水资源比较丰富，成为最重要的供水资源之一（王鸿燕，2002）。河南省多年平均水资源总量为 403.5 亿 m³，人均水资源总量为 437m³，仅为全国人均水资源总量的 1/5，属于水资源紧缺地区。河南省现状多年平均地表水开发率为 21%，平原区浅层地下水开采率为 53%，水资源利用消耗率为 29%（李彬，2011）。河南省水资源开发利用效率低，节水潜力大，水资源管理制度和体系不能满足现代水资源管理的需要。

二、水资源承载力评价方法

（一）承载本底评价方法

合理开发利用水资源的前提是全面了解区域内水资源的状况，包括水源分布、水资源量、开采利用量等。水资源是指对人类社会经济发展和生态环境保护具有效用的淡水资源，因此，选取可利用水资源总量作为水资源本底评价指标（王浩等，2004）。考虑河南省实际，在计算地表水和地下水资源可利用量的基础上，加入跨区域调水量，三者共同构成区域可利用水资源总量，计算方法为

区域可利用水资源总量＝[区域地表水量×地表水控制利用率+区域地下水量×地下水开采率+跨区域调水量]　　　　　　　　　　　　　　（6-9）

研究分析单元分为县域和网格两个尺度，其中网格大小为 5km×5km，共有 7029 个网格单元。各区县地表水量、地下水量和调水量数据来自 2015 年地级市水资源公报，地表水控制利用率、地下水开采率来自各地级市水资源公报。按照县域尺度统计河南省各区县可利用水资源总量，根据区域可利用水资源总量计算结果，将区域可利用水资源量划分为五类。

（二）承载状态评价方法

水资源开发强度是目前国际上通用的宏观的衡量水资源压力的指标之一，反映水资源压力大小，可用于衡量一个国家或地区水资源稀缺程度。把区域水资源与土地资源二者间相互作用、协调发展的程度定义为区域水土资源耦合协调度，用于研究区域水土资源系统内部各要素的关联性和协同性。将上述指标进行加权分析，确定区域水资源综合承载状态。

1. 水资源开发强度

水资源开发强度是指流域或区域用水量占可利用水资源总量的比率，体现的是水资源开发利用的程度。计算方法为

区域水资源开发强度＝[区域用水总量] / [区域可利用水资源总量]　　　（6-10）

区域水资源开发强度分县区统计，各区县用水总量来自地级市水资源公报，可利用水资源总量为调查数据。根据区域水资源开发强度计算结果，结合河南省实际情况，将河南省内部各区县分为五个等级。等级划分的阈值标准为：低于 50%的为"低开发强度"；50%～80%的为"较低开发强度"；80%～120%的为"中等开发强度"；120%～200%的为"较高开发强度"；高于 200%的为"高开发强度"。此外，研究进一步采用地下水超采数据对开发强度分级结果进行修正，严重超采区视为"高开发强度"，一般超采区则在原有强度等级基础上提高一个等级。网格尺度上采用同样方法将水资源开发强度划分为五个等级。

2. 水土资源耦合协调度

改进传统的耦合协调度模型，将水资源优势度系数引入耦合协调度模型，以便全面分析区域水资源优势程度及水土两大子系统交互耦合的协调程度。水土资源耦合协调度又细分为农用水与农用地耦合协调度、生活和工业用水与城镇工矿用地耦合协调度两个指标。计算方法为

$$H_i = R_i \times D_i \qquad (6-11)$$

式中，H_i 为改进的县域水土资源耦合协调度系数；R_i 为县域水资源优势度系数；D_i 为传统的县域水土资源耦合协调度系数。

其中，

$$R_i = \frac{W_i}{W_n} \tag{6-12}$$

式中，W_i 为县域单位面积用水量；W_n 为河南省四大流域单位面积用水量；用水量数据来源为河南省水资源公报，面积数据提取自河南省空间规划底图。

$$D = \sqrt{\left\{\frac{f(x) \times g(y)}{[f(x) + g(y)]^2}\right\}^{0.5} \times [\alpha f(x) + \beta g(y)]} \tag{6-13}$$

式中，$f(x) = \sum_{i=1}^{m} a_i x_i$，$g(y) = \sum_{j=1}^{n} b_j y_j$。$f(x)$ 和 $g(y)$ 分别为水资源和土地资源两大子系统综合评价函数；x_i、y_j 分别为水、土两大子系统各要素的标准化值；a_i、b_j 分别为子系统各要素的权重；m、n 分别为子系统要素个数。

根据区域农用水与耕地耦合协调度计算结果，将河南省各区县分为五个等级。等级划分的阈值标准为：低于 0.09 的为"低耦合协调"；0.09～0.15 的为"较低耦合协调"；0.15～0.25 的为"中等耦合协调"；0.25～0.43 的为"较高耦合协调"；高于 0.43 的为"高耦合协调"。

根据区域生活和工业用水与城镇工矿用地耦合协调度计算结果，将河南省各区县区分为五个等级。等级划分的阈值标准为：低于 0.09 的为"低耦合协调"；0.09～0.18 的为"较低耦合协调"；0.18～0.24 的为"中等耦合协调"；0.24～0.39 的为"较高耦合协调"；高于 0.39 的为"高耦合协调"。

3. 水资源综合承载状态

采用加权分析的方法确定区域水资源综合承载状态，根据地域功能识别结果，将河南省各区县地域主导功能分为建设开发、农业生产、生态保护三种类型，利用层次分析法作为主体方法确定三种功能下水资源开发强度、农用水与农用地耦合协调度、生活和工业用水与城镇工矿用地耦合协调度三种不同承载状态指标的影响权重，计算公式为

$$z_i = a_j \times k_i + b_j \times g_i + c_j \times s_i \tag{6-14}$$

式中，z_i 为县域水资源综合承载状态；k_i、g_i、s_i 分别为标准化后的水资源开发强度、农用水与农用地耦合协调度、生活和工业用水与城镇工矿用地耦合协调度指数；a_j、b_j、c_j 分别为水资源开发强度、农用水与耕地耦合协调度、生活和工业用水与城镇工矿用地耦合协调度所占比重；j 为县域重点发展功能类型，分建设开发、农业生产、生态保护三类。

根据区域水资源综合承载状态计算结果，将河南省各区县区分为五个等级。等级划分的阈值标准为：低于 0.3 的为"高承载压力"；0.3～0.34 的为"较高承载压力"；0.34～0.40 的为"中等承载压力"；0.40～0.47 的为"较低承载压力"；高于 0.47 的为"低承载压力"。

三、水资源承载力评价结果

（一）承载本底评价结果

从区县单元评价上看（图 6-8），缺水地区主要为豫北的鹤壁、焦作、濮阳、济源和豫

中、豫东的许昌、漯河、平顶山等地市；南部信阳、驻马店、南阳三市可利用水资源量相对较多。其中，信阳市可利用水资源总量最大，达 39.08 亿 m³；济源市最少，仅 1.19 亿 m³。从区县尺度分析，可利用水资源量最小的区（县）为义马市，仅有 0.34 亿 m³，其次是新乡县；信阳市辖区、固始县、洛阳市辖区可利用水资源量较高，分别为 7.65 亿 m³、5.90 亿 m³、5.68 亿 m³。

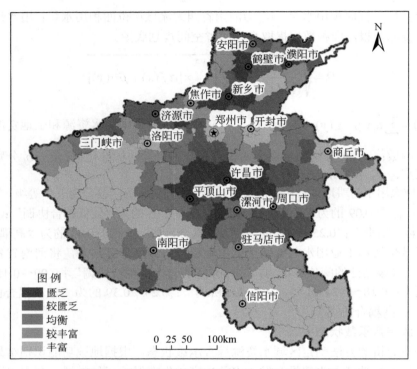

图 6-8　河南省可利用水资源总量本底区县评价图

（二）承载状态评价结果

1. 水资源开发强度

经地下水超采区数据修正后，河南省水资源严重开发和较为严重开发（开发强度>1.7）的区县有 46 个（图 6-9），地级市主城区及其周围区域水资源开发强度相对其他各区县来说整体处于较高水平，其中新郑、永城、辉县、商丘市辖区、巩义、郑州市辖区、新密、登封、禹州、荥阳等 10 个区县域内地下水超采现象严重，属于水资源开发最为强烈的地区；水资源开发强度较小的县有卢氏县、嵩县、新县、栾川县、洛宁县等，其中卢氏县开发强度最小，仅为 0.09。

2. 水土资源耦合协调度

（1）农用水与农用地耦合协调度

按照县域尺度进一步将传统的耦合协调度与水资源优势度分级分析，农用水与农用地耦合协调度在全省范围呈现东高西低的态势（图 6-10）。水土资源高度耦合协调的区县有 23 个，其中单位面积用水量大于所在流域平均水平（即水资源优势度>1）的区县有 12 个，占区县总数的 9.7%，耦合协调度最高且水资源优势度最大的县为濮阳县；水土资源中度耦

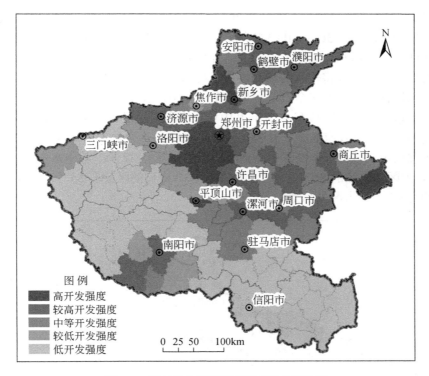

图 6-9　河南省水资源开发强度区县评价图

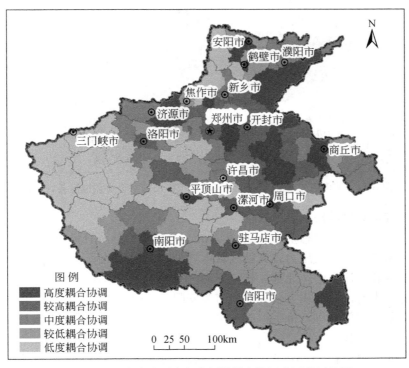

图 6-10　河南省农用水与农用地耦合协调度区县评价图

合协调的区县有 71 个，其中水资源优势度大于 1 的有 30 个，占区县总数 24.2%；水土资源低度耦合协调的区县有 30 个，其中水资源优势度小于 1 的有 19 个，占区县总数的 15.3%。

（2）生活和工业用水与城镇工矿用地耦合协调度

按照县域尺度进一步将传统的耦合协调度与水资源优势度分级分析，生活和工业用水与城镇工矿用地耦合协调度在全省范围呈现东部和中部较高、西部较低的态势（图 6-11）。水土资源高度耦合协调的区县有 12 个，其中单位面积用水量大于所在流域平均水平（即水资源优势度>1）的区县仅有 8 个，占区县总数的 6.5%，耦合协调度最高且水资源优势度最大的区为平顶山市辖区；水土资源中度耦合协调的区县有 27 个，其中水资源优势度大于 1 的有 10 个，占区县总数的 8.1%；水土资源低度耦合协调的区县有 85 个，其中水资源优势度小于 1 的有 63 个，占区县总数的 50.8%。

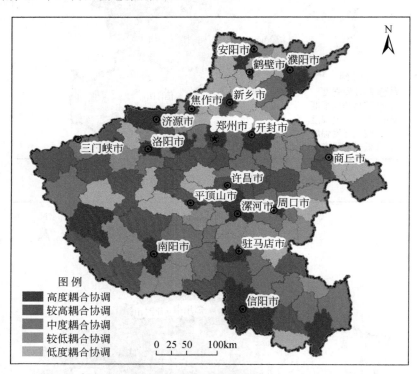

图 6-11　河南省生活和工业用水与城镇工矿用地耦合协调度区县评价图

3. 水资源综合承载状态

河南省多年平均水资源总量为 403.53 亿 m^3，人均水资源占有量为 $374m^3$，属于水资源短缺地区。河南省综合承载压力较大的区域主要分布在太行山区、黄海平原区、豫东平原区、豫西山丘区和淮河上游区北部，长江支流区和淮河上游区南部水资源综合承载压力相对较小。从地级市看，承载压力较大的城市为安阳、鹤壁、漯河、新乡、郑州等，承载压力较小的有南阳、三门峡等。位于南部丰水区的驻马店和信阳由于农用水与农用地耦合协调度较小，其综合承载压力相对较大。

从区县单元评价上看（图 6-12），各市辖区综合承载压力整体较低，虽然市辖区普遍水资源开发强度大，但因其城市主导功能均为建设开发，生活和工业用水与城镇工矿用地耦合协调度在水资源综合承载状态评价中所占比重大，因此综合承载压力相对较小。此外，浚县、淇县、修武县、郸城县、汤阴县为水资源综合承载压力最大的 5 个县。

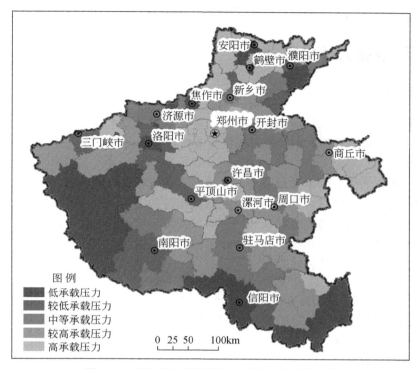

图 6-12　河南省水资源综合承载状态区县评价图

第四节　水环境承载力评价

水环境承载力，是指在一定时期、一定环境质量要求下，区域水环境在自我维持、自我调节能力和功能正常发挥的前提下，其水体能够被继续使用并保持良好生态系统时，所能容纳污水及污染物的最大能力。区域水资源环境系统生态良性循环表现在以下方面：①总量控制，区域污水或污染物排放总量不得超出一定限度；②浓度控制，一定区域水体的水质标准不得超出水体本身水功能区的水质限值；③满足生态用水量，相关河流径流量不得小于河流最小基流量（左其亭等，2005）。

一、河南省水环境现状与问题

河南省水环境污染较为严重，已对全省经济社会可持续发展和饮用水安全构成了严重威胁。河南省多数河流入河污染物远远超出了河流自身的水环境承载能力，其水质持续恶化。同时，随着政府与社会对水环境的重视，水环境恶化的趋势有所遏制。河南省水质断面监测总长度为 8777.13km，Ⅰ～Ⅲ类水质断面长度为 2377.64km，其比例占 27.09%。Ⅳ类、Ⅴ类水质河段分别为 1907.58km、977.26km，总和占河南省河段监测长度比例为 32.87%。但是，劣Ⅴ类监测河段长度达到 3514.65km，占所有监测河段长度的 40.04%，监测河段占比最大。整体而言，劣质河段占据了较大比重，水环境保护形势较为严峻。按照 2015 年水环境污染物质排放量统计，全省化学需氧量（chemical oxygen demand，COD）排放总量达到了 124.82 万 t，氨氮（NH₃-N）排放总量达到了 12.91 万 t。自 2011 年以来，河南省实现了水环境污染 COD、氨氮逐渐减排，相较 2011 年的 143.67 万 t、15.72 万 t 分别减少了 18.85 万 t、2.81 万 t。

二、水环境承载力评价方法

（一）承载本底评价方法

水环境容量反映的是水环境的纳污水平，能够有效体现水质质量控制标准。水环境容量须针对特定的污染物计算，本次计算选择河南省水体污染物中较为典型的 COD、氨氮测算水环境容量。

考虑到河南省河流、湖泊数量众多，无法一一获取相关监测数据。同时，相对来说，对整个县域而言，整个区域内的地表水径流量是相对稳定的，水环境容量也是一个较为稳定的状态。因此，本次参考刘天科（2015）的《资源环境承载力综合评价技术与方法》中广西北部湾经济区的水环境承载力评价方法，假定区县内的所有江河、湖库的污染物均匀混合，计算水环境容量。其公式为

$$P = Q_i\ (C_i - kC_{io})\ + kC_iQ_i \tag{6-15}$$

式中，P 为水环境容量；C_i 为区县或网格单元内 i 水质污染物控制目标的限值浓度（mg/L）；k 为污染物综合降解系数；C_{io} 为第 i 种污染物的本底浓度（mg/L）；Q_i 为区县或网格单元内可利用地表水资源量（m³）。

其中，主要参数选择如下。

区县、网格单元内 i 水质污染物控制目标限值浓度，通过河南省 2016 年地市、县市碧水工程行动计划（水污染防治工作方案）所指定的域内河流治理与污水管理的控制浓度收集数据，取污染值的众数为控制标准。其标准按照《地表水环境质量标准》（GB 3838—2002）中的地表水质量标准选择 COD、NH₃-N 质量标准。其具体标准见表 6-6。

表 6-6　地表水环境质量标准　　　　　　　　　　　　　　（单位：mg/L）

污染物	I 类	II 类	III 类	IV 类	V 类
COD≤	15	15	20	30	40
NH₃-N≤	0.15	0.5	1.0	1.5	2.0

污染物综合降解系数 k，一般根据所在河流流域的不同水文特征来获取 COD、NH₃-N 的降解系数。但考虑到河南省内河流众多且级别不一，本次计算根据相关研究结论，以河南省内一级水资源区四大河流流域的综合降解系数为依据。其中，海河流域综合降解系数依据公认的降解系数数据与标准来确定，COD 取值区间为 0.05～1.07，NH₃-N 取值区间为 0.06～0.6，本次计算均值；淮河流域综合降解系数参考了张亚丽等（2015）《淮河支流污染物综合降解系数动态测算》来确定；黄河流域综合降解系数参考吴纪宏（2006）《黄河干流河段污染物降解系数分析研究》与汪亮等（2012）《黄河龙门至三门峡河段污染物降解系数动态特征研究》COD、NH₃-N 综合系数取值；长江流域综合降解系数参考河流 COD 降解系数 0.2～0.25 的取值，并依据孙书省等（2014）《长江水质污染物地区分布研究》来最终确定 COD、NH₃-N 污染降解系数。

第 i 种污染物的本底浓度 C_{io}，依据河南省各区县 2015 年河流水质断面监测数据的均值及河流水质分段数据，获得各区县与网格单元的水质 COD、NH₃-N 的污染浓度。

区县、网格单元可利用地表水资源量 Q_i，根据河南省 2015 年各地市水资源公报的区县可利用地表水资源数据收集获取。

考虑到 COD 与 NH₃-N 容量的不同量级，根据计算结果采用专家咨询法分别将 COD、NH₃-N 划分为低、较低、中度、较高、高五级。在区县尺度上，COD 分级对应区间为：小于 1500t/a，1500～2500t/a，2500～5000t/a，5000～10000t/a，大于 10000t/a； NH₃-N 环境容量分级区间为：100t/a，100～200t/a，200～400t/a，400～700t/a，大于 700t/a。

根据 COD、NH₃-N 的五级分级结果，按照水环境容量"短板原理"的原则，选择各区县 COD、NH₃-N 容量等级较低的一项作为水环境容量。

（二）承载状态评价方法

水环境承载状态通过水环境承载指数来表征。具体而言，水环境容量是水环境承载状态的承载主体，水环境污染物质 COD、NH₃-N 为承载客体，其比值反映了区域水环境的承载状态。其计算方法为

$$水环境承载指数=［水环境污染物排放量］/［水环境容量］ \tag{6-16}$$

承载指数计算采用河南省水环境污染排放物 COD、NH₃-N，污染物排量采用河南省各区县与网格数据；水环境容量则采用河南省各区县与网格 COD、NH₃-N 计算容量结果。水环境承载指数取值处于（0，∞）区间，水环境承载指数越接近于 0，承载状态越优；承载指数为 1 时，表示水环境承载处于较为平衡的状态；承载指数超过 1 时，其值越大水环境承载压力越大。

根据河南省水环境 COD、NH₃-N 承载指数计算结果，在区县尺度与网格尺度下均按照以下标准划分为低、较低、中等、较高、高五个等级。COD 等级划分的阈值区间为：0～0.5，0.5～1，1～2，2～5，大于 5。NH₃-N 等级划分的阈值区间为：0～0.5，0.5～1，1～2，2～4.5，大于 4.5。

最后，依据"短板原理"，选择各区县的 COD、NH₃-N 承载指数高值来表征水环境承载状态，按照以下阈值划分为五级：小于 0.5 的为"低承载压力"；0.5～1 为"较低承载压力"；1～2 属于"中等承载压力"；2～5 为"较高承载压力"；大于 5 即为"高承载压力"。

三、水环境承载力评价结果

（一）承载本底评价结果

根据河南省水环境本底（容量）区县评价图（图 6-13），河南省水环境容量，除豫西山区、南部地区外，其他区域总体呈现较低水平，整体以由西部、南部逐渐向东部、北部递减。从市级尺度上看，信阳市水环境容量最高，三门峡、南阳、驻马店三市水环境容量也较高。从区县统计上来看，水环境高容量、较高容量区县分别有 16 个、14 个，其中，信阳市辖区、南阳市辖区、三门峡市辖区均为水环境高容量区；水环境中等容量区县有 28 个，零散分布于中部、西部地区。水环境低容量主要为北部鹤壁市、濮阳市、开封市、焦作市、新乡市，以及中部许昌市、漯河市等。水环境低容量和较低容量的区县分别有 31 个和 35 个，占评价单元总数量的 53.23%。

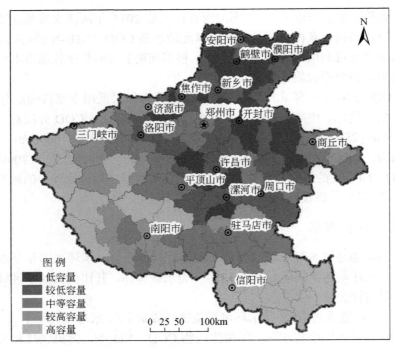

图 6-13　河南省水环境本底（容量）区县评价图

（二）承载状态评价结果

依据河南省水环境承载状态区县评价图（图 6-14），河南省水环境呈现高水平承载压力

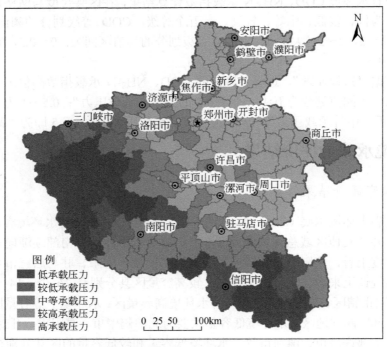

图 6-14　河南省水环境承载状态区县评价图

主导的形势。高承载压力区域基本覆盖了河南省中、东部地区，较高承载压力在西部、南部也占据了较大面积。相反地，中、低承载压力主要集中在西部山区与南部大别山区，主要包括信阳市、南阳市、洛阳市和三门峡市。这说明河南省水环境水污染严重，多数地区的排放量均已超过理论的计算容量，水环境承载与管理面临着严峻的考验。

由于水环境承载力是由 COD 与 $NH_3\text{-}N$ 承载压力的短板决定的，综合了两因素的最大限制因子，所涉及的承载压力区县数量较多。从区县统计来看，高、较高水环境承载压力区县是河南省的主体，区县数量分别多达 60 个、38 个，这说明河南省区县水环境污染排放量超容现象严重。承载压力小于 1 的低、较低承载压力区县数量仅为 21 个，说明河南省水环境较优的地区较为有限。

第五节　大气环境承载力评价

大气环境承载力，是一定时期、一定区域内，在某种状态下环境对人类活动所排放大气污染物的最大可能负荷的支撑阈值，最大可能负荷是指人类活动产生的大气污染物的排放规模的限值（徐大海和王郁，2013）。大气环境主要污染物排放总量是表征大气承载状态的质量标准，也是实现大气环境承载可持续的重要保障。合理核算大气环境承载力能够为大气污染管控、环境规划及合理保护大气环境提供有效的实践参考。

一、河南省大气环境现状与问题

从 2015 年河南省各监测站点大气环境监测数据的年平均数据来看，所有地市主要污染物质颗粒物 $PM_{2.5}$ 年均浓度已经超过《环境空气质量标准》（GB 3095—2012）的二级标准，这表明河南省的 $PM_{2.5}$ 污染严重，且超标现象非常严重。按照河南省 2015 年大气环境优良质量天数与污染物质排放量统计结果，全省二氧化硫（SO_2）排放总量达到了 118.93 万 t，氮氧化物（NO_x）排放总量达到了 84.70 万 t。河南省 SO_2、NO_x 排放量逐渐递减，相较 2011年，分别减少了 18.12 万 t、35.59 万 t，分别下降了 13.22%、29.59%。整体而言，河南省大气环境污染物排放量有所减少，污染形势有所缓解。

二、大气环境承载力评价方法

（一）承载本底评价方法

以大气环境容量表征大气环境承载本底。考虑到河南省幅员辽阔、地域差异大，本次大气容量计算采用适宜于宏观控制的 A 值法。A 值法属于地区系数法，利用控制区总面积、功能区面积及总量控制系数 A 值来核算某控制区的总允许排放量。选择河南省主要的三种污染物 SO_2、NO_x、$PM_{2.5}$ 为评价对象进行计算。

其计算方法为

$$Q_{ai} = \sum_{i=1}^{n} A(C_{si} - C_b)\frac{S_i}{\sqrt{S}} \qquad (6\text{-}17)$$

式中，Q_{ai} 为第 i 控制区大气污染物环境容量（万 t/a）；A 为区域性总量控制系数（万 km^2/a）；C_{si} 为该分区污染物年均质量浓度限值（$\mu g/m^3$）；C_b 为环境质量现状浓度（$\mu g/m^3$）；S_i 为区县 i 控制区面积（km^2）；S 为总控制区（区县、网格）面积（km^2）。

其中，重要参数选择如下。

区域性总量控制系数，依据《制定地方大气污染物排放标准的技术方法》（GB/T 3840—1991）中的区域划分选择 A 值范围。河南省属于第三类区域，A 值选取范围为 4.2～5.6。根据区域而定，A 值确定方法为

$$A = A_{min} + (A_{max} - A_{min}) \times 10\%$$ (6-18)

分区污染物年均质量浓度限值 C_{si}，SO$_2$、NO$_x$ 依据《环境空气质量标准》（GB3095-2012）设定标准，按照环境空气功能区分类分为两类标准（表 6-7）：I 类区为自然保护区、风景名胜区和其他需要特殊保护的区域；II 类区为居住区、商业交通居民混住区、文化区、工业区和农村地区。根据河南省发展现状，依次提取各区县的 I 类区（自然保护区、风景名胜区和其他需要特殊保护的区域），其他地区划分为 II 类区；PM$_{2.5}$ 根据《河南省 2016 年度蓝天工程实施方案》所设定的 78μg/m^3 的减排目标来计算容量。

表 6-7 分区年限值浓度 （单位：μg/m^3）

污染物	SO$_2$	NO$_x$	PM$_{2.5}$
I 类区	0.02	0.05	78
II 类区	0.06	0.05	78

环境背景质量浓度 C_b，依据河南省 2015 年大气环境监测数据，获得河南省各区县的 SO$_2$、NO$_x$、PM$_{2.5}$ 的年平均污染浓度。

分区控制区面积 S_i，采用河南省各区县、网格内不同环境空气功能区面积（I 类区和 II 类区），总控制面积 S 采用区县或网格总面积，采用河南省行政区县与网格面积统计。

根据计算结果，采用专家咨询法确定大气环境容量，将 SO$_2$、NO$_x$、PM$_{2.5}$ 划分为低、较低、中等、较高、高。在区县尺度上，SO$_2$ 容量划分标准为小于 15000t/a、15000～27500t/a、27500～40000t/a、40000～50000t/a、大于 50000t/a；NO$_x$ 容量划分标准为小于 10000t/a、10000～25000t/a、25000～35000t/a、35000～45000t/a、大于 45000t/a；PM$_{2.5}$ 容量划分标准为小于 500t/a、500～5000t/a、5000～8000t/a、8000～11000t/a、大于 11000t/a。

河南省大气容量环境根据 SO$_2$、NO$_x$、PM$_{2.5}$ 的五级分级结果，按照污染物容量的"短板原理"原则，选择各区县 SO$_2$、NO$_x$、PM$_{2.5}$ 容量等级较低的一项作为大气环境容量。

（二）承载状态评价方法

大气环境承载压力采用大气环境污染超标指数表征，反映给定时段内各个污染源排放所占据大气环境容量的一种状态。其计算方法为

$$P_{ij}=C_{ij}/S_i$$ (6-19)
$$R_j=\max（P_{ij}）$$ (6-20)

式中，P_{ij} 为区县 j 的第 i 种污染物浓度超标指数；C_{ij} 为区县 j 的 i 种物质大气污染浓度；S_i 为 i 种物质大气污染控制标准；R_j 为区县 j 大气环境污染超标指数。其中，大气环境污染物浓度按照 2015 年河南省各区县的监测点数据插值分析获取，控制目标标准以大气监测点所在的区县大气污染控制目标所确定的污染浓度限值为标准。

本方案主要采用河南省大气污染排放物 SO$_2$、NO$_x$、PM$_{2.5}$，大气环境污染浓度采用河南省监测数据插值形成；大气污染物控制标准以《环境空气质量标准》为准。根据计算，

大气环境污染超标指数取值处于（0，+∞）的区间内，当指数为 1 时，表示大气环境承载处于较为平衡的状态。大气环境污染超标指数越接近于 0，表示该区县承载状态越优；其值大于 1 时，表明污染已经超标。

根据计算结果，采用专家咨询法确定大气环境容量，将 SO_2、NO_x、$PM_{2.5}$ 超标指数划分为低、较低、中等、较高、高。在区县尺度上，SO_2 容量划分标准为小于 0.4t/a、0.4～0.5t/a、0.5～0.6t/a、0.6～0.75t/a、大于 0.75t/a；NO_x 容量划分标准为小于 0.6t/a、0.6～0.7t/a、0.7～0.8t/a、0.8～0.9t/a、大于 0.9t/a；$PM_{2.5}$ 容量划分标准为小于 0.9t/a、0.9～0.95t/a、0.95～1t/a、1～1.05t/a、大于 1.05t/a。

最后，依据"木桶短板原理"，集合 SO_2、NO_x、$PM_{2.5}$ 承载指数结果，选择各区县的污染物承载指数较高值来表征大气环境承载压力状态。其分级标准如下：小于 0.95 的为"低承载压力"；0.95～1 为"较低承载压力"；1～1.05 为"中等承载压力"；1.05～1.1 为"较高承载压力"；大于 1.1 为"高承载压力"。

三、大气环境承载力评价结果

（一）承载本底评价结果

依据河南省大气环境本底（容量）区县评价图（图 6-15），河南省大气环境容量整体以郑州市为低值中心向东、西、南逐渐递增。尽管西部和西南地区出现个别大气环境低容量区，但整体上河南省中、北部大气容量水平较低，南部、西部多为高容量区域。郑州市大气环境容量最为有限，较低容量的新密市、荥阳市的区县均集中在河南省中部、

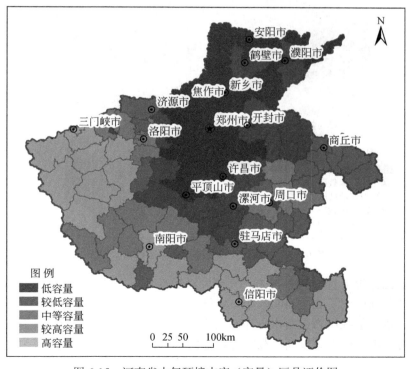

图 6-15　河南省大气环境本底（容量）区县评价图

北部地区。郑州及其周围洛阳市、平顶山市、许昌市、焦作市、开封市、新乡市等大气环境容量相对较小，75 个低环境容量区县多分布于此，其区县数量占河南省的 60.48%。特别是这些地市的市辖区，工业生产、人口聚居加剧火电生产、工业排放、燃煤使用，导致 SO_2、NO_x、$PM_{2.5}$ 污染严重从而压缩了大气环境容量。此外，较低、中等容量区总计 33 个，多集中在低容量区县周围。南部信阳市、南阳市及周口市三市大气环境容量相对处于较高水平，高容量及较高容量 16 个区县均集聚在这些地区。由于东部、南部多是高植被覆盖区域，植被覆盖有效地增强了大气污染的自净能力，减轻了污染浓度，增加了大气环境容量。

（二）承载状态评价结果

依据河南省大气环境承载状态区县评价图（图 6-16），河南省大气环境承载状态呈现西部、南部向北部逐渐递增的趋势，郑州市及其周围区域形成了一个高承载压力集聚带。南部、东部与西部的信阳市、南阳市、驻马店市、商丘市、三门峡市、洛阳市的大气环境承载压力相对较低，而北部郑州市、焦作市、平顶山市、安阳市等地区形成了高承载压力带。

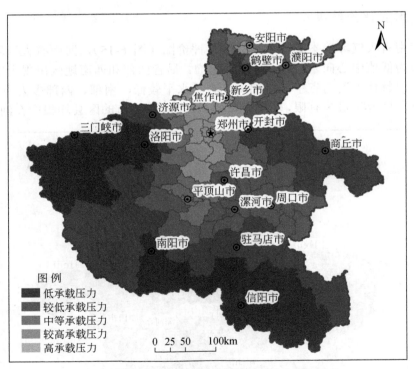

图 6-16　河南省大气环境承载状态区县评价图

从区县单元评价上看，河南省的大气环境以低承载压力区县为主，低承载压力和较低承载压力区县分别达到了 25 个和 36 个，其总和占评价县区总数的 49.19%。同时，仅有 15 个县区为高、较高承载压力，集中分布在河南省中部、北部地区。值得注意的是，郑州市所辖区县多为高承载压力或较高承载压力，是河南省大气环境承载压力较为严重地区。

第六节　地质环境承载力评价

一、河南省地质环境现状与问题

河南省自然地质条件复杂，生态环境脆弱，是我国中部地区地质灾害多发的省份之一。其大地构造跨华北、华南两大板块，地处华北陆块、北秦岭褶皱带、南秦岭褶皱带，地质构造复杂，各期岩浆活动频繁，古生物化石丰富。河南省整体构造主要由秦岭纬向构造带、新华夏构造体系及豫中北西向构造等共同组成。活动性断裂发育较好，其中，新华夏构造体系规模较大，影响几乎遍及全省，形迹清楚，控震明显。不仅如此，河南省还存在由人类活动引起的诸多环境地质问题。其中，地质灾害发生次数多，规模小，但造成经济损失较为严重（朱中道，2001）。地质灾害损害情况主要通过地质灾害的受威胁人数、因地质灾害直接死亡人数及由于财产损毁而可能造成的直接经济损失和潜在经济损失来反映。

二、地质环境承载力评价方法

地质环境是生态环境的基础及国土资源禀赋的载体，也是人类最基本的栖息场所、活动空间。人类的生活、生产及生态与地质环境之间的适应性关系，从根本上决定着人类生存和经济社会发展环境的稳定性（施瑞良，2010）。本方案中，本底评价主要关注地质灾害易发程度及地壳活跃度，尤其针对崩塌、滑坡、泥石流易发程度、地面塌陷易发程度、地面沉降易发程度，以及地震震中断裂带、基本烈度、峰值加速度的稳定性等因素。承载状态评价关注地质环境对人类经济活动的影响程度，即地质灾害风险等级，同时结合了人口安全易损性和资产易损性等社会经济因子。

（一）承载本底评价方法

1. 地质灾害易发性评价

首先，确定易发区。分别确定滑坡、崩塌、泥石流、地面塌陷等地质灾害发生的位置，将突变点法确定的突变点作为地质灾害易发程度分界线值，根据每个区域地质灾害的密度，即密度=地质灾害总数/各亚区面积，将区域划分为高易发亚区、中易发亚区、低易发亚区和非易发亚区四个不同等级的区域。

其次，计算易发指数。利用专家咨询的方式，合理确定各易发亚区对各区县地质灾害易发性影响的权重，将各个区县及格网的地质灾害易发程度划分五个等级，并计算获得各个区县及网格的易发指数。

计算每个区县的高易发亚区、中易发亚区、低易发亚区和非易发亚区的各易发程度的面积，乘以各易发亚区的分值（表6-8），并与各区县面积作比值，即为各个区县的易发指数 H。

$$H = \frac{S_1 \times w_1 + S_2 \times w_2 + S_3 \times w_3 + S_4 \times w_4}{S_0} \tag{6-21}$$

式中，H 为地质灾害易发指数；S_1、S_2、S_3、S_4 分别为各区县的高易发亚区、中易发亚区、低易发亚区、非易发亚区的面积；S_0 为各区县国土面积；w_1、w_2、w_3、w_4 为高易发亚区、中易发亚区、低易发亚区、非易发亚区的分值。

表 6-8　易发程度指标分值

易发程度指标	分值
高易发亚区 w_1	0.1
中易发亚区 w_2	0.3
低易发亚区 w_3	0.7
非易发亚区 w_4	0.9

2. 地壳稳定性综合评价

区域地壳稳定性是指地球内动力地质作用，主要考虑地震、断层错动及显著的地壳升降运动等对工程建设安全稳定的影响程度。河南省境内地震及活动断裂发育较为广泛。根据相关资料，本节主要选取历史上有记载的地震震中分布数据、断裂带、基本烈度、峰值加速度作为区域地壳稳定性评价因子。

（1）震中分布情况评价。地震活动性对区域地壳稳定性的影响较大，根据相关资料，对地震震中作缓冲区分析，将河南省境内分布的断裂划为四个等级（表 6-9）。

（2）断裂带评价。根据相关资料，将河南省境内分布的断裂带分为活动断裂带及区域性老断裂带，以表 6-10 为依据分别对其作相应缓冲区分析，将河南省境内分布的断裂划为极不稳定、不稳定、较稳定、稳定四个等级。而后根据表 6-11，将活动断裂带稳定指数和区域性老断裂带乘以各自权重，得到断裂带的总稳定指数。

表 6-9　基于震中分布情况的断裂分级指标

分级	指标		
	$M<3.0$	$3.0 \leq M \leq 4.6$	$M>4.6$
稳定	与震中距离 >3km	与震中距离 >6km	与震中距离 >9km
较稳定	与震中距离 2～3km	与震中距离 4～6km	与震中距离 6～9km
不稳定	与震中距离 1～2km	与震中距离 2～4km	与震中距离 3～6km
极不稳定	与震中距离 <1km	与震中距离 <2km	与震中距离 <3km

表 6-10　断裂带稳定性分级指标

分级	指标
稳定	与断裂距离大于 5km
较稳定	与断裂距离 3～5km
不稳定	与断裂距离 1～3km
极不稳定	与断裂距离 <1km

表 6-11　断裂带稳定性权重

断裂带总稳定性	权重
活动断裂带	0.8
区域性老断裂带	0.2

（3）基本烈度评价。基本烈度，是指在今后一定时期内，在一般场地条件下，可能遭受的最大地震烈度。基本烈度是在地震区进行建筑设计的主要依据，是一般建设工程的抗

震设防要求（石裕翔等，1994）。河南省境内基本烈度范围划分为 5～8 度。

（4）峰值加速度评价。地面峰值加速度是地震动峰值加速度与地震动加速度反应谱最大值相应的水平加速度，以地震动峰值加速度和地震动反应谱特征周期为指标，将国土划分为不同抗震设防要求的区域（谢礼立等，2009）。

（5）地壳稳定性评价。本节主要选取地震震中分布情况、断裂带、基本烈度、峰值加速度作为区域地壳稳定性评价因子。计算出每个区县的各个地壳稳定性因子不同等级的面积，乘以各地壳稳定性因子不同等级对应的分值（表 6-12），并与各区县的面积作比值，并乘以地壳稳定性各指标权重（表 6-13），综合计算得到各个区县的地壳稳定性指数 V。

$$V = \sum_{i=1}^{4} P_i \times \left(\frac{S_1 \times w_1 + S_2 \times w_2 + S_3 \times w_3 + S_4 \times w_4}{S_0} \right) \tag{6-22}$$

式中，V 为地壳稳定性指数；S_1、S_2、S_3、S_4 分别为各区县的各个地壳稳定性因子不同等级的面积；S_0 为各区县内的国土面积；w_1、w_2、w_3、w_4 为各个地壳稳定性因子不同等级的对应分值；P_i 为地壳稳定性各指标权重。

表 6-12　各因子划分等级标准及评分表

地壳稳定性	等级标准				
活动断裂带	<1km	1～3km	3～5km	>5km	
分值	0.1	0.5	0.7	0.9	
区域老断裂带	<1km	1～3km	3～5km	>5km	
分值	0.3	0.7	0.9	0.95	
地震点活动	极不稳定	不稳定	较稳定	稳定	
分值	0.1	0.4	0.7	0.9	
基本烈度	5 度区	6 度区	7 度区	8 度区	
分值	0.9	0.7	0.4	0.1	
峰值加速度	<0.05m/s²	0.05m/s²	0.1m/s²	0.15m/s²	0.2m/s²
分值	0.9	0.8	0.7	0.4	0.1

表 6-13　地壳稳定性指标权重

地壳活跃度指标	权重
断裂总分布	0.34
地震点活动	0.27
基本烈度	0.17
峰值加速度	0.22

3. 地质环境危险性评价

对各区县及网格的地质灾害易发指数即滑坡、崩塌、泥石流、不稳定斜坡、地面塌陷易发程度、地裂缝等灾害易发程度，与地壳活跃度指数即活动断裂带及地震的稳定性进行极值标准化处理，而后易发指数和地壳活跃度指数分别乘以各自的权重 [式（6-23）、表 6-14]，即为各区县及网格地质环境危险性指数。

$$F = H_{标} \times W_1 + V_{标} \times W_2 \qquad (6\text{-}23)$$

式中，F 为地质环境危险性指数（地质环境本底综合评价指标）；$H_{标}$、$V_{标}$ 分别为各区县地质灾害易发指数和地壳活跃度指数指标标准化值；W_1、W_2 分别为地质灾害易发指数和地壳活跃度指数对地质环境危险性指数影响的权重。

表 6-14　地质环境本底指标权重

易发程度指标	权重
地质灾害易发指数	0.7
地壳活跃度指数	0.3

（二）承载状态评价方法

1. 承灾体易损性评价

参考《国土资源环境承载力评价技术要求》，确定人口安全易损性、财产安全易损性分级阈值，人口安全易损性通过年均因各类地质灾害导致死亡的人口数与年均总人口的比值测算；资产易损性通过年均地质灾害直接经济损失与年均 GDP 的比值测算。即：人口安全易损性=年均地质灾害死亡人口/年均总人口；资产安全易损性=年均地质灾害直接经济损失/年均 GDP。

分别将人口易损性和资产易损性的评价结果进行极值标准化，即

$$X = \frac{P - P_{\min}}{P_{\max} - P_{\min}} \qquad (6\text{-}24)$$

$$Y = \frac{F - F_{\min}}{F_{\max} - F_{\min}} \qquad (6\text{-}25)$$

利用极值标准化的方法对人口安全易损性和资产安全易损性指标进行标准化处理，将人口易损性和资产易损性的两个标准化评价结果进行叠加综合分析，选取两者易损性值较大者作为承灾体易损性的评价结果。

2. 地质灾害风险性评价

地质灾害风险等级评价主要是基于上述地质灾害的易发程度，即本底评价的部分评价结果，以及地质灾害易损性两个指标来进行评价的。计算方法为

$$R = H \times V \qquad (6\text{-}26)$$

式中，R 为地质灾害风险指数；H 为易发指数；V 为易损性指数。

将计算得到的地质灾害风险指数进行极值化处理，并将其划分为高风险、较高风险、中等风险、较低风险、低风险 5 个等级，分别对应承载状态评价的高承载压力、较高承载压力、中等承载压力、较低承载压力、低承载压力 5 个等级。

三、地质环境承载力评价结果

（一）承载本底评价结果

从区县级尺度评价上看（图 6-17），地质环境危险性西部远高于东部，三门峡市、洛阳市西南部、郑州市西部、南阳市西部及南部信阳市东南部，以及豫西北边界部分区县均是

地质环境高危险性区域。经统计，地质环境高危险和较高危险性的区县共有 37 个，占区县总数的 29.8%，如林州市、汝州市、灵宝市、卢氏县等。地质环境中等危险性区县共有 11 个，如禹州市、固始县、新乡市辖区等，占区县总数的 8.9%。地质环境较低危险性和低危险性区县共有 76 个，占区县总数的 61.3%，地级市主城区的地质环境危险性相对较低，表现显著的有驻马店市辖区、周口市辖区、开封市辖区等。

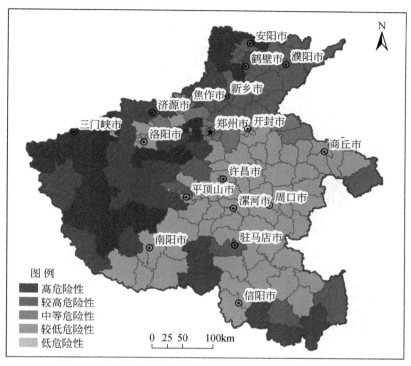

图 6-17　河南省地质环境本底（危险指数）区县评价图

（二）承载状态评价结果

在地质灾害易发性评价和承灾体易损性评价结果的基础上，根据式（6-26），计算得到河南省各区县、各网格的地质灾害风险指数 R。并对各区县、网格尺度上的地质灾害风险指数进行分级，分为 5 级，分别是高风险性、较高风险性、中等风险性、较低风险性、低风险性。

从区县尺度评价上看（图 6-18），地质灾害主要分布在河南省西部，由于省域西部伏牛山、外方山、嵩山、熊耳山、太行山脉等地区地势起伏大，地质灾害易发，对工程建设承载力较弱，这些地区的自然条件较差，地质灾害易发，且承灾体的易损性较高，因灾人口损失和财产损失较高，地质灾害高风险区主要分布在卢氏县、西峡县、禹州市。地质灾害较高风险区县共 4 个，占总区县数的 3.2%，如灵宝市、登封市、修武县等，这些地区地质环境脆弱，人口密度较高，具有较高地质环境风险性，地质承载压力较高。为确保区域经济社会的安全和可持续发展，必须重视地质灾害对土地利用的限制，在国土规划和土地利用前，应对地质灾害危险性进行详细评估，必要时还需详细勘查地质条件，着重在事前降低地质灾害风险（孟晖等，2017）。地质灾害中等风险区具体包括泌阳县、淇县等区域，这些地区地质环境问题突出，但人口密度尚不甚高，故具有中等地质灾害风险。地质灾害较低风险区县共有 28 个，低风险区县共有 82 个，分别占总区县数的 22.6% 和 66.1%，具体包括郑州市辖区、南阳市辖区、开封市辖区等区域，这些地区地质灾害基本不发育，南部商城县内大别山区虽然地处山地，但地质灾害也基本不发育。

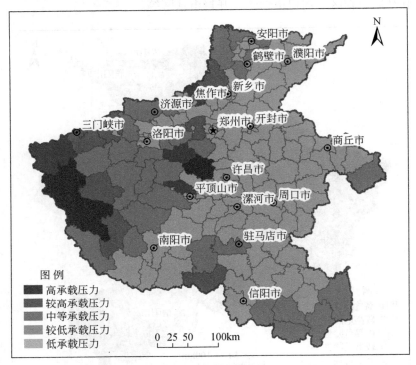

图 6-18　河南省地质环境承载状态区县评价图

第七节　生态承载力评价

一、河南省生态状况与问题

近年来，河南省 GDP 维持高速增长，同时带来社会经济事业的全面发展。然而，以消耗资源和破坏环境为代价的经济发展模式并不符合人类可持续发展的需求。由于产业结构不合理、经济发展方式过于粗放、生态治理形势较为严峻、后备资源短缺等问题，河南省生态问题更加突出，生态系统服务功能持续恶化。党的十八大从新的历史起点出发，作出"大力推进生态文明建设"的战略决策，将可持续发展提升到绿色发展的高度。促进经济发展与生态环境相协调、着力建设资源节约型和环境友好型社会是建设美丽河南的必由之路。

二、生态承载力评价方法

（一）承载本底评价方法

采用生态资源丰富度表征生态承载本底。根据《土地利用现状分类》（GB/T 21010—

2017）归纳本次承载力研究所需的生态用地类型。根据对现有文献的梳理，总结出普适性的生态用地分类体系，包括耕地、园地、林地、草地、水域及水利设施用地，以及其他用地六种一级土地利用类型。但简单将这六大类用地全部归于生态用地对本研究缺乏实际意义，尤其是考虑到河南省是农业大省，其耕地和园地在全省的占比较高，如将耕地与园地纳入生态用地范畴，既和生态用地非生产性特征相悖，也会将河南省超过80%的用地划定为生态用地，从而掩盖了以生态功能为主的林地、水域等地类的生态贡献。基于上述理由，耕地和园地不纳入本次研究的生态用地范畴。本次研究涉及的具体地类如表6-15所示。

表6-15 生态用地类型

一级地类		二级地类	
代码	地类	代码	地类
03	林地	031	有林地
		032	灌木林地
		033	其他林地
04	草地	041	天然牧草地
		042	人工牧草地
		043	其他草地
12	其他	124	盐碱地
		125	沼泽地
		126	沙地
		127	裸地
11	水域及水利设施用地	111	河流水面
		112	湖泊水面
		113	水库水面
		114	坑塘水面
		115	沿海滩涂
		116	内陆滩涂
		117	沟渠
		119	冰川及永久积雪

分别计算各区县内的生态用地面积，用各区县的生态用地面积表征生态资源丰富度（重复地类只计算取重叠值），即

$$生态资源丰富度=[各区县生态用地面积] \tag{6-27}$$

根据生态用地的计算结果，按照等量分类法将河南的省各区县分级，分别为资源匮乏、资源较匮乏、资源均衡、资源较丰富、资源丰富五个等级。

（二）承载状态评价方法

本书选取反映生态系统脆弱性的指标——生态用地退化率反映区域生态环境承载力状态。生态用地退化率是指近年来区域内生态用地变化量占评价区域生态用地面积的比重。

按照表6-15的生态用地类型，分别从2009年和2015年土地利用数据中提取对应类型，共涉及16类用地，分别为有林地、灌木林地、其他林地、天然牧草地、人工牧草地、其他草地、河流水面、湖泊水面、水库水面、坑塘水面、内陆滩涂、沟渠、盐碱地、沼泽地、沙地、裸地。

生态环境的承载状态反映的是生态用地的压力大小，最显著用于表征生态环境承载状态的指标就是近年的生态用地退化率。其计算方法为

生态用地退化率=［2009年生态用地-2015年生态用地］/［2009年生态用地］（6-28）

根据计算结果，将生态用地面积变化率为负（2015年生态用地面积多于2009年生态用地面积）区县的生态用地退化率值标准化为1；对其余面积变化率为正的（2015年相比于2009年生态用地面积是减少的）区县采用负向标准化，赋值0～1。

根据标准化的计算结果，按照等量分类法将河南省各区县分级，将生态面积增加的区县划分为低承载压力等级，将剩余生态用地面积降低的区县划分为较低承载压力、中等承载压力、较高承载压力、高承载压力四个等级。

三、生态承载力评价结果

（一）承载本底评价结果

从市级尺度分析，南阳市生态用地总面积最大；漯河市最少。从比重上分析，首先三门峡市生态用地比重最大，占市域国土面积的70.7%；其次是济源市，占市域国土面积的59.5%，周口市最小，仅占市域国土面积1.53%。生态用地占比超过40%的城市包括济源市、洛阳市、三门峡市、南阳市和平顶山市。

从区县单元评价上看（图6-19），生态用地集中分布在河南省西部地区。卢氏县生态用

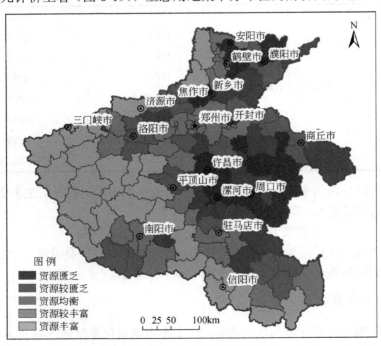

图6-19　河南省区县生态用地分布

地总面积最大；许昌市辖区最少。超过 1000km² 的区县包括新县、桐柏县、林州市、济源市、三门峡市、商城县、信阳市辖区、内乡县、洛宁县、鲁山县、灵宝市、淅川县、栾川县、嵩县、南召县、西峡县、卢氏县。

由于生态用地丰富度指标是以区县生态用地分布为单位进行表达的，统计各区县内的生态用地总面积，并按照其面积大小将其分级。本节使用等量分类法，将河南省 124 个区县分为 5 级。可以看出，资源丰富和资源较丰富的区县集中分布在河南省西部区域，北部和南部区域有少量生态资源丰富的区县。资源丰富区县沿河南省西部向东南部形成连续片区。资源匮乏和资源较匮乏区域分布在河南省中部和东部，集中在许昌市、漯河市、周口市、商丘市、南阳市、鹤壁市，这些地级市或地势平坦适宜耕作，或为河南省发展重镇，故其区县中生态用地占比较低。

（二）承载状态评价结果

从区县单元评价上看（图 6-20），河南省 2009～2015 年各县生态用地有增有减，在 124 个区县中，有 24 个区县生态用地呈增加趋势，其余 100 个区县生态用地出现不同程度的减少。生态用地增加率最高的区县为通许县，增加率为 93%，其次为西华县，增加率为 23%，再次为杞县，增加率为 20.9%；生态用地降低率前三的区县为新乡县、南乐县和清丰县，降低率分别为 95%、64% 和 48%。

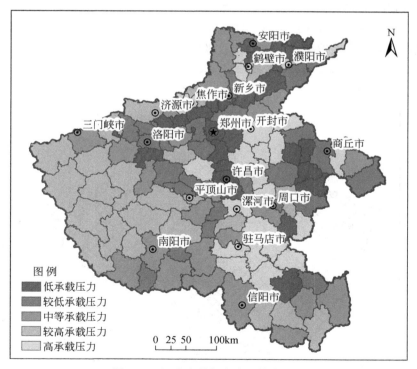

图 6-20　河南省县级生态承载力分布

从分级结果上分析，生态承载评价低承载压力的区县有 24 个，占区县总数的 19.36%，这些区县即为前文提到的 14 年相比于 2009 年生态用地增加的区县；较低承载压力的区县有 25 个，占河南省总面积的 20.16%；中等承载压力的区县有 25 个，占区县总数的 20.16%；

较高承载压力的区县有 25 个，占区县总数的 20.16%；高承载压力的区县有 25 个，占区县总数的 20.16%。

从整体空间分布上来看，较高承载压力和高承载压力的区县主要分布在河南省中部和东北部，处在经济发展活跃地区，这些地区对建设用地的需求较大，因此可能在一定程度上对生态用地有侵占。此外，这些区域本身的生态用地也相对较少，少量的减少也会导致下降率高于西部山区。低承载压力和较低承载压力的区县分布规律和县级生态用地丰富地区相似，多集中在西部山区和河南省南部局部地区。

第八节　资源环境综合承载力评价

一、区县及网格单元区域主导功能的识别

（一）区县单元主导功能的确定

区域主导功能是社会、经济、生态相互作用的产物，表现为该区域在更大尺度范围的可持续发展系统中所发挥的作用。区县单元上，综合参考河南省各区县土地利用总体规划、粮食核心区规划、生态省建设规划及主体功能区划成果，并结合政府相关部门访谈和专家意见咨询，分别确定河南省各区县主导功能。

总体上，河南省大部分区域主导功能定位为生产开发类，包括建设开发和农业生产，少部分区域定位为生态保护类。图 6-21 显示郑州市所有区县主导功能为建设开发，安阳市、

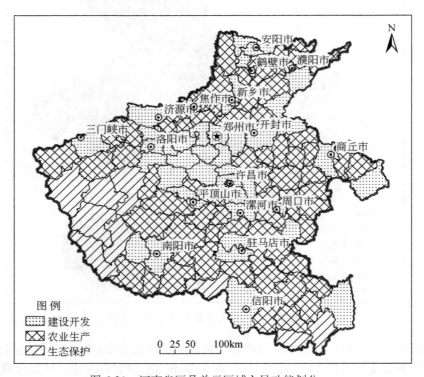

图 6-21　河南省区县单元区域主导功能划分

濮阳市、鹤壁市、新乡市、焦作市、开封市、商丘市、平顶山市、许昌市、周口市、漯河市、驻马店市内部各区县主导功能为建设开发和农业生产的组合；洛阳市、三门峡市、南阳市、信阳市内部各区县主导功能既有建设开发、农业生产，也有生态保护。空间分布上，重点生态保护功能区主要分布在河南省的西部山地丘陵区，建设开发及农业生产为主要功能的区县则主要分布于东部黄淮海平原区及南阳盆地区，以郑州市为核心形成了东西向建设开发带。

（二）网格单元主导功能的确定

网格单元上，单个网格的主导功能主要由网格内部的土地利用结构决定。通过空间叠加分析，分别确定各网格内部建设用地、农用地和生态用地的占比，当建设用地占比超过40%时，确定网格主导功能为建设开发，其余情况按照优势地类分别确定网格主导功能为建设开发、农业生产或生态保护。

二、资源环境承载本底短板识别

河南省资源环境承载本底短板要素分布图如图6-22所示。从图中可以看出，以土地资源为短板要素的区县主要分布在各市辖区及西部山区，市辖区土地资源要素为短板主要原因在于市辖区范围较小，发展空间有限，省域西部区县以土地资源为短板的原因则在于该地区地形地貌限制，可供建设开发和农业生产的土地资源较少，发展空间有限；以水资源

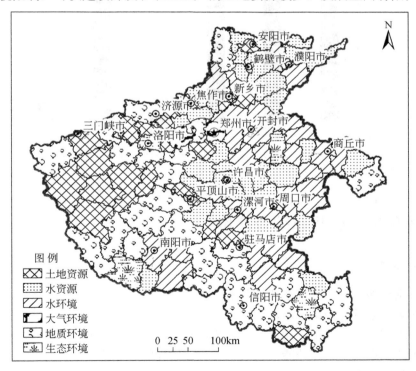

图 6-22　河南省资源环境承载本底短板要素分布图

注：如果存在某一区县具备多个短板要素，本图绘制过程中此类区县会根据短板要素重要性选择最重要短板要素，以此来完成制图

为短板要素的区县主要分布于豫北的安阳市、鹤壁市、濮阳市缺水区，以及中部的许昌市、漯河市、周口市区域；以水环境为短板要素的区域主要分布在豫东、豫南地区，包括新乡市、开封市、南阳市、商丘市、周口市、驻马店市等，水环境的污染一定程度上也会加重区域的缺水程度；以大气环境为短板要素的区域包括郑州市的市辖区和巩义市；以地质环境为短板要素的区域主要分布在河南省的西部山地丘陵区，包括三门峡市、洛阳市、平顶山市、南阳市、驻马店市等；以生态为短板要素的区域主要分布在河南省西南部和郑州、洛阳市辖区，主要原因在于植被覆盖度较低及生态用地的缺乏。

　　具备不同短板要素的区县数量占比如图 6-23 所示。按照六类短板要素所处县市区数量占比的大小，河南省资源环境制约要素依次为水资源、水环境、土地资源、地质环境、生态环境、大气环境。以水资源、水环境、土地资源、地质环境、生态环境、大气环境为短板要素的县市区国土面积分别占河南省国土面积的 19.82%、26.94%、18.01%、30.98%、2.97%、1.28%。

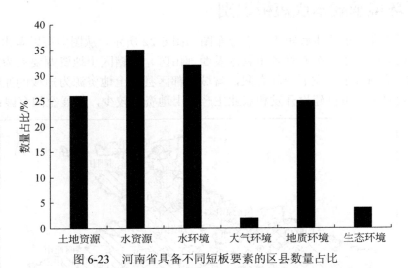

图 6-23　河南省具备不同短板要素的区县数量占比

注：资源环境承载力评估过程中存在一个区县有多个短板要素的情况（例如，周口市同时具有水环境和水资源短板要素），所以本图不同类型区县数量占比超过 100%

三、资源环境承载状态综合评价

（一）区县单元承载状态综合评价

1. 基于主导功能的承载状态评价要素权重

　　省市在多要素综合约束下，建设开发、农业生产、生态保护等主导功能对各资源环境要素存在需求差异，三种主导功能下各承载状态指标对于综合承载力的影响权重不同。利用层次分析法确定三种主导功能下不同承载状态指标的影响权重，同时邀请来自土地资源管理、地理学、生态学、环境科学等领域的专家，利用德尔菲法对指标间的重要程度进行比较，构建两两判别矩阵，经过计算、校正从而得出三种主导功能类型各项评价要素的权重（表 6-16）。

2. 承载状态指标标准化

在进行综合计算之前，首先应对各参与评价的指标进行标准化处理，一方面可以消除指标量纲的影响，另一方面可以消除指标作用方向的影响。根据不同要素的属性、数值规律及作用方向（正向、负向），拟采用极值法进行指标标准化处理。

3. 基于主导功能的资源环境承载状态综合评价

利用指标加权方法对各功能综合承载力进行评价，根据统计学原理，采用分位数法等统计学方法确定各功能综合承载力评价阈值，并划分为五个承载等级，分别得到建设开发综合承载力分布情况、农业生产综合承载力分布情况及生态保护综合承载力分布情况。在此基础上，将根据各区县的主导功能提取相应指标综合值，并最终整合为基于区县主导功能的承载状态评价结果。

表 6-16　基于主导功能的承载状态评价要素权重

评价要素	评价指标	建设开发	农业生产	生态保护
土地资源	现状开发程度	0.2416	0.0917	0.0787
	适宜性布局匹配度	0.0997	0.0800	0.0932
	耕地承载压力	0.0543	0.1498	0.0604
水资源	水资源开发强度	0.1190	0.1099	0.1058
	农用水与农用地协调度	0.0431	0.1311	0.0565
	生活和工业用水与城镇工矿用地协调度	0.0819	0.0811	0.0590
水环境	水环境承载指数	0.0859	0.1062	0.1478
大气环境	大气环境承载指数	0.1020	0.0711	0.1317
地质环境	地质灾害风险等级	0.1192	0.0898	0.1131
生态环境	生态用地退化率	0.0533	0.0893	0.1538

采用分位数法等方法将各区县承载状态划分为五个承载等级，评价结果如图6-24所示。整体上看，河南省资源环境综合承载状态处于中低承载压力水平，较高或高承载压力水平的区县主要集中在北部、中部和东部地区，北部主要有济源市、焦作市、新乡市、鹤壁市、安阳市和濮阳市的部分区县形成豫西北线型连片区，中部则由郑州市、许昌市、平顶山市、漯河市的部分区县形成大型连片区，东部则以周口市、商丘市部分区县为主。根据统计，高和较高承载压力水平的区县约占河南面积的28.84%。低和较低承载压力水平的区县主要沿河南省西南地区形成半环状分布，包括洛阳市、平顶山市、南阳市、驻马店市和信阳市等的多个县区，另有东部从周口市辖区到濮阳县少数几个县区聚集呈条带状区域，约占河南省国土面积的53.22%。

（二）网格单元承载状态综合评价

网格单元的承载状态综合评价在5km网格上展开，根据各单要素评价成果，分别提取网格土地资源、水资源、水环境、大气环境、地质环境和生态的指标标准化值。参照区县尺度的操作，根据不同网格的主导功能确定各指标的权重，最终得到各网格资源环境承载状态综合指标值，并将其划分为低承载压力、较低承载压力、中等承载压力、较高承载压力、高承载压力五个承载等级。

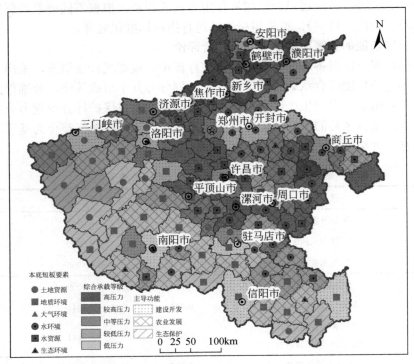

图 6-24　河南省资源环境综合承载状态区县评价图

　　资源环境高承载压力网格主要位于省域中部、东部和北部地区，主要包括郑州市、开封市、安阳市、鹤壁市、新乡市、焦作市、濮阳市、许昌市、漯河市、商丘市和周口市等；总体上看，洛阳市、三门峡市、南阳市、信阳市资源环境承载压力相对较小。河南省各地市资源环境承载压力总体处于中低压力水平。安阳市、鹤壁市和许昌市资源环境高承载压力网格较多，占比超过 60%；高和较高承载压力网格数超过 50% 的网格的地市包括郑州市、开封市、安阳市、鹤壁市、新乡市、焦作市、濮阳市、许昌市、漯河市、商丘市和周口市；低和较低承载压力网格数占比超过 50% 的地市则主要包括洛阳市、三门峡市、南阳市、信阳市和济源市，其中信阳市比例最高，达到 81.05%。

参 考 文 献

樊杰，王亚飞，汤青，等. 2015. 全国资源环境承载能力监测预警（2014 版）学术思路与总体技术流程. 地理科学，35（1）：1-10

惠泱河，蒋晓辉，黄强，等. 2001. 水资源承载力评价指标体系研究. 水土保持通报，（1）：30-34

李彬. 2011. 水资源开发利用存在的问题及对策. 河南水利与南水北调，（6）：13-14

刘天科. 2015. 资源环境承载力综合评价技术与方法. 北京：中国国土资源经济研究院

吕可文，苗长虹，安乾. 2012. 河南省建设用地扩张及其驱动力分析. 地理与地理信息科学，28（4）：69-74

孟晖，李春燕，张若琳，等. 2017. 京津冀地区县域单元地质灾害风险评估. 地理科学进展，36（3）：327-334

施瑞良. 2010. 基于 3S 的朔州市生态地质环境质量评价研究. 太原：太原理工大学硕士学位论文

石裕翔，江见鲸，叶知满. 1994. 混凝土与砌体结构设计. 北京：地震出版社

孙书省，薛国强，范佳健. 2014. 长江水质污染物地区分布研究. 科技创新导报，11（19）：95

汪亮，张海欧，解建仓，等. 2012. 黄河龙门至三门峡河段污染物降解系数动态特征研究. 西安理工大学学报，28（3）：293-297

王浩，秦大庸，陈晓军，等. 2004. 水资源评价准则及其计算口径. 水利水电技术，（2）：1-4

王鸿燕. 2002. 河南省水资源利用现状及对策分析. 中国水利，（7）：81-82

吴纪宏. 2006. 黄河干流河段污染物降解系数分析研究. 人民黄河，（8）：36-37

谢礼立，马玉宏，翟长海. 2009. 基于性态的抗震设防与设计地震动. 北京：科学出版社

徐大海，王郁. 2013. 确定大气环境承载力的烟云足迹法. 环境科学学报，33（6）：1734-1740

左其亭，马军霞，高传昌. 2005. 城市水环境承载能力研究水科学进展，（1）：103-108

张丽，董增川，张伟. 2003. 水资源承载能力研究进展与展望. 水利水电技术，（4）：1-4

张亚丽，申剑，史淑娟，等. 2015. 淮河支流污染物综合降解系数动态测算. 中国环境监测，31（2）：64-67

周璞，王昊，刘天科，等. 2017. 自然资源环境承载力评价技术方法优化研究——基于中小尺度的思考与建议. 国土资源情报，（2）：19-24

朱中道. 2001. 河南省地质环境现状及特征. 河南地质，（3）：236-240

第七章　浙江省国土空间规划的"双评价"研究

浙江省于 2019 年 5 月启动国土空间规划的"双评价"专题研究，是较早开展省级国土空间规划"双评价"专题研究的省份之一。研究围绕三个主要内容展开，一是选取土地资源、水资源、水环境、大气环境四个单要素开展资源环境承载力评价，识别区域资源环境禀赋本底特征，研究农业生产和城镇建设功能指向下的区域资源环境承载潜力；二是从生态保护重要性、农业生产适宜性、城镇建设适宜性三个方面开展国土空间开发适宜性评价，探究国土空间开发利用的问题和风险，明确生态保护极重要空间，识别农业生产、城镇建设的最大合理规模和适宜空间；三是根据资源环境承载力与国土空间开发适宜性的基本关系，对"双评价"集成结果进行修正。

第一节　评价方案制定

一、研究区概况

浙江省位于我国长江三角洲地区。地势由西南向东北倾斜，地形复杂，分布有天目山、会稽山、雁荡山等重要山脉。湖泊、河流密布，主要包括钱塘江、苕溪等重要水系，杭州西湖、嘉兴南湖等重要湖泊及京杭大运河、千岛湖在内的人造水系。浙江省人口密度高，部分地区土地利用开发强度高，资源环境承压明显，对浙江省国土空间开发适宜性、资源环境承载力进行科学合理的评价是破解浙江省可持续发展重要难题的重要抓手。

二、总体思路与技术路线

经过系统研究、反复论证，结合国家有关规程探索的阶段性成果，建立了具有特色的浙江省国土空间规划"双评价"的总体思路，该思路可以归纳为"一个关系、三个维度、三个层面"，具体如下。

（一）一个关系

资源环境承载力与国土空间适宜性评价的关系是，适宜性评价需要以资源环境承载能力为底线约束，以资源环境承载潜力为结果修正依据。在操作层面上从两个方面体现这个基本关系。一方面，根据资源环境承载能力评价结果，将国土空间能支撑的最大开发规模（即承载极限能力，图 7-1）作为国土空间开发适宜性评价的基础，承载极限能力外的范围为受土地资源强限制影响的区域，可直接视为最不适宜区。另一方面，资源环境承载潜力综合了资源环境本底（承载能力）和人类开发强度（承载压力），为国土空间开发适宜性评价结果的修正提供参考（图 7-2）。

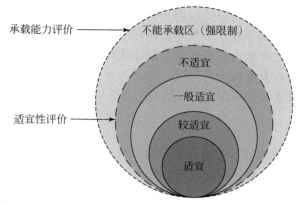

图 7-1　基于资源环境承载极限能力的适宜性评价约束框架

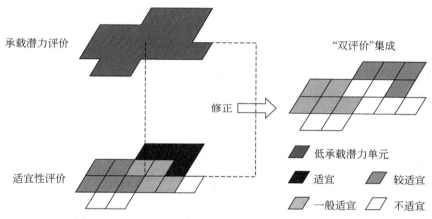

图 7-2　基于资源环境承载潜力的适宜性评价修正机制

（二）三个维度

本方案参考现有相关研究（樊杰，2018；黄贤金和宋娅娅，2019；岳文泽和王田雨，2019），将资源环境承载力评价拓展至三个维度：资源环境承载能力评价、资源环境承载压力评价和资源环境承载潜力评价。资源环境承载能力关注的是农业生产或城镇建设功能指向下区域资源禀赋、环境容量等现状本底特征。承载压力表征人类社会经济活动对资源环境系统施加的影响，侧重分析人类活动对资源环境的开发强度状态。资源环境承载潜力评价是在资源环境承载能力的基础上，考虑目前人类开发活动对资源环境系统的压力，进而揭示维持可持续发展的剩余潜力，指导未来生产力布局。

（三）三个层面

方案将从三个层面服务于国土空间规划决策。①基于资源环境承载能力评价的短板要素、人类开发强度和开发潜力识别。一是识别低承载能力区域的资源环境短板要素，明确国土空间开发适宜性评价需要以极限开发规模为前置条件；二是用承载压力测算人类社会经济活动对资源环境系统施加的影响，降低高压力地区开发强度；三是引导未来新增人口或补充耕地向高潜力区域集中。②基于国土空间开发适宜性评价合理划定功能空间。根据国土空间开发适宜性评价结果，总结分析区域生态安全、农业生产、城镇建设的空间格局特征。③基于"双评价"的综合分析应用。一是从水资源和空间约束角度测算耕地和建设用地的承载规模；二是得到"双评价"的空间开发优先级决策结果；三是国土空间开发时序与格局优化，横向对比区域内适合优先发展或优先保护的空间，识别生产、生态和生活空间中的矛盾冲突与具有发展潜力的区域；四是为"三类空间"划定提供核心参考；五是为主体功能区划及政策落实提供参考；六是生态安全格局构建，识别潜在廊道和重要廊道。

（四）评价单元选择

省级资源环境承载力评价主要服务于省级层面的规划决策，支撑生产力布局优化与国土开发与保护的时空秩序调控，应聚焦区县尺度的宏观统筹（夏皓轩等，2020）。而国土空间开发适宜性评价主要服务于"三区三线"的划定，应当致力于提供精细尺度上（地块尺度）空间定位的决策支撑。因此，本方案采用区县行政单元为资源环境承载力的基本评价单元，采用 100m×100m 栅格为国土空间开发适宜性的评价单元。

（五）技术路线

综合上述"一个关系、三个维度、三个层面"的核心思路，本方案形成的具体技术路线如图 7-3 所示。

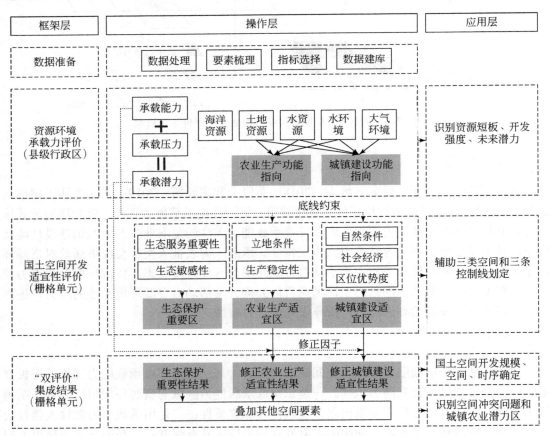

图 7-3　浙江省"双评价"技术路线图

第二节　资源环境承载力单要素评价

一、土地资源评价

土地资源承载力评价分析土地资源对农业开发和城镇建设的支撑水平。按照土地资源承载力"能力-压力-潜力"的内涵理解，在城镇建设功能和农业生产功能指向下，采用极限建设用地开发规模指标和极限耕地开发规模指标来反映土地资源承载能力；采用现状建设用地开发强度和现状耕地开发强度指标来反映土地资源承载压力；根据判断矩阵，结合土地资源承载能力和承载压力分析结果，明确土地资源承载潜力。

（一）评价方法

1. 土地资源承载能力评价方法

指标1：极限建设用地开发规模。

$$CL_{极限}=L_{总}-CL_{强限制} \tag{7-1}$$

式中，$CL_{极限}$ 为各区县极限建设用地开发规模（km^2）；$L_{总}$ 为各区县土地总面积（km^2）；$CL_{强限制}$ 为建设用地强限制性因子影响的土地面积（km^2）。建设用地开发的强限制因子包括坡度大于25°、高程大于1000m、地形起伏度大于200m、水域等。

指标2：极限耕地开发规模。

$$FL_{极限}=L_{总}-FL_{强限制} \tag{7-2}$$

式中，$FL_{极限}$ 为各区县极限耕地开发规模（km^2）；$L_{总}$ 为各区县土地总面积（km^2）；$FL_{强限制}$ 为耕地强限制性因子影响的土地面积（km^2）。耕地开发的强限制因子包括坡度大于25°、地形起伏度大于200m、土壤类型（粗骨土、石灰岩土）、水域等。

2. 土地资源承载压力评价方法

指标1：现状建设用地开发强度。

$$CL_{压力}=CL_{现状}-CL_{极限} \tag{7-3}$$

式中，$CL_{压力}$ 为各区县现状建设用地开发强度；$CL_{极限}$ 为各区县极限建设用地开发规模；$CL_{现状}$ 为极限建设用地开发规模内现状建设用地开发规模。现状建设用地开发强度取值位于（0，1），开发强度越大，承载压力越大。

指标2：现状耕地开发强度。

$$FL_{压力}=FL_{现状}-FL_{极限} \tag{7-4}$$

式中，$FL_{压力}$ 为各区县现状耕地开发强度；$FL_{极限}$ 为各区县极限耕地开发规模；$FL_{现状}$ 为极限耕地开发规模内现状耕地开发规模。现状耕地开发强度取值为（0，1），开发强度越大，承载压力越大。

3. 土地资源承载潜力评价方法

土地资源承载潜力判断矩阵根据"承载能力-承载压力"判断矩阵修正得到（表7-1）。修正原则为：以土地资源承载能力为基础，若某区县为高承载压力地区，则该区县的承载能力下降一级，作为承载潜力，其他情况则不变。

表 7-1　土地资源承载潜力判断矩阵

承载潜力	高承载压力	较高承载压力	中等承载压力	较低承载压力	低承载压力
高承载能力	较高	高	高	高	高
较高承载能力	中等	较高	较高	较高	较高
中等承载能力	较低	中等	中等	中等	中等
较低承载能力	低	较低	较低	较低	较低
低承载能力	低	低	低	低	低

（二）土地资源承载能力评价

　　浙江省极限建设用地开发规模约占其陆域面积的46.43%。从图斑尺度分析（图7-4），极限建设用地开发资源主要分布在杭嘉湖平原、金衢盆地、温台沿海平原和浙东丘陵地区，而浙西南山区受地形因素影响，极限建设用地开发资源较少，仅零散分布在山区内。从区县尺度分析（图7-5），宁波和杭州的极限建设用地开发规模较大，舟山市最少，这与市级行政区国土面积和自然地形存在重要关联。考虑极限建设用地开发规模与市域国土面积的比值后，全省11个地级市平均比值为54.49%，其中，嘉兴市全域大多为平原地区，极限建设用地开发规模比重最大，占市域面积的89.36%；丽水市受山区地形条件的严重限制，比重最小，仅占市域面积的16.80%。

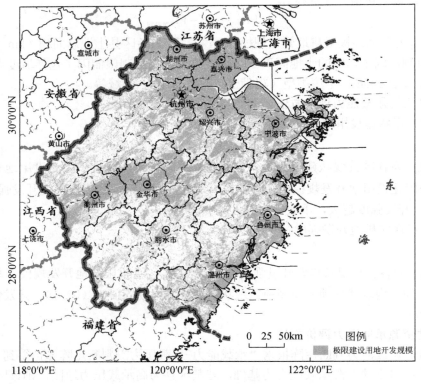

图 7-4　浙江省建设用地承载能力评价图（图斑尺度）

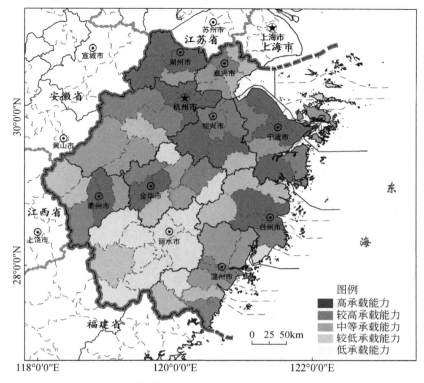

图 7-5　浙江省建设用地承载能力评价图（区县尺度）

浙江省极限耕地开发规模约占其陆域的 43.32%。从图斑尺度分析（图 7-6），极限耕地开发资源较多集中在杭嘉湖平原、宁绍平原、温台平原，与浙江省基本农田保护区的分布基本一致；浙西南与浙西北山区的坡度、高程、地形起伏度均较大，耕地资源相对较少。总体来看，平原与山区的耕地资源分布差异较大。从区县尺度分析（图 7-7），宁波市的极限耕地开发规模最大，舟山市最少，总体分布规律与极限建设用地开发资源的分布相似。从极限耕地开发规模与市域国土面积的比值来看，嘉兴市极限耕地开发规模占比最高，占市域面积的 89.36%；位于浙西南山区的丽水市比重最小，仅占市域面积的 16.31%，显著低于全省平均水平。

（三）土地资源承载压力评价

浙江省建设用地承载压力呈现明显的城市规模差异和区位差异，规模差异体现在城市人口集聚的各市辖区为高承载压力区或较高承载压力区，区位差异主要表现为东西差异和南北差异，一方面，温台沿海地区普遍承载压力较大，浙西山区受地形因素影响，现状建设用地规模较小，建设用地承载压力也较低；另一方面，浙北平原与浙西南山区的承载压力也存在较大的分异。浙江省整体建设用地承载压力约为 18.54%。从市级尺度分析（图 7-8），嘉兴市建设用地承载压力最大，约为 27.57%，其次是舟山市，为 26.13%；丽水市建设用地承载压力最小，仅为 12.75%，其次为衢州市，建设用地承载压力为 14.35%。

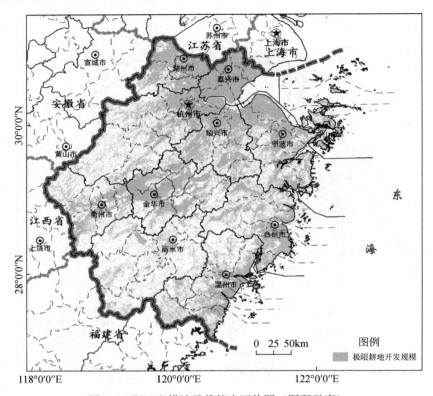

图 7-6　浙江省耕地承载能力评价图（图斑尺度）

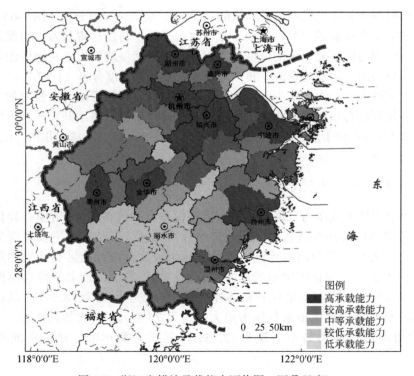

图 7-7　浙江省耕地承载能力评价图（区县尺度）

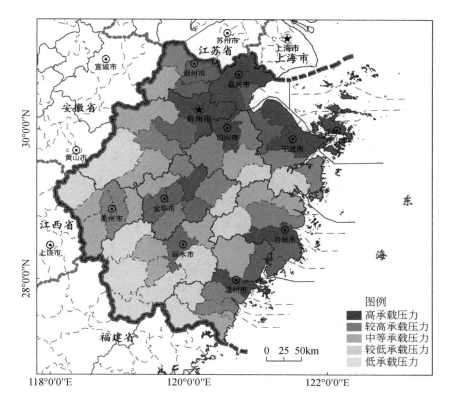

图 7-8　浙江省建设用地承载压力评价结果

　　浙江省耕地承载压力呈现较为明显的区域差异（图 7-9），浙北平原、宁绍平原、金衢盆地几个重点农业区的耕地承载压力较大，而杭州市、衢州市、丽水市的山区和浙东沿海地区耕地承载压力较小。从市级尺度分析，嘉兴市耕地承载压力最大，全域均为高承载压力区，绍兴市、金华市耕地承载压力也较大，舟山市、杭州市的耕地承载压力相对较小。

（四）土地资源承载潜力评价

　　根据建设用地承载潜力判断矩阵，以承载能力为基础，承载压力为修正因子，结果显示建设用地承载潜力与承载能力分布类似（图 7-10）：建设用地承载潜力大的地区主要为浙北平原（除嘉兴市）、金衢盆地、浙东沿海平原。从市级层面来看，低承载潜力区域集中在丽水市与嘉兴市，前者主要受到地形影响，极限建设用地开发规模小，故而潜力小；而后者是由市域面积有限，建设用地承载能力较小，加之处于平原地区，极限建设用地承载规模内现状建设用地较多，造成较大的承载压力，故承载潜力小。与建设用地承载潜力分布格局类似，耕地承载潜力高的区县主要在平原地区（图 7-11），西南山区耕地承载潜力较小。

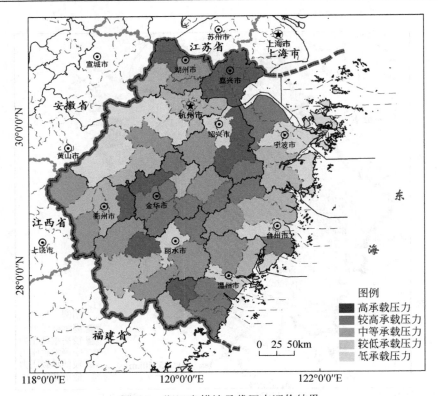

图 7-9　浙江省耕地承载压力评价结果

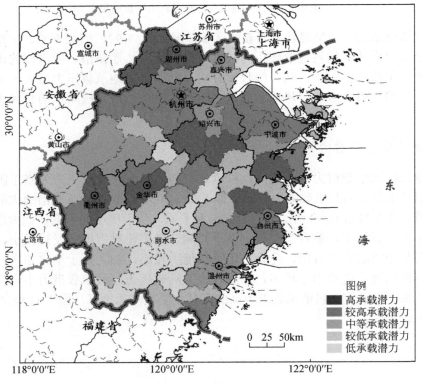

图 7-10　浙江省建设用地承载潜力评价结果

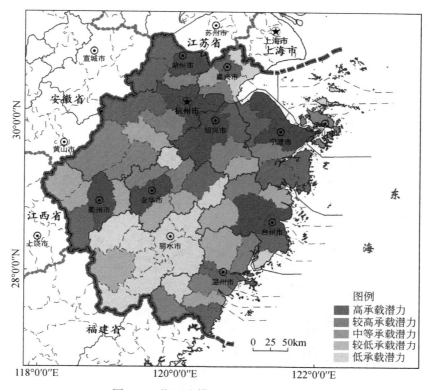

图 7-11　浙江省耕地承载潜力评价结果

二、水资源评价

水资源能力评价反映区域可供利用的水资源总量，压力评价反映在人类活动下的水资源压力大小，而潜力评价衡量地区水资源稀缺程度。浙江省处于亚热带季风气候，区域内河流众多，水网密度高，水资源充足，但各区县水资源差异较明显。按照水资源承载力"能力-压力-潜力"的内涵理解，区县可利用水资源总量表征水资源承载能力，用水资源利用总量表征人类社会活动对水资源的需求量，用水资源利用总量和可利用水资源总量的比值来表征水资源承载压力。综合水资源承载能力与承载压力，依据判断矩阵，得到水资源承载潜力。

（一）评价方法

1. 水资源承载能力评价方法

$$W_总 = W_{地表} + W_{地下水} - W_{重复} \tag{7-5}$$

式中，$W_总$ 为可利用水资源总量；$W_{地表}$ 为地表可利用水资源总量；$W_{地下水}$ 为地下水可开采利用总量；$W_{重复}$ 为地表水和地下水重复计算的部分。

2. 水资源承载压力评价方法

$$P = W_{利用} / W_总 \tag{7-6}$$

式中，P 为水资源承载压力；$W_总$ 为可利用水资源总量；$W_{利用}$ 为水资源利用总量。

3. 水资源承载潜力评价方法

水资源承载潜力评价依据"能力-压力"判断矩阵（表 7-1），压力等级为最高等级（即高承载压力）时，能力等级下降一个等级，作为承载潜力，其他情况则不变。

（二）水资源承载能力评价结果

浙江省 2020 年水资源总量约为 1026.60 亿 m³，占全国水资源总量的 3.25%，水资源整体较为充沛。全省水资源承载能力分布与各水系流域面积分布一致，西部钱塘江与瓯江流经区域的承载能力较强，浙北京杭运河流经区域的承载能力较低。从市级尺度分析（图 7-12），丽水市、杭州市、温州市和衢州市的水资源总量较大，其中，丽水市水资源总量为 171.28 亿 m³，北部的绍兴市和东部的台州市的水资源总量不足丽水市的一半；舟山市水资源总量全省最低，仅为 11.58 亿 m³；嘉兴市和湖州市仅次于舟山市，水资源总量均不足 40 亿 m³。

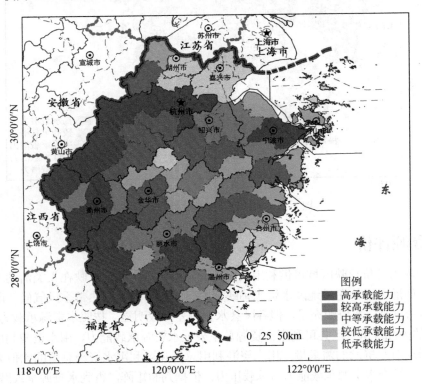

图 7-12　浙江省水资源承载能力评价结果

（三）水资源承载压力评价

从市级尺度分析（图 7-13），水资源承载压力最小的三个市为丽水、杭州（非市区）和衢州，这些区域不仅水资源总量丰沛，而且人口较少，用水总量小。承载压力最高的是嘉兴市，尽管嘉兴水资源总量比舟山市多约 16 亿 m³，但其用水量远远大于舟山市，导致其水资源承载压力较大。

（四）水资源承载潜力评价

水资源承载潜力评价与能力评价相比（图 7-14），情况不同的区县主要发生在杭州市、温州市、绍兴市、台州市的市辖区范围内，以杭州市为例，其市辖区虽有高承载能力，但

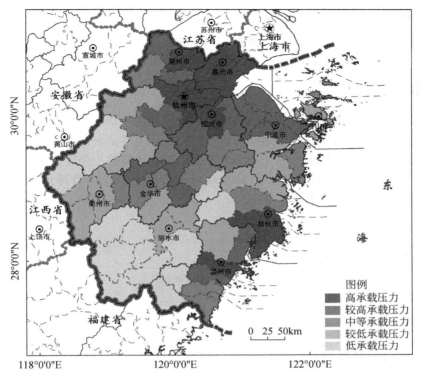

图 7-13 浙江省水资源承载压力评价结果

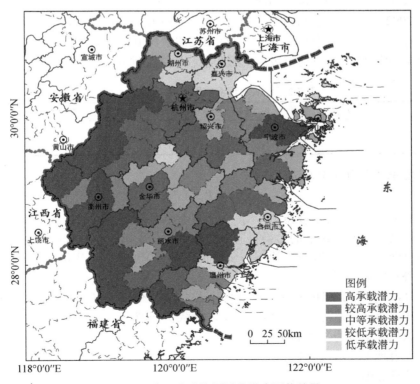

图 7-14 浙江省水资源承载潜力评价结果

用水量大，承载压力高，因而承载潜力下降为较高承载潜力。同样地，温州市、绍兴市、台州市市辖区在承载能力基础上分别下降一个等级。此外，承载潜力低和较低的区县集中在区域与流域面积均较小的湖州市、嘉兴市、舟山市和台州市等。

三、水环境评价

水环境评价代表水体对人类生产生活所产生的污染物承载能力。按照水环境承载"能力-压力-潜力"的内涵理解，分别用浙江省各区县水环境容量表征水环境承载能力，用水污染现状与水环境容量的比值来表征人类生产生活对水环境的污染压力。基于判断矩阵，结合水环境承载能力与承载压力，测算水环境承载潜力。水环境评价选择化学需氧量（COD）、氨氮（NH$_3$-N）为主要评价指标。

（一）评价方法

1. 水环境承载能力评价方法

$$P_{容量}=C \times Q \times 100 \tag{7-7}$$

$$C = \mathrm{AVG}(c_1+c_2+c_3 + \cdots + c_n) \tag{7-8}$$

式中，$P_{容量}$ 为各区县水环境容量（t）；Q 为各区县的地表水资源量（亿 m^3）；C 为各区县水环境污染管理目标浓度（mg/L）；c_1，c_2，…，c_n 分别为该区县内各水环境功能区的水环境污染管理目标浓度（mg/L）；AVG 函数为各单元浓度平均值。水环境污染物包括化学需氧量（COD）、氨氮（NH$_3$-N）。

其中，依据《浙江省水功能区水环境功能区划分方案（2015）》《地表水环境质量标准》（GB 3838—2002），以水环境功能区的目标水质对应的浓度值的上限值作为该水环境功能区的目标浓度 c_n（表 7-2），以区县内所有目标浓度的平均值作为该区县水环境污染管理目标浓度 C；根据 2017 年浙江省地市级水资源公报收集区县地表水资源量 Q。

表 7-2 地表水环境质量标准 （单位：mg/L）

污染物浓度	I 类水	II 类水	III 类水	IV 类水	V 类水
COD≤	15	15	20	30	40
NH$_3$-N≤	0.15	0.5	1.0	1.5	2.0

2. 水环境承载压力评价方法

$$P_{压力}=P_{现状} / P_{容量} \tag{7-9}$$

式中，$P_{压力}$ 为各区县水环境承载压力；$P_{现状}$ 为各区县水环境污染物的排放量，数据通过 2017 年浙江省各区县水质监测站点的污染物监测数据收集，采用平均方法计算区县单元内所有水质监测站点的 COD 和 NH$_3$-N 监测污染排量。以承载能力计算中浙江省各区县 COD、NH$_3$-N 计算容量结果为 $P_{容量}$。

根据计算，COD 与 NH$_3$-N 的水环境承载压力取值区间为（0，+∞）。水环境承载压力越接近 0，代表该区县水环境承载压力越小，承载状态越优。当水环境承载压力值接近 1 时，水环境承载处于较为平衡的状态。当水环境承载压力大于 1 时，水污染排放量超过水环境容量，其值越大，承载状态越差。

3. 水环境承载潜力评价方法

根据"承载能力-承载压力"判断矩阵，计算并修正水环境承载潜力（表 7-1）。修正原则为：以水环境承载能力为基础，若某区县为高承载压力地区，则该区县的承载潜力下调一级。

（二）水环境承载能力评价

2017 年浙江省 COD 容量为 149.13 万 t，NH$_3$-N 为 5.90 万 t，整体水环境容量较高，浙北平原、浙东低山丘陵地区、东南沿海平原地区及岛屿地区的水环境容量相对较小（图 7-15）。依据水环境承载能力评价方法，水环境容量主要由地表水资源量决定，钱塘江与瓯江是浙江省水资源较丰富的流域，流经杭州市、衢州市、金华市、丽水市，这些地市集中了水资源环境高容量区；而舟山市、台州市、嘉兴市、湖州市集中了水环境较低容量区和低容量区。其中，舟山市 COD 容量为 19747.88t，NH$_3$-N 容量为 794.93t，均为全省最低。

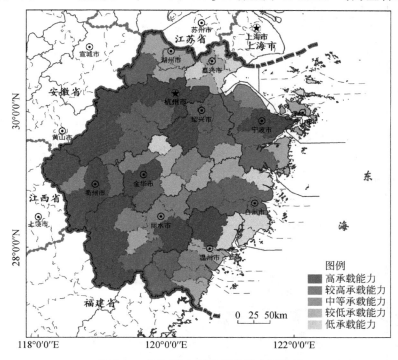

图 7-15　浙江省水环境承载能力评价图

（三）水环境承载压力评价

浙江省水环境低承载压力区集中在浙西北丘陵区及浙南山区，高承载压力区集中在浙北平原以及温台沿海平原地区，承载压力的区域差异明显（图 7-16）。浙江省 2017 年废水排放总量为 45.39 万 t，主要来源为城镇生活污水与工业废水，前者占废水排放总量比例高达 72.76%。故经济较发达，人口与产业较聚集的中东部地区的废水排放量高、水环境承载压力较大，如杭州市、嘉兴市、湖州市、台州市、温州市，其中，温州市 COD 排放量为 97567.03t，NH^3-N 排放量为 12739.49t，而浙江省平均排放量分别为 38050.81t 与 6063.92t。衢州市、丽水市人口较少，主要依靠自然资源发展绿色产业与生态产业，废水排放量较少，水环境承载压力较低。

（四）水环境承载潜力评价

浙江省水环境承载潜力分布与水环境承载能力分布规律相似（图 7-17），由于水环境承

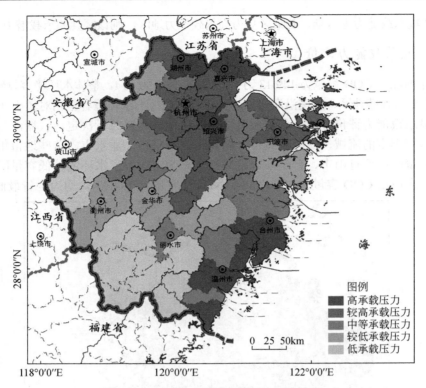

图 7-16 浙江省水环境承载压力评价结果

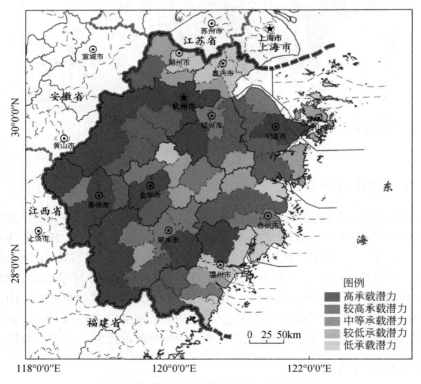

图 7-17 浙江省水环境承载潜力评价结果

载压力大，由较低承载潜力区转为低承载潜力区的区县有湖州市辖区、嘉兴市辖区、温州市辖区、苍南县；除此之外，嘉善县、平湖市、温岭市、玉环市、乐清市、嵊泗县由于水环境承载能力低，其承载潜力也低；水环境承载能力下调一级的区县还有绍兴市辖区、台州市辖区、瑞安市；另外，所有高承载能力区的区县均未受到高承载压力限制，仍保持高承载潜力。

四、大气环境评价

大气环境承载力是区域环境所能支撑的人类活动所产生大气污染物的最大排放量。按照大气环境承载"能力-压力-潜力"的内涵理解，用大气环境容量表征大气环境承载能力。用大气环境污染物的总排量与容量的比值表征大气环境承载压力，这是实现大气环境承载可持续的重要保障。综合大气环境承载能力与压力，通过"能力-压力"判断矩阵得到大气环境承载潜力。

（一）评价方法

1. 大气环境承载能力评价方法

A 值法，利用控制区总面积、功能区面积及总量控制系数 A 值来计算研究区的总允许排放量。本方案选择浙江省主要的污染物 SO_2、NO_2 为评价对象进行计算。

其计算公式为

$$Q_{ij} = \sum_{i=1}^{n} A(C_{si} - C_b) \frac{S_j}{\sqrt{S}} \qquad （7\text{-}10）$$

式中，Q_{ij} 为区县 j 的第 i 种大气污染物的环境容量（万 t/a）；A 为区域性总量控制系数（万 km^2/a）；C_{si} 为该分区污染物年均质量浓度限值（$\mu g/m^3$）；C_b 为环境本底浓度（$\mu g/m^3$）；S_j 为区县 j 控制区面积（km^2）；S 为总控制区面积（km^2）。

区域性总量控制系数 A，依据《制定地方大气污染物排放标准的技术方法》（GB/T 3840—1991）选择响应取值范围。浙江省属于第五类区域，A 值选取范围为 3.5 万～4.9 万 km^2/a。根据区域而定，A 值可通过式（7-11）来确定：

$$A = A_{min} + (A_{max} - A_{min}) \times 100\% \qquad （7\text{-}11）$$

分区污染物年均质量浓度限值 C_{si}，本方案将研究区分为两类空气功能区，并依据《环境空气质量标准》（GB 3095—2012）确定 SO_2、NO_2 设定标准（表 7-3）。本方案中，根据浙江省发展现状，依次提取各区县的 I 类区（自然保护区、风景名胜区和其他需要特殊保护的区域），其他区域划分为 II 类区。

表 7-3　分区年限值浓度 　　　　　　　　　（单位：$\mu g/m^3$）

污染物	SO_2	NO_2
I 类区	0.02	0.04
II 类区	0.06	0.04

环境本底浓度 C_b，其中一类区、二类区本底浓度分别为环境一级限值的 20%、50%。分区控制区面积 S_j，采用浙江省各区县内不同环境空气功能区面积（I 类区和 II 类区），总控制面积 S 采用浙江省行政区县面积统计。

2. 大气环境承载压力评价方法

基于污染排量与环境容量的比值计算环境承载压力指数，作为大气环境承载压力的计算指标，其计算方法为

$$P_{ij}=Q_{ij}/E_{ij} \tag{7-12}$$

式中，P_{ij} 为区县 j 的第 i 种污染物的环境承载压力指数；Q_{ij} 为区县 j 的第 i 种污染物的环境容量；E_{ij} 为区县 j 的第 i 种污染物的总排量。该指标数值越大表示该区县的大气环境污染越大，大气环境承载压力越大；反之，大气环境承载压力越小。大气污染物总排量从浙江省 2017 年各区县的污染物排放量统计结果获得。

3. 大气环境承载潜力评价方法

大气环境承载潜力采用"承载能力-承载压力"判断矩阵修正得到（表 7-1）。修正原则为：以大气环境承载能力为基础，若某区县为高承载压力地区，则该区县承载能力下调一级为承载潜力，其他情况不变。

（二）大气环境承载能力评价

浙江省整体的大气环境承载能力处于较高水平（图 7-18），尤以西北天目山区、千里岗山、西南仙霞岭山区和括苍山区为高容量集聚区；浙北平原地区及中部的部分区县、舟山岛屿大气环境容量相对有限，大气环境承载能力较低。对山区而言，植被覆盖度高，对大气污染的自净能力强，同时山区不适宜进行农业生产与城镇建设活动，主要发展其生态保

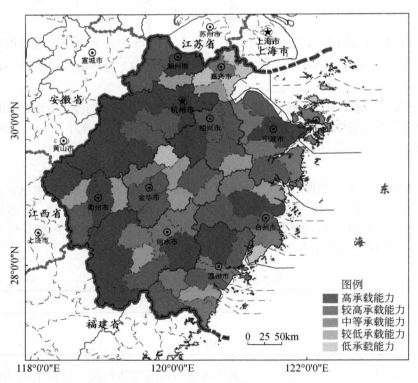

图 7-18　浙江省大气环境承载能力评价结果

护的功能，故而对大气污染物浓度的限值较低，使得大气环境容量较低；对平原地区而言，产业与人口密集，大气环境容量较高。

（三）大气环境承载压力评价

2017年浙江省 SO_2 排放主要来源于工业废气。浙江省大气环境承载压力评价结果如图7-19所示，杭嘉湖平原、宁绍平原、金衢盆地及温台平原地区大气环境压力较大；西北山区、西南山区、东南丘陵区的承载压力较小。从市级尺度分析，大气环境承载压力差距显著，丽水市整体压力较小，低承载压力区比较聚集，而宁波市、杭州市、湖州市、嘉兴市等因经济、人口等要素的集聚，现状污染程度相对较高，承载压力较大。其中，宁波市由于聚集石化、机械等重工业，SO_2 与 NO_2 的排放量均最大。

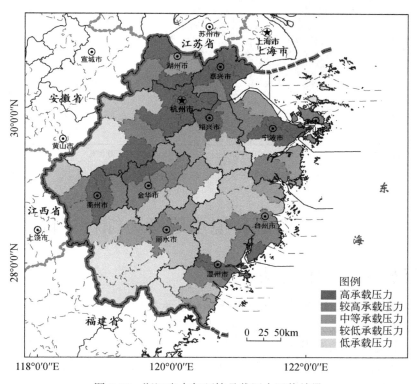

图7-19　浙江省大气环境承载压力评价结果

（四）大气环境承载潜力评价

浙江省大气环境承载潜力评价结果如图7-20所示，分布规律与大气承载能力类似。由于承载压力大，有较低承载潜力区转为低承载潜力区的区县为德清县；平湖市、桐乡市、玉环市、嘉善县、海盐县、浦江县、岱山县、嵊泗县受市域面积影响，大气承载能力低，故承载潜力也低。由于承载压力大，由高承载潜力区转为较高承载潜力区的区县为宁波市辖区、杭州市辖区、衢州市辖区、建德市。

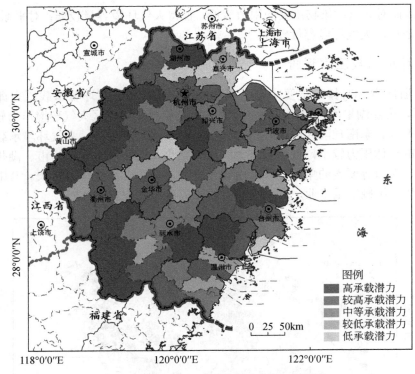

图 7-20　浙江省大气环境承载潜力评价结果

第三节　资源环境承载潜力综合评价

一、承载潜力综合评价方法

第一步，数据准备。准备的数据包括土地资源承载潜力评价分级图、水资源承载潜力评价分级图、水环境承载潜力评价分级图、大气环境承载潜力评价分级图等。

第二步，设定不同功能指向的资源环境要素组合。城镇建设指向的资源环境承载潜力涉及要素包括土地资源（建设用地开发潜力）、水环境、水资源和大气环境；农业生产指向的资源环境承载潜力涉及要素包括土地资源（耕地开发潜力）、水环境和水资源。

第三步，资源环境承载潜力评价。以土地资源承载潜力为基础，以不同功能指向的其他要素承载潜力为修正要素。在农业生产功能指向下，当某个区县水环境和水资源承载潜力均为低承载潜力时，将该区县土地资源承载潜力降一级，作为综合承载潜力；同理，在城镇建设功能指向下，当某个区县水环境、水资源、大气环境承载潜力均为低承载潜力时，将该区县土地资源承载潜力降一级，作为综合承载潜力。

二、承载潜力综合评价

（一）农业生产指向的承载潜力评价结果

浙江省农业生产功能指向的资源环境承载潜力评价结果如图 7-21 所示，整体上看呈现明显的高承载潜力和低承载潜力集聚的现象。高承载潜力区集中在浙北和浙东的市辖区，分别为杭州市、宁波市、绍兴市、台州市市辖区，以及中部的金华市、衢州市市辖区；此外，高承载潜力区县还有慈溪市、临海市、诸暨市。较高承载潜力的区县有 11 个，分别为湖州市辖区、临安区、安吉县、长兴县、东阳市、宁海县、象山县、余姚市、江山市、上虞区、苍南县。这些区县多为平原，具备较好的农业开发条件。中等承载潜力县市共计 16 个，分布较为分散。较低与低承载潜力县市共计 31 个，呈集聚形态分布于丽水市及附近区县，它们主要受到自然地形限制；另外也有少部分区县分布在嘉兴市和舟山市，这些区县面积较小，耕地资源有限，与此同时其水环境、水资源和大气环境的容量也相对较小，因而承载潜力较低。

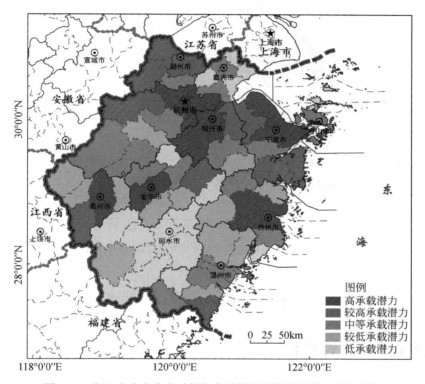

图 7-21　浙江省农业生产功能指向的资源环境承载潜力评价结果

（二）城镇建设指向的承载潜力评价

如图 7-22 所示，浙江省城镇建设功能指向的资源环境承载高潜力区县主要集中在杭嘉湖平原（除嘉兴市）、金衢盆地和宁绍平原，低潜力区县则集中浙江省南部和中部山地丘陵区。具体而言，浙江省分别有 9 个城市、14 个区县呈现出高承载潜力和较高承载潜力，主要集中在杭州市、湖州市、绍兴市、宁波市、台州市、金华市和衢州市。这些区县的水环境、水资源等条件优越，多为平原或盆地，建设用地开发潜力空间较为充裕。中等承载潜力区县共计 12 个，主要分布在浙西北和东南地区。较低与低承载潜力区县共计 32 个，主要分布在浙南的丽水市、浙北嘉兴市与舟山市。丽水市可开发的建设用地规模有限，与其地形地貌条件相关；嘉兴市整体面积较小，可供开发建设的空间有限，加之工业集聚发展，水环境和大气环境治理面临挑战，导致综合开发潜力有限；舟山市的嵊泗县、岱山县则主要受限于海岛面积，可供开发的建设用地面积小。

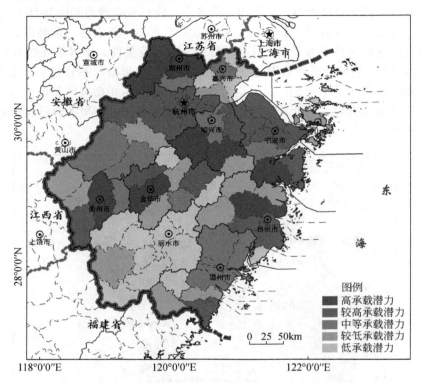

图 7-22　浙江省城镇建设功能指向的资源环境承载潜力

第四节　国土空间开发适宜性评价

一、生态保护重要性评价

（一）单指标评价方法与步骤

1. 评价方法

依据"自然资源部办公厅关于印发《资源环境承载能力和国土空间开发适宜性评价指南（试行）》的函"，本方案将从生态系统服务功能重要性和生态脆弱性两个方面考虑生态保护重要性评价，其中生态系统服务功能重要性反映生态空间服务功能的重要程度，评价指标为水源涵养、水土保持和生物多样性维护重要性；生态脆弱性反映生态系统受区域内自然和人类活动干扰后的脆弱程度，结合浙江省实际情况，以水土流失脆弱性为评价指标。

2. 水源涵养

水源涵养功能反映生态系统结构与水资源的相互作用，主要体现在缓和地表径流、补充地下水等方面。本方案基于水量平衡方程，评估生态系统水源涵养功能的相对重要程度。评估过程统筹考虑地区降水量、蒸散量及地表径流量，结合水库、水源地等区域，并考虑生态完整性和连通性进行适当修正。

水源涵养量计算公式为

$$TQ = \sum_{i=1}^{j} (P_i - R_i - ET_i) \times A_i \times 10^3 \qquad (7-13)$$

式中，TQ 为总水源涵养量（m³）；P_i 为降水量（mm）；R_i 为地表径流量（mm）；ET_i 为蒸散发量（mm）；A_i 为 i 类生态系统面积（km²）；i 为研究区第 i 类生态系统类型；j 为研究区生态系统类型数。

3. 水土保持

水土保持是生态系统的基础性调节服务，与气候、自然地理条件紧密相关。根据《指南》，统筹考虑生态系统类型、植被覆盖度和地形特征的差异，对水土保持功能的相对重要程度进行评估。一般地，森林、灌丛、草地生态系统植被密布，地形陡峭的区域，水土保持功能重要性相对较高。因此本方案将坡度大于25°且植被覆盖度大于90%的森林、灌丛和草地划分为水土保持极重要区；将坡度大于15°且植被覆盖度大于70%的森林、灌丛和草地划分为水土保持重要区；将坡度大于6°且植被覆盖度大于50%的森林、灌丛和草地划分为水土保持中等重要区；将坡度大于2°且植被覆盖度大于30%的森林、灌丛和草地划分为水土保持重要性较低区域；将剩余区域作为水土保持重要性低值区。在此基础上，结合国家一级公益林、二级公益林并考虑生态完整性和连通性进行适当修正。

4. 生物多样性

生物多样性涵盖生态系统、物种和遗传资源三个维度，是生物、环境及与此相关的各种生态过程形成的复合体。生物多样性是生态安全格局的基础，是实现国家可持续发展的重要抓手，对于人类生存意义重大。本方案拟基于 NPP 评估法，计算生物多样性维护服务能力指数以评估生物多样性，计算公式为

$$S_{\text{bio}} = NPP_{\text{mean}} \times F_{\text{pre}} \times F_{\text{alt}} \qquad (7-14)$$

式中，S_{bio} 为生物多样性维护服务能力指数；NPP_{mean} 为多年植被净初级生产力平均值；F_{pre} 为多年平均降水量；F_{alt} 为海拔因子。根据浙江省实际情况，综合考虑生物多样性保护的格局特征，对原有评估模型进行了改进，在此基础上，结合浙江省自然保护区并考虑生态完整性和连通性进行适当修正。

5. 水土流失

利用通用水土流失方程计算水土流失脆弱性指数。通过地理信息软件对水土流失脆弱性的单因子评估数据进行乘积运算，并在此基础上结合生态完整性进行适当修正，公式为

$$SS_i = \sqrt[4]{R_i \times K_i \times LS_i \times C_i} \qquad (7-15)$$

式中，SS_i 为 i 空间单元水土流失脆弱性指数；R_i 为降雨侵蚀力、K_i 为土壤可蚀性；LS_i 为坡长长度；C_i 为地表植被覆盖；R_i、K_i、LS_i、C_i 均为评估因子。

（二）综合评价方法

第一步，因子评价与分级。根据浙江省主要生态系统服务功能及其面临的生态问题，选择评价因子，评价水源涵养、水土保持、生物多样性等生态系统服务功能重要性，以及水土流失生态脆弱性。其中，水源涵养、水土保持及水土流失评价采用自然断点法将像元划分为高、较高、中等、较低、低五个等级，形成各服务功能重要性等级评价结果。

第二步，因子复合。生态保护重要性集成评价依据极大值法对单因素评价结果进行复合，具体如下：

[生态系统服务功能重要性]=Max（[水源涵养功能重要性]，[水土保持功能重要性]，

[生物多样性维护功能重要性]）　　　　　　　　　　　　　　　（7-16）

[生态保护重要性]=Max（[生态系统服务功能重要性]，[生态脆弱性]）　　（7-17）

第三步，结果修正。在分级和单因子修正基础上，综合考虑粮食安全、经济发展及生态完整性、连通性，完善生态系统服务功能重要性等级结果。

（三）单指标评价

1. 水源涵养

如图 7-23 所示，浙江省水源涵养功能重要性高的地区分布较为零散，除舟山和嘉兴外，各市均有面积超过 150km² 的水源涵养功能重要性高的区域，主要分布在植被覆盖度较高的低山丘陵地区。结果显示，水源涵养功能高重要性区域面积约占浙江省陆域的 8.11%。从地市分布情况来看，丽水市高度重要的区域面积位列全省首位，主要原因是其境内降水充沛，植被覆盖度高。嘉兴市与舟山市年均降水量较少，植被覆盖度低，缺少水源涵养价值高的生态系统。

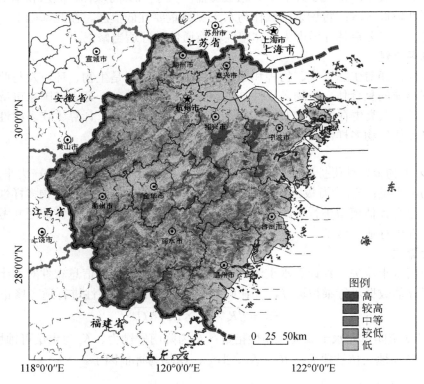

图 7-23　浙江省水源涵养功能重要性评价结果

2. 水土保持

如图 7-24 所示，浙江省水土保持高度重要和较高重要区域分布相对均匀，低重要性区域主要分布在杭嘉湖平原、金衢盆地及海岛地区。从数量统计上来看，水土保持功能高度重要区面积与较高重要区域面积共占浙江省陆域总面积的 35.73%。从地市分布来看，杭州

市高度重要的区域面积最大，尤其是在千岛湖周边比较密集；而舟山市、嘉兴市与绍兴市则无水土保持功能高度重要区。

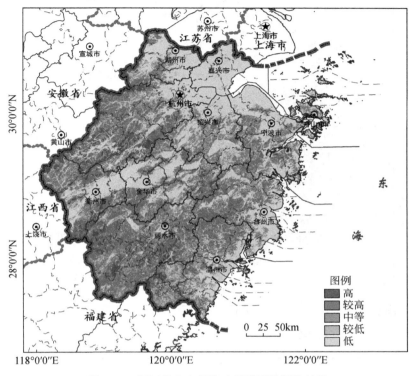

图 7-24　浙江省水土保持功能重要性评价结果

3. 生物多样性

从空间分布来看，生物多样性功能高度重要的区域主要集中于浙南山区，对接国家"武夷山生物多样性保护优先区"，平原、盆地与海岛区域生物多样性功能重要性相对较低（图7-25）。从数量统计上来看，生物多样性功能高度重要的类型区面积占浙江省陆域总面积的比例为 7.83%，主要分布在杭州及南部的丽水、温州等地市，该区域地势较为陡峭、植被覆盖度较高；重要性低的类型区面积占全域面积的 46.41%，主要包括城乡建设用地、未利用地和裸岩等植被覆盖度低的类型。从市级尺度来看，温州市重要性高的区域面积位列全省首位，其次为杭州市，而嘉兴市重要性高的区域面积极小，舟山市陆域无生物多样性功能重要性高的区域。

4. 水土流失

整体而言，浙江省水土流失风险较小，全省 62.64% 的区域水土流失脆弱性处于低度和较低度（图 7-26）。根据 2019 年浙江省森林资源公告，全省森林覆盖率为 61.15%（含灌木林），同时土壤侵蚀并不严重，因此，水土流失脆弱性高的区域较少，仅占浙江省陆域总面积的 0.38%。从市级尺度来看，脆弱程度相对较大的地市为温州市，市域内有 10.83% 的面积位于脆弱性高或较高的区域，存在一定的水土流失风险。另外，丽水市水土流失脆弱性高和较高的区域总面积较大，超过 900km^2。

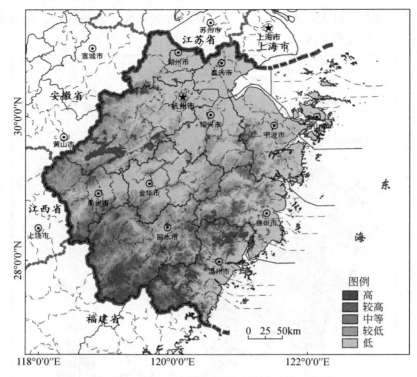

图 7-25　浙江省生物多样性功能重要性评价图

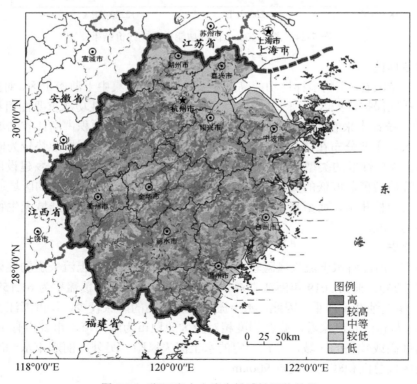

图 7-26　浙江省水土流失敏感性评价结果

（四）综合评价

生态保护重要性整体呈现南高北低的格局（图7-27），生态保护重要性高和较高的区域主要分布于南部山区（仙霞岭—洞宫山—雁荡山—括苍山）、浙西北山区（黄山—怀玉山）及东部丘陵地区（四明山—天台山），生态保护重要性较低和低的区域主要分布于杭嘉湖平原、温台沿海平原和金衢盆地。浙江省生态保护重要性极重要区的面积占比为16.14%。总体上来看，温州、丽水、杭州三市生态保护重要性极重要区的面积占市域面积比重均超过了20%；此外，嘉兴、舟山保护等级为最高等级的面积位列全省末位，分别占嘉兴和舟山本市面积的比重不足2%。

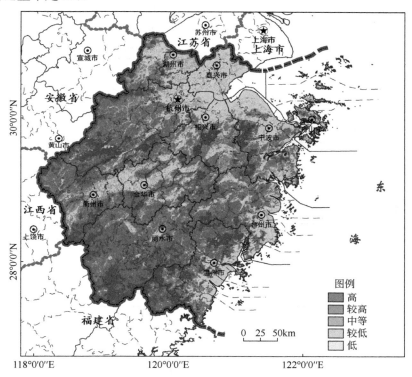

图 7-27　浙江省生态保护重要性评价结果

二、农业生产适宜性

农业生产适宜性代表国土空间进行农业生产活动的适宜性。本方案以资源环境承载本底评价中的极限耕地开发规模为农业生产备选区域开展农业生产适宜性评价，评价结果将研究区划分为适宜区、较适宜区、一般适宜区和不适宜区四种类型。备选区域是从自然资源角度选取，存在无法退城还耕的现状城市和建制镇及重要生态区，故扣除上述区域，得到可利用极限耕地开发规模内的农业生产适宜性评价结果。此外，扣除可利用极限耕地开发规模内的现状耕地，得到极限耕地开发剩余规模内的适宜性评价结果。

（一）单指标评价方法

农业生产适宜性评价主要从立地条件和生产稳定性两个方面考虑，其中立地条件反映土地自身条件对农业生产的影响，评价指标涵盖积温、年降水量、高程、地形起伏度、耕层厚度、土壤类型、距水源距离；生产稳定性表征自然灾害等对农业生产的制约作用，评价指标为地质灾害易发程度和蓄滞洪区（表 7-4）。

表 7-4 农业生产适宜性评价指标体系

类型	指标	指标分类	分值
立地条件	≥10℃积温	<4800℃	20
		4800～6000℃	40
		≥6000℃	60
	年降水量	<1400mm	40
		1400～1600mm	60
		≥1600mm	80
	高程	1000m 以上	20
		500～100m	60
		200～500m	80
		0～200m	100
	地形起伏度	15°～25°	40
		6°～15°	60
		2°～6°	80
		0°～2°	100
	耕层厚度	≤12cm	20
		12～16cm	40
		16～20cm	60
		>20cm	80
	土壤类型	滨海盐土	20
		棕红壤、黄壤、红壤、红壤性土、黄红壤、富盐基红黏土	40
		水稻土、潮土、紫色土	100
	距水源距离	>2.0km	20
		1.5～2.0km	40
		1.0～1.5km	60
		0.5～1.0km	80
		≤0.5km	100
生产稳定性	地质灾害易发程度	高易发区	20
		中易发区	40
		低易发区	60
		其他	80
	蓄滞洪区	重要蓄滞洪区	20
		其他区域	80

（二）综合评价方法

利用层次分析法梳理农业生产适宜性评价的要素层级及相互关系，采用专家打分、德尔菲法确定各指标之间的重要性差异及每个因素层中指标间的重要性差别，计算层次分析法的判断矩阵，由此得到农业生产适宜性评价指标的权重结果。

（三）单指标评价

在立地条件中，积温条件较好的地区是杭嘉湖平原、杭州湾地区、浙东沿海地区和浙中金衢盆地，形成三个集中连片区。降水量分布从浙江省西南部向东北部逐渐降低，呈现显著阶梯现象，降水量1600mm以上的地区集中在衢州市、丽水市部分地区、温州市等，占浙江省总面积的34.79%，浙北平原、舟山海岛降水量条件相对较差。

由于浙江省地形西南高，东北低，同时浙江近一半地区地形起伏度较大，限制当地农业生产，而地形起伏度小于2°的区域集中在东北部的冲积平原和东南沿海平原，主要包括杭州市区、湖州市北部区域、嘉兴市全域、宁波市区、温州市和台州市沿海区域等，此外在金衢盆地也分散分布着地形起伏度较小的区域。此外，全省超过50.79%的区域高程位于200m以下，高程1000m以上的区域主要集中在洞宫山和天目山北部地区。

在土壤类型方面，水稻土、潮土、紫色土是浙江省内最适合耕种的土壤类型，总面积约占全省总面积的38.61%，主要分布在杭嘉湖平原、杭州湾地区、温台沿海平原、金衢盆地等地区。此外，耕层厚度超过20cm的优质区域较少，主要分布在余杭区、余姚市、新昌县、苍南县、莲都区的部分区域，大部分地区的耕层厚度在12～20cm。

浙江省水系发达，农业生产可获取的水资源较为充足，与高程、地形起伏度等单因素评价结果类似，水源条件较好的区域大多为浙北平原、东南沿海平原等区域，同时其他地区分散分布着一些小型水系支撑农业生产。

地质灾害高易发区主要位于嘉兴市东北部及浙中南部分山区，重要蓄滞洪区面积较小，零星分布在浙西丘陵、浙南山地和浙东丘陵的山间河谷地区。

（四）综合评价

浙江省农业生产适宜性评价结果（图7-28）显示，金华市、嘉兴市和温州市的农业生产适宜区面积分列前三甲。舟山市受制于地形起伏度、水源、耕层厚度等因素，农业生产适宜区面积最小。丽水市西南部和杭州市西部多为山地丘陵，地形、地形起伏度、土壤等因素导致区域较不适宜农业生产，并且农业生产适宜区、较适宜区分布较为破碎。从各市适宜分区面积结构来看，嘉兴市农业生产适宜区面积比重最大，占该区域极限耕地开发规模的74.90%；舟山市农业生产适宜区面积比重最小，仅占该区域极限耕地开发规模的16.30%。

三、城镇建设适宜性

城镇建设适宜性代表城镇国土空间进行生产生活建设的适宜性。本方案以资源环境承载本底评价中的极限建设用地开发规模为备选区域开展城镇建设适宜性评价，将结果划分为适宜区、较适宜区、一般适宜区和不适宜区四种类型。由于备选区域是从自然资源角度选取，区域内存在受国家战略保护的永久基本农田及需要保护的重要生态区，故扣除上述区域，可以得到可利用极限建设用地开发规模内的城镇建设适宜性评价结果。此外，扣除

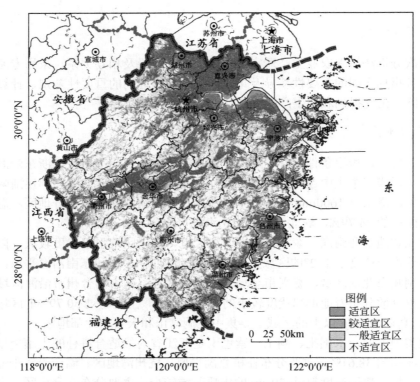

图 7-28 浙江省农业生产适宜性评价结果（极限耕地开发范围）

可利用极限建设用地开发规模内的现状建设用地，可以得到极限建设用地开发剩余规模内的适宜性评价结果。

（一）单指标评价方法

城镇建设适宜性评价主要从自然条件、社会经济和区位优势度三个维度考虑（表 7-5），其中，自然条件反映自然地理因素对建设开发的限制，评价指标包括高程、地形起伏度、地质灾害易发程度和蓄滞洪区；社会经济考察区域经济发展条件和规模效应，评价指标为企业密度、人口密度；区位优势度反映区位条件对城镇建设开发的积极引导作用，由中心城区可达性表征。

表 7-5 城镇建设适宜性评价指标体系

类型	指标	指标分类	分值
自然条件	高程	>1000m	0
		500~1000m	60
		200~500m	80
		≤200m	100
	地形起伏度	15°~25°	40
		8°~15°	60
		3°~8°	80
		0°~3°	100

续表

类型	指标	指标分类	分值
自然条件	地质灾害易发程度	高易发区	20
		中易发区	40
		低易发区	60
		其他	80
	蓄滞洪区	蓄滞洪区	20
		其他	80
社会经济	企业密度	≤5 个/km²	20
		5~10 个/km²	40
		10~20 个/km²	60
		>20 个/km²	80
	人口密度	≤50 人/万 m²	20
		50~67 人/万 m²	40
		67~100 人/万 m²	60
		>100 人/万 m²	80
区位优势度	中心城区可达性	车程>120min	0
		90min<车程≤120min	20
		60min<车程≤90min	40
		30min<车程≤60min	60
		车程≤30min	80

（二）综合评价方法

基于层次分析法，分析城镇建设适宜性评价的要素层级，解析要素间相互关系，采用专家打分、德尔菲法确定各指标之间的重要性差异及每个因素层中指标间的重要性差别，计算层次分析法的判断矩阵，并由此得到城镇建设适宜性指标的权重结果。

（三）单指标评价

在自然条件上，浙江省海拔 200m 以下的区域面积占比较大，除西部和南部几大重要山区高程相对较高外，其他区域高程均小于 200m，而高程 1000m 以上的山地丘陵主要位于洞宫山和天目山北部地区。地形起伏度评价中，15°以上区域分散分布在各山地丘陵，对城镇建设限制较大，而地形起伏度较小的区域则密布于浙北平原、东部沿海地区和金衢盆地。高易发区主要集中分布在嘉兴市东北部及浙中南部分山区，其中嘉兴市内受地面沉降影响。仅有小范围区域受到重要蓄滞洪区的影响，零星分布在浙西丘陵、浙南山地和浙东丘陵的山间河谷地区。

在社会经济上，由于浙江省企业多集中在杭州与宁波，形成两大企业高密度集中区，此外在温州、嘉兴、台州、金华、衢州等地市市辖区有小范围的较高企业密度，其他区域企业分布相对分散，数量较少。人口密度评价中，全省地域差距显著，高密度人口区集中在各地级市市辖区范围内，杭州、宁波及温州等地人口密度最大。

在区位优势度上，中心城区可达性的总体分布以重要城市为中心并向外逐渐降低，原因是重要城市主要分布在东部平原地区，东部地区的可达性相应地显著高于西部地区；低可达性区域集中分布在两大山区，一是西北部千里岗山地区，二是南部仙霞岭、括苍山及雁荡山区。

（四）综合评价

　　浙江省城镇建设适宜性评价结果如图 7-29 所示，整体上适宜建设区集中连片，主要分布地区为杭嘉湖平原、浙东沿海平原和金衢盆地等地势条件较好的区域。各地市中，嘉兴市城镇建设适宜区域分布较广且区位条件较优，而丽水市内多山地丘陵，城镇建设适宜区集中分布在市辖区内。从数量上看，嘉兴市、金华市分列适宜区总面积的前两位，域内各区县整体条件较好，而舟山市、丽水市分别受海岛范围和山地地形影响，城镇适宜区和较适宜区的面积最少，与其他地市差距较大。

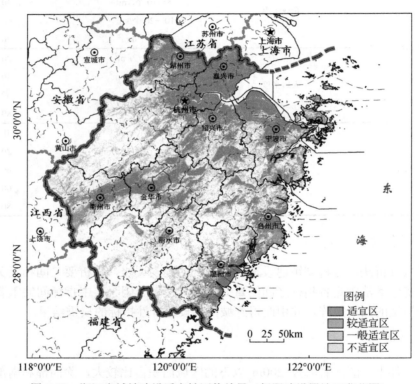

图 7-29　浙江省城镇建设适宜性评价结果（极限建设用地开发范围）

第五节　"双评价"集成评价

一、城镇建设指向下集成评价

（一）可利用极限建设用地范围内评价

　　基于浙江省城镇建设适宜评价结果（图 7-30），考虑永久基本农田和重要生态区等限制因子作用，同时扣除现状建设用地后，可以得到可利用极限建设用地剩余规模的分布。适宜区占极限建设用地开发规模的比重较大，占 45.46%，较适宜区占比为 29.45%。各地市市辖区适宜区与较适宜区的可利用极限建设用地规模大量减少，其中，温州市、湖州市、金华市、宁波市、衢州市等的适宜区剩余规模较大，丽水市、舟山市的适宜区面积较小。

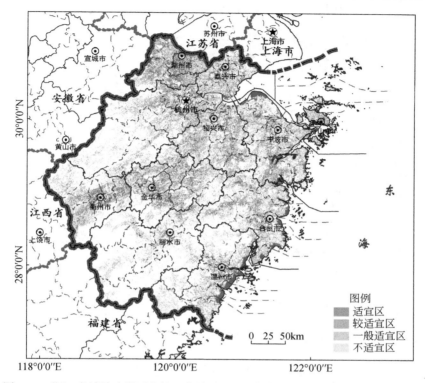

图7-30　浙江省城镇建设适宜性评价结果（可利用极限建设用地开发剩余范围）

（二）城镇建设适宜性结果修正

依据资源环境承载潜力的城镇建设适宜性修正结果，在考虑永久基本农田和重要生态区等限制因子及扣除现状建设用地后，实现可利用极限建设用地剩余规模的适宜性评价结果的修正，结果如图7-31所示。城镇建设导向的资源环境承载潜力对适宜区与不适宜区的影响较大，可利用极限建设用地剩余规模内，有超过 800km² 的区域从适宜等级降为较适宜等级，同时有超过 600km² 的区域修正为不适宜区。从修正结果上看，温州市、湖州市、宁波市、金华市、衢州市等的适宜区面积仍较大，而舟山市与丽水市的适宜区和较适宜区面积较小。

二、农业生产指向下集成评价

（一）可利用极限耕地范围内评价

如图7-32所示，扣除现状城市和建制镇后，各地市市辖区大部分区域退出评价区域，再扣除现状耕地后，可利用极限耕地规模的剩余规模内，适宜区、较适宜区面积明显减少。在剩余规模中，衢州市、金华市、温州市、宁波市等的适宜区面积较大，均超过了 1200km²，丽水市、舟山市适宜区面积较小。

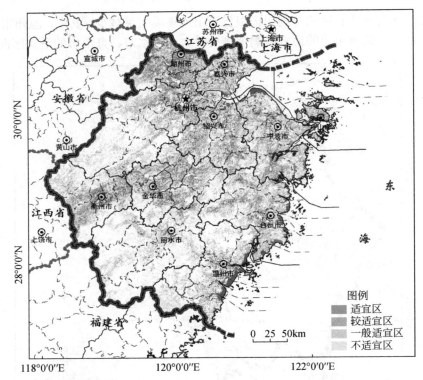

图 7-31　浙江省城镇建设适宜性修正结果（可利用极限建设用地开发剩余范围）

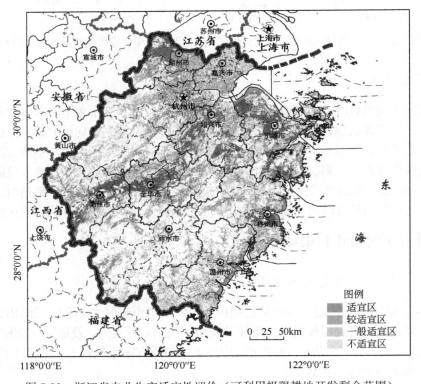

图 7-32　浙江省农业生产适宜性评价（可利用极限耕地开发剩余范围）

（二）农业生产适宜性结果修正

依据资源环境承载潜力的农业生产适宜性修正，考虑现状城镇和重要生态区等限值因子及扣除现状耕地后，修正可利用极限耕地剩余规模的适宜性评价，结果如图 7-33 所示。平原及盆地地区的适宜区、较适宜区面积共减少了超过 1100km²，整体连片度降低。适宜区面积占浙江省的 38.53%，较修正前总面积减少了 3.34%；较适宜区面积占比为 33.92%，较修正前减少了 0.44%；不适宜区占比为 8.85%，较修正前增加了 2.75%。从修正后结果看，杭州市、湖州市、金华市、宁波市、衢州市、绍兴市、台州市、温州市的适宜区面积仍较大，仍保持在 1000km² 以上。

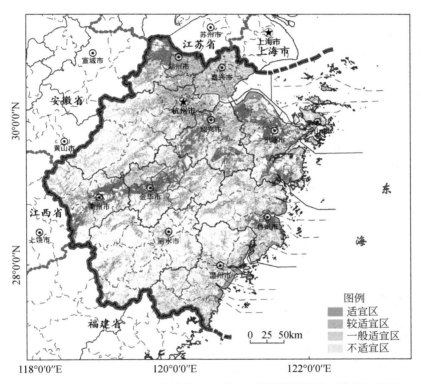

图 7-33　浙江省农业生产适宜性修正结果（可利用极限耕地开发剩余范围）

参 考 文 献

樊杰. 2018. "人地关系地域系统"是综合研究地理格局形成与演变规律的理论基石. 地理学报，73（4）：597-607

黄贤金，宋娅娅. 2019. 基于共轭角力机制的区域资源环境综合承载力评价模型. 自然资源学报，34（10）：2103-2112

夏皓轩，岳文泽，王田雨，等. 2020. 省级"双评价"的理论思考与实践方案——以浙江省为例. 自然资源学报，35（10）：2325-2338

岳文泽，王田雨. 2019. 资源环境承载力评价与国土空间规划的逻辑问题. 中国土地科学，33（3）：1-8

第八章　固原市"双评价"研究

在五级三类的国土空间规划体系中，国家和省级国土空间规划体现战略性、纲领性和政策性；而市级国土空间规划具有更强的实施性要求，兼具战略性与可操作性的特点（许景权等，2017；赵民，2019）。相应地，省级"双评价"重在识别资源环境优势与短板并支撑区域级别分区（岳文泽等，2018；夏皓轩等，2020）；而市级"双评价"则需更加突出评价结果的空间落位，为"三区三线"划定提供更直接的判别依据（魏旭红等，2019；张韶月等，2019）。将资源环境承载能力评价与国土空间开发适宜性评价有机结合，形成了"一个评价一评到底，承载力定规模、适宜性定空间"的评价思路（岳文泽等，2020）。这一评价思路对于市级"双评价"来说更有针对性和可操作性。因此，本章以宁夏回族自治区固原市为案例，采用了《指南》的评价方案，开展市级"双评价"的实践。

固原市是全国主体功能区规划"两屏三带"中黄土高原-川滇生态安全屏障的重要节点，以及宁夏"三屏一带五区"生态安全格局中的南部水源涵养区，承担着重要的生态保护功能，具备关键的生态定位（岳文泽等，2022）。因此，如何协调开发与保护的关系，在保障黄河安澜健康的同时实现高质量发展是固原市未来发展的关键挑战。作为国土空间规划的基础性工作，"双评价"将为其未来的空间布局与发展时序确定提供科学支撑。

第一节　评价方案

一、研究区概况

固原市为宁夏回族自治区下辖的地级市之一，是我国的革命老区、贫困山区和少数民族聚居区。固原市位于宁夏回族自治区南部，黄土高原的西北边缘，是西安市、兰州市、银川市三个省会城市所构成的三角形中心。市域面积 10500km²，辖 5 个区（县）（原州区、西吉县、隆德县、泾源县、彭阳县），2019 年末户籍总人口 145.86 万，其中回族人口 70.7 万，占总人口的 48.4%。

固原市境内以六盘山为南北脊柱，将全市分为东西两壁，呈南高北低之势。海拔 1500～2000m，以山地丘陵为主要地形地貌。全市耕地 3302.39km²，园地 34.97km²，林地 4110.73km²，草地 1580.87km²，城镇村及工矿用地 553.89km²。境内分布清水河、葫芦河、渝河、泾河、茹河，水资源总量为 5.67 亿 m³（地下水资源量 2.8 亿 m³）。人均水资源量 372m³，是全国人均水资源水平的 18%，雨养农业、资源型、工程型缺水问题突出。固原市森林资源丰富，被誉为西北黄土高原的绿岛。现有森林总面积 2866.77km²，其中乔木林地 1548.65km²，主要分布在南部水源涵养林区。

二、评价目的

一是分析固原市资源禀赋与环境条件，研判国土空间开发利用问题和风险。二是识别生态保护极重要区，明确农业生产、城镇建设的最大合理规模和适宜空间，为编制国土空间规划、优化国土空间开发保护格局、优化主体功能定位、划定"三区三线"提供基础性依据。三是支撑固原市国土空间治理体系构建，促进形成生态优先、富民为本、绿色发展的高质量发展路径。

三、评价原则

（1）底线思维。按照人口资源相均衡、经济社会生态效益相统一的原则，从生态保护、农业生产、城镇建设等功能维度，强化资源环境底线约束，维护国家生态安全、粮食安全、经济安全。以习近平生态文明思想为指导，在识别生态系统服务功能极重要、生态极敏感区域基础上，综合分析农业生产、城镇建设的合理规模和适宜等级。

（2）问题导向。充分考虑国土空间生态、土地、水、气候、环境、灾害等资源环境要素，定性定量相结合，客观评价区域资源环境禀赋条件，识别国土空间开发利用现状中的问题和风险。

（3）因地制宜。充分考虑市域尺度下资源环境的空间相关性与异质性，结合本地实际与特征，在《指南》基础上，补充特色化指标。在指标选取、指标分级、多要素耦合方面提出固原市本地化方法。

（4）简便实用。以科学性为前提，精选代表性指标。紧密结合地方实际情况，强化目标导向、问题导向和操作导向，确保评价成果科学、好用、适用。

四、技术路线

本方案以自然资源部 2020 年 1 月《资源环境承载能力和国土空间开发适宜性评价指南（试行）》为基础，结合参考 2019 年 6 月版"评价指南"的单项指标分级标准，开展固原市

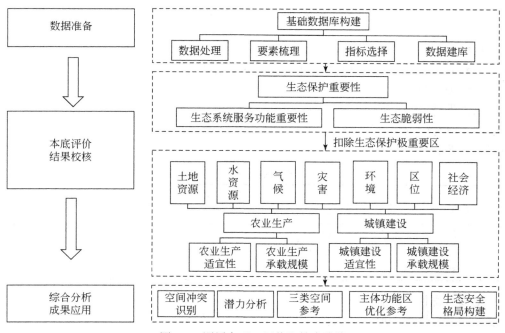

图 8-1　固原市"双评价"技术路线

"双评价"的实践工作。

围绕生态保护、农业生产、城镇建设要求，构建具有固原特色的差异化评价指标体系。以定量方法为主，定性方法为辅，对土地资源、水资源、气候、灾害、环境、区位和社会经济等七项基础要素进行单项评价。在此基础上，进行指标集成评价，划定生态、农业、城镇三类功能指向下的国土空间开发适宜性等级，依据适宜性评价结果合理测算农业生产及城镇建设规模。技术路线详见图 8-1。

第二节　生态保护重要性评价

生态保护重要性评价包括生态系统服务功能重要性评价与生态脆弱性评价，将评价结果划分为极重要、重要、一般重要三个等级。

一、生态保护重要性单要素评价方法和评价步骤

（一）评价方法

生态保护重要性评价主要从生态系统服务重要性和生态脆弱性两个方面考虑，分别反映生态空间服务功能的重要程度，以及生态系统对区域内自然和人类活动干扰的敏感程度。前者包括水源涵养功能重要性、水土保持功能重要性和生物多样性维护功能重要性三个指标；后者根据固原市实际情况，主要从水土流失脆弱性展开。具体评价方法参考《指南》与《生态保护红线划定指南》。

1. 水源涵养

依据《生态保护红线划定指南》，水源涵养量的计算公式为

$$TQ = \sum_{i=1}^{j} (P_i - R_i - ET_i) \times A_i \times 1000 \tag{8-1}$$

式中，TQ 为总水源涵养量（m³）；P_i 为降水量（mm）；R_i 为地表径流量（mm）；ET_i 为蒸散发量（mm）；A_i 为 i 类生态系统面积（km²）；i 为研究区第 i 类生态系统类型；j 为研究区生态系统类型数。

2. 水土保持

依据《指南》，采用判别矩阵法开展水土保持功能重要性评价。水土保持重要性判别矩阵如表 8-1 所示。

表 8-1　水土保持重要性判别矩阵

坡度	植被覆盖度		
	>70%	50%~70%	<50%
>25°	极重要	一般重要	一般重要
15°~25°	一般重要	重要	一般重要
<15°	一般重要	一般重要	一般重要

3. 生物多样性

以生物多样性维护服务能力指数作为评估指标，采用 NPP 法进行生物多样性保护功能重要性测算，计算公式为

$$S_{bio}=NPP_{mean}\times F_{pre}\times F_{tem}\times F_{alt} \tag{8-2}$$

式中，S_{bio} 为生物多样性维护服务能力指数；NPP_{mean} 为多年植被净初级生产力均值；F_{pre} 为多年平均降水量；F_{tem} 为多年平均气温；F_{alt} 为海拔因子。其中，对海拔因子采取正向处理，对以森林为主的优先保护生态系统名录进行替代性修正，使评价结果与实际情况相符。

4. 水土流失

根据通用水土流失方程的基本原理，选取降水侵蚀力、土壤可蚀性、地形起伏度和地表植被覆盖等指标计算水土流失脆弱程度。计算公式为

$$SS_i = \sqrt[4]{R_i\times K_i\times LS_i\times C_i} \tag{8-3}$$

式中，SS_i 为 i 空间单元水土流失脆弱性指数；R_i 为降雨侵蚀力；K_i 为土壤可蚀性；LS_i 为地形起伏度；C_i 为地表植被覆盖。评价因子分级赋值如表 8-2，将最终的脆弱性分值划为高（>5.5）、中等（5～5.5）、较低（<5）三级。

表 8-2 水土流失脆弱性评价因子分级赋值

评价因子	高敏感	较高敏感	中等敏感	较低敏感	低敏感
降雨侵蚀力（R）	>700	400～700	100～400	—	—
土壤可蚀性（K）	—	—	砂土	壤土	砾质土、黏土
地形起伏度（LS）	>300	100～300	50～100	20～50	0～20
地表植被覆盖（C）	≤0.2	0.2～0.4	0.4～0.6	0.6～0.8	≥0.8
分级赋值	9	7	5	3	1

（二）评价步骤

第一步，因子评价与分级。对于生态多样性维护、水源涵养，以生态系统服务功能量为基础，确定各生态系统服务功能重要性级别：按栅格单元服务功能量评价值大小进行降序排列，分别将累积服务功能量占前30%、30%～70%、70%～100%的像元划分为高、中、较低三个等级。对于水土保持，利用水土保持判别矩阵得到评价结果。对于水土流失脆弱性，按照1～5、5～5.5、5.5～9的取值区间将脆弱性划分为高、中、较低三个等级。

第二步，结果修正。在分级基础上，衔接现有自然保护地体系：将重要饮用水源地纳入水源涵养极重要区，将自然保护地纳入生物多样性维护功能极重要区。

二、生态保护重要性集成评价方法

生态保护重要性集成评价采用极大值法对单因素评价结果进行综合，具体如下：

生态系统服务功能重要性=Max（[生物多样性维护功能重要性]，

[水源涵养功能重要性]，[水土保持功能重要性]） （8-4）

生态保护重要性=Max（[生态系统服务功能重要性]，[生态脆弱性]） （8-5）

三、生态保护重要性评价结果

（一）生态保护重要性单要素评价结果

1. 水源涵养

固原市降水量呈现南高北低、东高西低特征，位于南部、东部的泾源县、彭阳县水源

涵养量较高（图 8-2）。其中，泾源县六盘山地区主要为陡峭且植被覆盖度较高的山地，降水量高且地表径流量较低，是水源涵养极重要区的集中区域。水源涵养功能极重要区、重要区的面积之和超过 6000km²，约占固原市总面积的 60%。

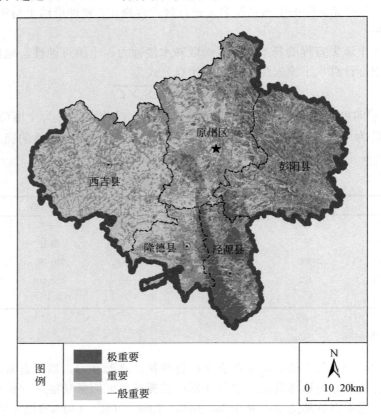

图 8-2　固原市水源涵养功能重要性评价图

2. 水土保持

固原市水土保持功能重要性以重要、一般重要为主，其中，重要区面积占全市面积的 18.4%，主要沿南北走向的六盘山山脉分布，并零散分布在丘陵地区（图 8-3）。极重要区面积仅占全市面积的 1.4%，主要分布在南部泾源县内的六盘山森林公园周围。从区县尺度来看，原州区平原面积较大、植被较少，水土保持功能重要性较低。

3. 生物多样性

固原市降水量、气温、高程分别呈现东南高西北低、东北高西北低、西南高东北低的特征，多年植被净初级生产力在六盘山山脉、北部月亮山山脉处较高。综合各项因子特征，固原市生物多样性功能重要性评价图如图 8-4 所示，极重要区主要集中于南北走向的六盘山山脉，贯穿泾源县与原州区；原州区北部与西吉县生物多样性功能重要性较低。从数量统计上来看，生物多样性功能极重要区面积为 1241.93km²，占固原市总面积的 11.8%；重要区面积为 3862.6km²，占固原市总面积的 36.8%。

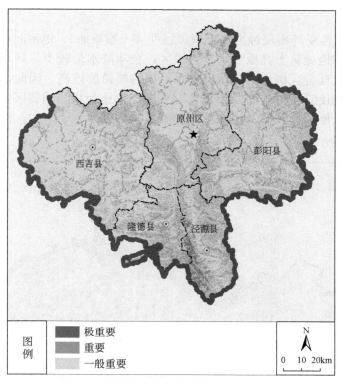

图 8-3 固原市水土保持功能重要性评价图

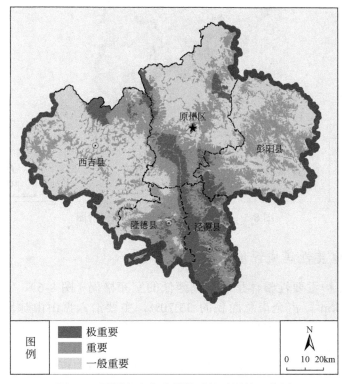

图 8-4 固原市生物多样性功能重要性评价图

4. 水土流失

水土流失脆弱性受降雨侵蚀力、土壤可蚀性（土壤质地）、地形起伏度、植被覆盖度共同影响。固原市地处黄土高原半干旱气候区，全年降水量较少，降水侵蚀力较低，全市以壤土为主，大部分区域地形起伏度较小而植被覆盖度较高。因此，整体而言，固原市水土流失脆弱性较低（图 8-5）。受降水量影响，水土流失极脆弱区主要分布在彭阳县南部。此外，由于原州区北部及泾源县南部土壤质地以沙壤土为主，部分区域也为水土流失极脆弱区。

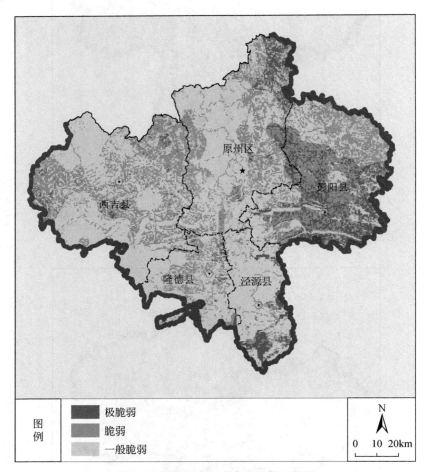

图 8-5　固原市水土流失脆弱性评价图

（二）生态保护重要性集成评价结果

固原市生态保护重要性整体呈现东高西低的空间格局（图 8-6），生态保护极重要区的面积为 3538.32km²，占全市总面积的 33.70%，主要沿六盘山山脉呈带状分布特征；此外，在月亮山与云雾山周围呈点状分布特征。生态保护一般重要区主要分布于原州区平原地区与西吉县丘陵地区，面积为 1829.67km²，仅占全市总面积的 17.43%。从区县角度看，除西吉县外，原州区及其他四县的生态保护极重要区占区县面积均大于 20%，原州区、泾源县与彭阳县境内的生态保护极重要区面积超过 800km²，是生态保护的重点区县。

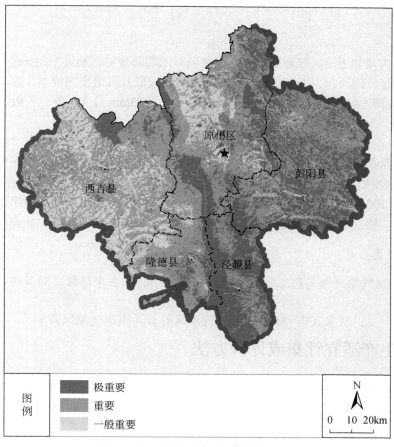

图 8-6　固原市生态保护重要性评价图

第三节　农业生产适宜性评价

一、农业生产适宜性单要素评价方法

　　农业生产适宜性评价将土地资源、水资源、气候、气象灾害四个要素作为评价对象。土地资源要素反映土地自身条件对农业生产的影响，评价指标包括坡度、土壤质地、土壤有机质含量；水资源要素反映区域的农业供水条件，评价指标为年均降水量；气候要素反映气温对农业生产的影响，评价指标为活动积温；气象灾害要素反映气象灾害等对农业生产的限制作用，评价指标为干旱气象风险与霜冻气象风险。

（一）土地资源

　　首先，利用全域 DEM 数据，计算地形坡度，将坡度按照 0°～2°、2°～6°、6°～15°、15°～25°、大于 25°划分为高（平地）、较高（平坡地）、中等（缓坡地）、较低（缓陡坡地）、低（陡坡地）五个等级，生成农业生产适宜性坡度分级图。其次，在坡度分级基础上，将土壤质地与土壤有机质含量作为修正要素：若土壤质地为沙壤土或砾质土，则等级下调一级；若土壤有机质含量大于 20g/kg，则等级上调一级。

（二）水资源

基于区域内及邻近地区气象站点长时间序列降水观测资料，通过空间插值得到多年平均降水量分布图层。固原市为半干旱地区，年均降水量较低且取值范围较小，为 178～805mm。方案以 400mm 降水线为界，按照 178～400mm、400～805mm 分为较好、一般两个等级。

（三）气候

以≥0℃活动积温反映区域农业生产的光热条件。基于区域内及邻近地区气象站点长时间序列气温观测资料，统计各气象台站≥0℃活动积温，进行空间插值，并结合海拔校正（海拔高度每上升 100m，气温降低 0.6℃）得到活动积温图层。固原市年均活动积温取值范围为1500～4000℃，将活动积温按照 1500～3000℃、3000～4000℃分为一般、较差两个等级。

（四）气象灾害

固原市干旱气象风险与霜冻气象风险分为高、中、低三个等级，对其进行综合评估，公式为

$$气象灾害 = Max（[干旱气象风险]，[霜冻气象风险]）\tag{8-6}$$

二、农业生产适宜性集成评价方法

（一）初判农业生产条件等级

基于土地资源和水资源评价结果，确定农业生产的水土资源基础判断矩阵（表 8-3）。

表 8-3 农业生产的水土资源基础判断矩阵

水资源	土地资源				
	高	较高	中等	较低	低
好	好	好	较好	一般	差
较好	好	好	较好	较差	差
一般	好	较好	一般	较差	差
较差	较好	一般	较差	差	差
差	差	差	差	差	差

在此基础上，结合光热条件得到农业生产条件等级（表 8-4）。

表 8-4 农业生产条件等级

光热条件	水土基础				
	高	较高	中等	较低	低
好	好	好	较好	一般	差
较好	好	较好	较好	较差	差
一般	好	较好	一般	较差	差
较差	好	好	较好	较差	差
差	差	差	差	差	差

（二）修正农业生产条件等级

首先，将气象灾害作为农业生产的限制性因素，将气象灾害高风险区域的农业生产条件等级下调一级。其次，根据《指南》，将生态保护极重要区的农业生产条件等级调整为低等级。最后，将农业生产条件等级为高、较高的作为适宜区，等级为一般、较低的作为一般适宜区，等级为低的划为不适宜区，得到农业生产适宜性评价最终结果。

三、农业生产适宜性评价结果

（一）农业生产适宜性单要素评价结果

1. 土地资源

梯田为固原市主要耕作方式，市内各等级坡度的土地交错分布。全市 70.71% 的土地为 6°～25° 的缓坡地和缓坡陡地，少量坡度为 0°～2° 的平地分布在原州区清水河冲积平原及四县河谷平原区域，大于 25° 的陡坡地主要沿六盘山山脉分布。在土壤质地上，全市以壤土为主，易造成水土流失，对农业生产限制性较强，同时少量沙壤土分布在原州区北部与泾源县南部。从土壤有机质含量来看，含量为 21g/kg 与 19g/kg 的土壤面积共占全市面积的 42.62%。综合来看，全市土地资源等级以一般、中等为主，面积共为 6602.58km²，占全市面积的 62.73%；等级高的区域较少，主要集中在原州区；等级低的区域集中在六盘山山脉沿线与原州区北部。

2. 水资源

固原市地处黄土高原半干旱气候区，全年降水量较少。降水量空间分布由东南向西北逐渐减少。400mm 降水线沿东北—西南方向分布，该线以西的原州区、西吉县降水量偏低。

3. 气候

固原市总体≥0℃活动积温偏低，仅满足作物一年一熟需求。在空间分布上呈现东高西低特征。原州区东部及彭阳县的活动积温相对较高，更有利于农业生产，而西吉县、隆德县、泾源县活动积温相对较低。

4. 气象灾害

干旱风险自南向北逐渐变高，南部泾源县与隆德县风险较低，西吉县风险较高。霜冻风险呈现西高东低特征，西吉县、隆德县风险较高，原州区、彭阳县、泾源县风险较低。取二者高值作为气象灾害综合评价结果，西吉县以高风险区为主，原州区以中风险区为主，隆德县、泾源县以低风险区为主，彭阳县中、低风险区域均较大。

（二）农业生产适宜性集成评价结果

固原市农业生产适宜性评价图如图 8-7 所示。固原市各等级的农业生产适宜性面积相近，适宜区、一般适宜区、不适宜区面积分别为 3398.12km²、4068.5km²、3058.17km²，各占全市总面积的 32.29%、38.66%、29.06%。农业生产适宜区主要分布在彭阳县、原州区中部及南部六盘山山谷地区。这些地区降水量、活动积温均较高，且气象灾害风险较低，有利于作物生长。农业生产不适宜区则沿南北走向的六盘山山脉分布，该地区受地形影响较大，且活动积温较低，对农业生产限制性较强。

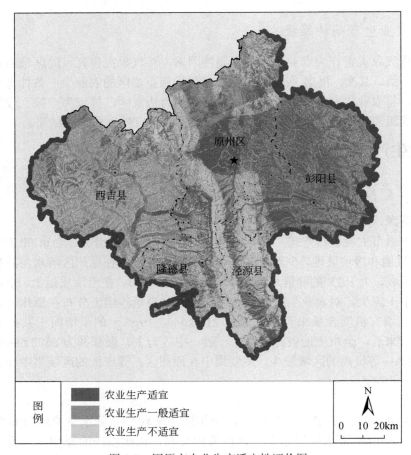

图 8-7　固原市农业生产适宜性评价图

　　调整生态保护极重要区的农业生产条件等级后，农业生产以一般适宜区为主，面积为 3022.87km²，占全市面积的 28.72%，主要分布在西吉县与原州区北部。农业生产适宜区面积减少为 2390.47km²，占全市面积的 22.71%，集中分布在原州区南部及四县河川区域。彭阳县生态保护极重要区与农业生产适宜区重叠较多，调整生态保护极重要区的农业生产条件等级后，适宜区面积减少为 823.27km²，占县域面积的 32.48%，空间分布较为零散。农业生产不适宜区面积为 1573.12km²，占全市面积的 14.95%，广泛分布在全市范围内，结合生态保护极重要区，不适宜农业生产的区域面积为 5111.44km²，占全市面积的 58.57%。

第四节　城镇建设适宜性评价

一、城镇建设适宜性单要素评价方法

　　城镇建设适宜性评价选取土地资源、水资源、灾害、环境容量、社会经济和区位优势度六个要素作为评价对象。土地资源要素反映土地资源对建设开发的适宜程度，指标包括高程、坡度、地形起伏度。水资源反映区域人类活动下的水资源压力大小，或衡量区域的水资源稀缺程度，评价指标包括水资源总量模数、引水工程。灾害要素反映致灾因子对建设开发的约束性，评价指标为地质灾害易发性。社会经济要素反映区域自身经济发展条件、规模效应，评价指标选取人口密度、POI 密度。区位优势度反映区位条件对城镇建设开发的积极引导作用，评价指标为路网密度、交通枢纽可达性。各要素评价方法如下。

（一）土地资源

首先，利用 DEM 计算坡度，将坡度按照 0°～3°、3°～8°、8°～15°、15°～25°、大于 25°划分为高（平地）、较高（平坡地）、中等（缓坡地）、较低（缓陡坡地）、低（陡坡地）五个等级。其次，在坡度分级基础上，以高程与地形起伏度作为修正要素。若高程为 3500～5000m，则土地资源等级下调一级；若高程大于 5000m，则土地资源条件等级为低等级。若地形起伏度大于 200，则等级下调二级，若地形起伏度为 100～200，则等级下调一级。

（二）水资源

首先，以保证率95%的引水工程供水量调整水资源总量（表8-5）。其次，依据固原市水资源特点，以区县行政区为评价单元，按照水资源总量模数≥20 万 m³/km²、10 万～20 万 m³/km²、5 万～10 万 m³/km²、0～5 万 m³/km² 划分为好、较好、一般、较差四个等级。

表 8-5　固原市分区县水资源总量及引水工程供水量统计表　（单位：万 m³）

区县	原水资源总量	保证率95%的引水工程供水量				调整后水资源总量
		东山坡引水工程	隆德高坪引水工程	中南部引水工程	扬黄工程	
原州区	12060	377	—	847	190	13474
西吉县	8120	114	—	1590	—	9824
隆德县	7210	—	78	—	—	7288
泾源县	20350	—	—	—	—	20350
彭阳县	8920	191	—	790	—	9901
合计	56660	682	78	3227	190	60837

（三）灾害

选择地质灾害易发性综合评估灾害要素对城镇建设的限制程度。将全市地质灾害易发性划分为高、中、低三个等级。

（四）环境容量

1. 大气环境容量

根据评价区域内及周边地区气象台站点长时间序列观测资料，统计各气象台站多年静风日数（日最大风速低于 3m/s 的日数）及多年平均风速，按静风日数占比 0～5%、5%～10%、10%～20%、20%～30%、大于 30%生成静风日数分级图；按平均风速大于 5m/s、3～5m/s、2～3m/s、1～2m/s 生成平均风速分级图。取静风日数、平均风速两项指标中相对较低的结果，将大气环境容量指数划分为高、较高、一般、较低、低五级。

2. 水环境容量

选取 COD、NH₃-N 为评价因子。首先，以乡镇为评价单元，分别按照式（8-7）计算 COD 与 NH₃-N 的水环境容量，采用自然断点法将水环境容量划分为高、较高、中等、较低、低五个等级。其次，取 COD 与 NH₃-N 水环境容量中等级低的一项作为水环境容量等级：

$$[水环境容量] = [评价单元年均水质目标浓度] \times [地表水资源量] \qquad (8-7)$$

其中，一个乡镇内一条河流的地表水资源量按河流流经该乡镇的长度比例分配，一个乡镇的水环境容量为乡镇内所有河流水环境容量之和。

（五）社会经济

采用人口密度与 POI 密度表征社会经济要素对城镇建设的经济发展条件与规模效应。人口密度通过 WorldPop 网站获取，分辨率为 100m，使用 ArcGIS 重采样工具重采样为 30m×30m 栅格。POI 数据通过高德地图 API 获取，通过 ArcGIS 核密度分析工具生成 POI 密度分布图。采用分位数法将两个指标分为高、较高、中等、较低、低五个等级，取两项指标中等级高的一项作为社会经济评价结果。

（六）区位优势度

选取路网密度、交通枢纽可达性为评价因子。道路数据通过公开地图（Open Street Map，OSM）获取，包括高速公路、主干道、次干道三级道路，通过 ArcGIS 核密度分析工具生成路网密度图。交通枢纽为高德地图 POI 数据，包括机场、火车站、高速路出入口，使用 ArcGIS 网络分析工具生成交通枢纽可达性图。使用分位数法将路网密度、交通枢纽可达性分为高、较高、中等、较低、低五级，取两项指标中等级高的一项作为区位优势度评价等级。

二、城镇建设适宜性集成评价方法

（一）初判城镇建设条件等级

基于土地资源和水资源评价结果，确定城镇建设的水土资源基础判断矩阵，作为城镇建设条件等级的初步结果（表 8-6）。

表 8-6　城镇建设的水土资源基础判断矩阵

水资源	土地资源				
	好	较好	中等	较差	差
好	好	好	较好	一般	差
较好	好	好	较好	较差	差
一般	好	较好	一般	较差	差
较差	较好	较好	一般	差	差
差	一般	一般	较差	差	差

（二）修正城镇建设条件等级

首先，将灾害、环境容量作为城镇建设的限制性因素，修正城镇建设条件等级：对于地质灾害高易发区，城镇建设条件等级下调一级；大气环境容量或水环境容量为低的区域，城镇建设条件等级下调一级；大气环境容量与水环境容量均为低的区域，城镇建设条件等级下调两级。将社会经济与区位优势度作为城镇建设的促进因素：对社会经济好的区域，城镇建设条件等级上调一级；对区位优势度高的区域，城镇建设条件等级上调一级。其次，根据《指南》，将生态保护极重要区的城镇建设条件调整至低等级。最后，将城镇建设条件等级为高、较高的作为城镇建设适宜区，等级为一般、较低的作为一般适宜区，等级为低的划为不适宜区，得到城镇建设适宜性评价最终结果。

三、城镇建设适宜性评价结果

（一）城镇建设适宜性单要素评价结果

1. 土地资源

就坡度而言，坡度小于3°的平地集中在原州区平原地区与四县河川区域，坡度大于25°的陡坡地沿南北走向的六盘山山脉分布，其他三个等级的坡度交错分布在固原市内。在高程方面，大于2000m的山地主要分布在西吉县北部、原州区南部、隆德县，贯穿南北，其他区域高程则主要分布在1500～2000m范围内。少量高程低于1500m的区域分布在彭阳县与甘肃省的相接处。此外，地形起伏度整体较低，48.69%的区域地形起伏度小于100m，仅3.69%的区域地形起伏度大于200m，这些区域集中分布在南部的六盘山山脉上。综合上述因子得到城镇建设适宜性土地资源评价结果，相较于农业生产适宜性的土地资源评价而言，城镇建设的土地资源条件较差，全市土地资源等级处于中等及以下水平，等级高的区域面积仅为475.02km²，集中分布在原州区。

2. 水资源

由于降水量呈由南至北减少的趋势，固原市南部乡镇的水资源总量模数也普遍大于北部乡镇。水资源总量模数高的乡镇包括泾源县香水镇、泾河源镇，原州区北塬街道、南关街道，隆德县沙塘良种场、山河乡。其中，泾源县两乡镇的水资源总量较大，超过4000万m³，其他乡镇（除沙塘良种场）水资源总量则约为1200万m³，由于乡域面积较小，水资源总量模数较大。此外，泾源县黄花乡、新民乡、六盘山镇、原州区开城镇水资源总量也较大，超过2000万m³，但由于乡镇面积较大，其水资源总量模数处于中等或较高水平。水资源总量模数低的乡镇集中在西吉县、原州区、彭阳县。

3. 灾害

固原市以黄土丘陵地形为主，沟壑纵横、地形破碎，易发生滑坡、崩塌等地质灾害。地质灾害高易发区主要沿六盘山呈带状分布，在其他区域有斑块状分布，同时各区县的地质灾害高、中、低易发性并存。在数量上，高、中、低易发区的面积分别为2942.29km²、4402.85km²、3179.08km²，中易发区面积较大。

4. 环境容量

静风日数在空间上呈现由东南向西北增加的趋势，彭阳县、泾源县、隆德县静风日数占比较少，空气流通环境较好，大气环境容量较高。反之，原州区与西吉县的静风日数较多, 不利于大气循环。年均风速整体上处于较高、中等水平, 空间上呈现由内向外风速减少的趋势。泾源县海拔较高, 昼夜温差较大, 产生的风速较大。综合两项因子得到大气环境容量评价结果, 泾源县、彭阳县大气环境容量较高, 西吉县大气环境容量较低。

固原市主要河流的水质较差, 地表水环境标准以Ⅳ类为主, 水质目标浓度普遍较高。全市化学 COD 容量为 151.41 万 t, NH_3-N 容量为 70842t, 整体水环境容量较高。COD 容量与 NH_3-N 容量的空间分布规律相似, 呈现南高北低特征。仅有原州区开城镇为水环境容量高的乡镇, 其 COD 容量为 14.93 万 t, NH_3-N 容量为 7464.89t, 流经该镇的河流较多, 地表水资源总量较大, 水环境容量相对较大。

5. 社会经济

人口密度评价结果在空间上呈现明显的西高东低特征, 高密度区主要集中在原州区中心城区及四县的县城内。原州区作为固原市唯一的市辖区, 对周围四县人口的吸引力较大。POI 密度在中等及以上的区域呈点状分布, 集中在原州区中心城区及四县县城内, 其他区域则几乎均为低密度区域。综合两项因子得到城镇建设适宜性社会经济评价结果, 全市以中等、较低等级为主, 主要分布在西吉县、隆德县、彭阳县, 面积共为 8603.68km², 占市域面积的 81.75%。社会经济等级为高的面积为 312.63km², 占市域面积的 2.97%。

6. 区位优势度

路网密度在空间上呈现"一主三次"的枝-干特征。路网主轴从中部贯穿固原南北, 其上分布 G70 福银高速与 G344 国道。次轴分别为隆德县东西走向的 G22 青兰高速、彭阳县东西走向的 S70 青彭高速、西吉县 S60 固原—西吉高速。在交通枢纽可达性方面, 由于机场及火车站点均分布在南北走向的交通主轴上, 其周围的交通枢纽可达性较高。综合两项因子得到城镇建设适宜性区位优势度评价结果, 全市以高、较高等级为主, 主要分布在原州区、泾源县、隆德县, 面积共为 6136.8km², 占市域面积的 58.31%。

(二) 城镇建设适宜性集成评价结果

固原市城镇建设适宜性评价图如图 8-8 所示。固原市城镇建设适宜性以一般适宜区为主, 占市域面积的 42.0%。适宜区面积为 2204.97km², 占市域面积的 20.95%, 集中分布在原州区及四县河谷地区。原州区不仅地势平坦, 其大气环境容量与水环境容量均处于中等水平, 对城镇建设的限制较小, 人口与产业聚集使得社会经济条件较好, 区位优势度较高, 因此城镇建设适宜性较好。隆德县、泾源县则以一般适宜区为主, 且不适宜区面积较小, 小于 300km²。泾源县靠近六盘山山脉的区域, 受地形限制较大, 不利于城镇建设, 其他区域各项因子均较有利于城镇发展, 整体而言城镇建设适宜性也较好。隆德县主要受水环境限制, 城镇建设适宜性处于中等水平。

调整生态保护极重要区的城镇建设条件等级后, 城镇建设适宜区面积为 1762.39km², 占总面积的 16.75%, 集中分布在原州区及四县河谷区域。泾源县、彭阳县生态保护极重要区与城镇建设适宜区重合面积较大, 调整生态保护极重要区的城镇建设条件等级后, 适宜区面积分别减少为 154.53km²、247.45km²。城镇建设不适宜区面积为 2372.78km², 占总面积的 22.54%, 结合生态保护极重要区, 不适宜城镇建设的区域面积为 5911.1km², 占全市面积的 56.16%。

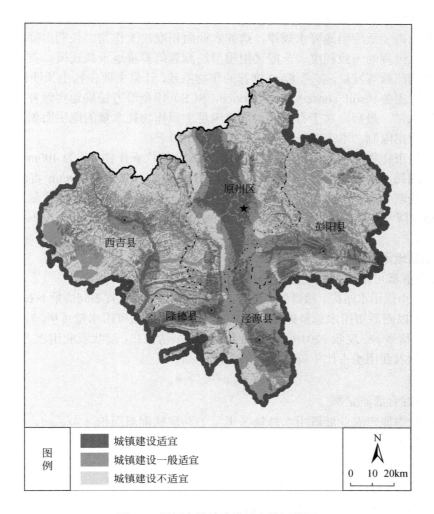

图 8-8　固原市城镇建设适宜性评价图

第五节　承载规模测算

一、农业生产承载规模评价方法与步骤

（一）空间约束下农业生产承载规模

从土地资源是否可作为耕地耕作的角度，将农业生产适宜区、一般适宜区作为可耕作土地，以区县为评价单元统计面积，作为空间约束下农业生产的最大规模。

（二）水资源约束下农业生产承载规模

水资源约束下的农业生产承载规模包括雨养耕地承载规模和灌溉耕地承载规模。以区县为评价单元进行统计，将二者之和作为水资源约束下农业生产承载规模。

1. 雨养耕地承载规模

雨养农业需要适应当地降水规律，雨养农业面积取决于作物生长期内降水量及降水过程与作物需水过程的一致程度。一般采用模型法测算雨养耕地承载规模：首先，采用彭曼公式计算作物蒸腾蒸发量，参考 FAO 推荐的作物系数，计算主要作物生长期耗水量；其次，采用土壤保持服务（soil conservation service，SCS）模型等方法确定实际补充到作物根系层的有效降水量；最后，对于有效降水能够满足主要作物耗水量的地块面积为雨养耕地承载规模。受数据限制，本方案采用替代方法，方法如下。

依据固原市作物种植特征，选取玉米为雨养农业的代表作物，认为 400mm 降水量可满足玉米生长的耗水需求，300～400mm 可满足 75%的需求，200～300mm 可满足 50%的需求。因此，提取生态保护极重要区及农业生产不适宜区以外 400mm 降水量覆盖的面积、300～400mm 降水量覆盖面积的 75%、200～300mm 降水量覆盖面积的 50%作为雨养的耕地承载规模。

2. 灌溉耕地承载规模

1）计算灌溉可用水量

依据固原市供用水结构、粮食生产任务、三产结构情况，设置不同情景下农业用水合理占比（$k_农$），乘以固原市用水总量控制指标（$W_总$），得到灌溉可用水量（$W_农$）。其中，$k_农$ 分为三个情景：情景一，现状（2019 年）农业用水占比；情景二，现状农业用水占比下降 10%；情景三，现状农业用水占比下降 20%。

$$W_农 = W_总 \times k_农 \tag{8-8}$$

2）计算综合灌溉定额

根据现状固原市农业灌溉用水总量（$W_{农现}$）与现状灌溉面积（$M_{灌现}$），得到各区县亩均灌溉用水量作为综合农田灌溉定额（$N_综合$）。

$$N_综合 = W_{农现} / M_{灌现} \tag{8-9}$$

3）计算可承载的灌溉耕地规模

将不同情境下农业灌溉（$W_农$）可用水量与综合农业灌溉定额（$N_综合$）的比值作为可承载的灌溉耕地规模（$M_灌$）。

$$M_灌 = W_农 / N_综合 \tag{8-10}$$

二、农业生产承载规模评价结果

（一）空间约束下农业生产承载规模

固原市空间约束下农业生产承载规模评价图如图 8-9 所示。全市可承载的规模为 5413.34km²，占市域面积的 51.43%。在空间分布上，除六盘山、月亮山、云雾山"三山"区域，其他区域可承载的面积均较大。六盘山以西可承载农业生产空间分布较为集聚，六盘山以东则相对分散。从区县角度，原州区与西吉县可承载规模较大，分别为 1967.87km² 与 1584.26km²，占行政区面积的 60%左右。泾源县在承载规模与占县域面积的比例上都处于较低水平，可承载农业生产的空间仅为 206.68km²。

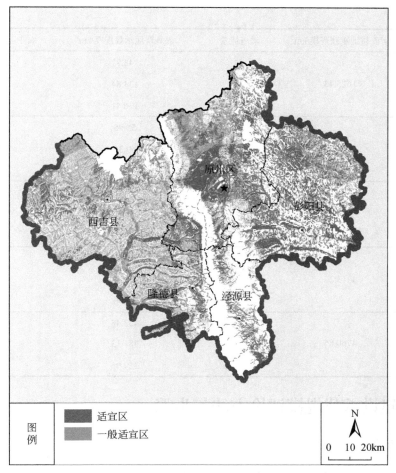

图 8-9 固原市空间约束下农业生产承载规模评价图

（二）水资源约束下农业生产承载规模

固原市水资源约束下农业生产承载规模评价结果如表 8-7 所示，全市可承载的雨养耕地承载规模为 4760.85km²，在农业用水比例不下降的前提下（情景一），全市可承载的灌溉耕地规模为 423.48km²，综合而言，水资源约束下的农业生产承载规模共为 5184.33km²。在区县层面，西吉县与原州区的雨养耕地、灌溉耕地承载规模均较大，农业生产承载规模分别为 1774.14km²、1522.93km²。彭阳县雨养耕地承载规模较大，为 1113.20km²，但灌溉耕地承载规模较小，仅为 41.13km²。隆德县由于县域面积较小，农业生产承载规模仅为 525.2km²。泾源县无可承载的灌溉耕地，全县的耕地面积较小，且均为旱地。

表 8-7 固原市水资源约束下农业生产承载规模分区县汇总表

区县	雨养耕地承载规模/km²	灌溉情景	灌溉耕地承载规模/km²	农业生产承载规模/km²
原州区	1359.04	一	163.89	1522.93
		二	147.50	
		三	139.31	

区县	雨养耕地承载规模/km²	灌溉情景	灌溉耕地承载规模/km²	农业生产承载规模/km²
西吉县	1625.43	一	148.71	1774.14
		二	133.84	
		三	126.41	
隆德县	469.25	一	55.95	525.20
		二	50.35	
		三	47.55	
泾源县	193.93	一	0.00	193.93
		二	0.00	
		三	0.00	
彭阳县	1113.20	一	41.13	1154.33
		二	37.02	
		三	34.96	
合计	4760.85	一	423.48	5184.33
		二	381.13	
		三	359.95	

三、城镇建设承载规模评价方法与步骤

（一）空间约束下城镇建设承载规模

从土地资源是否可作为城镇建设的角度，将城镇建设适宜区、一般适宜区作为可开展城镇建设区域，以区县为评价单元统计面积，作为空间约束下城镇建设的最大规模。

（二）水资源约束下城镇建设承载规模

1. 计算人均需水量

依据《自治区人民政府办公厅关于印发宁夏回族自治区有关行业用水定额（修订）的通知》，原州区为二类地区，城镇居民用水定额为 110L/（人·d），即 40.15m³/年，四县为三类地区，用水定额为 100L/（人·d），即 36.5m³/年。

2. 计算可利用水量

首先，预测 2035 年城镇生活用水占总用水量比例。2015～2019 年固原市城镇生活用水占比情况如表 8-8 所示，2015～2018 年城镇生活用水占比逐年增加，但年增长率逐年减少，2018～2019 年年增长率略微上升。未来原州区城镇化率继续提高，城镇生活用水占比会继续增加，但增长率趋于稳定。因此，分别以年增长率为 5%、6%、7%设定情景（$k_{生活}$），按照式（8-11），计算在用水总量控制指标（$W_{总}$）下，城镇发展低增长、中增长、高增长的城镇生活可利用水量（$W_{城镇}$）。由于泾源县城镇生活用水量占比现状已达到 47%，未来占比上升空间不大，泾源县可利用水量采用全市可利用水量与其他区县可利用水量的差值

计算。

$$W_{城镇} = W_{总} \times k_{生活} \qquad (8-11)$$

表 8-8　2015～2019 年固原市城镇生活用水占比情况

年份	城镇生活用水/亿 m³	总用水量/亿 m³	城镇生活用水占比/%	占比年变化率/%
2015	0.12	1.55	7.57	—
2016	0.15	1.46	10.27	35.66
2017	0.17	1.42	11.75	14.47
2018	0.18	1.47	12.27	4.40
2019	0.17	1.34	13.07	6.55

3. 计算可承载的城镇建设用地规模

通过可利用水量（$W_{城镇}$）与人均需水量（$W_{人均}$）的比值可得到城镇人口规模（$W_{人口}$），将可承载人口规模与现状人均建设用地面积（$W_{人均建设用地}$）的乘积作为可承载城镇建设用地规模。按照《城市用地分类与规划建设用地标准》（GB 50137—2011），结合固原市本地情况，将人均建设用地面积设置为 105m²/人。

$$W_{人口} = W_{城镇} / W_{人均} \qquad (8-12)$$

$$W_{城镇} = W_{人口} \times W_{人均建设用地} \qquad (8-13)$$

四、城镇建设承载规模评价结果

（一）空间约束下城镇建设承载规模

固原市空间约束下城镇建设承载规模评价如图 8-10 所示。全市城镇建设承载规模为 4613.68km²，占市域面积的 43.84%。承载区域主要集中在原州区及四县河谷地区。从区县角度分析，西吉县与原州区可承载规模较大，分别为 1636.42km² 与 1286.23km²，约占行政区面积的 50%，与固原市的人口分布情况相符。相对于西吉县，原州区的城镇建设适宜区面积较大，城镇建设条件更好。此外，彭阳县承载规模也较大，但仅占县域面积的 33.41%，且在空间分布上比较零散，聚集规模较小。隆德县可承载面积占县域面积的 57.83%，由于县域面积较小，可承载规模较小。泾源县在承载规模与占县域面积的比重上都处于较低水平，可承载城镇建设的规模仅为 270.95km²。

（二）水资源约束下城镇建设承载规模

固原市水资源约束下城镇建设承载规模分区县汇总表如表 8-9 所示。按城镇居民生活用水量占比年均增长 5%（低增长）计算，全市可承载城镇人口为 128.98 万人，可承载城镇建设用地规模为 135.43km²。按城镇居民生活用水量占比年均增长 6%（中增长）计算，全市可承载城镇人口为 148.69 万人，得到水资源约束下的城镇建设用地承载规模 156.13km²。按城镇居民生活用水量占比年均增长 7%计算（高增长），全市可承载城镇人口为 171.18 万人，得到水资源约束下的城镇建设用地承载规模 179.74km²。以低增长方案为例，区县层面上，原州区城镇建设承载规模较大，为 68.56km²，可承载人口约占全市一半。

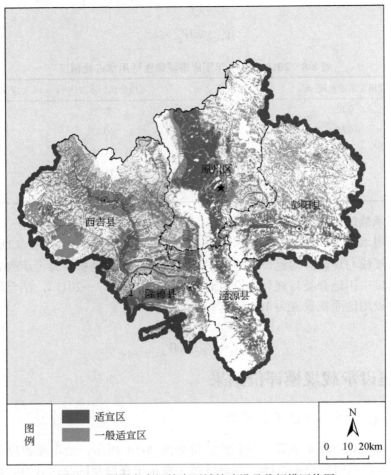

图 8-10 固原市空间约束下城镇建设承载规模评价图

表 8-9 固原市水资源约束下城镇建设承载规模分区县汇总表

区县	城镇生活用水占比年变化率/%	2035年城镇生活用水占比/%	可利用水量/万 m³	人均需水量/(m³/年)	可承载城镇人口/万人	人均城镇建设用地/(m²/人)	城镇建设承载规模/km²
原州区	5	30.84	2621.59	40.15	65.29	105	68.56
	6	35.55	3022.13		75.27		79.03
	7	40.93	3479.22		86.66		90.99
西吉县	5	19.73	789.30	36.5	21.62	105	22.71
	6	22.75	909.90		24.93		26.18
	7	26.19	1047.52		28.70		30.13
隆德县	5	30.42	577.93	36.5	15.83	105	16.63
	6	35.06	666.23		18.25		19.17
	7	40.37	767.00		21.01		22.06
泾源县	5	43.26	389.35	36.5	10.67	105	11.20
	6	49.87	448.84		12.30		12.91
	7	57.41	516.72		14.16		14.86

续表

区县	城镇生活用水占比年变化率/%	2035年城镇生活用水占比/%	可利用水量/万m³	人均需水量/(m³/年)	可承载城镇人口/万人	人均城镇建设用地/(m²/人)	城镇建设承载规模/km²
彭阳县	5	19.59	568.07		15.56		16.34
	6	22.58	654.86	36.5	17.94	105	18.84
	7	26.00	753.91		20.66		21.69
固原市	5	27.18	4946.25		128.98		135.43
	6	31.33	5701.96	38.35	148.69	105	156.13
	7	36.07	6564.37		171.18		179.74

本章采用《指南》的评价模式开展市级"双评价"研究。在"一个评价一评到底、承载力定规模、适宜性定空间"的评价思路下，综合考虑自然资源、生态环境、社会经济等因素，评价在不同空间开展生态保护、农业生产、城镇建设等开发保护活动的适宜程度。在此基础上，以不适宜空间表征土地资源对开发活动的限制作用，兼顾"以水定城"原则，从空间约束与水资源约束两个方面测算市域范围内承载农业生产与城镇建设活动的最大规模。

本章以固原市为例，有效识别了生态保护极重要区3538.32km²，在空间上沿六盘山山脉呈带状分布；农业生产适宜区2390.47km²及城镇建设适宜区1762.39km²，均主要分布在原州区及四县河谷区域。农业生产与城镇建设活动的承载规模分别为5184.33km²与179.74km²，均受水资源约束较大。在资源环境禀赋上，固原市发挥着重要的水源涵养功能及生物多样性维护功能。在发展短板上，农业生产活动受坡度、土壤有机质等土地资源及气象灾害影响较大；城镇建设活动的最大短板则在于水资源。

《指南》的评价模式将"双评价"合二为一，突出国土空间开发适宜性评价对开发保护活动的空间引导作用。资源环境承载能力评价集成了各要素对开发活动的影响，承载能力体现为综合的可承载"空间范围"。因而，在该模式下，资源环境优势与短板不再体现为资源环境承载能力表征的"规模"大小，而体现为各要素在不同功能指向下适宜区或不适宜区的空间分布。优势与短板的空间指向更明确，评价所识别的空间问题更清晰。因而，《指南》评价模式下的"双评价"对国土空间规划的支撑作用体现在为空间的组织、协调、统筹提供科学依据，直接服务于"三区三线"在市县层面的空间落位。

参 考 文 献

魏旭红，开欣，王颖，等. 2019. 基于"双评价"的市县级国土空间"三区三线"技术方法探讨. 城市规划，43（7）：10-20

夏皓轩，岳文泽，王田雨，等. 2020. 省级"双评价"的理论思考与实践方案——以浙江省为例. 自然资源学报，35（10）：2325-2338

许景权，沈迟，胡天新，等. 2017. 构建我国空间规划体系的总体思路和主要任务. 规划师，33（2）：5-11

岳文泽，代子伟，高佳斌，等. 2018. 面向省级国土空间规划的资源环境承载力评价思考. 中国土地科学，32（12）：66-73

岳文泽，侯丽，夏皓轩，等. 2022. 基于生态系统服务供需平衡的宁夏固原生态修复分区与优化策略. 生态学报，33（1）：149-158

岳文泽，吴桐，王田雨，等. 2020. 面向国土空间规划的"双评价"：挑战与应对. 自然资源学报，35（10）：
　　2299-2310

张韶月，刘小平，闫士忠，等. 2019. 基于"双评价"与 FLUS-UGB 的城镇开发边界划定——以长春市为
　　例. 热带地理，39（3）：377-386

赵民. 2019. 国土空间规划体系建构的逻辑及运作策略探讨. 城市规划学刊，（4）：8-15

第九章 嘉兴市陆海统筹
"双评价"集成研究

陆海子系统内部特征及人类活动影响的差异导致海岸带地区开发与保护冲突与矛盾日趋紧张。为协调陆海空间开发保护关系，提升海岸带陆海空间开发与资源利用保护的整体效能，亟须以陆海统筹为目标，提升国土空间利用效率，解决长期以来陆海子系统空间分割治理带来的开发和保护冲突问题提供了重要契机。但在传统"重陆轻海"观念和"陆海分治"管理模式影响下，现有陆海系统空间治理相关资源评价研究和实践大多只注重单要素或分散的部分要素，忽视了陆海子系统空间地理单元间的相互联系、相互作用、相互冲突又相互补充的复杂关系，导致陆海关联系统的空间开发与保护活动不统一、不协调。因此，本章通过选取我国东部沿海的浙江省嘉兴市为案例，探索"双评价"的陆海统筹与集成，以期实现陆海资源环境基础评价体系的衔接，响应国土空间规划"陆海统筹、综合集成"需求，为我国海岸带地区国土空间高质量发展与高效能治理提供科学支撑。

第一节 评价方案

一、政策背景与内涵解析

（一）政策背景

为提高陆海空间开发与资源利用的整体效能，提升陆海空间开发保护的协调度，2017年，《全国国土规划纲要（2016-2030 年）》获批，在国家层面正式提出要建立覆盖全域全要素的空间规划体系，倡导统筹海陆空间开发秩序，促进海陆统筹发展，2019 年《若干意见》明确提出要坚持海陆统筹原则，在新一轮国土空间规划编制中着力解决海陆空间开发保护中的权债和利益冲突问题（候勃等，2022）。在此背景下，陆海统筹成为沿海地区国土空间高质量发展的首要原则。同时，全域全要素互动互联的陆海统筹理念也为沿海地区国土空间"双评价"提供了新思路（鲍捷等，2011；曹忠祥和高国力，2015）。

（二）内涵解析

面向构建高质量国土空间规划体系的需求，学术界尝试从不同角度梳理陆海统筹的概念及内涵，一是从规划学视角，陆海统筹被认为是一种新的区域发展战略思维（李修颉等，2020）。部分学者基于空间开发层次和尺度转换视角，将沿海与内陆纳入"中心-亚中心-外围"的区域发展格局，强调在提升沿海的集聚"中心"地位的同时，还应培育壮大内陆腹地的集聚"亚中心"，在分层集聚中实现不同尺度规划战略的整合与衔接和不同区域战略的有机关联，以追求陆海之间的战略平衡和区域的整体发展（栾维新和王海英，1998；尹虹潘和刘姝伶，2020）。二是从经济学视角，学者将陆海统筹看作是陆海空间与资源环境的整合和优化配置手段，并认为统筹发展中海洋经济不再是陆域经济的附属，甚至可以作为区域经济发展的新增长点（郑贵斌，2013）。陆海统筹应着重探讨陆海经济联动和产业布局，以要素在陆海间的自由流动和合理配置，实现资源的高效利用和区域效益最优（蔡安宁等，2012）。三是从管理学视角，陆海统筹是协调陆海关系的根本方法，强调从不同尺度综合考虑各系统的资源承载能力和空间适宜性（黄征学，2020；O'Hagan et al.，2020），探索陆海资源用途分类、陆海资源空间管制，以及陆海资源与生态环境、经济社会发展关系等，进行区域发展规划编制及实践管理工作，避免因规划主体不同对陆海资源进行分割管理引起的用途矛盾与空间冲突，以促进沿海地区高效率、高质量发展（纪学朋等，2019；黄贤金，2019）。四是从地缘政治视角，部分人文地理学者将陆海统筹看作是强化沿海区域身份认同的一种区域建构手段（Passi et al.，2017）。例如，在荷兰，陆海互动问题被视为与国家身份有关的社会和文化问题，而不仅是空间规划和海洋政策制定的技术问题（Cormac，2020）。海洋作为沿海地区人类生存、发展的拓展空间及战略性后备资源的开发地，对可持续发展具有重要意义，而固有的陆海割裂观念和行政边界壁垒却在一定程度上限制了沿海地区的高效协同发展（冯梁，2009；刘雪莲和王勇，2011）。

虽然学界对于陆海统筹的概念及内涵阐释的角度不同，但基本共识是：陆海统筹首先应打通陆海间三大界限（陆地与海洋、潮上带与潮下带、海岸线内侧与海岸线外侧），立足陆海资源的互补性和要素的流动性，统筹开发和保护导向，实现资源协同开发与高效利用；立足陆海产业的联动性，结合陆域和海域的发展潜力及资源环境的承载能力，统筹沿海产业规模与布局，实现陆海产业联动发展，优化沿海地区的生产空间；立足陆海空间的互联性，推动沿海地区实现"港-产-城-人"四位一体融合发展，优化沿海地区的生活空间；立足陆海生态的共治性，统筹建立陆海生态一体化保护体系，实现生态环境的系统性保护，优化沿海地区的生态空间。同时，陆海统筹存在多尺度统筹管控问题，需要提升不同等级区域的制度嵌入性，打破地区间行政壁垒，解决规划"打架"和管理的条块分割等问题。

二、评价原则与理论依据

基于全域全要素和陆海统筹理念，沿海地区国土空间规划"双评价"的核心思想是将海域和陆域作为一个完整的系统进行陆海多要素、多功能的系统评价。

具体而言，评价核心要素不仅要考虑陆域多要素、多因子的综合适宜性，还要将与之关联的海域多要素、多因子的综合适宜性纳入到评价体系，以保证沿海地域系统的完整性与空间管制的协调性（姚鹏和吕佳伦，2021）。对系统地域功能的评价，重点应突出陆域和海域三类空间功能不同的形成机制。在评价结果集成时，应强调陆海资源要素整合、陆海产业联动、陆海生境共治、陆海空间互联和陆海制度互嵌等多重协调性原则，以实现陆海空间适宜性评价体系的衔接与协调，以及具有陆海系统管制弹性和空间包容性的评价结果。

在评价体系建构中，对于陆域系统的地域功能评价，依赖于地形、降水和土壤等立地条件的农业生产是陆域生产功能的典型代表（苏鹤放等，2020）；城市经济学理论认为密度、距离和分割程度决定城市发展潜力（Roberts et al.，2011），这同样也是陆域城镇建设适宜性评价的重要参考；生态系统不仅具有脆弱性，还具有生态服务性，可以对人类生产和生活产生重要贡献（王传胜等，2014；王浩等，2021），因此，陆域生态系统脆弱性和服务价值是陆域生态保护评价的核心指标（杨湘艳和余静，2021）。相对于陆域系统，海域系统的农业生产功能主要体现在依赖于海洋的渔业生产，建设功能主要体现在依托于岸线资源的港口建设，生态功能主要体现在涉海动植物及其栖息地的生态保护（狄乾斌等，2020；许学工等，2020；周鑫等，2020；朱宇等，2020）。

三、技术路线与集成方法

（一）技术路线

结合评价原则与理论依据，陆海统筹的国土空间评价集成体系主要包括三个维度（生产适宜性评价、建设适宜性评价和生态保护重要性评价）和三个步骤（陆/海适宜性评价、评价结果冲突区域识别和评价结果集成）（图9-1）。具体而言，首先，分别对评价区域的陆域和海洋进行国土空间开发适宜性评价；其次，对评价结果进行叠加分析，对陆海评价结果冲突区域进行识别；最后，通过构建判断矩阵结合专家知识，提出冲突协调方案，实现陆海空间开发适宜性评价结果集成。陆海统筹的国土空间评价集成技术路线如图9-1所示。

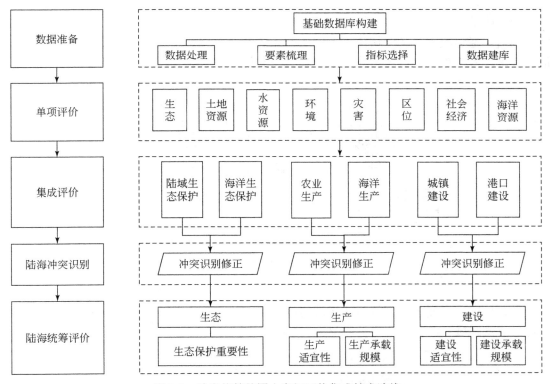

图9-1　陆海统筹的国土空间评价集成技术路线

（二）陆海"双评价"集成技术方法

1. 衔接区域评价结果的修正

由于陆域与海域是分别开展的"双评价"，将二者集成时，衔接区域通常出现重叠、缝隙、冲突等三类问题。基于GIS软件的"栅格综合"工具，包括蚕食（Nibble）、收缩和扩展，对陆域与海域的评价结果分别开展修正。

（1）蚕食（Nibble）。Nibble 工具可以把最近邻域栅格值分配给所选栅格中的空值区域。该算法将确定掩膜栅格中具有空值的所有区域，执行内部欧氏分配，从而根据欧氏距离对各个被掩膜的像元进行最近邻域值的分配，最终在输入栅格中的问题栅格被逐步除去（图 9-2）。

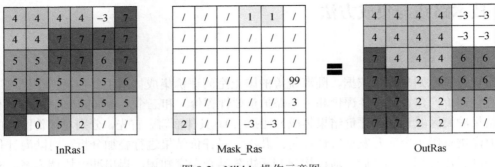

InRas1　　　　　Mask_Ras　　　　　OutRas

图 9-2　Nibble 操作示意图

注：图中/值为空值（NoData）

（2）收缩。收缩工具可收缩指定问题栅格，用邻域中最频繁出现的像元值代替该收缩区域的值。通过收缩，各区域边界上的伪像元的值将更改为邻域中出现频率最高的像元的值。其中，除内部像元（无法作为八个具有相同值的最邻近像元中心的像元）以外的任何像元均可替换（图 9-3）。

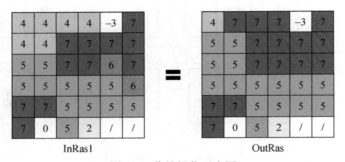

InRas1　　　　　OutRas

图 9-3　收缩操作示意图

注：图中/值为空值（NoData）

（3）扩展。扩展工具可将所选区域的值扩展到其他空值或错值区域。理论上，所选值将视为前景区域，而其他值将仍保留为背景区域，前景区域可扩展到背景区域（图 9-4）。

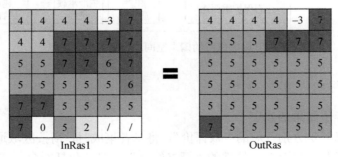

InRas1　　　　　OutRas

图 9-4　扩展操作示意图

注：图中/值为空值（NoData）

2. 集成评价结果冲突修正原则

对于陆海评价结果不唯一的区域，以陆域国土空间开发适宜性评价结果为基础，以海域国土空间开发适宜性评价结果为修正条件，通过判断矩阵修正得到最后结果（表 9-1 和表 9-2）。

表 9-1　陆海生产/建设适宜性评价集成判断矩阵

生产/建设适宜性	渔业生产/海洋开发适宜	渔业生产/海洋开发中等适宜	渔业生产/海洋开发不适宜
农业生产/城镇建设适宜	适宜	中等适宜	中等适宜
农业生产/城镇建设中等适宜	中等适宜	中等适宜	不适宜
农业生产/城镇建设不适宜	不适宜	不适宜	不适宜

表 9-2　陆海生态保护重要性评价集成判断矩阵

生态保护重要性	海洋生态保护极重要	海洋生态保护重要	海洋生态保护不重要
陆域生态保护极重要	极重要	极重要	极重要
陆域生态保护重要	极重要	重要	重要
陆域生态保护不重要	极重要	重要	不重要

第二节　农渔业生产适宜性评价

一、农渔业生产适宜性评价方法

生产适宜性评价分为陆域农业生产适宜性评价、海洋渔业生产适宜性评价。其中，前者反映陆域国土空间进行农业生产活动的适宜程度，后者反映海洋牧场资源可利用程度。

（一）农业生产适宜性评价方法

开展农业生产适宜性评价时，扣除坡度大于 25°、土壤粉砂含量高于 80%、地形起伏度大于 200m、土壤类型为粗骨土与石灰岩土区域、水域、重要生态区、城市和建制镇。

单指标评价：同浙江省农业生产适宜性评价指标体系建构（同表 7-4）。

集成评价：利用层次分析法梳理农业生产适宜性评价的要素层级及相互关系，采用专家打分、德尔菲法确定各指标之间的重要性差异及每个因素层中指标间的重要性差别，从而得出层次分析法的判断矩阵，由此得到农业生产适宜性指标的权重结果。

采用指标加权方法计算农业生产适宜性得分，初步确定农业生产适宜性等级：

$$L_{农} = \sum_{k=1}^{n} w_{农k} X_{农k} \tag{9-1}$$

式中，$L_{农}$ 为农业生产适宜性得分；k 为指标编号；n 为指标个数；$w_{农k}$ 为第 k 个指标的权重；$X_{农k}$ 为第 k 个指标的得分。

（二）渔业生产适宜性评价方法

海洋生产条件以海水水质修正后的初级生产力表示。初级生产力一般采用叶绿素 a 估算。

$$[初级生产力] = 0.5 \times C \times Q \times Z \times D \tag{9-2}$$

$$[海洋生产条件] = f（[初级生产力]，[海水水质]） \tag{9-3}$$

式中，C 为表层叶绿素 a 含量（μg/L）；Q 为同化系数，不同海域同化系数取值不同；Z 为真光层深度（m），取透明度的 3.05 倍；D 为昼长（h/d）。

叶绿素 a 含量与透明度通过海水表层监测数据获取，时间为 2017 年和 2018 年的 3 月、5 月、8 月、10 月，再采用平均方法计算。同化系数参照《浙江海岛邻近海域叶绿素 a 和初级生产力的分布》。昼长数据来源于便民查询网日出日落时刻资料。海水水质数据为浙江省 2018 年 5 月份海水水质分布矢量数据。

评价步骤如下：①计算海洋初级生产力。因缺乏海域同化系数等监测数据，以相关文献为支撑，自北向南划分 7 块子海域，确定每个子海域的同化系数及昼长；②明确各个监测站点所属海域；③根据式（9-2）计算各个监测站点的初级生产力；④使用空间插值方法得到整个海域的初级生产力，根据计算结果采用分位数法将初级生产力划分为五级，初级生产力最高为 1 级，最低为 5 级；⑤基于得到的海域的初级生产力结果，再使用水质因素进行修正。依据表 9-3 海洋初级生产力判断矩阵，确定海洋生产条件最终等级。其中，高、较高、中等、较低、低海洋生产条件分别对应海洋生产适宜区、较适宜区、一般适宜区、较不适宜区、不适宜区。

表 9-3　海洋生产条件判断矩阵

海洋生产条件	水质好	水质较好	水质中等	水质较差	水质差
高初级生产力	高	高	高	高	较高
较高初级生产力	较高	较高	较高	较高	中等
中等初级生产力	中等	中等	中等	中等	较低
较低初级生产力	较低	较低	较低	较低	低
低初级生产力	低	低	低	低	低

（三）陆海统筹的生产适宜性评价方法

参照陆海统筹生产适宜性判断矩阵（表 9-3），以农业生产适宜性为基础，以海洋生产适宜性为修正条件。若陆海重叠区域的海洋生产适宜性为不适宜区，则该区域农业生产适宜性下调一级，作为陆海统筹生产适宜性，其他情况下则不变。

二、浙江省嘉兴市农渔业生产适宜性评价结果

（一）农渔业生产适宜性冲突识别

将陆域与海洋评价相叠加，具体如图 9-5 和图 9-6 所示，陆海重叠区域面积为 16.84km²。在重叠区内，陆域农业生产适宜性以不适宜区、一般适宜区为主，面积分别为 9.42km²、5.73km²，其中，一般适宜区主要分布在澉浦镇南部。适宜区与较适宜区少量分布在近陆一侧。相反，海洋渔业生产适宜性均为不适宜区，因而，在陆海重叠区内，农业生产适宜性均下调一级，调整后，农渔生产适宜性以不适宜区为主，面积为 15.16km²，一般适宜区面积为 1.03km²，较适宜区面积仅为 0.66km²，无农渔生产适宜区。

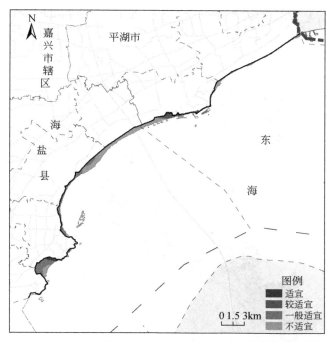

图 9-5 陆海重叠区陆域农业生产适宜性

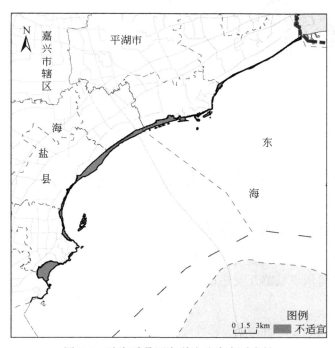

图 9-6 陆海重叠区海洋渔业生产适宜性

（二）农渔业生产适宜性评价结果

以海洋生产适宜性修正农业生产适宜性后，得到农渔生产适宜性陆海统筹评价（图 9-7）。从农业生产适宜性角度，扣除农业生产限制因子后，评价范围面积为 348.72km^2。嘉兴市沿海乡镇以平原地形为主，地势平坦，自然资源本底条件好；土壤类型以水稻土为主，且区域距水源距离较近，虽然地质灾害易发程度较高，立地条件稍差，但整体上农业生产适宜性较好。陆域范围内以农业生产适宜区为主，适宜区大量分布在近陆一侧，占评价区域的55.96%。近海一侧以农业生产一般适宜区为主，占评价区域的17.45%。不适宜区主要分布在陆海重叠区域。从海洋生产适宜性角度，环杭州湾地区的农业生产条件较好，化肥施用量较大，加之工业较为发达，水污染物排放量较大，因而嘉兴市海域水质较差、海洋初级生产力也较低，海洋生产条件较差。

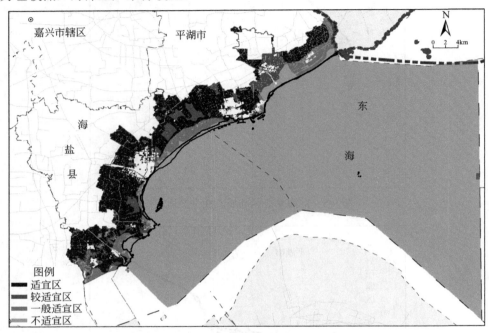

图 9-7 嘉兴市农渔生产适宜性陆海统筹评价

第三节 建设开发适宜性陆海统筹评价

一、建设开发适宜性评价方法

建设适宜性评价分为陆域城镇建设适宜性评价、海域港口建设适宜性评价。其中，前者反映陆域国土空间从事城镇开发建设的适宜程度，后者反映港口建设的岸线资源可利用程度。

（一）城镇建设适宜性评价方法

开展城镇建设适宜性评价时扣除坡度大于25°、高程大于1000m、地形起伏度大于200m、水域、重要生态区、永久基本农田。

单指标评价：同第七章浙江省的城镇建设适宜性评价指标体系（表7-5）。

集成评价：利用层次分析法梳理城镇建设适宜性评价的要素层级及相互关系，采用专家打分、德尔菲法确定各指标之间的重要性差异及每个因素层中指标间的重要性差别，从而得出层次分析法的判断矩阵，由此得到城镇建设适宜性指标的权重结果。

最后采用指标加权方法计算城镇建设适宜性得分，初步确定城镇建设适宜性等级为

$$L_建 = \sum_{k=1}^{n} w_{建k} X_{建k} \qquad (9-4)$$

式中，$L_建$ 为城镇建设适宜性得分；k 为指标编号；n 为指标个数；$w_{建k}$ 为第 k 个指标的权重；$X_{建k}$ 为第 k 个指标的得分。

（二）港口建设适宜性评价方法

港口建设适宜性以岸线资源利用条件为基础，以海洋灾害危险性为修正条件，通过判断矩阵修正得到。其中，岸线资源利用条件以水深条件为基础，以岸线底质类型为修正条件。海洋灾害危险性由风暴潮灾害危险性表征。其中：

$$[港口建设适宜性] = f([岸线资源利用条件]，[海洋灾害危险性]) \qquad (9-5)$$
$$[岸线资源利用条件] = f([岸线底质类型]，[水深条件]) \qquad (9-6)$$
$$[海洋灾害危险性] = f([风暴潮灾害危险性]) \qquad (9-7)$$

评价步骤如下。首先，评价岸线资源利用条件。根据交通部港口深水岸线标准，按岸线距 10m 等深线的最短距离 ≤1.5km、1.5～3km、3～4.5km、4.5～6km、>6km 划分为好、较好、中等、较差、差五个等级。以岸线底质类型为修正条件，通过岸线资源利用条件判断矩阵（表 9-4）修正得到。

表 9-4　岸线资源利用条件判断矩阵

岸线资源利用条件	基岩海岸	淤泥质海岸	砂质海岸	人工海岸
水深条件好	中等	较好	好	好
水深条件较好	较差	中等	较好	较好
水深条件中等	差	较差	中等	中等
水深条件较差	差	差	较差	较差
水深条件差	差	差	差	差

其次，评价风暴潮灾害危险性。依据浙江省《风暴潮灾害重点防御区划定技术导则》（DB33T 2142—2018）综合考虑风暴增水和风暴潮超警戒指标，计算各潮（水）位站风暴潮灾害年均危险性指数，将风暴潮灾害年均危险性指数大于 7 的区域划分为风暴潮灾害重点防御区，表征高海洋灾害危险性。

最后，依据港口建设适宜性判断矩阵（表 9-5），以风暴潮灾害危险性修正岸线资源利用条件，得到港口建设适宜性。对于海洋灾害危险性高的岸线，将港口建设条件降一级作为港口建设适宜性，其他情况不变。

表 9-5　港口建设适宜性判断矩阵

港口建设适宜性	海洋灾害危险性高	其他
岸线资源利用条件好	较适宜	适宜
岸线资源利用条件较好	一般适宜	较适宜

续表

港口建设适宜性	海洋灾害危险性高	其他
岸线资源利用条件中等	较不适宜	一般适宜
岸线资源利用条件较差	不适宜	较不适宜
岸线资源利用条件差	不适宜	不适宜

（三）建设开发适宜性陆海统筹评价方法

港口功能的发挥与其所在地的城镇发展紧密关联。构建港口建设适宜性缓冲区，使其覆盖整个陆海重叠区域。在重叠区域内，参照陆海统筹建设适宜性判断矩阵（表 9-1），以城镇建设适宜性为基础，以港口建设适宜性为修正条件。若港口建设适宜性为不适宜区，则该区域的城镇建设适宜性下调一级，作为陆海统筹建设适宜性，其他情况下则不变。

二、嘉兴市建设开发适宜性陆海统筹评价结果

（一）建设开发适宜性陆海冲突识别

如图 9-8 和图 9-9 所示，在重叠区域内，城镇建设适宜性以较适宜区为主。嘉兴市港口岸线总长约为 100km，其中，港口建设不适宜的岸线长 9.12km，依据适宜岸线缓冲区覆盖的陆海重叠区域，陆海建设适宜区需统筹的面积为 3.33km²，以较适宜区转换为一般适宜区为主，主要分布在海盐县武原街道沿海区域。

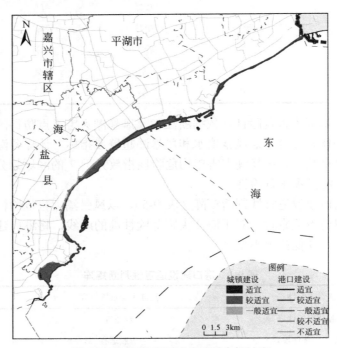

图 9-8　陆海重叠区域建设适宜性冲突

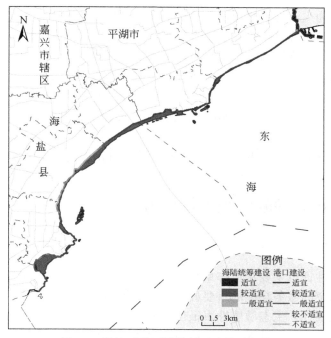

图 9-9　陆海重叠区域统筹后建设适宜性

（二）建设开发适宜性陆海统筹评价结果

以港口建设适宜性修正城镇建设适宜性后，得到陆海统筹建设适宜性评价（图 9-10）。从城镇建设适宜性角度，扣除城镇建设限制因子后，评价范围面积为 278.15km²。嘉兴市沿

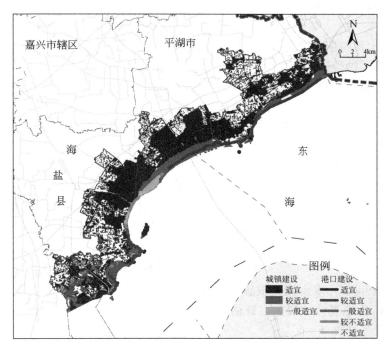

图 9-10　嘉兴市陆海统筹建设适宜性评价

海乡镇以平原地形为主，地势平坦，自然资源本底条件好、区位条件优越，全域的城镇建设适宜性较好。评价区域内以城镇建设适宜区为主，面积占评价区域面积的 75.92%，无不适宜区。从港口建设适宜性角度，嘉兴市岸线水深条件较好，虽然岸线底质类型以基岩海岸与人工海岸线为主，修正后岸线资源条件仍较好。此外，虽受到一定的风暴潮影响，其港口建设适宜性仍较高。岸线中较适宜建设的港口岸线长为 60.45km，适宜与一般适宜建设的港口岸线的长度相近，约为 11km，较不适宜、不适宜港口建设的岸线较短。

第四节　生态保护重要性陆海统筹评价

一、生态保护重要性陆海统筹评价方法

（一）陆域生态保护重要性评价方法

生态保护重要性评价主要从生态系统服务重要性和生态敏感性两个方面考虑，其中生态重要性反映生态空间服务功能的重要程度，评价指标为水源涵养重要性、水土保持重要性和生物多样性重要性；生态敏感性表征生态系统对区域内自然和人类活动干扰的敏感程度，根据嘉兴市实际情况，以水土流失敏感性为评价指标。

单指标评价方法：

（1）水源涵养。以生态系统水源涵养服务能力指数作为评估指标，计算公式为

$$\text{WR}=\text{NPP}_{\text{mean}}\times F_{\text{sic}}\times F_{\text{pre}}\times(1-F_{\text{slo}}) \tag{9-8}$$

式中，WR 为生态系统水源涵养服务能力指数；NPP_{mean} 为多年植被净初级生产力平均值；F_{sic} 为土壤渗流因子；F_{pre} 为多年平均降水量因子；F_{slo} 为坡度因子。

（2）水土保持。以生态系统水土保持服务能力指数作为评估指标，计算公式为

$$S_{\text{pro}}=\text{NPP}_{\text{mean}}\times(1-K)\times(1-F_{\text{slo}}) \tag{9-9}$$

式中，S_{pro} 为水土保持服务能力指数；NPP_{mean} 为多年植被净初级生产力平均值；F_{slo} 为坡度因子；K 为土壤可蚀性因子。

（3）生物多样性。以生物多样性维护服务能力指数作为评估指标，计算公式为

$$S_{\text{bio}}=\text{NPP}_{\text{mean}}\times F_{\text{pre}}\times(1-F_{\text{alt}}) \tag{9-10}$$

式中，S_{bio} 为生物多样性维护服务能力指数；NPP_{mean} 为多年植被净初级生产力平均值；F_{pre} 为多年平均降水量；F_{alt} 为海拔因子。与《生态保护红线划定指南》中计算方法不同的是，基于嘉兴市实际，本方法中不考虑气温因子对生物多样性的影响。

（4）水土流失。参照原国家环保总局发布的《生态功能区划暂行规程》，根据通用水土流失方程的基本原理，选取降水侵蚀力、土壤可蚀性、地形起伏度和地表植被覆盖等指标。将反映各因素对水土流失敏感性的单因子评估数据，用 GIS 技术进行乘积运算，计算公式为

$$\text{SS}_i = \sqrt[4]{R_i\times K_i\times \text{LS}_i\times C_i} \tag{9-11}$$

式中，SS_i 为 i 空间单元水土流失敏感性指数；R_i 为降水侵蚀力；K_i 为土壤可蚀性；LS_i 为地形起伏度；C_i 为地表植被覆盖。评估因子包括 R_i，K_i，LS_i，C_i。

单指标评价步骤如下。

第一步，因子评价与分级。根据评价区域主要生态系统服务功能与主要生态问题，选

择评价因子，评价生物多样性维护、水源涵养、水土保持等生态系统服务功能重要性，以及水土流失等生态敏感性，以生态系统服务功能量（或物种数）为基础确定各生态系统服务功能重要性级别，按栅格单元服务功能量（或物种数）评价值大小进行降序排列，分别将累积服务功能量占前30%、30%～50%、50%～70%、70%～85%、85%～100%的像元划分为高、较高、中等、较低、低五个等级，形成各服务功能重要性等级评价结果。

水土流失生态敏感性评价因子分级赋值如表9-6所示。

表9-6 水土流失生态敏感性评价因子分级赋值

评价因子	高敏感	较高敏感	中等敏感	较低敏感	低敏感
降雨侵蚀力（R）	>600	400～600	100～400	25～100	<25
土壤可蚀性（K）	沙粉土/粉土	沙壤/粉黏土/壤黏土	面沙土/壤土	粗沙土/细沙土/黏土	石砾/沙
地形起伏度（LS）	>300	100～300	50～100	20～50	0～20
植被覆盖（C）	≤0.2	0.2～0.4	0.4～0.6	0.6～0.8	≥0.8
分级赋值	9	7	5	3	1

将最终的敏感性分值划为五级，高（>7.0）、较高（6.1～7.0）、中等（5.1～6.0）、较低（3.1～5.0）和低（1.0～3.0）。

第二步，结果修正。在分级基础上，对重要性等级结果进行完善，将重要饮用水源地补充纳入高等级水源涵养功能区，将极小种群分布区等其他生物多样性保护关键区补充作为高等级生物多样性保护功能区。

集成评价方法：采用极大值法对单因素评价结果进行综合，具体如下

[生态系统服务功能重要性] = Max（[生物多样性维护重要性]，[水源涵养重要性]，[水土保持重要性]） (9-12)

[生态保护重要性] = Max（[生态系统服务功能重要性]，[生态敏感性]） (9-13)

（二）海域生态保护重要性评价方法

生态保护指向的海洋资源评价的目的主要是识别海域中具有典型性、代表性的，能够提供各类海洋生态系统服务功能的重点区域。海洋生态系统服务功能包括食品、生产原料等海洋供给服务，气候调节、废弃物处理等海洋调节服务，休闲娱乐等海洋文化服务，生物多样性维护、防风消浪等海洋支持服务。能够集中提供供给、调节、文化、支持服务的海洋区域可分为典型海洋生态系统、生物资源集中分布区，以及典型海岸、海岛及自然景观区三类。基于典型资源的数量、分布及所能提供的各项生态系统服务功能，采用定量评估及专家判别法进行海域生态保护重要性评价。最终的海洋生态保护重要性结果根据典型海洋生态系统、生物资源集中分布区，以及典型海岸、海岛及自然景观区三类地区的等级结果确定，以最高等级为生态保护重要性的等级。

[海洋生态保护重要性] = Max（[典型海洋生态系统保护重要性]，

[生物资源集中分布区保护重要性]，

[典型海岸、海岛及自然保护区保护重要性]） (9-14)

典型海洋生态系统评价包括红树林、滨海湿地及河口，其中重要红树林保护区海域为极重要区；生物资源集中分布区评价主要包括珍稀濒危物种分布区，其中珍稀物种保护区定为极重要区，渔业资源保护核心区与一般海洋保护区为重要区，其他一般渔业海域为一

般重要区，其他海域为不重要区；典型海岸、海岛及自然景观区评价包括自然岸线和沙源保护海域、保护海岛和海洋自然景观和文化历史遗迹区，其中国家级海洋特别保护区与沙源保护海域为极重要区，重要特别保护海岛为重要区，其他有自然景观与人文景观的海域为一般重要区，其他海域为不重要区。

（三）生态保护重要性陆海统筹评价方法

在重叠区域内，采用陆海生态保护重要性评价集成判断矩阵（表 9-2），判断思路主要采用极大值法对重叠区域的生态保护重要性等级进行选取，海域生态较低重要、低重要性视为陆域生态低重要性。具体如下：

[陆海统筹生态保护重要性] = Max（[陆域生态保护重要性]，[海域生态保护重要性]）

$$\text{(9-15)}$$

二、嘉兴市生态保护重要性陆海统筹评价结果

（一）生态保护重要性冲突识别

陆海重叠区域陆域生态保护重要性和海域生态保护重要性结果如图 9-11 和图 9-12 所示。在重叠区域内，陆域生态保护重要性以低、较低重要性为主，而海域生态保护重要性为中等重要，因而，将重叠区域内的陆域生态保护低、较低重要性区上调至中等重要。

图 9-11　陆海重叠区域陆域生态保护重要性

图 9-12　陆海重叠区域海域生态保护重要性

（二）生态保护重要性陆海统筹评价结果

以海域生态保护重要性修正陆域生态保护重要性后，得到陆海统筹生态保护重要性评价（图 9-13）。评估结果显示嘉兴市无论是生态系统服务重要性或是生态敏感性都较低，全

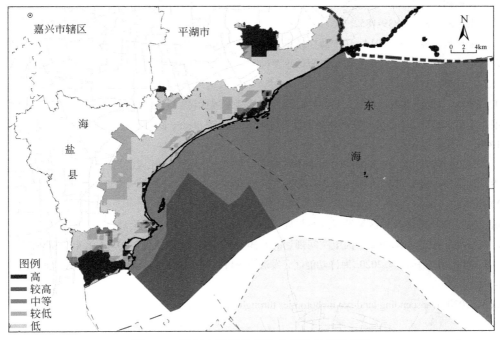

图 9-13　嘉兴市陆海统筹生态保护重要性评价

域生态保护重要性较低。陆域生态保护重要性低的区域面积占总面积的 61.7%；而陆域生态保护重要性高的区域面积占评价区域的 13.43%。从海域生态保护重要性的角度来看，嘉兴市海洋生态类型以一般湿地与河口区为主，因而海域生态保护重要性以中等重要为主；此外，近海口分布重要红树林保护区，故生态保护重要性较高。

参 考 文 献

鲍捷，吴殿廷，蔡安宁，等. 2011. 基于地理学视角的"十二五"期间我国海陆统筹方略. 中国软科学，（5）：
　　1-11

蔡安宁，李婧，鲍捷，等. 2012. 基于空间视角的陆海统筹战略思考. 世界地理研究，21（1）：26-34

曹忠祥，高国力. 2015. 我国陆海统筹发展的战略内涵、思路与对策. 中国软科学，（2）：1-12

狄乾斌，赵晓曼，王敏. 2020. 基于非期望产出的中国滨海旅游生态效率评价——以我国沿海城市为例. 海
　　洋通报，39（2）：160-168

冯梁. 2009. 论 21 世纪中华民族海洋意识的深刻内涵与地位作用. 世界经济与政治论坛，（1）：71-79

候勃，岳文泽，马仁锋，等. 2022. 国土空间规划视角下海陆统筹的挑战与路径. 自然资源学报，37（4）：
　　880-894

黄贤金. 2019. 自然资源统一管理：新时代、新特征、新趋向. 资源科学，41（1）：1-8

黄征学. 2020. 国家规划体系的演进历程与融合对策. 改革，（4）：65-73

纪学朋，黄贤金，陈逸，等. 2019. 基于陆海统筹视角的国土空间开发建设适宜性评价——以辽宁省为例. 自
　　然资源学报，34（3）：451-463

李修颉，林坚，楚建群，等. 2020. 国土空间规划的陆海统筹方法探析. 中国土地科学，2020，34（5）：60-68

刘雪莲，王勇. 2011. 全球化时代海陆关系的超越与中国的选择. 东北亚论坛，20（3）：71-75

栾维新，王海英. 1998. 论我国沿海地区的海陆经济一体化. 地理科学，18（4）：51-57

苏鹤放，曹根榕，顾朝林，等. 2020. 市县"双评价"中优势农业空间划定研究：理论、方法和案例. 自然
　　资源学报，35（8）：1839-1852

王传胜，朱珊珊，党丽娟. 2014. 辽宁海岸带重点生态空间分类研究. 资源科学，36（8）：1739-1747

王浩，马星，杜勇. 2021. 基于生态系统服务重要性和生态敏感性的广东省生态安全格局构建. 生态学报，
　　41（5）：1705-1715

许学工，梁泽，周鑫. 2020. 黄河三角洲陆海统筹可持续发展探讨. 资源科学，42（3）：424-432

杨湘艳，余静. 2021. 基于贝叶斯网络的海洋生态环境状况评价——以山东省为例. 海洋通报，40（4）：
　　473-480

姚鹏，吕佳伦. 2021. 陆海统筹战略的理论体系构建与空间优化路径分析. 江淮论坛，（2）：75-85

尹虹潘，刘姝伶. 2020. "中心—亚中心—外围"区域发展格局：宏观战略与微观诉求的空间联结. 改革，
　　（12）：67-83

郑贵斌. 2013. 我国陆海统筹区域发展战略与规划的深化研究. 区域经济评论，（1）：19-23

周鑫，陈培雄，黄杰，等. 2020. 国土空间规划的海洋分区研究. 海洋通报，39（4）：408-415

朱宇，王在峰，李加林，等. 2020. 海洋功能区开发潜力评价研究——以江苏滨海县为例. 海洋通报，39（1）：
　　111-118

Cormac W. 2020. Transcending land-sea dichotomies through strategic spatial planning. Regional Studies，12（13）：
　　5319

O'Hagan A M，Paterson S，Le T M. 2020. Addressing the tangled web of governance mechanisms for land-sea interactions：Assessing implementation challenges across scales. Marine Policy，112：1-12

Passi A，Metzger J. 2017. Foregrounding the region. Regional Studies，51（1）：19-30

Roberts M，Goh C. 2011. Density，distance and division：the case of Chongqing municipality，China. Cambridge Journal of Regions，Economy and Society，4（2）：189-204

第十章 基于"双评价"的空间冲突 识别与格局优化

国土空间承载了人类生产生活、社会经济发展及生态文明建设等复杂活动（匡文慧，2019），其空间格局受到自然本底、人文条件及决策者价值判断的多重影响。随着中国城镇化脚步不断加速，国土空间面临建设用地规模快速扩张、耕地面积持续减少、生态环境日渐破碎等发展难题（郭杰等，2011）。基于"双评价"的发展决策，结合国土空间资源禀赋、发展目标和治理需求等进行综合权衡，支撑国土空间格局优化（贾克敬等，2020）。在生态文明新时代背景下，为构建高质量国土空间开发保护格局，要以"双评价"为抓手（周道静等，2020），科学系统地把握空间自组织基本规律和运行状况，识别限制空间发展的资源环境短板，构筑未来多目标下国土开发的时空秩序，协调农业生产、城镇建设、生态保护等多维发展需求下的空间冲突，寻找国土空间格局优化的方向和主要着力点。

第一节 资源环境要素短板识别

一、资源环境短板概念界定

资源环境短板的概念与"短板效应"具有逻辑关联，"短板效应"理论是资源环境承载力评价重要的理论依据（樊杰，2017）。"短板效应"又称为"木桶理论"，Laurence J.Peter（1966）在 *The Peter Principle* 中系统论述了"木桶理论"的起源与内涵，其主要有两大推论：一是木桶无法在有任一木板低于其他木板的情况下装满水；二是木桶仅在所有木板均足够高时才可以装满水（石磊，2004）。这一理论逐渐扩展到区域社会经济容量、组织整体能力等多个方面，为资源环境承载力评价进一步奠定了理论基础。在资源环境承载力评价中，"木桶"中的"水"代表国土空间的整体能力或社会经济容量，而"木板"则代表影响区域资源环境承载能力的关键要素，复杂要素组合形成具有特定承载功能的"桶"（杨正先等，2018）。

我国幅员辽阔，南北气候差异悬殊、东西水土环境迥异、区域地形地貌复杂，自然资源环境禀赋对区域发展具有较强的约束性。具体来看，优质水土资源集中于"胡焕庸线"东南侧，矿产资源、化石能源等主要分布在西北部生态脆弱地区，呈现出资源环境本底与国土空间高质量发展需求空间错配现象。土地、水、气候、生物等自然资源在不同地域空间中数量与质量上"过低"将严重制约区域发展。因此，将资源环境短板定义为影响区域发展的关键限制因素，强调关键限制因素对特定目标的限制作用。识别资源环境短板是破解国土空间开发保护中的资源环境限制困境、推进生态文明建设的重要抓手。基于"短板效应"理论，叠加"双评价"结果，有助于识别区域重大资源环境限制性问题，遴选发展的主要制约性因素。

二、资源环境短板识别方法

资源环境要素的空间异质性决定了不同区域的发展诉求不同、治理政策差异、实施路径不同。因此，选取合适的资源环境短板识别方法是有效诊断国土空间问题的关键，目前资源环境短板识别方法主要有障碍度模型、均衡度模型等。

（一）障碍度模型

基于障碍度模型的资源环境短板识别法，通过识别影响区域资源环境承载力障碍度排名靠前的指标，将其视为区域承载力的阻碍因子，即区域资源环境的短板要素，以实现对资源环境承载力的病理诊断（鲁春阳等，2011）。障碍度模型引入三个指标进行障碍因子诊断，分别为因子贡献度（I_i）、指标偏离度（J_{ij}）和障碍度（M_{ij}，N_{ij}）（李新举等，2007），具体计算公式为

$$I_i = W_j \tag{10-1}$$

$$J_{ij} = 1 - b_{ij} \tag{10-2}$$

$$M_{ij} = \frac{I_j \times J_{ij}}{\sum_{i=1}^{p}(I_j \times J_{ij})} \times 100\% \tag{10-3}$$

$$N_{ij} = \sum M_{ij} \tag{10-4}$$

式中，W_j为指标权重；b_{ij}为单项指标的安全指数；I_j为第i年第j个指标的不安全指数，即与土地生态安全值的差值；M_{ij}为第i年各单项指标的土地生态安全障碍度；N_{ij}为准则层指标的障碍度。

（二）均衡度模型

基于均衡度模型的资源环境短板识别法，通过量化影响资源环境承载力指标间的差异，将影响系统整体承载力的要素指标按指标均衡度测算结果划分为短板要素、限制性要素和优势要素等（朱凤武等，2015）。均衡度 D 公式为

$$D = \frac{d_i^+}{d_i^+ + d_i^-} \tag{10-5}$$

式中，d_i^+、d_i^-分别为各指标点到最优、最劣指标点的距离。D 的取值范围为 $[0，1]$，D越小，表示最优指标与最劣指标的差异越小，维度承载力指标之间越均衡。对均衡度结果设立判别标准，建立阈值，例如，将均衡度划分为 $[0，0.3]$、$(0.3，0.6]$、$(0.6，1]$三个等级（陆建忠等，2015），分别对应优势要素、限制性要素和短板要素，基于此筛选出区域资源环境短板要素。

三、基于"双评价"的资源环境短板识别

2016 年，国家发改委等 13 部委下发《资源环境承载能力监测预警技术方法（试行）》（发改规划〔2016〕2043 号），文件明确提出："在陆域和海域开展系列基础评价、专项评价的基础上，采取'短板效应'进行综合集成"，"短板效应"成为资源环境承载力基础性要求。2020 年，自然资源部办公厅印发《资源环境承载能力和国土空间开发适宜性评价技

术指南（试行）》，进一步指出"通过双评价，认识区域资源环境禀赋特点，找出其优势与短板，发现国土空间开发保护过程中存在的突出问题及可能的资源环境风险"，资源要素短板识别开始成为新时代国土空间治理的基本要求。基于"双评价"的资源环境短板识别方法重点考察土地资源、水资源、环境容量等关键短板要素的约束，基于此判定区域可承载的农业生产、城镇建设最大合理规模，并分析国土空间开发保护中资源环境的突出问题及潜在风险。

（一）逻辑框架

关键性稀缺资源或者资源环境要素短板决定了区域综合承载能力，因此资源环境承载能力评价的重点在于明晰区域资源环境本底状况，识别资源环境"短板"。首先，资源环境承载能力作为反映自然环境禀赋条件优劣程度的重要指标，从供给能力、环境纳污能力和生态支撑能力等维度表征区域资源的空间特性（岳文泽等，2018）。其次，基于区域空间发展需求与自然经济特性，科学划定各要素承载状态标准，以全面反映各要素时空运行秩序。最后，权衡不同资源要素间相对作用关系，研判各资源要素对于区域发展目标的影响程度，确定关键性要素与水平赢弱因子为限制区域资源环境承载力综合水平的最终"短板"。

（二）技术路线

从土地资源、水资源、水环境、大气环境四个维度评价区域的综合承载力，基于综合评价结果，识别影响承载力评价结果的资源环境短板（岳文泽等，2018）。基于"双评价"的资源环境要素潜在短板指标如表 10-1 所示。

表 10-1　基于"双评价"的资源环境要素潜在短板指标

单要素类型	单要素"短板"内涵	功能指向类型
土地资源	除去建设用地开发的强限制因子包括坡度大于 25°、高程大于 1km、地形起伏度大于 200m、水域等土地资源规模	城镇建设功能指向
	除去耕地开发的强限制因子包括坡度大于 25°、土壤粉砂含量高于 80%、地形起伏度大于 200m、土壤类型、水域等的土地资源规模	农业功能指向
水资源	水资源可利用总量，是地表可利用水资源总量＋地下水表示地下水可开采利用总量－重复量表示地表水和地下水重复计算的部分	城镇建设功能指向、农业功能指向
水环境	水体容纳人类活动产生的污染物的能力	城镇建设功能指向、农业功能指向
大气环境	在特定时期、特定区域及特定状态下国土空间对人类活动所排放大气污染物的最大可能负荷的支撑阈值	城镇建设功能指向

1. 数据准备

单要素评价中涉及的资源环境承载能力分级结果包括土地资源承载能力分级结果（包括极限建设用地开发规模和极限耕地开发规模）、水资源承载能力分级结果、水环境承载能力分级结果及大气环境承载能力分级结果。

2. 确定不同功能指向的要素组合

资源环境综合承载能力评价包含城镇功能指向的承载力评价与农业功能指向的承载力评价。对于城镇建设功能指向评价，叠加土地资源（极限建设用地开发规模）、水资源、水环境和大气环境等单要素承载力评价结果，识别短板要素；对于农业功能指向，叠加土地资源（极限耕地开发规模）、水资源、水环境等单要素承载力评价结果，识别短板要素。

3. 资源环境要素短板识别

识别城镇和农业功能指向的资源环境要素短板时，通过空间叠加不同功能指向的要素组合，依据"木桶理论"，甄别不同功能指向下的资源环境短板要素。将区域低承载能力要素（即为最低等级的资源环境承载能力）定为短板要素；当若干要素同时处于低承载能力等级时，将资源环境要素按土地资源、水资源、水环境、大气环境的次序进行重要性排序，将重要性最高的要素确定为短板要素。

四、"双评价"在资源环境短板识别应用中的局限

基于"双评价"的资源环境要素短板识别，本质上是空间叠加单要素承载力评价分级结果后，选择承载能力等级最低的单要素作为限制发展的短板要素。但由于区域人地关系复杂，资源环境要素具有可变性、可替代性与动态性，基于"双评价"的资源环境短板识别方法的科学性与全面性存在一定缺陷。

（一）等级划分的科学性不足

目前在资源环境要素短板确定中，通过分位数法对资源环境承载能力强弱进行分级，资源环境要素短板为低承载力等级的要素，将"资源环境承载能力弱"简单等同于限制区域发展的短板制约。目前等级划分方法过于简单，缺乏对资源环境承载力内在互动机理的科学判断。例如，当单要素承载能力评价结果分级为最低等级，但该要素在全域承载力水平整体较好，不存在限制区域发展情况时，仅基于分级结果判定其为限制区域发展的资源要素短板并不合理。该方法对于国土空间开发保护中部分科学决策存在不利影响，难以满足提高国土空间规划编制的科学性等需求。

（二）要素选择的片面性

资源环境要素短板判别中，当一个评价单元出现两个及以上要素同为承载力最低等级时，往往依据不同要素对整个区域特定功能指向的敏感性，判定约束区域发展的关键指标。这种约束指标选择方式基于区域整体（如市县）的敏感性判断，推导到单元尺度上（如乡镇等），简化了研究单元资源环境、社会经济与发展目标的特性。对于整个区域（如市县）发展敏感的要素，对某一具体评价单元可能并不敏感，仅按对区域敏感度判定同为最低等级的要素之一为单元的短板要素可能会存在选择误差，具有一定的片面性。

第二节　基于"双评价"的国土空间开发保护秩序优化

一、国土空间开发保护时空秩序的概念与内涵

为谋划未来国土空间长远发展的生产力布局蓝图，构建高水平空间格局，实现空间均衡和开发效益最大化，需要科学分配生产力指标，统筹资源要素近远期安排。国土空间开发保护是基于一定的空间组织形式，人类通过实施系列生产建设活动以获取生产资料，并实现可持续发展的过程（肖金成和欧阳慧，2012），明确区域开发保护行为的优先级是国土

空间规划的重要议程。在生态文明新时代发展需求下，国土空间开发的时空秩序被定义为：国土空间规划过程中区域开发与保护的优先秩序。

国土空间开发保护时空秩序的本质是通过整体把握与空间落实区域国土空间发展的战略与目标，基于国土空间开发与保护的公平需求与效率需求，以国土空间规划为指引，根据不同区域资源环境现状及未来发展潜力判定，结合地区的发展优势与空间发展方向，明确区域国土空间利用的优先次序，有条理、有组织地配置资源要素（岳文泽等，2018）。建立国土空间开发的时空秩序不仅需要整合多元主体的空间开发与保护需求，引导国土空间的合理利用，还需要基于时空秩序安排，优化国土空间结构布局，从而实现引导人口和产业的空间集聚、推动建立国土空间开发保护的时空秩序，提高空间开发的效率和效益。

二、基于"双评价"的国土空间开发保护时空秩序研判

（一）理论框架

每一个时代发展都需要相应的时空秩序支撑，谋划长远的发展需要有良好的国土空间开发保护格局（庄少勤，2019），构建科学的国土空间开发时空秩序是形成高质量国土空间开发利用格局的根本途径（周道静等，2020）。自我国社会发展进入"生态文明新时代"以来，空间开发与保护的理论、方法和实践也有了新的优化需求，需转变开发理念、调整开发内容、创新开发方式（樊杰，2020）。因此，新时代国土空间开发重点要顺应时代发展要求，以生态文明建设为逻辑起点，调整生产力布局，最大限度优化开发的时空秩序，推动可持续发展（陆大道，2014）。

国土空间开发的时空秩序是面向未来空间治理的战略性、基础性、制度性的政策工具，以合理空间布局引导国土空间结构优化调整。对国土空间时空秩序发挥的效能有三点要求：一是前瞻性，国土空间开发时空秩序是面向未来的发展需求，发挥区域自然资源本底与人类开发活动的综合作用，确定区域开发的优先秩序；二是科学性，时空秩序判别不再是仅基于行政主管部门的主观意识进行判别，而是融合了历史资源环境利用情况、自然资源要素现状本底及承载未来空间发展能力综合判定的结果；三是有效性，判别国土空间开发时空秩序需要针对不同类型区域的开发建设需求，切实解决不同功能指向下发展中的实践问题。

生态文明新时代的空间发展新模式，需要统筹考虑自然资源环境本底与人类活动对国土空间的综合影响，以"承载潜力+适宜性"为逻辑主线研判国土空间规划实施基础，牵引国土空间时空秩序优化。资源环境承载"潜力"是综合考虑自然资源环境本底（即承载能力）和人类对资源环境系统施加的影响（即承载压力）的结果，可以表征国土空间能够支撑区域未来可持续发展和高质量发展的余量，以此作为国土空间开发时序判断的首要依据。国土空间开发"适宜性"表征不同开发目标指向下空间开发的适宜程度（夏皓轩等，2020）。基于承载潜力的判别，擘画国土开发时空秩序的底图，利用差异化功能指向下国土空间开发"适宜性"结果，优化国土空间开发的时空秩序，最终彰显国土空间的时空价值，释放功能空间时空安排的流量红利，放大时空秩序升级带来的"价值红利"（张吉康等，2021）。

（二）技术路线

基于"双评价"的国土空间开发时空秩序优化，首先要通过统筹区域内要素空间布局，衡量区域的资源环境承载潜力，横向对比得到区域内适合优先发展或优先保护的空间，承载潜力越大的区域，越优先开发。其次，根据微观精细化的农业生产和城镇建设功能指向下国土空间开发适宜性评价结果，进一步修正开发规模和空间布局。最后，综合承载力评价与适宜性评价结果，按最终特殊功能指向下适宜开发面积多寡排序后，确定区域的开发时空秩序。

（1）资源环境承载潜力评价，利用判断矩阵的方式，综合资源环境承载能力与资源环境承载压力分级结果，得出区域资源环境承载潜力空间分布情况。资源环境承载潜力等级越高，越优先开发，未来开发强度越大，反之，资源环境承载潜力越低，则开发时序靠后，未来开发强度应相对降低。

（2）国土空间开发时空秩序结果修正，利用国土空间开发适宜性评价结果修正资源环境承载潜力相同区域。考虑城镇建设适宜性评价结果（极限建设用地范围），以潜力评价的结果修正资源环境承载潜力评价底图，潜力相同区域内适宜区和较适宜区的面积之和越大，开发时序越优先，应相应强化开发强度。

（3）功能指向下国土空间开发时空秩序结果，综合资源环境承载潜力的研判结果与特定功能指向下国土空间开发适宜性的修正结果，空间叠加生产力布局和生态保护格局等，形成国土空间开发的时空秩序优化的最终图景。

三、国土空间开发保护时空秩序优化重点方向

人口合理分布、经济协调发展是形成良好国土空间开发保护秩序的重要基础，制定具体、可落实的差异化路径是其核心。因此国土空间开发保护的时空秩序优化主要包括以下方向：一是以主体功能区规划作为研判国土空间开发保护时空秩序主要抓手（樊杰，2015）。例如，学者通过讨论北京市"三生空间"与其他空间结构的均衡与稳定程度，诊断国土空间利用中的问题，明确调整国土空间结构和规范国土空间开发时空秩序路径（姜广辉等，2011）。樊杰（2019）针对长期以来对国土远景规划忽视所造成的空间无序开发问题，综合发达国家国土空间规划经验，提出利用主体功能区战略优化区域空间格局，合理定位区域功能，在不同空间尺度上逐级落实发展目标、空间结构组织和开发强度控制，实现约束性区域管制，达成科学构建国土空间开发秩序的目标。二是引导全域国土综合整治与生态保护修复。作为评估特定资源在数量、空间和时间上的多寡与品质优劣的有效手段（张菲菲，2007），全域国土综合整治与生态保护修复通过摸清国土资源底数，探清区域资源禀赋差异及国土资源空间分异特征，优化国土空间资源配置。例如，吴次芳等（2019）基于资源优势度模型开展国土空间开发秩序判定，首先综合分析国土空间开发的效益与成本，对比空间资源的质量、数量、密集程度、资源规模、资源的开发效益和成本等，厘清资源环境若干方面的优劣情况；其次，根据政府管制要求，建立以间接调控为主的宏观调控体系，针对性地对优势度差异区域制定不同的发展与保护政策；再次，基于资源优势度评价结果优化国土空间规划布局，调整不合理的国土空间现状布局；最后，规划未来国土空间开发时序，以此作为国家或地区开展土地整治和资源优化配置的主要依据。

第三节　基于"双评价"的国土空间的冲突识别与格局优化

一、空间冲突与格局优化的概念与内涵

（一）国土空间冲突的概念与内涵

"冲突"一词源于社会学，主要是指不低于一个的社会单元在目标上互不相容或排斥（周国华和彭佳捷，2012）。随着全球城镇化进程的加快，为解决资源环境要素矛盾日益突出的问题，相关学者将"冲突"引入资源环境研究领域（韩晓佳，2018）。国土空间的冲突被定义为在土地资源利用过程中，利益相关者对土地利用的方式、数量等方面的不一致、不和谐，以及各种土地利用方式与资源环境本底的矛盾状态（于伯华和吕昌河，2006）。在人地交互作用的国土空间系统中，各类社会、经济要素频繁流动，使得国土空间成为"物质流、能量流、信息流"高度活跃的开放复杂巨系统。过去不合理的空间规划与开发模式使得区域空间冲突加剧，空间风险日益突出，空间冲突的表现形式与形成机理盘根错节，对国土空间整体功能及安全性造成极大威胁（孟鹏等，2019）。

国土空间受空间资源的稀缺性和空间功能的外溢性制约，其具有利用方式的多宜性、空间位置的固定性及各利益主体效益的重叠和竞争（Campbell et al.，2000）。因此，应将国土空间冲突定义为：在人地系统相互作用过程中，伴随着竞争而产生的空间资源分配时的对立与错位现象（周国华和彭佳捷，2012）。国土空间冲突主要强调生产（经济）、生活（社会）、生态（自然环境）三个维度的资源竞争、矛盾、不协调的空间问题。

（二）国土空间格局优化的概念与内涵

在生态文明新时代的背景下，国土空间格局优化是一个需要整体考量、科学研判、综合构建的系统化工程（周道静等，2020）。国土空间格局优化当前发展中面临着资源匮乏、生态退化及环境容量刚性约束等难题，应重构国土空间及资源要素布局，以实现绿色高质量发展，以及粮食安全、生态安全的发展目标，以开发强度控制、空间结构调整为抓手，以农业空间集约高效、城镇空间宜居适度、生态空间山清水秀为原则，实现"三类"空间的协调发展。

二、空间冲突的识别路径

（一）空间冲突的类型

国土空间作为人类生存、生产、生活的载体，同时具有生存保障、经济发展与生态保护的多重属性，在高质量发展语境下，国土空间规划要促进"社会-经济-生态"复合系统的协同发展。从空间资源利用目标分解空间冲突，空间冲突可以归纳为基于社会、经济与生态三个维度的矛盾及综合矛盾（杨永芳和朱连奇，2012）。

（1）空间经济冲突。经济效益增长驱动下的国土空间开发利用以利润最大化为发展目标，国土空间资源利用趋向经济效益最大的用地方式（杨永芳和朱连奇，2012）。在多元主体参与资源开发利用活动中，当利益相关者对资源的利用方式、开发强度、实际用途产

生意见偏差时，便会产生资源利用的空间经济冲突。

（2）空间生态冲突。快速城镇化过程中社会与经济活动产生的负外部性难以避免，人类活动对自然生态系统中的大气、水、土地等资源与环境要素产生直接与间接影响，生态问题日益加剧，生态系统所处的失衡—平衡的动态变化成为城市扩张重要的桎梏（Yang et al.，2020）。城市发展的短期效益与生态保护的长期效益间产生了生态保护的空间冲突。

（3）空间社会冲突。城市在国家经济发展中的重要作用使其在区域发展中占据主导地位，中小城市和乡村的利益遭到忽视，由此引发城乡二元结构加深，城乡资源失配，社会贫困阶层和贫民阶层出现，社会两极分化现象严重（白永秀，2012），加剧了社会冲突矛盾，对社会稳定构成潜在威胁。

（4）空间复合冲突。国土空间资源利用过程中，针对经济、生态、社会需求的综合博弈可能产生效益的合成谬误，引致空间产生如生态失衡、空间开发失调、空间经济失序和社会发展失稳等复合冲突。

（二）空间冲突诊断的方法

空间冲突主要基于空间冲突强度实施诊断，空间冲突强度的主流测度方法包括数理统计分析方法及空间分析方法（Dunk et al.，2015；黄安等，2020）。

1. 数理统计分析方法

构建以某一层级行政区为测度单元的空间冲突解析模型，定量评估区域空间冲突分布及特征。如赵宇鸾等（2017）通过构建"压力-状态-响应"模型对1990～2010年黔桂岩溶山区土地利用冲突演变过程进行评估，运用探索性空间分析模型讨论区域土地利用冲突强度变化的空间分异特征；唐凯和周国华（2013）基于灾害风险学原理，从空间冲突致险因子的危险性与持续性、国土空间的脆弱性与恢复性四个维度构建了空间风险测度指标体系及评价模型，基于数理分析与模型定量评价，诊断区域空间冲突。

2. 空间分析方法

空间分析方法主要借鉴生态景观指数等空间形态与格局特征参数，构建冲突指数测度空间冲突（周德等，2015；蒙吉军等，2020）。空间冲突指数包括空间冲突综合指数及空间冲突类型指数。空间冲突综合指数包括多样性指数、关联性指数、复杂性指数、强度指数、变化指数、扩散指数、可控性指数、持久性指数等，用于测度某地域范围内各类空间冲突的综合作用程度（周国华和彭佳捷，2012）。空间冲突类型指数包括强度指数、变化指数、扩散指数、可控性指数、持久性指数等，用于测度地域范围内某空间冲突单独作用的程度。空间冲突指数从空间冲突的作用程度、强度变化方向与速度，人为调控的可能性，传递扩散能力的大小，延续时间长短等，综合诊断空间冲突（王秋兵等，2012）。

三、国土空间格局优化技术与方法

国土空间格局优化是一项系统性工程，主要涉及指标量化、动力机制、情景模拟、系统优化四方面技术方法。一是基于多目标协同的指标量化，要求将各类抽象的治理目标细化为"看得见、摸得着"的量化指标，科学确定目标值、极限值、现状值（贾克敬等，2020；周道静等，2020）。针对差异化开发保护目标，应当采用不同的方法进行量化，例如，以生态系统服务评估、生态网络构建等方法刻画生态治理目标；以空间集聚指数、人均建设用地量化等方法衡量城镇空间集约节约程度；以农用地适宜度、分等定级等保障农业空间有序发展。二是动力机制演化，即在不同目标引导下，明晰影响各目标具体因子与路径，其涵盖多元线性回归、案例原型分析等多种方法。三是"自上而下"与"自下而上"协同共建的情景模拟，为预演不同时空秩序下开发保护状态确定差异化方案。"自上而下"重点运用宏观模型刻画宏观过程，其涵盖系统动力学、距离衰减模型等方法；"自下而上"重点运用微观模型模拟微观决策，包括元胞自动机、景观格局指数等（郑荣宝等，2012；冯宇等，2016）。四是系统优化方法，需要根据上述量化目标、驱动机制及不同情景，制定差异化管制规则进行国土空间格局优化，包括神经网络、遗传算法、人工免疫模型等技术方法（曹帅等，2019）。

四、基于"双评价"的空间冲突识别与格局优化

国土空间规划与治理的本质在于空间格局的重构，一方面，要立足当下，基于资源环境要素的本底，识别国土空间开发、利用、保护、修复存在的问题；另一方面，要展望未来，判断国土空间对于未来特定人类活动的适宜程度。由此来看，"双评价"不仅要研判区域的开发潜力，也要直面国土空间治理中的问题，既要"治已病"，也要"治未病"，以资源环境承载力评价结果判别空间利用潜力，以适宜性评价结果测度土地利用冲突强度。

（一）基于"双评价"的空间冲突识别

人地系统相互作用集中表现为人类开发建设过程对原有自然生态过程的改造，例如，建设用地空间扩张引发不同土地利用方式之间的快速转换（Yan and Zhang，2019）。基于"双评价"的国土空间冲突识别通过深入分析一定区域范围内的空间类型转换、地域组合、功能变化等方面的空间效应，确定冲突的位置、类型和等级。首先，为落实生态优先原则，防止人类开发建设活动对自然生态系统的破坏，要识别生态保护极重要区域中不合适的人类活动，如耕种、造林、建设等活动，采用生态保护极重要区中的现状耕地、园地、人工商业林、建设用地的空间分布和规模来表征。其次，为确保国家粮食安全，严格实施耕地保护红线制度，要识别永久基本农田"红线"中的非耕地分布与规模。再次，立足国土空间高质量发展需求，引导低效空间的优化升级，要识别现状城镇用地在城镇建设最不适宜区的分布和规模，现状耕地（尤其是永久基本农田等农业保护区）在农业生产最不适宜区的分布和规模。最后，面向未来发展与保护平衡的需求，要判别未来新增耕地补充区和新增建设用地潜力区。总体上，基于"双评价"的空间冲突识别，通过对比国土空间利用现状与评价的理想空间格局，识别农业、生态和城镇空间中矛盾冲突与潜力区域，形成国土空间格局优化的具体抓手。

（二）生态空间格局优化

1. 生态保护极重要区与生态红线的应划尽划

为践行生态文明新时代基本要求，要实施对生态用地的精准保护。对于生态保护极重要区中的部分区域，根据生态系统类型、与周边自然保护地的空间关系、生态现状等因素，综合判断是否要将区域调整到生态红线内部。反之，对于一些已经划入到生态保护红线中的区域，如果存在生态保护重要性评价等级为生态保护不重要区，需考虑将其调出生态保护红线。以调整生态保护红线划定规模与空间布局，优化生态红线管控规则，提升生态系统保护的整体价值与综合效益。

2.生态保护极重要区内建设用地和永久基本农田的退出

基于生态优先原则，在适应性评价结果中，当生态保护极重要区中有农业生产或城镇建设用地时，根据实际土地利用情况将生态保护极重要区内有空间冲突的建设用地和永久基本农田逐步退出。

（三）城镇空间格局优化

1.城镇建设最不适宜区内建设用地的退出

城镇空间格局优化的着力点之一是识别城镇建设指向下国土空间评价最不适宜区中的建设用地。对于受自然资源强限制的现状建设用地建议逐步退出，降低在不适宜区居住的生态安全风险，提高集聚居住的综合效益。

2.新增建设用地潜力区的预测

城镇空间格局优化的着力点之二是识别未来新增建设用地潜力区。对于当前不是建设用地、不在永久基本农田连片区、不在重要生态区范围内，且位于城镇建设适宜区和较适宜区的，将其确认为未来新增建设用地的潜力区，用于保障未来开发建设的空间资源需求，推进国土空间的高质量发展。

（四）农业空间格局优化

1.农业生产最不适宜区内永久基本农田的退出

农业空间格局优化的着力点之一是识别农业生产指向下土地资源最不适宜区中的现状耕地，尤其是永久基本农田。对于受自然条件限制较为严重的区域，建议将永久基本农田退出，迁移至农业生产适宜区，提高耕地生产效率与效益。

2.新增耕地补充区的预测

农业空间格局优化的着力点之二是识别未来新增耕地补充区，对于当前不是耕地、不属于城市和建制镇、不在重要生态区范围内，且位于农业生产适宜区和较适宜区的，将其确认为未来耕地补充区，用于强化未来的粮食安全保障。

第四节　浙江省国土空间开发与保护的问题识别与优化建议

浙江作为中国沿海经济发达省份，是国家"一带一路"倡议的重要枢纽，深度参与并积极推进"长江经济带大保护"和"长三角一体化"战略实践，是"两山转化"的发源地与实践地。浙江省拥有"百湖千峰四湾千岛"等多样化的自然地貌，同时受到"七山一水二分田"的自然约束。此外，浙江省面临着由高速发展产生的空间利用效率不高、破碎化严重、资源不匹配等沿海发达省份存在的普遍问题。

本节将基于浙江省现实发展需求，首先，依据资源环境承载能力识别各市县资源环境承载短板；其次，结合资源环境承载压力和潜力，提出宏观层面（市/县尺度）国土开发时序和生产力优化布局的思路；最后，综合比较农业生产、城镇建设、生态保护指向下的国土空间开发适宜性评价结果，与现状农业、城镇、生态空间布局的差异，探寻国土空间格局优化的着力点。基于国土空间开发适宜性评价和资源环境承载力评价的结果，探讨国土空间未来建设开发的时序、空间和规模，提出面向国土空间规划的优化政策建议。

一、基于承载能力的"资源环境短板"识别

（一）农业生产指向的资源环境短板识别

浙江省农业生产功能指向的资源环境承载能力短板如图10-1所示。通过对单要素资源环境短板进行空间叠加，讨论浙江省（市/县尺度）资源环境承载能力短板。结果显示，25个县市存在资源环境短板。"七山二水一分田"的特征导致土地资源（耕地）成为浙江省农业生产指向的主要资源环境承载短板（共有14个县市），在空间上聚集在浙南山区与舟山岛屿地区。此外，以水资源和水环境为主要短板要素的县市数量分别为10个、1个，水资源短板聚集在浙北平原与环乐清湾地区。

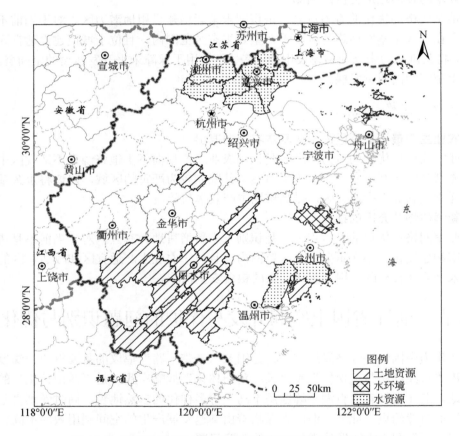

图 10-1　浙江省农业生产功能指向的资源环境承载能力短板

以土地资源为短板要素的县市主要集中在丽水市及其周边的磐安县、文成县、常山县，受地形限制影响，这些地区可供农业生产的土地资源相对较少，发展空间有限。此外，土地资源也是平湖市、玉环市、嵊泗县、岱山县的短板要素，主要原因在于行政辖区面积较小，土地资源有限。这4个地区同时存在水资源、水环境的短板限制。以水资源为短板要素的地区集中在浙北平原上的嘉兴市、湖州市，以及环乐清湾地区，此外，浦江县水资源也为短板要素。这些地区内无大面积流域，且除浦江县外，人口与产业较为聚集，用水量

大，水资源压力较大。其中，较低的水资源量将导致区域水环境容量小，海盐县、嘉善县、桐乡市、浦江县、温岭市、乐清市同时存在水环境短板的限制。此外，仅以水环境为短板要素的地区为三门县，该县腹地面积小，其水资源量较少，水环境容量也较小。

（二）城镇建设指向的资源环境要素短板识别

浙江省城镇建设功能指向的资源环境承载能力短板如图10-2所示，共有23个区县存在短板。短板分布规律与农业相似，土地资源短板聚集在浙南山区与舟山岛屿地区，水资源短板聚集在浙北平原与环乐清湾地区。并且，土地资源（建设用地）也是浙江省城镇建设功能指向的资源环境最为典型的短板要素，以其为主要短板的区县有14个。以水资源和水环境为主要短板要素的区县数量分别为8个、1个，由于存在大气环境短板的区县同时存在其他资源短板，按照要素重要性排序，不存在以大气环境为主要短板的区县。

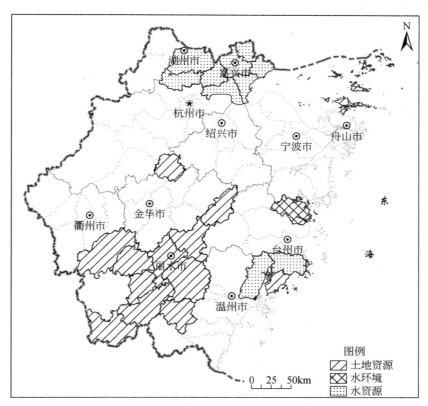

图10-2　浙江省城镇建设功能指向的资源环境承载能力短板

以土地资源为主要短板要素的区县主要分布在浙江省南部的丽水地区、磐安县、文成县，这些地区由于地形限制，极限建设用地规模较为有限。土地资源也是嘉善县、平湖市、玉环市、浦江县、嵊泗县、岱山县的短板要素，主要原因在于这些区县辖境较小，自身的可开发面积有限，它们同时存在水资源、水环境与大气环境短板的限制。嘉兴市（除嘉善县、平湖市）、湖州市辖区、德清县、温岭市、乐清市以水资源为主要短板，这些区县内无大面积流域，且人口与产业较为聚集，用水量大，水资源压力较大。其中，海盐县、桐乡市、温岭市、乐清市还存在水环境短板限制，前两个区县同时受到大气环境的限制，这些区县是浙江省重要的产业集聚区，水环境污染与大气污染都较为严重。仅以水环境为短板要素的区县为三门县。

二、国土空间开发时空秩序

基于资源环境承载潜力评价结果，利用国土开发适宜性评价结果实施修正，得到浙江省国土空间开发时序的最终结果（图 10-3）。浙江省国土空间优先开发的区县主要分布在浙北部与浙东部。地市尺度上，主要为湖州市、宁波市、杭州市。这些区县可以分为两类，一类为地市市辖区或周围区县，它们的自然条件较好，社会经济较为发达，但与浙江省最为发达的地区相比（如杭州市、宁波市辖区），开发程度低，开发压力较小，尚有规模较大的城镇建设适宜区与较适宜区面积。大多数优先开发区县为此类型，如诸暨市、长兴县、临海市、宁海县、吴兴区、衢江区、婺城区、南浔区等，其中，诸暨市、长兴县、临海市为优先开发的前三位，适宜区与较适宜区面积之和分别为 1410.68km²、1122.72km²、1122.60km²。第二类区域地处低山丘陵区，较平原、盆地等地区其地形条件稍差（如坡度），但腹地范围较大，极限建设用地范围内适宜区与较适宜区的面积也较大，开发时序较靠前，如安吉县、临安市。开发时序较为靠后的区县集中在丽水市，主要受到地形条件限制，不适宜进行城镇建设开发。

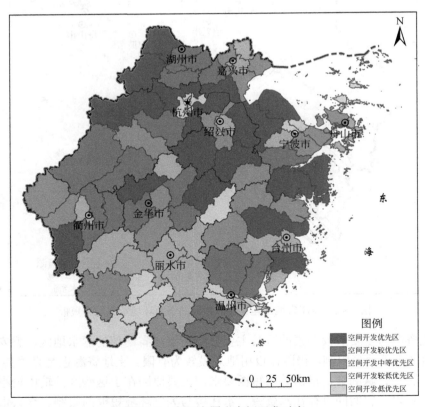

图 10-3　浙江省国土空间开发时序

三、国土空间冲突识别与格局优化建议

（一）生态空间冲突识别与格局优化

1. 生态保护极重要区内非生态红线区

对于评价等级为生态保护极重要的区域，可以考虑将其调整进入生态保护红线范围，同时，叠加生态保护重要性评价结果和现有生态保护红线，识别二者错位区域。浙江省可调入生态红线区的面积为 25025.71km² （图 10-4）。从地市尺度来看，丽水市可调入面积为 5399km²，温州市为 4813km²，这两个地市位于浙江省南部，与福建省山区相连，其生物多样性因子、水土保持因子、水源涵养因子评价等级较高，整体生态保护重要性高，较多区域被划入了生态保护极重要区，相应可调入生态保护红线区的面积较大。从区县尺度来看，有 12 个区县调入生态保护红线的面积超过 500km²，包括温州市的永嘉县、泰顺县、文成县、丽水市的青田县、龙泉市、景宁畲族自治县、庆元县、台州市的临海市、衢州市的江山市、杭州富阳区、宁波宁海县。

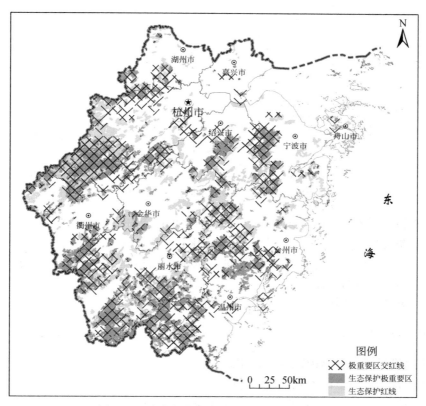

图 10-4 生态保护极重要区内非生态红线区

2. 生态保护极重要区内的建设用地和永久基本农田

生态保护极重要区内永久基本农田总面积为 4428.36km²，整体上分布分散，在杭州市、嘉兴市、衢州市、温州市有四个集中分布区（图 10-5）。从区县尺度来看，温州市文成县、永嘉县、泰顺县需调整的永久基本农田面积最大，分别为 223.41km²、200.03km²、148.06km²，这些区域的水源涵养和生物多样性保护等级均较高；其次是杭州市萧山区，为 154.05km²，主要位于钱塘江南岸大江东地区，具有较强的水土保持功能。与此相同，嘉兴市平湖市的东北片区具有较强的水土保持功能，有 110.83km² 永久基本农田需要考虑从生态保护重要区中调整退出。

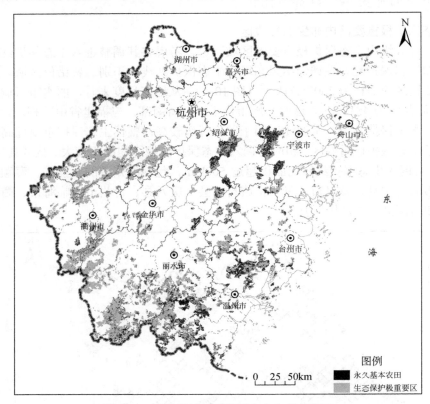

图 10-5　生态保护极重要区内永久基本农田

　　生态保护极重要区内现状建设用地面积共 1650.84km²，规模较小，分布较为分散（图 10-6）。杭州市内需调整现状建设用地面积最大，为 344.71km²，其中 103.43km² 分布在富阳区，该区县为丘陵地区，富春江横贯全境，水土保持功能、生物多样性功能较高，水土流失敏感性较低，域内生态保护极重要区面积较大。同时，富阳区在杭州市辖区的辐射作用下，也聚集了一定规模的人口，需要调整的现状建设用地较多。多数区县需要调整的现状建设用地在 20km² 左右。

（二）城镇空间冲突识别与格局优化

1. 城镇建设最不适宜区内现状建设用地

　　根据浙江省的自然资源本底状况，将地形起伏度大于 200m、高程大于 1000m、坡度大于 25° 的区域及水域认定为城镇建设指向下土地资源最不适宜区（简称城镇建设最不适宜区），将城镇建设最不适宜区与土地利用数据中的现状建设用地进行叠加分析。全省城镇建设最不适宜区中的建设用地共计 200.83km²，分散分布在全省的各个县市，没有集中片区（图 10-7）。从区县尺度来看，丽水青田县的城镇建设最不适宜区内建设用地面积最大，为 8.44km²。城镇建设最不适宜区中的建设用地面积超过 5km² 的地区除青田县外，还包括淳安县、龙泉市、永嘉县、建德市、富阳区、临海市、景宁畲族自治县、遂昌县、临安市。

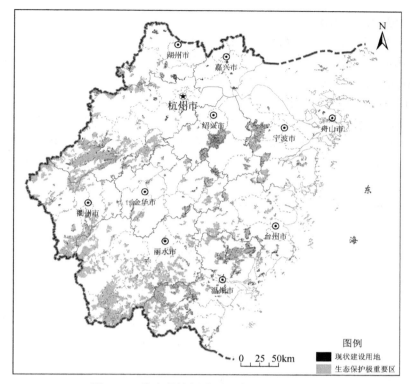

图 10-6 生态保护极重要区内现状建设用地

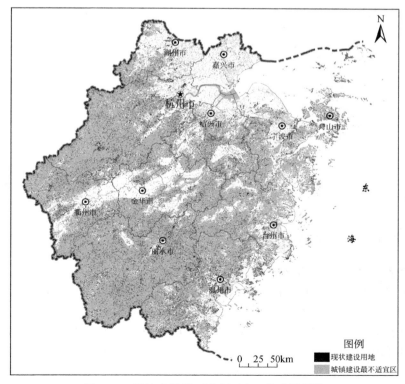

图 10-7 城镇建设最不适宜区内现状建设用地

2. 新增建设用地潜力区

浙江省新增建设用地潜力区面积为 18709.23km²，集中分布在宁波、湖州和台州三个地级市（图 10-8）。从地级市尺度来看，新增建设用地潜力区主要位于宁波市、台州市、温州市，面积分别为 2640.89km²、2356.90km²、2264.98km²。区县尺度上，新增建设用地潜力区面积较大的区县按降序排列为：临海市、诸暨市、宁海县、苍南县、长兴县、安吉县、慈溪市、上虞区、嵊州市，其面积均超过了 400km²，这些区县基本是在各地级市辖区周边的区县，具有较大的发展潜力。将新增建设用地潜力区与土地利用数据叠加，可以识别出新增建设用地潜力区的土地利用现状，其中主要为林地、水田、果园和沿海滩涂。

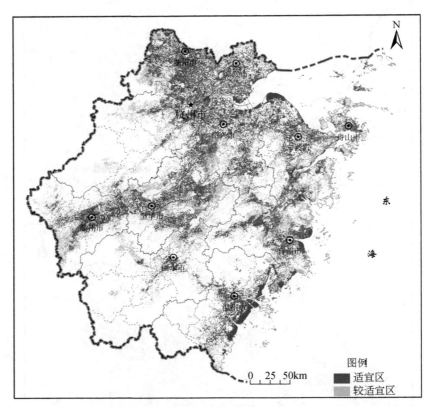

图 10-8　浙江省新增建设用地潜力区

（三）农业空间冲突识别与格局优化

1. 农业生产最不适宜区内永久基本农田

浙江省农业生产最不适宜区内的永久基本农田共 3412.78km²，主要分布在温州市、丽水市和金华市（图 10-9）。与城镇建设最不适宜区相比，考虑到农业生产对土壤条件的特殊需求，农业生产最不适宜区考虑了土壤质地和土壤类型，这两个强限制因子成了最不适宜区内永久基本农田的最主要影响因素，对于嘉兴、杭州、金华的部分区域，有集中连片的永久基本农田土壤粉砂含量过高，或土壤类型是粗骨土。从区县层面看，需要将永久基本农田从农业生产最不适宜区调整出来的区县按面积降序排列为永嘉县（177km²）、衢江区

（120km²）、平湖市（110km²）、青田县（108km²）、文成县（102km²）等，其余需调整面积小于 100km²。

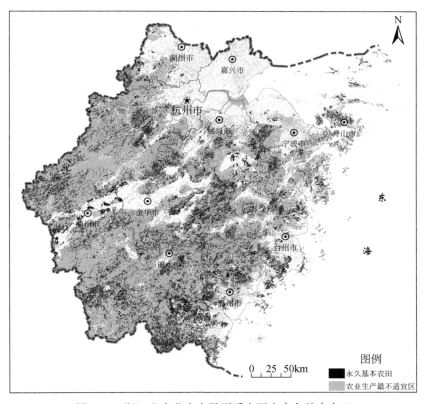

图 10-9　浙江省农业生产最不适宜区内永久基本农田

2. 新增耕地补充区

浙江省新增耕地补充区面积为 14055.06km²（图 10-10）。从市级尺度来看，新增耕地补充区主要位于杭州市、温州市、台州市，面积分别为 1956.33km²、1719.74km²、1719.49km²。从区县尺度来看，新增耕地潜力区面积较大的区县按降序排列为：诸暨市、临海市、长兴县、安吉县、余杭区、苍南县、江山市、宁海县，其面积均超过了 300km²，这些区县基本是浙北平原或浙东沿海平原的区县，具有较大的耕地补充潜力。将新增耕地补充区与土地利用数据叠加，可以识别出新增耕地补充区的土地利用现状，其中主要为村庄、有林地和果园。

国土空间格局优化综合考虑区域资源环境要素布局情况，基于整体性、系统性思维优化生态空间格局、城镇空间格局及农业空间格局。国土空间格局优化仍应以科学划定城镇开发边界、永久基本农田保护红线和生态保护红线为基本原则，通过对三条控制线严格管控，合理布局城镇、农业与生态"三类"空间，优化整体空间结构。

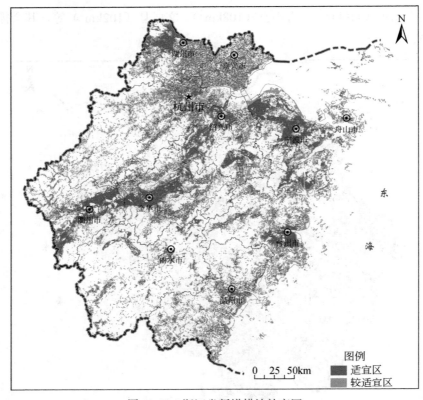

图 10-10　浙江省新增耕地补充区

参 考 文 献

白永秀. 2012. 城乡二元结构的中国视角：形成、拓展、路径. 学术月刊，44（5）：67-76

曹帅，金晓斌，杨绪红，等. 2019. 耦合 MOP 与 GeoSOS-FLUS 模型的县级土地利用结构与布局复合优化. 自然资源学报，34（6）：1171-1185

樊杰. 2015. 中国主体功能区划方案. 地理学报，70（2）：186-201

樊杰. 2017. 我国空间治理体系现代化在"十九大"后的新态势. 中国科学院院刊，32（4）：396-404

樊杰. 2019. 地域功能-结构的空间组织途径——对国土空间规划实施主体功能区战略的讨论. 地理研究，38（10）：2373-2387

樊杰. 2020. 我国"十四五"时期高质量发展的国土空间治理与区域经济布局. 中国科学院院刊，35（7）：796-805

冯宇，毕如田，王瑾，等. 2016. 流域矿业开采引发的土地利用空间冲突及优化配置. 中国土地科学，30（11）：32-40+2

郭杰，吴斌，欧名豪，等. 2011. 兰州市多目标区域土地利用系统优化研究. 中国土地科学，25（7）：72-79

韩晓佳. 2018. 宁南生态移民安置区空间冲突与生态安全情景分析. 银川：宁夏大学硕士学位论文

黄安，许月卿，卢龙辉，等. 2020. "生产—生活—生态"空间识别与优化研究进展. 地理科学进展，39（3）：503-518

贾克敬，何鸿飞，张辉，等. 2020. 基于"双评价"的国土空间格局优化. 中国土地科学，34（5）：43-51

姜广辉，付晶，谭雪晶，等. 2011. 北京国土空间结构与未来空间秩序研究——基于主体功能区划框架. 中

国人口·资源与环境，21（1）：20-27

匡文慧. 2019. 新时代国土空间格局变化和美丽愿景规划实施的若干问题探讨. 资源科学，41（1）：23-32

李新举，方玉东，田素锋，等. 2007. 黄河三角洲垦利县可持续土地利用障碍因素分析. 农业工程学报，23（7）：71-75

鲁春阳，文枫，杨庆媛，等. 2011. 基于改进 TOPSIS 法的城市土地利用绩效评价及障碍因子诊断——以重庆市为例. 资源科学，33（3）：535-541

陆大道. 2014. "未来地球"框架文件与中国地理科学的发展——从"未来地球"框架文件看黄秉维先生论断的前瞻性. 地理学报，69（8）：1043-1051

陆建忠，崔肖林，陈晓玲. 2015. 基于综合指数法的鄱阳湖流域水资源安全评价研究. 长江流域资源与环境，24（2）：212-218

蒙吉军，江颂，拉巴卓玛，等. 2020. 基于景观格局的黑河中游土地利用冲突时空分析. 地理科学，40（9）：1553-1562

孟鹏，王庆日，郎海鸥，等. 2019. 空间治理现代化下中国国土空间规划面临的挑战与改革导向——基于国土空间治理重点问题系列研讨的思考. 中国土地科学，33（11）：8-14

石磊. 2004. 木桶效应. 北京：地震出版社

唐凯，周国华. 2013. 基于经济学视角的空间冲突形成原因及其风险测度——以长株潭城市群为例. 湖南师范大学自然科学学报，36（3）：90-94

王秋兵，郑刘平，边振兴，等. 2012. 沈北新区潜在土地利用冲突识别及其应用. 农业工程学报，28（15）：185-192

吴次芳，叶艳妹，吴宇哲，等. 2019. 国土空间规划. 北京：地质出版社

夏皓轩，岳文泽，王田雨，等. 2020. 省级"双评价"的理论思考与实践方案——以浙江省为例. 自然资源学报，35（10）：2325-2338

肖金成，欧阳慧. 2012. 优化国土空间开发格局研究. 经济学动态，（5）：18-23

杨永芳，朱连奇. 2012. 土地利用冲突的理论与诊断方法. 资源科学，34（6）：1134-1141

杨正先，索安宁，张振冬. 2018. "短板效应"理论在资源环境承载能力评价中的应用及优化研究. 海洋环境科学，37（4）：602-607

于伯华，吕昌河. 2006. 土地利用冲突分析：概念与方法. 地理科学进展，25（3）：106-115

岳文泽，代子伟，高佳斌，等. 2018. 面向省级国土空间规划的资源环境承载力评价思考. 中国土地科学，32（12）：66-73

张菲菲，刘刚，沈镭. 2007. 中国区域经济与资源丰度相关性研究. 中国人口·资源与环境，17（4）：19-24

张吉康，罗罡辉，钱竞. 2021. 深圳：超大城市国土空间"微积分"优化模式. 中国土地，11：56-57

赵宇鸾，张颖，李秀彬. 2017. 黔桂岩溶山区土地利用冲突强度演变及其空间分异特征. 中国岩溶，36（4）：492-500

郑荣宝，董玉祥，陈梅英. 2012. 基于 GECM 与 CA+ANN 模型的土地资源优化配置与模拟. 自然资源学报，27（3）：497-509

周道静，徐勇，王亚飞，等. 2020. 国土空间格局优化中的"双评价"方法与作用. 中国科学院院刊，35（7）：814-824

周德，徐建春，王莉. 2015. 环杭州湾城市群土地利用的空间冲突与复杂性. 地理研究，34（9）：1630-1642

周国华，彭佳捷. 2012. 空间冲突的演变特征及影响效应——以长株潭城市群为例. 地理科学进展，31（6）：717-723

朱凤武，高永年，鲍桂叶. 2015. 江苏沿海地区土地综合承载力指标预警与短板要素识别. 长江流域资源与
　　环境，24（S1）：15-22

庄少勤. 2019. 新时代的空间规划逻辑. 中国土地，01：4-8

Campbell D J，Gichohi H，Mwangi A，et al. 2000. Land use conflict in Kajiado District，Kenya. Land Use Policy，
　　17：337-348

Dunk A，Gret- Regamey A，Hersperger A M. 2015. Land use conflicts in a swiss peri- urban landscape：Which
　　socio- demographic and environmental variables are associated with their presence and absence? Carpathian
　　Journal of Earth and Environmental，10（4）：3-48

Peter L J，Hull R. 1966. The Peter Principle. New York：Buccaneer Books

Yan F，Zhang S. 2019. Ecosystem service decline in response to wetland loss in the Sanjiang Plain，Northeast
　　China. Ecological engineering：The Journal of Ecotechnology，130：117-121

Yang Z，Yang H，Wang H. 2020. Evaluating urban sustainability under different development pathways：A case
　　study of the Beijing-Tianjin-Hebei region. Sustainable Cities and Society，61：102-226

第十一章 "双评价"在"三区三线"划定中的应用

　　长期以来,我国空间规划种类繁多、内容复杂,多头治理现象较为普遍,致使空间管制难以落到实处。为提升空间治理体系与治理能力现代化水平,新时代国土空间规划以"双评价"为基础,以"三区三线"为基本框架和底线,统筹协调开发保护布局、落实统一国土空间用途管制。作为国土空间规划中空间组织和格局优化的核心抓手,"三区三线"的划定既需要科学把握空间组织规律,又需要与实际的资源环境禀赋相结合。"双评价"综合考虑区域资源禀赋、生态环境、社会经济等多维因素,系统研判区域环境的综合承载能力和各类开发保护活动的适宜程度,为"三区三线"划定提供科学依据。本章首先阐述"三区三线"的政策演进历程,明晰"三区三线"的概念内涵与划定逻辑。其次,归纳总结现有的规划分区模式,并提出基于"双评价"的"三类空间"划分的思路建议。最后,梳理"三线"划定的重点与思路,并通过案例进一步介绍"双评价"支撑"三线"的方法。

第一节　"三区三线"的内涵认知与划定逻辑

一、"三区三线"的内涵认知

(一)"三区三线"的政策演进及发展脉络

　　改革开放以来,我国空间规划工作取得了长足发展。然而,规划种类繁多、内容交叉重叠等问题也日益凸显,造成生态保护不力、发展质量不高、治理效率低下等现象(黄征学和祁帆,2018b)。党的十八大以来,以国土空间治理体系和治理能力现代化为目标,中央提出构建统一的国土空间规划体系,谋划统筹全域、全要素的国土空间开发保护格局。2014年,多部委联合发布的《关于开展市县"多规合一"试点工作的通知》(发改规划〔2014〕1971号),明确提出空间规划要"划定城市开发边界、永久基本农田红线和生态保护红线,形成合理的城镇、农业、生态空间布局"。2015年,中共中央、国务院印发的《生态文明体制改革总体方案》,要求市县空间规划要统一土地分类标准,根据主体功能定位和省级空间规划要求,划定生产空间、生活空间、生态空间,明确城镇建设区、工业区、农村居民点等的开发边界,以及耕地、林地、草原、河流、湖泊、湿地等的保护边界。2017年,《省级空间规划试点方案》中明确要求以"三区三线"为载体,合理整合协调各部门空间管控手段,形成"一张蓝图"。2017年国务院印发的《全国国土规划纲要(2016—2030年)》,明确提出要以资源环境承载能力为基础,根据资源禀赋、生态条件和环境容量,明晰国土开发的限制性和适宜性,科学确定国土开发利用的规模、结构、布局和时序,划定城镇、农业、生态空间开发管制界限。2018年国家机构改革时,自然资源部被赋予"两统一"职责，并相继出台了《关于在国土空间规划中统筹划定落实三条控制线的指导意见》等多个纲领性文件，进一步明确了"三区三线"的统筹划定和布局在国土空间规划和实施中的核心地位。2022 年 4 月，自然资源部印发《全国"三区三线"划定规则》（自然资函〔2022〕47 号），全面推进统筹划定"三区三线"。

（二）"三区三线"的基本概念

"三区"是指农业空间、生态空间、城镇空间三种类型空间所对应的区域。农业空间是指以农业生产和农村居民生活为主体功能的国土空间，在用地类型上主要体现为永久基本农田、一般耕地等农业生产用地及村庄等农村生活用地；生态空间是指具有自然属性，以提供生态服务或生态产品为主体功能的国土空间；城镇空间是指以城镇居民生产生活为主体功能的国土空间，在用地类型上主要表现为城镇建设用地、工矿用地，以及与其联系紧密的区域交通用地、区域设施用地等。

"三线"是指永久基本农田、生态保护红线、城镇开发边界三条控制线。永久基本农田是按照一定时期人口和社会经济发展对农产品的需求，依法确定的不得占用、不得开发、需要永久性保护的耕地空间边界；生态保护红线指具有特殊重要的生态功能、必须强制性严格保护的区域，是保障和维护国家生态安全的底线和生命线，通常包括生态功能重要区域和生态环境敏感脆弱区域；城镇开发边界是在城镇空间中，为合理引导城镇、工业园区发展，有效保护耕地与生态环境，依据现有建成区及未来发展预留空间划定的一条或多条闭合边界，内部细分为城镇集中建设区、城镇弹性发展区、特殊用途区。

虽然"三区三线"往往作为一个词语出现在许多政策文件和相关材料中，但是笔者认为，"三区"与"三线"在内涵、空间形态、空间关系、政策管控等方面是两个层面的概念，应该分类讨论，在划定技术方法上也应分别探究。在内涵方面，"三区"是强调主体功能思想的多功能混合"容器"，可以理解为基于主体功能概念的延伸；"三线"则是以底线思维为导向，保障地域生产、生活、生态基本功能运维是其应有之义。在空间形态方面，"三区"是功能分区和用途分类的基础；"三线"侧重边界刚性管控，是准入管制的空间约束。在空间关系方面，"三区"和"三线"不是包含与被包含的关系，但有高度的相关性。例如，永久基本农田绝大部分位于农业空间中，但是农业空间中在保证农业功能为主体的前提下，还允许存在部分的城乡建设、生态功能等。政策管控方面，"三区"更强调分类引导的弹性思维；"三线"是法律线，是禁止通行的红灯。在实践中，地方根据基本原则和实际情况，进一步判断和划定。例如，山西省朔州市是煤炭资源型城市，故而在三类空间的基础上增加"采矿空间"；此外，北京、上海、南京、福州等地均有对"三区三线"采用系统整合的策略。

（三）"三区三线"的内涵和价值

"三区三线"的目标主要在于谋划发展与保护相协调的、统一的国土空间布局，是整合相关规划空间管控的重要举措、协同空间利益权衡空间冲突的有效应对，是落实刚性管控和弹性引导有机结合的重要抓手。"三区三线"的内涵和价值可以概括为以下几点（岳文泽等，2020）。

第一，"三区三线"是新时代统一国土空间规划体系背景下，整合相关空间类规划管控分区的重要举措，是协调空间开发与保护关系的重要载体。长期以来，我国空间规划受制于"九龙治水"的困境，为争"龙头"，各类规划"各自为政"，规划内容冲突，规划边界相互交叠（顾朝林，2015），各类规划对同一国土空间进行"五花大绑"式的割裂。此外，各类规划采用的基础底图、用地分类标准、管控方式等都存在较大差异，这些问题进一步导致了空间开发失序和发展失衡（刘勤志，2019）。因此，《省级空间规划试点方案》《若干意见》中都明确要求要以"三区三线"为载体，绘制统一、覆盖全域的空间规划底图，作为可持续发展的空间蓝图。在此基础上，完成"形成一套规划成果、研究一套技术规程、设计一个信息平台、提出一套改革建议"任务。

第二，对空间异质性的科学认知是"三区三线"划定的理论基础，"双评价"是"三区三线"划定的技术依据。国土空间规划的建立不仅是为了解决"多规并行"的弊端，更是顺应我国从工业文明走向生态文明的时代转变，为新时代建立新的时空秩序。从工业文明时代"发展压倒一切"到生态文明时代强调"人类命运共同体"（刘效龙，2019），这一转变意味着空间规划要比以往任何时候都更加关注自然生态空间保护及人地关系的协调。"三区三线"作为国土空间规划中空间组织和格局优化的核心内容，亟须对全域空间布局和资源环境要素禀赋进行科学认知与系统把握，在科学、系统开展"双评价"的基础上，充分遵循、适应、利用自然社会系统自身运行的规律，识别空间问题和发展冲突，将生态优先、底线思维、生命共同体等生态文明价值观转译成时空秩序的语境，对规划所要解决的空间冲突和所要维护的空间利益做出科学安排。

第三，"三区三线"是落实统一国土空间用途管制的重要抓手。党的十八届五中全会明确提出，建立由空间规划、用途管制、差异化绩效考核等构成的空间治理体系。空间治理的核心目标是"生产空间集约高效、生活空间宜居适度、生态空间山清水秀"。围绕这一目标，有学者建议从生产、生活、生态的"三生空间"分类，提出空间管控引导（王昆，2018；魏伟和张睿，2019）。然而，基于对国土空间用途的空间异质性和同一性关系的探讨，"三生空间"分类下，异质性是特殊、复合性是常态（岳文泽和王田雨，2019b），这种分区导致管控效率低下。相比而言，"三区"的分类思维，强调了主导功能的异质性，在空间用途管制上更具优势。"农业空间、生态空间、城镇空间"依据主导功能定位，互不交叠且覆盖全域，既保证空间用途管制的刚性，同时不排斥"三区"之间弹性调节、动态转化。永久基本农田、生态保护红线、城镇开发边界线三条控制线权责主体明确、边界清晰，有利于特定空间在特定部门、不同层级政府之间的刚性管控和高效传导（王颖等，2018）。

二、"三区三线"的划定逻辑

（一）技术逻辑

无论是"三区"，还是"三线"，都要面对实体空间、功能空间和管理空间相互作用、相互交叉的问题（岳文泽和王田雨，2019b）。具体而言，自然实体空间具有位置固定性，而包括人在内的生物则具有流动性，"以流定形"产生了与实体空间不匹配的功能空间，同时，行政机构通过行使国家公权力对空间进行管制，形成与行政单元匹配的管理空间。以城市为例，建成区可被视为实体空间，因其作为城市人口和各种非农业活动高度密集的地域而区别于乡村；而城市通过人口流、物质流、信息流等与周边地域存在频繁的经济联系，从而形成了区域功能一体化的功能空间；为了管理需要，按照一定程序设行政建制，并确定其行政边界，即管理空间。

对于"三区"而言，分区实质是通过国土空间开发适宜性评价，将国土空间单元功能相对一致、相似度高的合并为同类空间，具有差异的单元则分开（王昆，2018）。其本质是一种基于主体功能的分区策略，强调分区内的主导职能而非绝对一致。例如，农业空间内往往有一定生态功能。也就是说，"三区"着重强调在适宜程度上的兼容性，是具有主导功能的复合空间。因而，"三区"的划定不应是简单的"划分地盘"和"分而治之"，"三区"两两之间、三者之间存在可融合、可转换区域。

对于"三线"而言，其功能的异质性明显高于同一性，"三线"互不交叉已经成为基本共识，并在各自范围内有着刚性管制规则（黄征学和祁帆，2018b），即"三线"是为保障粮食安全、生态安全等而确定的底线，是落实空间用途管制的政策工具和空间准入行为的判断准则。在实践中，"三线"是基于"实体空间-功能空间-管理空间"综合决定下的管理界限。

例如，永久基本农田基于地方的耕地现状数量、质量情况，以保护任务逐级分解下达的方式，由地方政府结合实际情况进行划定。

（二）制度逻辑

制度逻辑是从政策工具实用性的视角，统筹协调各类分区及其相对应的管控规则。如果说技术逻辑是一种效率优先的工作方法，那么制度逻辑则更侧重管控与落实。就"三区三线"划定而言，单纯运用技术逻辑方式划定的"三区三线"可能面临难以实施的困境，二者往往需要深度结合（赵广英和宋聚生，2020）。例如，"三区"基于主体功能细化，在总体目标确定、任务划分、指标下达等方面实现整体性的用途管制。"三线"则根据相关法律法规、部门条例及政策文件等，以行政审批、许可等方式进行管制与落实。

随着各级国土空间规划编制指南的陆续出台，"三区"不同级别国土空间规划对应的三类功能空间，也可能表现为不同的分区。例如，以全国、省级、区域级国土空间规划中，三类功能空间即主体功能区，与"三区"大致对应，包括重点生态功能区、农产品主产区和城市化发展区。而在市县级国土空间规划中，一级规划分区有 7 类，即生态保护区、生态控制区、农田保护区、城镇发展区、乡村发展区、海洋发展区、矿产能源发展区（《市级国土空间总体规划编制指南（试行）》），三类空间就被进一步细化用于支撑地方决策。

"三线"关注永久基本农田高水平保护（或农业发展）、生态核心区高水平保护、城镇空间高质量发展，强调管控的刚性。《生态保护红线划定指南》规定"原则上按禁止开发区域的要求进行管理，严禁不符合主体功能定位的各类开发活动，严禁任意改变用途"；《基本农田保护条例》规定基本农田保护区经依法划定后，任何单位和个人不得改变或者占用。此外，城镇开发边界同样是具有严格约束力的控制线，边界一旦确立，则不允许开发边界范围外的土地。

第二节　基于"双评价"的"三区"划定

一、规划分区的演进

（一）现有规划分区的模式与导向

根据用途分区实施分类管理是国土空间用途管制的核心内涵（吴红和张淑娴，2019）。

目前，我国已形成了多种管制分区模式：一是以土地利用类型为基础的管制分区模式，如土地用途管制、林地用途管制、水域岸线用途管制、海洋功能区划制度等，分别明确了水、田、林等非建设用地的用途管制办法及相应法律依据（黄征学和祁帆，2018a）。二是以规划用途分区为基础的管制分区模式，例如，过去土地利用总体规划在用途分区的基础上，划分允许建设区、限制建设区、有条件建设区、禁止建设区等四类管制区。

在开展统一的国土空间规划前，我国空间类规划主要以主体功能区规划、土地利用规划、城乡规划和生态功能区规划等规划为主。对这些类型规划中的空间分区类型、内容及方法进行梳理发现（图11-1）：第一，不同规划中的空间分区自成体系，不但在同一空间上重叠现象明显，而且分区边界交叉，管控规则也存在较大差异，严重制约了空间治理的效能（刘效龙，2019）。第二，除主体功能区规划以外，其他空间类规划普遍以土地利用类型作为分区底盘，由于土地利用类型具有唯一性和排他性的特点，相应地，用途管控表现为对单个土地要素的管控，不仅割裂了生态系统保护的系统性和完整性，而且忽略了对多宜性空间的管控和开发引导（周璞等，2016）。第三，分区管制体系不完整、系统性较差，其重点在于对建设开发活动的限制，而忽略了农业生产、生态保护等非建设活动之间的协调和管控。例如，土地利用规划中的"三界四区"和城乡规划中的"三区四线"均是从"是否允许建设"的价值导向划分管制空间。另外，对于同一管制区内部的不同土地类型而言，其管控强度和法律支撑力度也有所差异，例如，对耕地的保护力度远大于林地和草地，显然无法满足实施统一用途管制的需求（刘冬荣和麻战洪，2019）。第四，分区强调过程的科学性，却很难避免结果的主观性。主体功能区划以区县单元进行评定，研究尺度偏大，而分区理论基础和实践方案派别类型较多，难以形成普遍共识；土地利用规划、城乡规划和生态功能区规划主要以土地现状调查及单一的适宜性评价作为分区基础，由于各类规划标准不一，对空间布局的引导与管控难免"力不从心"。

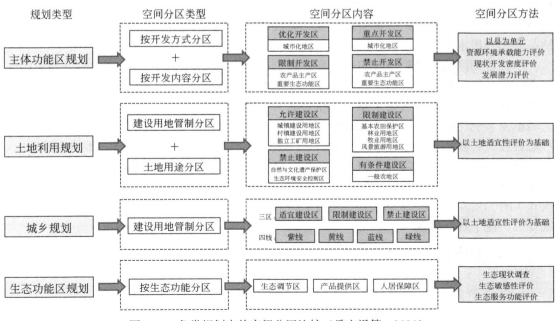

图 11-1　各类规划中的空间分区比较（岳文泽等，2020）

（二）"三类空间"的组织模式与管控路径

新时代国土空间规划提出要建立以"三区三线"为核心的空间管控机制，实现由"管制分区"到"功能分区＋管制规则"的用途管制分区转变，空间的功能属性得到凸显。

实现功能区和管制区相融合的分区模式，构建分级、分功能、易操作、覆盖全域的国土空间管控分区思路。即在农业与农村发展、生态保护、城镇发展的功能指向下划分"刚性管制区、优化引导区、改善提升区"三类管控区。

"刚性管制区"强调空间的单一用途，实施最严格的用途转变管控，与三条控制线紧密相关，重点回答"不能做什么"的问题。同时，"刚性管制区"内部又可以进一步细分，在保证在空间用途不发生改变的基础上，对不同分区实行不同强度和等级的管制手段。

"优化引导区"重点关注空间功能的复合性。"优化引导区"内主导功能以外的空间用途为适宜或较适宜时，可以根据实际需要按照相关程序报批进行用途分区的转变，同时鼓励空间的复合利用，主要回答"能做什么"的问题。例如，在不降低生态功能、不破坏生态系统稳定的前提下，允许人类对生态保护优化引导区内部进行土地利用结构和布局调整，探索自然生态空间生产、景观、休闲、文化等多种功能的发挥。对于农业与农村优化引导区，引导农业生产方式由传统种植业向景观农业转变，尤其是东部沿海发达地区，农业生产难以形成规模效应，应积极鼓励引导建设以生态农业、休闲农业、高科技现代农业等为主的都市型农业。此外，由于"优化引导区"的保护重要性或开发适宜性处于较高水平，因而，在对三条控制线进行弹性调整时，"优化引导区"可优先纳入相应的保护红线或开发边界的范畴。

"改善提升区"主要指各类空间主导功能适宜性等级均较低的区域。该区域强调国土综合整治和生态修复。"改善提升区"重点回答"怎么做"的问题。生态空间内坚持以自然修复为主，工程修复为辅，加强生态修复提升。农业空间的管控要求和内容是系统修复改善耕作条件和农村人居环境，高效配置美丽乡村和产业融合发展用地；城镇空间则应着重提高城镇的空间环境质量，改善居住环境，通过公共服务及市政基础设施提升扩容，提高生活品质和宜居水平。

刚性管制区与三条控制线的范围高度相关；优化引导区的定位是可作为刚性管制区的储备区域，因此其主导功能适宜性仍处于较高水平，在划分时，首先将城镇开发适宜性为最适宜和较适宜的区域与集中建设区相叠加，叠加后位于集中建设区以外的区域则被划归为城镇发展优化引导区；农业与农村发展优化引导区（或生态服务优化引导区）为农业生产适宜性（生态保护重要性）中的最适宜（极重要），但是由于图斑面积小、地块破碎度大、规模控制等，在最终划定时未纳入永久基本农田（或生态保护红线）区域；刚性管制区和优化引导区以外的区域为改善提升区。由此，建立起一个"3＋3＋3"的空间用途管制分区模式（图11-2），各类管制区能够凸显空间功能的差异性，并体现管控重点，有利于统一管制规则、便于管制实践。

二、"三类空间"划分思路

（一）筑牢空间分区的基础：科学的"双评价"

国土空间地域功能的空间落位离不开科学的空间认知与合理的技术方法。一方面，用途分区以"双评价"为基础，摸清国土空间家底，对国土空间结构和布局做出科学预判，

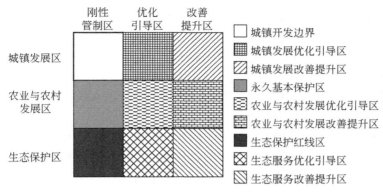

图 11-2 "3+3+3"的空间用途管制分区模式（岳文泽等，2020）

引导用途分区为城镇发展和农业开发优势区提供空间保障，科学识别环境容量严重超标区和生态保护的优先区。另一方面，用途分区是面向规划实施和空间管控的，重点并非在于"形态"，而在于制定针对性的管控和配套政策，以实现国土空间高水平保护和高质量开发（韩经纬，2019）。因此，用途分区需要尊重空间规律，落实底线思维、生命共同体、集约节约等战略理念和政策要求，统筹开发与保护，协调农业、生态、城镇三大空间的结构，细化管控规则、规范开发秩序。从而使用途分区做到有据可循，有规可依。

当前，主流思路是以国土空间开发适宜性为基础划定三大基本功能区，即根据空间对农业开发、生态保护和城镇建设等行为的适宜程度，来确定功能定位（魏旭红等，2019）。然而，这种模式容易忽略空间开发与资源环境承载力的匹配，导致城市无序蔓延、环境容量超标、生态系统退化等一系列问题，因此，必须建立与空间规划体系相适应的新"双评价"范式，用于支撑规划分区。

将资源环境承载力评价和国土空间开发适宜性评价纳入统一框架，建立一个能为"三区"划定所用的"双评价"模式。首先，需要将当前只关注资源环境承载能力拓展到"能力-潜力"的综合评价（岳文泽和王田雨，2019a），才能支撑未来"蓝图"的划定；其次，分区管控的价值取向是约束性与开发性的统一，必须把偏向约束性的承载力评价与偏向开发性的适宜性评价关联起来。第一，承载能力评价更加关注资源环境对人类活动的约束，强调空间开发的底线，而适宜性评价则侧重于空间开发是否能够达到最大效益（吴次芳等，2019）。因此，将二者关联可保证空间开发活动控制在底线范围内并实现最优布局。第二，规划是对未来空间作出安排，既要保证未来生产力布局合适，又要有能承载的落地潜力。因此，将国土空间开发适宜性与承载潜力相关联，才能够提供面向未来的科学分区策略。

（二）"三类空间"划分的创新思路："适宜性"+"适应性"

在"三区"划分实践中，尽管融合"双评价"的空间适宜性产出结果能够对"三区"的科学划分具有重要支撑作用，但直接采纳"双评价"结果实现"三区"的空间落位仍存在一定的逻辑问题。"双评价"本质上是对区域农业生产、生态保护、城镇建设等不同空间利用导向的适宜性程度进行解构，而"三区"的分类思维，是为了便于管理实践，强调主导功能的异质性。这意味着尽管"三区"分别以农业生产、生态保护、城镇建设功能为主导，但其各自空间范围内并不排斥其他功能（白世强，2018）。换言之，适宜性评价结果与"三区"之间并非一一对应。一些空间对三种功能往往不是单宜的，很多是双宜的，有些甚至是三宜的。为解决这一逻辑缺陷，本章试图引入一个"辅助变量"，即空间的"适应性"。如果说"双评价"侧重于空间客体对不同人类开发活动的"适宜性"评定，那么空间的现状用途则可以用来表征在长期自然选择和人类干预下空间所形成的"适应性"状态。首先，以"适应性"作为评判"多宜性"空间主导功能的依据，能够使划分结果综合反映空间利用的科学性和现实性；其次，将"适宜性"和"适应性"纳入统一框架下比较分析有利于识别不适宜地区的错误开发行为并进行纠正。

　　基于上述思路，通过构建"四维魔方"的方法实现"三区"的空间落位，"四维魔方"是在"三维魔方"的基础上拓展一个维度。以往的"三区"划分本质上是建立在"三维魔方"的基础上，选取农业生产适宜程度、城镇建设适宜程度与生态保护重要程度分别作为三维魔方的 X 轴、Y 轴和 Z 轴，并在对应的轴线上设置分级值，即高、中、低三个等级，对三条轴线上的分级节点分别进行组合，可形成 27 种组合方案，针对这些组合制定相应的分类规则（如"生态优先"等）进行三维评判，最终得到分区结果（唐一鸣，2019）。本章所提出的"四维魔方"，则是在"三维魔方"的基础上，增加一个维度，即"现状空间用途"维。为方便实施，在土地利用分类的基础上，将现状空间用途划分为"农业空间、生态空间、城镇空间"三类，与"三区"相对应。由此，建立一个基于 81 种情景的"四维魔方""三区"划分方案（图 11-3）。对"魔方"法而言，对不同情景的评判规则尤为重要，直接关系到不确定性空间的分区结果。综合考虑空间的"适宜性"和"适应性"双重属性，对于多宜性空间优先选择现状功能作为主导功能。而当现状用途对应的主导功能的适宜性等级为低时，则意味着需要在规划中重新定位其空间用途，将其划归为主导功能适宜性等级较高的空间类型。其次，在该空间分区底图的基础上，叠加三条控制线，将三条控制线所在范围划分至各自所属的功能空间。最后，统筹考虑地块集中连片度及其所在行政区的主体功能定位、发展需求、与邻近区域的功能衔接等，划定满足农产品供给安全要求的农业空间、满足区域生态安全格局建设要求的生态空间，以及支撑高质量发展的城镇空间（周侃等，2019）。

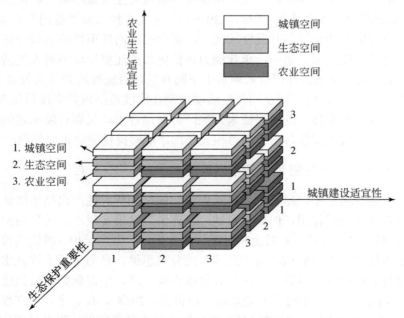

图 11-3　基于 81 种情景的"四维魔方""三区"划分方案（岳文泽等，2020）

与27种情景的"三维魔方"模型相比，基于81种情景的"四维魔方"模型在"三区"划分和管控实践上都具有明显优势：一是降低了"三区"划分时结果集成的不确定性和主观性。例如，在权衡农业生产空间、生态保护空间和城镇发展空间时，牧草地既具有农业生产功能，又具有生态保护价值，城镇郊区的大型公园绿地则兼具城镇生活和生态保护的双宜性，这就需要更多维度来科学判断。二是改进后的模型使"三区"划分结果更符合现实管理实践。例如，对于重叠面积较大的农业生产适宜区和城镇建设适宜区，避免了因强调粮食安全等主观设定的规则而造成空间规划布局与现实空间利用和需求脱节。

（三）案例：浙江省"三类空间"划定

以浙江省为例，综合"双评价"结果与空间现状用途的综合适应性结果，划分"三类空间"。采用系数复合公式计算综合适宜性得分，通过适宜性矩阵确定空间类型。图中，矩阵单元数值的百分位、十分位、个位分别表征生态保护重要性等级、城镇建设适宜性等级、农业生产适宜性等级，按照三类功能等级高低研判适宜性空间，例如，1、2、3分别表征生态、城镇、农业的低、中、高适宜性等级，此单元可归入农业空间。当存在相同等级时，依据空间现状用途研判适宜空间类型。

$$L_{综合}=\sum_{k=1}^{n} w_k L_k \tag{11-1}$$

式中，$L_{综合}$为综合适宜性得分；n值为1，2，3，分别表示生态、城镇与农业；k为指标编号；w_k为第k个指标的系数，$w_{生态}=100$，$w_{城镇}=10$，$w_{农业}=1=1$；L_k为第k个指标的适宜性等级。

基于"适宜性＋适应性"判断矩阵确定浙江省三类空间的格局，得到基于"双评价"的"三类空间"划定结果（图11-4）。浙江省"生态-城镇-农业"空间的比例为63.29%：

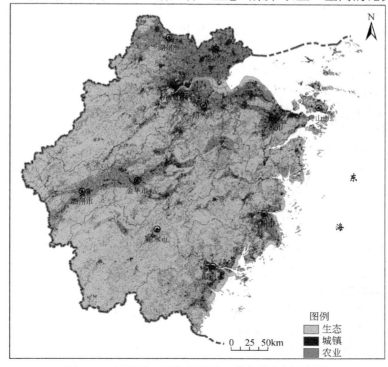

图11-4　基于"双评价"的"三类空间"划定结果

18.35%：18.36%。生态空间主要集中于浙西北、浙东及浙西南地区，农业空间相对分散于各平原地带，城镇空间主要集中于杭嘉湖平原、金衢盆地及温台沿海平原。在各地市中，丽水市、嘉兴市、湖州市分列生态、城镇、农业空间占市域面积比重的全省首位。

第三节　基于"双评价"的"三线"划定

一、永久基本农田划定

（一）永久基本农田划定重点

实施最严格的耕地保护政策，划定永久基本农田，是我国长期以来土地规划管理的核心内容，也是国土空间规划最应该从过去土地规划中继承的成功经验。在划定事权上，中央为保障粮食安全，依据粮食生产能力向地方政府下发永久基本农田保护任务，地方政府统筹当地空间布局特征与空间发展需求精准划定永久基本农田空间范围。现阶段，永久基本农田划定包括调整划定和占用补划两个方面，在此过程中需充分考虑两个关系。

一是永久基本农田与土地利用现状的关系。永久基本农田原则上应在纳入耕地保护目标的可长期稳定利用耕地上划定，优先将优质耕地划入永久基本农田。而实际工作中普遍存在划定不实的情况，永久基本农田中包含大量非耕地。一方面，社会经济的快速发展导致土地用途转变。部分耕地在城市"摊大饼"式的扩张下转化为建设用地；或是种植经济作物转化为园地、草地等其他农用地。另一方面，永久基本农田认定标准的变化，以及土地利用调查方式的差异，产生部分不实地类。现阶段，耕地保护优先级提升，永久基本农田被严格限制为稳定耕地，不再包含种植地方名特优新等非粮作物和一般即可恢复地类。因此，各地在调整和划定永久基本农田时，应依据实际情况考虑永久基本农田与土地利用现状关系。

二是现实永久基本农田保护目标与上版保护任务的关系。由于"二调"和"三调"调查规则和对耕地认定标准不同，两次调查在耕地总量差异较大。同时，考虑到永久基本农田应遵循"数量不减、质量不降、布局稳定"原则，新一轮国土空间规划中采用保护责任和任务目标相分离的处理方式。即上一轮土地利用总体规划确定的永久基本农田保护任务为本轮的责任，而本轮国土空间规划应结合稳定耕地的实际情况，实事求是地划定和确定保护任务目标（一般不得少于稳定耕地的90%），如果划定永久基本农田保护任务和目标距离上版规划有差距，则后续通过恢复、异地代保等方式予以补充。

（二）永久基本农田划定流程

在实践工作中，永久基本农田调整主要涉及核减和补划两个方面，现将有关两个方面的最新政策文件梳理永久基本农田调整思路如图 11-5 所示。

1. 永久基本农田核减

2019 年，自然资源部、农业农村部发布《关于加强和改进永久基本农田保护工作的通知》，其中要求全面清理划定不实问题。根据《中华人民共和国土地管理法》、《基本农田保护条例》等法律法规要求，对下列不符合要求的耕地或其他土地错划入永久基本农田的，按照"总体稳定、局部微调、量质并重"的原则，进行整改补划，并相应对粮食生产功能区和重要农产品生产保护区（"两区"）进行调整，按法定程序修改相应的土地利用总体规划。

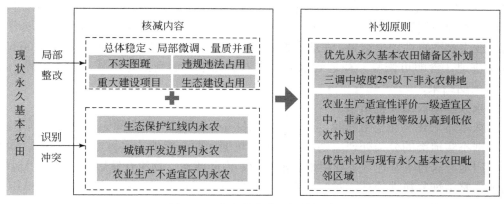

图 11-5　永久基本农田调整思路

（1）将不符合《基本农田划定技术规程》（TD/T 1032—2011）要求的建设用地、林地、草地、园地、湿地、水域及水利设施用地等划入永久基本农田的；

（2）河道两岸堤防之间范围内不适宜稳定利用的耕地；

（3）受自然灾害严重损毁且无法复垦的耕地；

（4）因采矿造成耕作层损毁、地面塌陷无法耕种且无法复垦的耕地；

（5）依据《中华人民共和国土壤污染防治法》列入严格管控类且无法恢复治理的耕地；

（6）公路铁路沿线、主干渠道、城市规划区周围建设绿色通道或绿化隔离的林带和公园绿化占用永久基本农田的用地；

（7）永久基本农田划定前已批准建设项目占用的土地或已办理设施农用地备案手续的土地；

（8）法律法规确定的其他禁止或不适宜划入永久基本农田保护的土地。

2. 永久基本农田补划

2018 年 2 月，国土资源部发布《关于全面实行永久基本农田特殊保护的通知》，其中明确永久基本农田补划要求。重大建设项目、生态建设、灾毁等占用或减少永久基本农田的，按照"数量不减、质量不降、布局稳定"的要求开展补划，按照法定程序和要求相应修改土地利用总体规划。补划的永久基本农田必须是坡度小于 25°的耕地，原则上与现有永久基本农田集中连片，补划数量、质量与占用或减少的永久基本农田相当。占用或减少城市周边永久基本农田的，原则上在城市周边范围内补划，经实地踏勘论证确实难以在城市周边补划的，按照空间由近及远、质量由高到低的要求进行补划。

实际工作中，永久基本农田的核减与补划除考虑政策要求外，还应做到"三线"的不交叉不重叠不冲突，在操作上采用农业生产适宜性评价、连片度分析等科学手段识别优质稳定耕地，使永久基本农田质量提升、形态集聚。

（三）案例：广东省某经济开发区永久基本农田调整

1. 永久基本农田调整原则

首先，考虑生态建设和重大建设项目与永久基本农田的冲突，对必要的冲突永久基本农田进行核减，保留优质连片的永久基本农田；一般建设项目内永久基本农田全部保留。其次，对永久基本农田内不实地类实施分类清理。考虑地类用途与整治恢复难度，将农用地、零散宅基地、废旧零散工业用地整治恢复成永久基本农田；对于现状为河流水面、基础设施类建设用地的永久基本农田作退出处理。最后，分析永久基本农田的补划潜力。根据农业生产适宜性评价结果，在适宜性高的区域内，将连片度大于 10 亩（约 6666.67m²）的现状耕地（含即可恢复）补划到永久基本农田当中，达到数量不减、质量不降、布局稳定的预期结果。

2. 永久基本农田调整结果

永久基本农田与生态红线区、一级水源保护区等重要生态空间无冲突，不需退出。

依据不实地类的分类处理原则，对草地、坑塘水面、园地、农村道路、沟渠、林地、设施农用地、农村宅基地、工业用地、沼泽地、内陆滩涂、物流仓储用地、采矿用地等 13 类用地作整治恢复耕地处理。对河流水面、公路用地、商业服务业设施用地、特殊用地、交通服务场站用地、城镇村道路用地、公园与绿地、公用设施用地、科教文卫用地、水工建筑用地、轨道交通用地、城镇住宅用地、广场用地、铁路用地等 14 类用地作永久基本农田退出处理。

最后，上述调整使永久基本农田存在任务缺口，因此需作补划处理。根据农业生产适宜性评价结果，提取适宜性高且连片度大于 10 亩的耕地（含即可恢复）补划到永久基本农田当中。最终得到经济开发区永久基本农田调整后结果（示意图）（图 11-6），基本实现了政策要求中"数量不减、质量不降、布局稳定"。

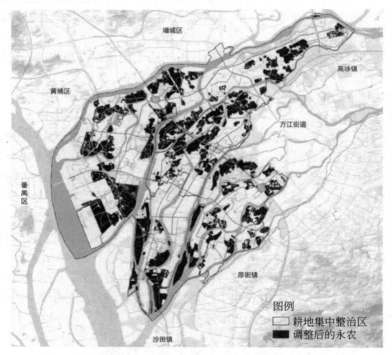

图 11-6　经济开发区永久基本农田调整后结果（示意图）

二、生态保护红线划定

（一）生态保护红线划定重点

我国工业化与城镇化的快速发展，以及人类对自然资源的不合理开发与利用，导致区域关键生态过程紊乱、生态完整性破损，严重影响生态系统服务功能的可持续性（林勇等，2015）。为提高生态文明建设水平，我国创新性地提出生态保护红线政策（刘冬等，2021）。2011 年，国务院《关于加强环境保护重点工作的意见》首次在国家层面提出"生态红线"一词，2017 年，中共中央、国务院印发《关于划定并严守生态保护红线的若干意见》，全面推进生态保护红线划定工作。在总结各地实践探索的基础上，本节提出生态保护红线划定的三个重点：以"双评价"生态保护重要性评价结果为"基底"，识别生态系统服务功能重要区域与生态敏感脆弱区域；以自然保护地体系为"叠加要素"，确保涵盖国家级和省级禁止开发区；以保证生态系统完整性和生态功能最优化为"修正因子"，构筑系统性和全面性的保护空间。

首先，依据"双评价"指南要求，在陆海全域评价水源涵养、生物多样性维护、水土保持、防风固沙等生态系统服务功能重要性，以及水土流失、石漠化、土地沙化等生态脆弱性，综合形成生态保护极重要区，按照"应划尽划"要求作为生态保护红线的"基底"。其次，衔接现有自然保护地体系。由于《指南》仅依据模型运算划定红线范围，难以顾及多种现实情况及历史遗留问题，原则上需要与已有的自然保护地体系相融合，对自然保护地核心区与其他区域实施分级分类管控。最后，考虑生态功能联系和生态系统完整性，建构连通物质、信息、能量的生态安全格局，对生态保护红线进行修正。隔离、封闭的生态保护红线会割裂生态系统，形成"生态孤岛"（吴次芳，2019）。因此，生态红线的划定除了需要框定规模和范围外，还应从生态空间布局出发，探索建立以生态廊道、绿色基础设施等为连接线的生态保护网络空间结构（陈阳等，2020）。

在实践中，由于"双评价"生态保护极重要区"应划尽划"的标准缺失，生态保护红线中同时存在自然保护地等生态功能核心区及较之生态保护价值一般的区域，在红线管控上产生了与基层政府治理能力不相匹配的复杂性。为此，亟待建立生态保护红线的分类划定与分层管理体制，明确央地的划定与管理事权。具体而言，区分生态保护红线区为核心保护区与一般保护区，中央对核心保护区进行划定与管理，并向地方下达一般保护区的规模指标；地方政府结合本地实际情况划定一般保护区的具体空间范围，根据发展需要及时调整布局，实施相应的管理措施。

（二）生态保护红线划定的思路

生态保护红线划定一是要明确需要保护的生态重要功能区和生态敏感脆弱区的空间范围；二是要维护自然生态系统的完整性和连通性，构建区域内生态安全空间格局。生态保护红线划定流程如图 11-7 所示。

生态保护区范围的确定，包括以下三个部分的内容：

（1）开展生态系统服务功能重要性和生态脆弱性评价，集成得到生态保护重要性，识别生态保护极重要区。原则上，水源涵养、水土保持、生物多样性维护、防风固沙、海岸防护等生态系统服务功能越重要，水土流失、石漠化、土地沙化、海岸侵蚀及沙源流失等

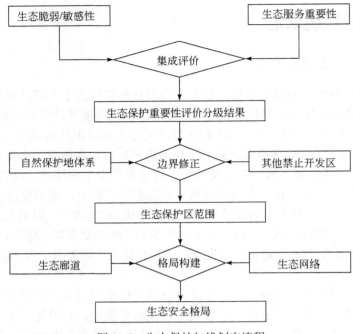

图 11-7　生态保护红线划定流程

生态脆弱性越高，且生态系统完整性越好、生态廊道的连通性越好，生态保护重要性等级越高。操作上，评价水源涵养等生态系统服务功能重要性，取各项结果的最高等级作为生态系统服务功能重要性等级，提取生态功能极重要区；评价水土流失等生态脆弱性，取各项结果的最高等级作为生态脆弱性等级，提取生态极脆弱区；将生态功能极重要区和生态环境极敏感区进行叠加合并，得到生态保护极重要区。

（2）生态保护重要性评价结果与其他分区的衔接。根据科学评估结果，并与自然保护地体系进行校验，形成生态保护红线空间叠加图，确保划定范围涵盖国家级和省级禁止开发区域，以及其他有必要严格保护的各类保护地（图 11-8）。

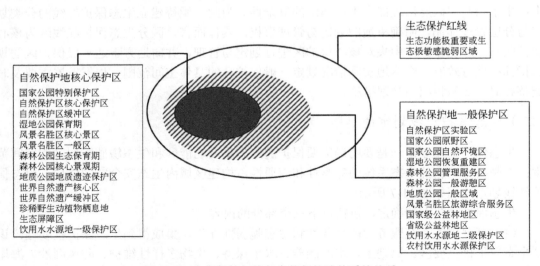

图 11-8　生态保护红线与自然保护地体系的关系

（3）最后，对生态保护区初步划定范围的生态完整性、景观破碎状态和廊道连通性等进行细致考察，合理确定生态廊道，刻画生态网络，构建生态安全格局，修正生态保护红线。

（三）案例：浙江省生态安全格局构建流程

浙江省生态保护红线划定按照上述思路开展，由于生态保护重要性评价步骤、结果、与其他分区的衔接在第七章有详细阐述，本小节具体介绍生态安全格局构建的步骤及其对生态保护红线的修正流程。在生态安全格局构建研究中，识别"源地-廊道"是主流方法（于成龙等，2021）。

1. 生态源地提取

生态源地是物种迁徙和生态流扩散起点，是维护区域生态安全的具有关键意义生态用地（陈昕等，2017）。根据浙江省自然资源特点、生境斑块面积及生物多样性的丰富程度，将国家公园、自然保护区、地质公园、森林公园、湿地公园、风景名胜区、公益林、极小种群物种分布地、世界自然遗产、重要湿地、饮用水水源地等区域进行叠加分析，提取面积大于 $100km^2$ 的生境斑块作为浙江省的生态源地（共 30 块）。在空间分布上，大型生境斑块主要分布于千岛湖、洞宫山脉、雁荡山脉，其余生境斑块在中部相对密集。

2. 生态廊道识别

生态廊道连接着生态网络中心的重要节点斑块，保障生态源地之间物质与能量流通，为动植物的迁徙和繁殖提供重要通道和场所，对于生态安全、生境质量优化和生态系统功能的完整性具有重要意义（高梦雯等，2021）。基于最小累积阻力（minimum cumulative resistance，MCR）模型构建生态阻力面，以生态源地为目标计算空间位置到生态源地的耗费距离表面，通过成本距离和成本路径工具计算各生态源地之间的最小累积耗费路径，得到 465 条潜在生态廊道。从空间分布上来看，由于浙南山区的生态资源本底存在较大优势，生态流沟通较为通畅，而北部城镇化区域的生态流相对受阻，网络结构呈现南密北疏的特征。

为进一步识别重要生态廊道，形成生态安全网络，利用重力模型量化潜在生态廊道的重要性。计算公式为

$$G_{ab} = \frac{N_a \cdot N_b}{D_{ab}^2} = \frac{L_{max}^2 \cdot \ln S_a \cdot \ln S_b}{L_{ab}^2 \cdot P_a \cdot P_b} \tag{11-2}$$

式中，G_{ab} 为生态源斑块 a 和 b 间的相互作用力；N_a、N_b 分别为生态源斑块 a、b 二者的权重；D_{ab} 为生态源斑块 a、b 二者间潜在生态廊道阻力的标准化值；P_a 为生态源斑块 a 的阻力值；S_a 为生态源斑块 a 的面积；L_{ab} 为生态源斑块 a、b 二者间潜在生态廊道的累积阻力值；L_{max} 为全部生态源斑块之间的潜在生态廊道累积阻力值中的最大值。

通过重力模型计算，最终提取识别重要生态廊道 130 条，主要连接面积较大的核心型、中枢型生态源斑块。重要生态廊道是生态流通行的低阻力通道，其他潜在廊道距离较长、穿越范围较大，因此累积阻力值较大，并不利于生态流的交换。生态廊道对于生物物种的丰富度、迁移与扩散等具有重要作用，因此生态安全格局建设过程中，要加强重要生态廊道的建设与保护。同时，对于潜在廊道的生态格局也应在绿地系统等规划中加以改善和优化，从而提高这一类生态廊道的生态安全性。

3. 生态安全格局构建

根据浙江省综合生态阻力面的空间分布，统计栅格频率分布，将频率突变点作为阻力

分级的划分依据。通过 ArcGIS 重分类工具将浙江省生态安全分为四个等级,叠加生态源地、生态廊道等要素,构建浙江省生态安全格局(图 11-9)。总体上生态安全水平较高,省域66%的区域位于中度安全及以上。从生态廊道的构建中可以看出,浙江省呈现"一主两副"的生态安全格局,潜在廊道集中于浙西南(主核心)、浙西北(副核心)、浙东(副核心)山区,重要廊道集中在浙西南生态屏障区。因此,需加强浙东城镇建成区的生态廊道建设,发挥浙西南生态核心的重要作用。

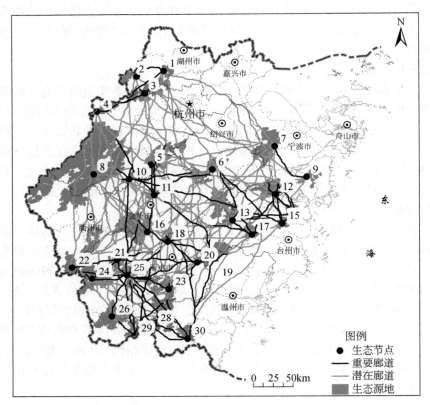

图 11-9　浙江省生态安全格局

4. 生态保护红线修正

以生态安全格局修正生态保护红线,使生态保护红线结构完整、功能完备、分布连续,提升生态保护能力和生态系统完整性。首先,将生态源地、重要生态廊道、潜在生态廊道、生态高度安全所在区域划入生态保护红线。其次,协调地形、地貌、植被、河流水系等自然界线,确保生态保护红线空间连续,实现生态系统整体保护。

三、城镇开发边界划定

(一)城镇开发边界划定重点

我国划定城镇开发边界的要求最早由原建设部在《城市规划编制办法(2005)》中提出,其初衷是防止城市无序蔓延,促进城镇集约发展(赵民等,2019)。随着国家空间治理进入新的阶段,城镇发展要求由提速增量转为高质量发展,城镇开发边界的政策意图显然已超越设定初衷，兼有控制城市扩张、促进城市转型发展、主动塑造美丽国土的目的（张兵等，2018）。因此，划定城镇开发边界需重点处理三个关系：①统筹城镇发展空间与生态、农业保护空间。城镇开发边界作为一种多目标的空间规划政策手段，应以生态、经济与社会效益的综合最大化为目标，不仅要将开发建设活动引导到适宜空间、规避风险地带，遵循紧凑增长理念提高建设发展效率、提升城市空间品质，还需保护林地、水域、农田等生态敏感地区，促进发展与保护的和谐共生（王颖等，2014）。②协调资源的现实性与规划的时序性。城镇开发边界的划定需以"双评价"科学研判城镇发展的资源环境禀赋；同时关联动态变化的社会经济、技术进步等因素，关注城市未来发展需求，发挥技术理性优势来实现规划最优（唐欣等，2021）。③兼顾对建设开发活动的刚性管控与适度引领。城镇开发边界不是一条固定的边界，既需要将保障生态安全的战略性保护空间作为刚性底线，也要为应对难以预期的未来发展需求而划定弹性"动态"边界。依据《市级国土空间总体规划编制指南（试行）》，城镇开发边界内部细分为城镇集中建设区、城镇弹性发展区和特别用途区，其空间关系示意如图 11-10 所示。

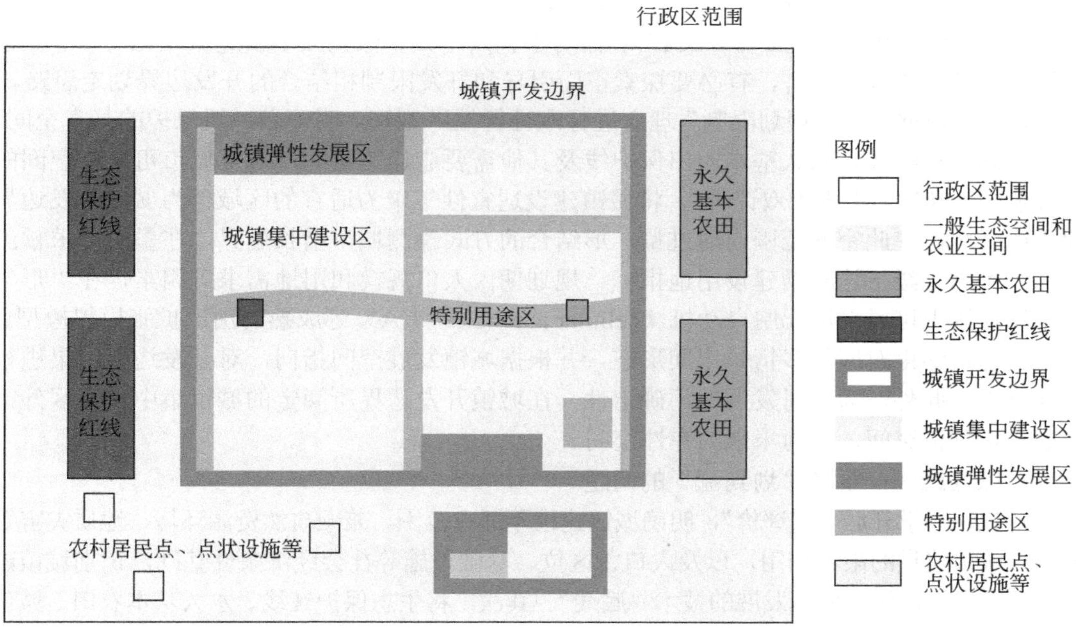

图 11-10 空间关系示意图（《市级国土空间总体规划编制指南（试行）》附录 G）

城镇开发边界框定了建设开发的空间形态，以遏制城镇无序蔓延、倒逼自律增长、促进建设用地集约节约。然而，我国城镇开发边界存在"既管形态、又管规模"的定位混乱情况，各级政府倾向将其作为城镇建设用地规模管控的工具，试图扩大城镇开发边界，直接造成国土空间政策体系的内在冲突，影响了划定的科学性。在新时代国土空间规划下，需以"集中建设区刚性管控、弹性发展区柔性引导"为原则划定城镇开发边界，保障边界内建设规模有限与边界形态完整。

首先，提高集中建设区中的规划城镇建设用地比例。上级下达的新增城镇建设用地指标与农转用计划指标必须优先在集中建设区内使用，提高集中建设区中的城镇建设用地占比。其中，面积较小的现状稳定耕地，不予作为永久基本农田"开天窗"，以提升城镇开发的紧凑度,保障集约高效发展。其次,发挥弹性发展区对城市空间发展的形态引导作用。优先将城市发展主导方向上的土地纳入弹性发展区,允许布局对城市未来发展具有战略引领作用的建设项目。其中,对面积适中、设施完整的现状稳定耕地,可在确保耕作层未破坏的前提下允许以"开天窗"的形式保留;对于面积较大、位于建成区边缘的现状稳定耕地,应与外围耕地连接成片以划入永久基本农田管理。最后,限定弹性发展区的建设用地指标来源,将地方土地综合整治产生的村庄建设用地、工矿用地等复垦指标或增减挂指标作为弹性发展区内土地开发的指标来源。

(二)城镇开发边界划定思路

城镇开发边界的划定通常包括"正向模拟扩张"和"反向规划限制"两种思路,前者基于对城市建设用地的空间历史演变规律和规划年限内的用地需求预测进行边界划定(黎夏和马世发,2018),后者则是通过划定城市发展的"禁区"(如某些拥有珍贵天然财产和具有景观价值的地区)来倒推城镇开发边界(吴若谷等,2018)。对于城市规模较小、未来发展空间有限的区域来说,通常可以直接采用反向规划的思路进行边界划定,如厦门的"两线合一"实践(旺姆和魏立军,2015)。而对于我国绝大多数正处于快速城镇化时期、城镇用地持续扩张的区域而言,有必要探索正面引导和开发限制相结合的开发边界划定思路。

首先,依据"反向规划限制"理念进行刚性管控区判别,明确必须要保护的基本空间,包括生态保护红线、永久基本农田保护线及其他需要避让的空间,倒推城市可发展空间的最大范围。其次,根据"双评价",将城镇建设适宜性等级为适宜的区域作为城镇开发边界的备选区域,在此空间范围内通过量、形结合的方式预测城市增长边界。在量的需求预测上综合考虑上级下达新增建设用地指标、规划期内人口规模和用地需求等因素,在"形"的空间安排上可以采用元胞自动机(cellular automata,CA)等成熟的用地扩张模拟模型,确定与总量约束对应的多情景空间形态,并根据城镇发展空间指向,对开发边界结果进行最终修正。此外,为应对发展的不确定性,在城镇开发边界所圈定的城镇集中建设区外,考虑一定预留空间,作为未来的弹性空间。

1. 保底线——解决"划到哪"的问题

首先,科学开展"双评价",明确城镇建设不适宜范围。兼顾自然资源环境、地质灾害等因素对城镇建设的限制作用,以及人口、区位、基础设施等社会经济条件基础,识别城镇建设不适宜空间,作为城镇发展的技术"底线"。其次,将生态保护红线、永久基本农田、城市"蓝线""绿线""紫线"等保护控制线作为不可逾越的政策红线。最后,将两线叠加合并,以"技术底线+政策红线"共同作为城市发展不可触及的"禁区",倒逼城市可发展空间范围。

2. 明路线——解决"怎么划"的问题

首先,科学预测空间规模。以城市近、远期发展目标为指导,分析城镇建设承载规模,以及人口、土地、社会经济发展等对建设用地的需求,在现状基础上研判建设规模变化趋势,形成"量化"基础。其次,拟合"多规"图斑,初步框定城镇开发边界。梳理城市总体规划、土地利用总体规划、详细规划、专项规划等,整合各类法定规划的空间管制界限、法定图则建设用地,作为现状建设空间。最后,提取"双评价"城镇建设适宜区,并综合考虑重大平台、重大项目战略预留用地,作为未来优先发展区域,叠加上一步划定结果,采用就"大"原则划定城镇开发边界。

3. 呈"双线（限）"——解决"怎么控"的问题

为形成长期稳定的城市空间结构，需明确城市不同区域的划定重点，分区域采用"双线"和"双限"的双引导模式。中心城区的建设容量趋于饱和，空间规划的重点是盘活存量、优化结构、提升品质，应当进行"双限"，即对"形（城镇开发边界）"与"量"（发展规模）进行双重刚性控制。外围组团则鼓励疏解中心城区功能，引导其适度发展，可采用"双线"控制，即集中建设区和弹性发展区，两线范围内刚弹相济，解决"怎么控"的问题（龙小凤等，2016）。

（三）案例：山西省某市城镇开发边界模拟划定流程

该市现状建成区范围内的永久基本农田、生态保护红线等"底线"规模较小，且空间形态零碎，建议在未来空间布局优化中腾退，并按照相应规则在适宜区域补划。在具体划定流程中，首先测算城镇建设用地规模，预估城镇开发边界空间规模。其次，结合未来发展空间方向，及城镇扩张边界模拟结果，明确城镇开发边界空间范围。

1. 城镇建设用地规模测算

将现状建成区、城中村、城边村、连片的工业用地计入现状城镇建设用地。按照式（11-3）所示的计算公式进行预测。

2035 年规划城镇建设用地总规模预测=现状城镇建设用地（基数转换后）

　　　　　　　　　　　　　　+上级下达 2020～2035 年新增建设用地（预测）

　　　　　　　　　　　　　　+城乡用地布局优化指标（增减挂、工矿用地复垦等）

$$(11-3)$$

2. 发展方向研判

通过研判城市东、西、南、北等不同方位自然环境条件、人口经济社会活动及有关基础设施配套布局等状况，识别城市不同区域的发展优势与劣势，为引导城市有序、集聚发展提供支撑。就该市而言，其西部具有较高比例生态用地，开发建设强度不宜过高，应重点考虑存量用地"做精做细"；南部地区在河道的阻隔下，可拓展空间有限，开发建设成本较高；北部地区是近年来开发的重心，城市基础设施与产业结构相对完善，仍有较大的发展潜力；东部地区未来将承接开发区等重大项目落户，是城市未来重要的发展方向。综上，综合评价得到中心城区的发展方向为近期向北、远期向东。

3. 城市扩张模拟与边界划定

基于元胞自动机模型，模拟城镇增长情况。元胞自动机描述了在离散时间维度上，一系列空间离散、有限状态的元胞在其组成的系统内按照一定的局部规则进行演化的过程，能很好地与 GIS 模型相结合（黄獬和刘高焕，2005），因而在模拟城市复杂系统方面有许多优势。基于 2016 年与 2018 年土地利用现状，设定元胞转换规则并进行元胞迭代，科学模拟出 2035 年中心城区拓展规模，结合指标分配、城镇规模预测、发展定位、发展方向，模拟得到中心城区最终开发边界。

参 考 文 献

白世强. 2018. 关于建立完善的国土空间治理体系的几点思考. 资源导刊，（7）：20-21

陈阳，岳文泽，张亮，等. 2020. 国土空间规划视角下生态空间管制分区的理论思考. 中国土地科学，34（8）：1-9

高梦雯，胡业翠，李向，等. 2021. 基于生态系统服务重要性和环境敏感性的喀斯特山区生态安全格局构建——以广西河池为例. 生态学报，41（7）：2596-2608

顾朝林. 2015. 论中国"多规"分立及其演化与融合问题. 地理研究，34（4）：601-613

韩经纬. 2019. 从空间资源价值释放的角度看待三条控制线——关于三线内涵及政策的综述与思考//中国城市规划学会、重庆市人民政府. 活力城乡美好人居——2019 中国城市规划年会论文集（12 城乡治理与政策研究）.中国城市规划学会.

黄翀，刘高焕. 2005. 元胞模型在地貌演化模拟中的应用浅析. 地理科学进展，（1）：105-115

黄征学，祁帆. 2018a. 从土地用途管制到空间用途管制：问题与对策. 中国土地，（6）：22-24

黄征学，祁帆. 2018b. 完善国土空间用途管制制度研究. 宏观经济研究，（12）：93-103

黎夏，马世发. 2018. "三区三线"智能识别软件：地理模拟与优化. 中国土地，（4）：24-27

林勇，樊景凤，温泉，等. 2015. 生态红线划分的理论和技术. 生态学报，36（5）：1244-1252

刘冬，林乃峰，张文慧，等. 2021. 生态保护红线：文献综述及展望. 环境生态学，3（1）：10-16

刘冬荣，麻战洪. 2019. "三区三线"关系及其空间管控. 中国土地，（7）：22-24

刘勤志. 2019. 基于"多规"整合的"三区三线"划定及空间管控探索——以浏阳为例. 贵州大学学报（自然科学版），36（5）：88-94

刘效龙. 2019. "空间治理"与"生态文明"双线逻辑下的空间规划改革. 国土与自然资源研究，（2）：60-63

龙小凤，白娟，孙衍龙. 2016. 西部城市开发边界划定的思路与西安实践. 规划师，32（6）：16-22

唐欣，钱竞，赖权有，等. 2021. 空间治理视角下深圳市城镇开发边界划定实践. 规划师，37（20）：44-50

唐一鸣. 2019. 国土空间规划分区方法研究. 南京：南京大学硕士学位论文

王昆. 2018. 基于适宜性评价的生产—生活—生态（三生）空间划定研究. 杭州：浙江大学硕士学位论文

王颖，顾朝林，李晓江. 2014. 中外城市增长边界研究进展. 国际城市规划，29（4）：1-11

王颖，刘学良，魏旭红，等. 2018. 区域空间规划的方法和实践初探——从"三生空间"到"三区三线". 城市规划学刊，（4）：65-74

旺姆，魏立军. 2015. 基于"多规合一"的厦门市城市开发边界划定实践及管理实施策略探索//新常态：传承与变革——2015 中国城市规划年会论文集（11 规划实施与管理）. 中国城市规划学会.

魏伟，张睿. 2019. 基于主体功能区、国土空间规划、三生空间的国土空间优化路径探索. 城市建筑，16（15）：45-51

魏旭红，开欣，王颖，等. 2019. 基于"双评价"的市县级国土空间"三区三线"技术方法探讨. 城市规划，43（7）：10-20

吴次芳，叶艳妹，吴宇哲，等. 2019. 国土空间规划. 北京：地质出版社

吴红，张淑娴. 2019. 我国国土空间用途管制研究现状及展望——基于文献的可视化分析. 江西广播电视大学学报，21（2）：47-53

吴若谷，周君，姜鹏. 2018. 城镇开发边界划定的实践与比较. 北京规划建设，（3）：80-83

于成龙，刘丹，冯锐，等. 2021. 基于最小累积阻力模型的东北地区生态安全格局构建. 生态学报，41（1）：290-301

岳文泽，王田雨. 2019a. 资源环境承载力评价与国土空间规划的逻辑问题. 中国土地科学，33（3）：1-8

岳文泽，王田雨. 2019b. 中国国土空间用途管制的基础性问题思考. 中国土地科学，33（8）：8-15

岳文泽，王田雨，甄延临. 2020. "三区三线"为核心的统一国土空间用途管制分区. 中国土地科学，34（5）：52-59

张兵，林永新，刘宛，等. 2018. 城镇开发边界与国家空间治理——划定城镇开发边界的思想基础. 城市规

划学刊,（4）：16-23

赵广英,宋聚生. 2020. "三区三线"划定中的规划逻辑思辨. 城市发展研究,27（8）：13-19+58

周侃,樊杰,盛科荣. 2019. 国土空间管控的方法与途径. 地理研究,38（10）：2527-2540

周璞,刘天科,靳利飞. 2016. 健全国土空间用途管制制度的几点思考. 生态经济,32（6）：201-204

第十二章 基于"双评价"的主体功能区优化

21世纪以来，我国在经济总量上连续跨越新台阶，跃居世界第二大经济体。与此同时，不同尺度的国土空间资源竞争、开发失序、生态破碎等问题日益凸显，亟须加强政府管制与引导，形成科学合理的国土空间格局。主体功能区就是适应新时代需求所提出的一项重大战略，其关键在于落实对不同主体功能区发展的政策引导与管控，提出更有针对性和可操作性的配套政策。本章从主体功能区的战略定位与实践困境出发，基于"双评价"结果，建立了一个"要素-空间-功能"优化的思路，以浙江省为案例，构建了一个兼具科学性、精细化、可操作的优化方案。

第一节 主体功能区战略的理论基础

一、主体功能区的战略定位与实践困境

（一）主体功能区发展脉络梳理

主体功能区就是应新时代需求所提出的一项空间管制政策，核心思想是"因地制宜"的区域发展理念（樊杰，2007），其理论与实践价值逐渐贯穿于国家制度设计与政策实施（陈磊，2022），是形成国土空间开发保护总体格局的基本依据和完善区域治理体系的战略指引（陈磊和姜海，2019b；王亚飞等，2020）。自2002年《关于规划体制改革若干问题的意见》中的设想萌芽至2010年《全国主体功能区规划》正式颁布（黄征学和潘彪，2020），主体功能区战略对空间开发保护秩序的重构发挥了重要作用。党的十八大报告、"十三五"规划纲要等文件将推进主体功能区战略确定为生态文明建设的重要任务之一，主体功能区战略在优化国土空间开发保护格局上被赋予基础制度的地位。2018年，主体功能区规划与土地利用规划、城乡规划等空间规划被整合为统一的国土空间规划，成为高质量国土空间格局构建的主要抓手。党的十九届五中全会提出坚持实施区域重大战略、区域协调发展战略、主体功能区战略，健全区域协调发展体制机制，完善新型城镇化战略，构建高质量发展的国土空间布局和支撑体系（岳文泽和王田雨，2021），主体功能区战略对新时代高质量发展的重要作用持续深化。面向新阶段、新理念、新格局对国土空间治理提出的新要求，正确认识主体功能区战略的历史方位和发展阶段，是建设现代化空间治理体系、构建高质量国土空间布局的逻辑必然。

主体功能区的提出不仅推动了现代地域功能理论的发展，更体现了我国社会经济发展观的跃迁与创新（孙姗姗和朱传耿，2006；盛科荣等，2016）。尽管国外并无相同的说法，但其本质仍是空间管制的典型手段——分区管制（陈磊，2022）。近代地理学区域学派创始人赫特纳最早提出了"区域地理样板"的理论范式，奠定了分区管制的理论基础（阿尔夫雷德·赫特纳，1989）。此外，传统区位理论的蓬勃发展引发各国对优势区布局的思考，致

力于合理谋划人类生产活动的空间区位（陈磊和姜海，2019a）。第二次世界大战后，社会经济发展变化迅速，加之以凯恩斯国家干预理论的推行，西方发达国家普遍开展了城市区域规划，其理论与实践呈现"井喷式"发展（苗长虹，2005）。分区管制是当今发达国家进行国土空间开发利用控制的主流模式（王向东和刘卫东，2014），通过规划分区与规则结合，形成系统性管制体系（王向东等，2015），如美国的标准区域、欧盟的标准地区统计单元目录、巴西的规划类型区等（俞奉庆，2013）。

主体功能区是我国在分区管制方面的一项重大创新，在"多规合一"之前，国内关于主体功能区的研究主要侧重于内涵辨析、测度指标、政策解读等方面（姜莉，2017）。例如，在省级层面，主体功能区划的相关研究主要涌现于 2008 年主体功能区正式上升为国家战略之后，其大多以市、县级行政区为基本单元，聚焦于指标体系与分区方案的构建（张广海和李雪，2007；刘传明，2008；王强等，2009；马仁锋等，2011）。面向新时代的国土空间规划体系，探索实现区域主体功能的科学定位，细化主体功能分区，提升政策引导管控的可操作性已经成为各方共识，然而相关研究还不多见（郑菲等，2018；刘钰琪等，2020）。此外，区域主体功能判定与区域资源环境承载能力及国土空间开发适宜性紧密相关，在本轮国土空间规划中普遍推行的资源环境承载能力和国土空间开发适宜性评价（"双评价"）工作，如何与主体功能区划深度结合，是值得深入探讨的问题（岳文泽等，2020a；郝庆等，2021）。

（二）主体功能区战略在国土空间规划体系中的定位

从 2002 年国家发展计划委员会在《关于规划体制改革若干问题的意见》中提出关于主体功能区的构想，到 2012 年党的十八大报告明确提出要加快实施主体功能区战略，再到 2013 年十八届三中全会提出坚定不移实施主体功能区制度，主体功能区本身的定位经历了一个从"规划"到"战略"再上升为"制度"的过程（孙久文和傅娟，2013）。虽然主体功能区规划的设立初衷是解决"城规"和"土规"的矛盾，但由于没有协同考虑产权和利益分配问题，无法实现两个规划的同步调控（赵燕菁，2020）。新时代国土空间规划体系由不同类型、不同层次的空间规划按照一定秩序与规则所构成，是一项建立在国家战略发展和自然资源基础上的综合性、公共性政策。早在 2017 年国务院印发的《全国国土规划纲要（2016—2030 年）》，便提出以主体功能区规划为基础，以国土规划为主体，推动城乡建设、土地利用、生态环境保护等"多规合一"，构建功能清晰、层次分明、衔接统一、运作高效的空间规划体系框架。而在"十四五"规划中，更加强调"形成主体功能明显、优势互补、高质量发展的国土空间开发保护新格局"。因此，主体功能区战略已经成为中国特色国土空间治理思想的重要组成部分（刘西忠，2018），应基于主体功能区构建区域发展政策体系，以实现高质量发展目标。

在国土空间规划体系下，主体功能区是一项基础制度，更是对国土空间开发的战略纲领，其定位可以归纳为基础性、战略性、约束性三个方面。第一，主体功能区划是国土空间规划的基础底图。主体功能区是在认知地表自然和人类活动分布格局演变规律的基础上（樊杰和赵艳楠，2021）提出的区域主要功能定位与发展方向，这就为差异化与精准化配置空间资源、落实空间政策、评估制度绩效提供了基本依据（樊杰，2018）。第二，主体功能区是国土空间规划的战略指引。国家顶层战略设计能够长期稳定地引导各级发展定位和空间部署，故而统筹协调省级空间开发与保护的总体格局，推动区域差异化协调发展，进一步指导各县市遵循资源禀赋，发挥比较优势，实现高质量发展，体现自上而下的国家战略意志（魏伟和张睿，2019）。第三，主体功能区战略还体现了对各级国土空间的管控要求。区域一旦明确主体功能定位，意味着区域受制于主体功能对应的管控要求的约束、开发强度等相关指标的逐级落实，体现了约束性的逐级传导。

（三）主体功能区战略的实践困境

科学划分主体功能区是国土空间规划体系的基础，是优化国土空间开发格局、创新国家空间治理模式、实现国家空间治理现代化的重要支撑（岳文泽等，2020b）。当前主体功能区战略还面临一系列问题与挑战，明确问题、科学定位解决的突破口是推进国土空间规划的当务之急。

困境之一在于主体功能判断的科学支撑不充分。主体功能区战略的核心是主体功能判别，然而判别过程中指标选取和体系构建往往缺少科学支撑，甚至直接依靠行政力量来决定，这是主体功能区"重政策轻空间"问题的根源（樊杰和周侃，2021；罗伟玲等，2020）。首先，主体功能区判别技术体系虽然综合评价了自然资源和社会经济人口等要素，但是大多依赖于各项指标，忽视了空间结构对地域功能的重要性。其次，主体功能区背后的判断逻辑忽视了国土空间开发与保护现状问题，缺少科学的中微观空间评价作支撑。最后，主体功能区判别的指标常为统计数据，与主体功能动态变化适应性不足，缺少防控未来风险的能力。国土空间是一个复杂巨系统，科学认知与系统把握国土空间系统的组织规律，是建立国土空间开发保护基本格局的前提，更是彰显主体功能区战略价值的关键。

困境之二在于空间治理对象的尺度不精细。高质量发展背景下，国土空间高效率开发和高标准保护具有了更精细化的要求。然而行政单元越大，功能区内部差异越明显，"一刀切"地确定行政区的主体功能，是背离地域空间分异规律和地域空间多样性、复合性和复杂性的客观实际的，应当寻找高效空间治理和地域多功能复合性之间的一种平衡（吴次芳等，2020）。尤其是平原地区城乡边界模糊，在区县层面进行主体功能判定常出现功能识别的偏差，难以为激发区域经济活力和引导区域人口集聚的高效率开发提供支撑（樊杰和赵艳楠，2021）。相应地，高标准保护则基于"生态优先、底线思维、生命共同体"等生态文明价值观，对有力、有度、有序地调整优化农业空间和生态空间结构与规模提出了更高要求，同样需要小尺度主体功能区划分技术与方法的演进（肖金成，2018；陈阳等，2020）。

困境之三在于主体功能战略实施不落地。在国际"百年未有之大变局"和国内"不平衡、不充分"的背景下，区域协调发展不再是资源单向集中和倾斜，而是不同尺度的经济和人口向区域内部城市群、都市圈、城市中心集中布局，逐步实现经济均衡发展（赵燕菁，2020）。空间发展的复杂性、不确定性、动态性和开放性不断加剧，导致主体功能定位难以反映区域发展的多元综合性特征（杨凌等，2020）。这意味着区域承担新型城镇化、发展现代农业、保护生态环境等任务也是多维的，区域越大内部异质性越强，主体功能弱化，最终引致主体功能区相关政策难以精准落地（鲁的苗等，2018）。

二、基于"双评价"的"要素-空间-功能"优化框架

从主体功能区的战略定位和实践困境出发，构建基于"要素-空间-功能"的主体功能区优化框架（图12-1）。在理论层面上，功能是从主体视角对一定范围人类活动与自然资源环境综合认知的结果（林坚等，2018），要素是从客体视角统筹自然、社会、经济系统元素

的结果，而空间是主体与客体、功能与要素在规划编制、战略实施、政策制定等环节的交互作用的媒介与平台。其内在关系可以解构为以下几个方面：①区域主体功能与区域内部要素组合紧密相关，评估自然要素和社会经济要素的空间组织效应，可以识别区域的主体功能，所以"双评价"能够作为地域功能识别的核心抓手，为主体功能区优化提供了科学依据，建立起"要素"到"功能"的升维逻辑通道（樊杰，2007；周道静等，2020）。②区域主体功能定位能够指导空间要素指标的确定和分配（如建设用地和生态用地规模等），推进统一的国土空间用途管制与自然资源要素管理，形成从"功能"到"要素"的降维传导机制。③主体功能视角下，不同功能区之间的要素流动要能够有效促进多重功能融合与优势互补，反之难以支撑主体功能凸显、要素配置合理、功能高效融合的空间格局，例如，重点生态功能区若只强调生态安全的单一保护，而未明确生态经济价值转化路径，将导致主体功能区政策效应弱化。④空间治理能力现代化要求辩证看待空间开发与保护的关系，空间的承纳性、整体性、系统性决定了要素与功能并非孤立存在，而是紧密关联和相互影响的整体，要素多元性和功能复合性意味着大部分空间都可以承担"生产-生活-生态"多重功能。所以主体功能区战略是对要素认知、功能权衡、空间格局及其耦合作用的系统研判和综合考量，基于此可从理论层向实践层过渡，为主体功能区优化提供解决方案。

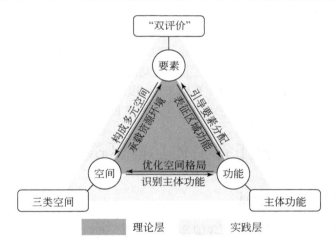

图 12-1　基于"要素-空间-功能"的主体功能区优化框架

　　虽然"双评价"作为国土空间规划科学支撑的作用已形成共识，但如何释放"双评价"的科学效应以提升主体功能区战略的科学性暂留在实践探索初期，可从以下三个方面进行突破。第一，在国家指南的基础上拓展"双评价"中资源环境承载力的评价维度，将行政区单元的承载力评价与栅格单元的适宜性评价相结合，从要素角度解析资源环境系统与社会经济系统之间的作用关系（罗伟玲等，2020），搭建起从要素和空间再到功能的连接通道。第二，"双评价"在微观宏观双尺度对过去和现状的充分认知有助于区域发展战略制定，在时空维度上为未来发展理清了底数底盘，后续可通过监测预警和动态评估等手段再提升战略实施的效用。第三，将"双评价"结果（适宜性）与用地现状（适应性）结合划分三类空间，依据三类空间结构设定功能阈值，实现主体功能的初步判别，是主体功能区战略的"要素-空间-功能"理论框架在操作层面的落地，形成了要素、空间、功能之间的有机串联。以"双评价"为工具的主体功能判别方法弥补了传统主体功能判定方法的空间性缺陷，提供了充分的科学支撑。

尤其对于发达地区而言,存量发展更需要精细空间分区支撑专业化分工,以乡镇行政区为单元细化县域主体功能区划成为保障空间治理精准落地的关键。首先,明确乡镇主体功能,划定"三区三线",分区分类差别化制定并实施管理政策体系,能够适应中国区域治理的尺度重构(陈磊和姜海,2019b;张衔春等,2021)。其次,乡镇尺度主体功能区作为上位规划的补充,可在限制开发区域中进一步划分出适宜开发的重点开发乡镇,如生态经济区(杨凌等,2020),有助于实现城乡融合,发挥城乡在可持续发展中的应有职能。最后,乡镇尺度主体功能区能够解决相关政策实施的协同性不足问题,有项目建设和工业发展倾向的农产品主产区、重点生态功能区可以在县域内选取相对更适合城镇建设的乡镇,以弥补财政转移支付的不足(白世强等,2020)。

在"双评价"的科学支撑和乡镇行政区的精细化推进下,主体功能区政策配套具备了横纵向传导的基本条件。在差异化精准施策上,过去对重点生态功能区的关注较多,而城市化地区和农产品主产区则缺少完善的制度设计。城市化地区配套政策可从产业集聚、功能整合、生态赋能等角度,尊重各地在城镇化水平、开发效率、发展路径的差异性,推动地区空间开发效益最大化及综合承载能力提升,而农产品主产区则可聚焦以规模保障和布局优化推动农地产能提升,发挥特色优势农产品的规模化和产业化作用,促进"农文旅"融合发展,形成乡村振兴新格局。在纵向传导上,在"激励为主"的政策中增加分区分类空间约束性指标,组成"激励+约束"的系统性政策设计,有利于在底线原则下推进差异化精准施策。在横向传导上,一方面是注重实施功能区内各部门之间在土地、人口、产业、生态、财政等方面的政策组合和协同,有助于形成政策内外驱动合力,另一方面是注重与区域内相邻单元或相同主体功能单元之间的互动,有助于发挥比较优势。

第二节　浙江省主体功能区战略优化研究

一、研究区域与数据来源

长三角作为长江经济带的龙头和我国经济最发达、人口最密集的地区,是我国"T"字形结构中两条发展轴带的交汇区,承载了我国最密集的经济和人口,具有极强的经济活力(顾朝林等,2006)。浙江省是长江经济带和长三角一体化战略的重要参与者与积极推进者,也是"两山理论"发源地与实践地,拥有"百湖千峰四湾千岛"多样化自然地貌,受到"七山一水二分田"自然约束。从自然资源的多元性和社会经济发展的先进性出发,以浙江省作为主体功能区战略优化研究的样本,具有较强的典型性。

本节的基础数据包括:①"双评价"基础数据与结果来源于浙江省国土空间规划"双评价"专题研究课题组,主要为分辨率 100m 的城镇开发适宜性、农业生产适宜性、生态保护重要性评价结果;②社会经济统计数据源自历年浙江省统计年鉴;③其他数据资料源自浙江省自然资源厅。

二、研究方法

为实现主体功能区战略的精准落位,基于"要素-空间-功能"耦合框架,以"双评价"为基础的主体功能区优化方案可以沿着"'双评价'结果-三类空间划定-主体功能区"权衡的思路，在乡镇尺度上进行实践。

（一）主体功能类型的划分

考虑到浙江省发展定位、上一版主体功能规划和已有研究成果，将浙江省主体功能区划分为优化开发区、重点开发区、农产品主产区、生态保育区和生态经济区。其中，优化开发区是指综合实力较强、经济规模较大、城镇体系比较健全、区域一体化基础较好、科技创新实力较强的城市化地区；重点开发区是指经济基础较强、具有一定的科技创新能力和较好的发展潜力、城镇体系初步形成的城市化地区；农产品主产区是指具备较好的农业生产条件的地区，但限制大规模高强度工业化城市开发的区域；生态保育区是指生态敏感性较强、生态系统十分重要，关系到全省乃至更大范围生态安全的区域，应保持并提高生态产品供给能力的区域；生态经济区是指生态服务功能较为重要，在保护生态的前提下可适度集聚人口和发展适宜产业的地区。

（二）资源环境承载力和国土空间开发适宜性评价

在要素层面上，利用"双评价"增加主体功能区优化的科学性，加权分析生态、城镇、农业适宜性结果。国家"双评价"指南将资源环境承载能力和国土空间开发适宜性作为有机整体，围绕水资源、土地资源、气候、生态、环境、灾害等要素，针对生态保护、农业生产、城镇建设三大核心功能开展本底评价。基于已有研究成果（夏皓轩等，2020；岳文泽等，2020b），浙江省"双评价"采用"三维内涵-一对关系-两种尺度-四个层面"研究方案，以资源环境的"能力-压力-潜力"为评价起点，在资源环境承载能力范围内开展国土空间开发适宜性评价，并利用资源环境承载潜力对国土空间开发适宜性进行修正，最终得到浙江省"双评价"结果。

（三）三类空间划分

在空间层面上，综合"双评价"结果与空间适应性现状，利用"适宜性＋适应性"矩阵增加"三类空间"划定的科学性和可操作性。在"双评价"结果基础上，采用系数复合公式计算综合适宜性得分，通过"生态-城镇-农业-现状"四维"适宜性＋适应性"判断矩阵确定空间类型，具体参考第十一章第二节划分方法。

（四）主体功能区权衡优化

在功能层面上，统筹分析区域空间结构，设定各类功能区的三类空间比例阈值，将空间治理尺度深化到乡镇（街道），引导多元政策精准落地，尤其针对"空白区"和"多宜区"单元，综合考虑现状功能和相关规划政策（如"十四五"规划重大工程项目选址等）对功能区定位要求对初判结果进行权衡，最终实现全域主体功能区优化。

总体上，浙江省主体功能区权衡优化采用"初步判断-现状调整-深层分类"的思路流程。首先，依据城镇、农业、生态三类空间在乡镇（街道）内的空间结构进行初步判断，城镇空间占比大于30%的乡镇（街道）划为城镇发展区，农业空间占比大于50%的乡镇（街道）划为农产品主产区，生态空间占比大于60%的乡镇（街道）划为生态功能区（阈值依据为浙江省三类空间结构）。其次，出现多种主体功能的"多宜区"乡镇（街道），以及初判后没有划定主体功能的"空白区"乡镇（街道），依照浙江省国土空间规划定位权衡其主体功能。最后，对于上述步骤中所判定的城镇发展区与生态功能区二次细分，将城镇发展区中城镇空间占比大于等于 50%的区域划分为优化开发区，小于 50%区域划分为重点开发区；将生态功能区中城镇空间占比排名前 40%的划分为生态经济区，将占比排名后 60%的乡镇（街道）判定为生态保育区。

三、优化结果

浙江省"双评价"和三类空间划定结果具体如图 12-2 所示。综合考虑生态保护、城镇建设、农业生产三种适宜性等级与现状用途，形成城镇、生态、农业三类空间。结果表明，生态保护极重要区域与生态空间两者趋于一致，空间上主要分布于浙江省"八廊八脉"地区，即浙江省仙霞岭、洞宫山、雁荡山、苍括山等山脉地区与甬江、椒江、瓯江、钱塘江等流域。城镇建设适宜区与农业生产适宜区指向一致性较高，因而城镇空间、农业空间在杭嘉湖平原、金衢盆地及温台沿海平原显现出"交错分布"现象。

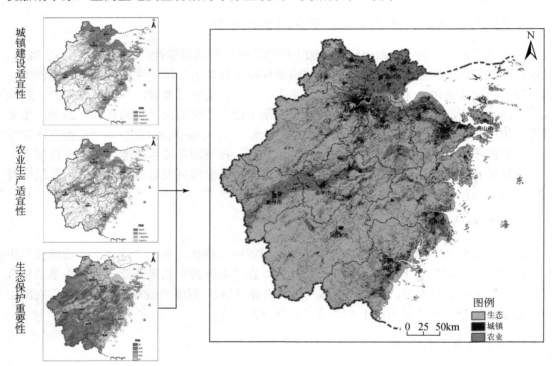

图 12-2　浙江省"双评价"和三类空间划定结果

基于三类空间和用地现状确定浙江省主体功能区划，得到浙江省主体功能区优化结果（图 12-3），结果显示：浙江省生态功能区与城镇发展区分布相对集中，呈"东北多开发，西南多保护"的主体功能区分布格局。全省共有 364 个乡镇（街道）属于优化开发区，323个乡镇（街道）属于重点开发区，主要集中于杭嘉湖平原、金衢盆地和沿海平原，其中杭州市、宁波市和温州市的城镇优化开发区分布相对密集；322 个乡镇（街道）属于生态经济区，512 个乡镇（街道）属于生态保育区，主要集中于浙西北、浙西南和浙东南；另外，134 个乡镇（街道）属于农产品主产区，主要集中分布于浙江省北部的湖州市与嘉兴市邻接区域、绍兴市和台州市南部及金衢盆地。

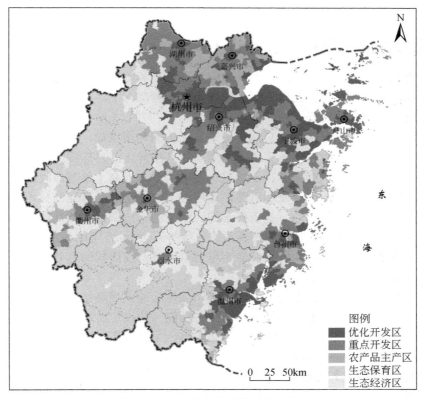

图 12-3　浙江省主体功能区优化结果

第三节　结论与讨论

一、主体功能区优化对国土空间规划的战略指引

回顾过去浙江省发展遇到的空间问题，主体功能区战略能够提供面向自然、面向空间、面向未来的解决方案。第一，对于生态产品价值实现和转换路径不够通畅、机制不完善的问题，生态经济区将是一个重要发展机遇（罗成书和周世锋，2017）。生态经济区实现了由单一功能割裂保护向国土空间全域统筹开发与保护的转变，强化了国土空间的系统发展观和韧性发展观。此外，生态经济区兼具良好的生态环境和营商环境，能够充分利用产业链纵向分工与横向拓展带来的综合影响，为不同城市群、都市圈之间的融合发展提供可能。第二，对于高能级大城市缺失和能级不足的问题，杭州市和宁波市的规模、生产效率和影响力暂时不具备强大的国际竞争力，大湾区和杭甬大都市区缺乏功能协作和空间整合，难以形成高质量发展平台，优化开发区和重点开发区为此提供了经济和人口集聚的空间落脚点，有利于推动分工有序、内部协同的城市区域成为参与全球竞争的重要引擎（张衔春等，2020）。第三，对于县域经济和民营降级强省优势逐渐减弱的问题，浙江省百强县排行榜中从 2017 年上榜 23 个减少到 2019 年的 18 个，在"中国民营企业 500 强"排名中从 2013 年的 137 家到 2019 年的 92 家，乡镇尺度的主体功能区划能够为县域经济发展提供精准落地的区位和方向，引导各类功能区、各地市差异化的配套政策创新设计，激活乡镇空间发展

潜力。

二、优化方案的可推广性和改进方向

回顾高速发展遇到的空间问题，面向空间治理体系和治理能力现代化的需求，主体功能区战略能够提供面向自然、面向空间、面向未来的解决方案。主体功能区从科学走向实践具体应从以下三个方面展开。

第一，国土空间规划分区划定自然资源开发保护的利用底盘，决定了自然资源初始配置空间格局，主体功能区战略引导实现了不同功能区差异化的自然资源配置策略。在地方政府"发展主义"导向下，铺摊子、上项目、发展工业、提高土地财政收入等仍是不少农产品主产区、生态功能区的主要发展思路，这违背了主体功能区旨在凸显不同区域的国土空间开发功能与保护价值的初心。基于科学的、精细的、协调的主体功能区划方案进行第一次指标分解（如建设用地、基本农田、生态红线等），再综合考虑生态保护、粮食安全、资源效率等因素进行二次分解和校核，能实现对自然资源发展权的有效初始配置，为后续发展权转移与财政补偿等奠定基础。

第二，对于生态功能区内生动力不足问题，主体功能区战略结合共同富裕、高质量发展等政策可实现不同主体功能区优势互补。生态功能区的设定实现了由单一功能割裂保护向国土空间全域统筹开发与保护的转变，强化了国土空间的系统发展观和韧性发展观，其实际抓手体现在生态质量不降低的前提下，后发地区享受倾斜的土地利用政策，利用先发地区（城镇发展区）和后发地区（生态经济区）之间资源、资产、资本流动的渠道，开展"生态＋"产业建设。

第三，对于主体功能区战略在不同层级国土空间规划的落实问题，省级层面既落实国家主体功能的空间结构，又精细化向下传导各行政单元的功能定位，市县国土空间规划则在省级的主体功能引导下，通过用途分区的方式精准落地主体功能区的政策单元，同时明确政策单元的空间发展参数，以及产业、人口、财政、环境等差异性政策（樊杰，2019；解永庆等，2021；张衔春等，2020）。

主体功能区战略优化是科学研究和管理决策融合的系统工程，在当前的实践工作中，战略指引、尺度转换、政策设计等问题构成了主体功能区的主要困境，未来主体功能区战略应着重从以下方面展开进一步研究：一是面向高质量国土空间布局的构建需要，强化主体功能区研究的理论内涵和科学前瞻性；二是探索不同层级主体功能区划的衔接方式，辨析不同层级主体功能区划的作用与传导机制；三是基于主体功能区完善配套政策是优化工作的落点，在完善财政转移支付、"鼓励发展＋负面清单"模式、建设用地管控措施等方面仍有待深入研究。

参 考 文 献

阿尔夫雷德·赫特纳. 1989. 地理学：它的历史、性质和方法. 王兰生译. 北京：商务印书馆

白世强，陈政民，霍盈睿. 2020. 主体功能区战略及政策的优化与完善. 中国土地，（11）：20-23

陈磊. 2022. 土地资源利用效率研究评述及改进路径理论逻辑——基于主体功能区治理的思考. 水土保持研究，29（1）：386-393，403

陈磊，姜海. 2019a. 从土地资源优势区配置到主体功能区管理：一个国土空间治理的逻辑框架. 中国土地科学，33（6）：10-17

陈磊, 姜海. 2019b. 主体功能区导向下的土地资源空间配置: 对土地生长空间演进规律的理性思考. 中国土地科学, 33 (10): 22-30

陈阳, 岳文泽, 张亮, 等. 2020. 国土空间规划视角下生态空间管制分区的理论思考. 中国土地科学, 34 (8): 1-9

樊杰. 2007. 我国主体功能区划的科学基础. 地理学报, 62 (4): 339-350

樊杰. 2018. "人地关系地域系统"是综合研究地理格局形成与演变规律的理论基石. 地理学报, 73 (4): 597-607

樊杰. 2019. 地域功能—结构的空间组织途径——对国土空间规划实施主体功能区战略的讨论. 地理研究, 38 (10): 2373-2387

樊杰, 赵艳楠. 2021. 面向现代化的中国区域发展格局: 科学内涵与战略重点. 经济地理, 41 (1): 1-9

樊杰, 周侃. 2021. 以"三区三线"深化落实主体功能区战略的理论思考与路径探索. 中国土地科学, 35 (9): 1-9

顾朝林, 张敏, 张成, 等. 2006. 长江三角洲城市群发展研究. 长江流域资源与环境, (6): 771-775

郝庆, 邓玲, 封志明. 2021. 面向国土空间规划的"双评价": 抗解问题与有限理性. 自然资源学报, 36 (3): 541-551

黄征学, 潘彪. 2020. 主体功能区规划实施进展、问题及建议. 中国国土资源经济, 33 (4): 4-9

姜莉. 2017. 我国主体功能区理论研究进展与述评——"一带一路"分类区域调控的启示. 哈尔滨商业大学学报 (社会科学版), (1): 69-78

林坚, 刘松雪, 刘诗毅. 2018. 区域—要素统筹: 构建国土空间开发保护制度的关键. 中国土地科学, 32 (6): 1-7

刘传明. 2008. 省域主体功能区规划理论与方法的系统研究. 上海: 华东师范大学博士学位论文

刘西忠. 2018. 省域主体功能区格局塑造与空间治理——以江苏"1+3"重点功能区战略为例. 南京社会科学, (5): 36-41, 74

刘钰琪, 邓永旺, 王银, 等. 2020. 吉林省主体功能区划分及配套政策研究. 规划师, 36 (S2): 30-35

鲁的苗, 朱晓东, 吴成建. 2018. 武汉市主体功能区划细分研究. 环境保护科学, 44 (1): 48-55

罗成书, 周世锋. 2017. 以"两山"理论指导国家重点生态功能区转型发展. 宏观经济管理, (7): 62-65

罗伟玲, 王艳阳, 张恒. 2020. 基于多源数据的主体功能区划分方法——以广州市为例. 热带地理, 40 (1): 110-118

马仁锋, 王筱春, 张猛, 等. 2011. 云南省地域主体功能区划分实践及反思. 地理研究, 30 (7): 1296-1308

苗长虹. 2005. 从区域地理学到新区域主义: 20 世纪西方地理学区域主义的发展脉络. 经济地理, (5): 593-599

盛科荣, 樊杰, 杨昊昌. 2016. 现代地域功能理论及应用研究进展与展望. 经济地理, 36 (12): 1-7

孙久文, 傅娟. 2013. 主体功能区的制度设计与任务匹配. 重庆社会科学, (12): 5-10

孙姗姗, 朱传耿. 2006. 论主体功能区对我国区域发展理论的创新. 现代经济探讨, (9): 73-76

王强, 伍世代, 李永实, 等. 2009. 福建省域主体功能区划分实践. 地理学报, 64 (6): 725-735

王向东, 刘卫东. 2014. 中美土地利用分区管制的比较分析及其启示. 城市规划学刊, (5): 97-103

王向东, 张恒义, 刘卫东, 等. 2015. 论土地利用规划分区的科学化. 经济地理, 35 (1): 7-14

王亚飞, 郭锐, 樊杰. 2020. 国土空间结构演变解析与主体功能区格局优化思路. 中国科学院院刊, 35 (7): 855-866

魏伟, 张睿. 2019. 基于主体功能区、国土空间规划、三生空间的国土空间优化路径探索. 城市建筑,

16（15）：45-51

吴次芳，谭永忠，郑红玉. 2020. 国土空间用途管制. 北京：地质出版社

夏皓轩，岳文泽，王田雨，等. 2020. 省级"双评价"的理论思考与实践方案——以浙江省为例. 自然资源学报，35（10）：2325-2338

肖金成. 2018. 实施主体功能区战略建立空间规划体系. 区域经济评论，（5）：14-16

解永庆，张婷，曾鹏. 2021. 省级国土空间规划中主体功能区细化方法初探. 城市规划，45（4）：9-15，23

杨凌，林坚，李东. 2020. 辨析主体功能区：基于区域和要素视角的探讨. 西部人居环境学刊，35（1）：1-6

俞奉庆. 2013. 主体功能区建设研究. 上海：复旦大学博士学位论文

岳文泽，王田雨. 2021. 构建高质量的国土空间布局. https：//theory. gmw. cn/2021-02/04/content_34597414. htm［2021-02-04］

岳文泽，王田雨，甄延临. 2020a. "三区三线"为核心的统一国土空间用途管制分区. 中国土地科学，34（5）：52-59

岳文泽，吴桐，王田雨，等. 2020b. 面向国土空间规划的"双评价"：挑战与应对. 自然资源学报，35（10）：2299-2310

张广海，李雪. 2007. 山东省主体功能区划分研究. 地理与地理信息科学，（4）：57-61

张衔春，杨宇，单卓然，等. 2020. 珠三角城市区域治理的尺度重构机制研究——基于产业合作项目与交通基础设施项目的比较. 地理研究，39（9）：2095-2108

张衔春，胡国华，单卓然，等. 2021. 中国城市区域治理的尺度重构与尺度政治. 地理科学，41（1）：100-108

赵燕菁. 2020. 城规、土规与主体功能区——国家视角的国土空间规划. 北京规划建设，（3）：155-158

郑菲，李洪庆，赵姚阳. 2018. 基于资源环境承载力评价的安徽省主体功能区划分研究. 湖北农业科学，57（22）：164-171

周道静，徐勇，王亚飞，等. 2020. 国土空间格局优化中的"双评价"方法与作用. 中国科学院院刊，35（7）：814-824

第十三章　资源环境承载力监测预警

城市作为人口聚集、资源消耗和环境破坏的集中区域，已成为目前人类承载力研究的重点关注领域（Van et al., 2003; Pan, 2013）。我国特大型城市在近几十年来的高速发展过程中，建设用地开发强度逐年增加。伴随着人口规模的快速增长，城市可持续发展遭遇了前所未有的挑战：一是资源、能源短缺。为适应社会经济的快速发展并满足大规模新增人口的需求，城市开发需要耗费大量的土地资源、水资源及各类能源，而我国粗放的资源利用模式及高速的城镇化进程加剧了城市发展与资源环境之间的矛盾。二是生态破坏严重、环境污染加剧。空气污染、地表水水质恶化等诸多生态问题已严重影响城市居民的居住环境，甚至对城市居民的健康造成威胁。三是城市基础设施及公共服务设施供应不足、分布不均。城市交通拥堵、医院人满为患、停车位稀缺、城市休憩设施为少部分人群服务等，是特大城市高速发展进程中所面临的挑战。因此，从资源环境承载力视角出发，研究城市开发规模、强度及要素布局与自然资源环境承载力在时间和空间维度的适配程度将成为国土空间规划、城市发展与治理的重要依据。

第一节　资源环境承载力监测预警研究背景

一、资源环境承载力监测预警政策演进

自党的十八大深化生态文明制度改革以来，中共中央曾多次强调要提高中心城市的综合承载能力和资源优化配置能力，提出建立资源环境承载能力监测预警机制。2015 年 9 月，《生态文明体制改革总体方案》审议通过，对自然资源管理及生态文明领域改革做出顶层设计和战略部署，要求以人口资源环境相均衡、经济社会生态效益相统一为原则，实现人口规模、产业结构、经济增速与当地水土资源承载能力和环境容量相适应。强调编制市县空间规划应以资源环境承载能力评价结果为依据，并在规划执行过程中建立资源环境承载能力实时监测预警机制。2017 年 9 月，《关于建立资源环境承载能力监测预警长效机制的若干意见》正式发布，进一步推进我国资源环境承载能力监测预警工作走向规范化、常态化、制度化。

2018 年 2 月，中国共产党第十九届中央委员会第三次全体会议通过《中共中央关于深化党和国家机构改革的决定》，决定组建自然资源部，赋予其统一行使所有国土空间用途管制和生态保护修复职责，并要求建立国土空间规划实施监测、评估和预警体系。2018 年 11 月，中共中央、国务院出台《关于统一规划体系更好发挥国家发展规划战略导向作用的意见》，规定空间规划要"全面摸清并分析国土空间本底条件"，要"统筹协调各类空间管控手段，整合形成'多规合一'的空间规划"，进一步明确了资源环境承载力监测预警对空间规划体系构建的重要战略意义。

由此可见，新时期国土空间开发、生态环境保护、区域协调发展、新型城镇化建设等

重大战略的实施都应当在不与资源环境承载力底线突破的前提下最大程度与之相匹配。资源环境承载力监测预警机制已成为我国可持续城镇化发展和生态文明建设理念落实的重要依托,对于有序推进新型城镇化进程,加快落实空间规划及管制政策,优化配置自然资源,有效保护生态环境,均具有重要的基础理论价值和战略指导意义。城市区域资源环境承载力监测预警成为社会经济可持续发展领域的重大理论和实践课题(代子伟,2018)。

二、城市资源环境承载力概念内涵

(一)概念界定

城市承载力(urban carrying capacity,UCC)属于综合承载力的概念范畴。随着交通拥堵、空气污染、资源短缺等城市问题的日益凸显,城市承载力问题得到更加广泛的关注(周一星和曹广忠,1999)。传统城市承载力的定义多沿用生态学中"最大种群数量"的观点,被理解为外部环境约束下城市所能容纳的"最大人口规模"或"最大经济总量"(张志良和原华荣,1993;王丹和陈爽,2011)。例如,叶裕民(2007)提出城市承载力是指城市的资源禀赋、生态环境、基础设施等对城市人口及社会经济活动的承载能力;石忆邵等(2013)认为城市综合承载力是指在一定的经济、社会和技术水平条件下,以及在一定的资源和环境约束下,某一城市的土地资源所能承载的人口数量及人类各种活动的规模和强度的阈值。可见,传统研究主要围绕城市土地资源、水资源、生态环境、交通设施等硬件要素,从容量约束角度出发单向界定城市承载能力(Cohen,1997)。

随着研究的深入,学者对于城市承载力的理解逐渐从资源环境的被动容纳、消化能力转向资源环境系统与人类活动系统的双向耦合,认为承载力界定需要考虑承载体与承载对象的相互影响。此外,文化、服务、制度、政策等城市软件因素也被纳入城市承载力系统的评估框架(Oh et al.,2002;谭文垦等,2008)。例如,Wei 等(2015)在 Yu 和 Mao(2002)提出的三维状态空间轴的基础上加入了社会经济因素,构建了城市承载力系统理论框架模型(图 13-1),该模型将城市承载力定义为一个关于环境影响、自然资源、基础设施和城市服务、公众参与、制度设置及社会发展等多因素组成的函数:社会发展轴(C)代表经济增长、技术发展和管理投入对承载力的提升作用(Liu and Borthwick,2011);资源环境轴

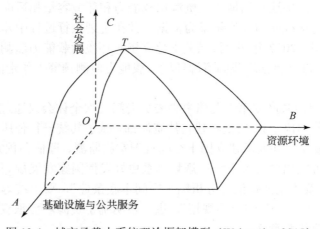

图 13-1　城市承载力系统理论框架模型(Wei et al.,2015)

（B）代表资源环境满足城市发展需求及自然对污染物的吸收净化作用（Abernethy，2001）；基础设施与公共服务轴（A）则代表基于人类活动的基础设施和公共服务供给对城市居民生活质量的支持作用。三维空间中的任一点表征了三个维度对城市发展的组合作用，O 点表征了无人类活动时的初始状态，T 点刻画了在城市可持续发展目标这一前提下人类活动强度的最优值。

（二）内涵认知

相比于一般区域，城市是一个更为复杂的巨系统。从承载体看，为城市运行和发展提供支撑作用的子系统不仅包括区域资源环境条件，也包括人类为提升群体生活质量而进行的改造活动，如城市基础设施建设、城市公共服务供给等；从承载对象上看，城市承载力不仅需考虑人口规模因素，更需综合考虑人口集聚带来的消费压力、就业压力、排放压力及人口流动性压力（如城市交通）等多方面因素（高佳斌，2019）。此外，不同人群在资源消耗和废弃物排放等方面存在较大差异，进一步削弱了可承载人口规模在表征城市承载能力方面的解释力度。综上，可将城市承载力理解为在一定时间内保证可接受的生活质量的前提下，城市资源环境、基础设施与公共服务表现出的对城市内全部人类活动的综合承载能力。

三、资源环境承载力监测预警模式

由于资源环境承载力具有动态变化性和区域差异性，资源环境承载力监测预警的思路、逻辑与方法等往往存在较大差异，从而形成了不同的研究范式，可归纳为以下三种。

（一）基于超载状态的承载力监测预警范式

以资源环境承载力评价为基础，通过承载状态和标准阈值的比较判断承载力超载程度，并据此评判预警等级。该范式的优势在于可根据地区实际情况，灵活选择评价指标及阈值，评价结果易于理解；缺点在于难以体现承载力的动态性，未凸显资源环境承载力监测预警的前瞻性，所得结果缺乏实践价值。

（二）基于承载状态预测的承载力监测预警范式

运用系统动力学模型（system dynamic，SD）、可拓模型、灰色不确定性概念的多目标规划（inexact multi-objective programming，IMOP）模型、系统动力学动态仿真软件 Stella、复杂适应系统理论（complex adaptive systems，CAS）等对资源环境承载状态进行动态模拟，通过多适应性情景模拟实现对各种管理策略下承载力的预测，从而提出研究区未来发展的最优方案。然而，预测仿真模型往往存在参数众多、过程复杂、缺乏可操作性等局限，模型固有的理论缺陷不利于实践应用。

（三）承载状态结合变化趋势的承载力监测预警范式

比较连续时段下的承载状态和标准阈值，判断超载程度的演变趋势，进而对临近超载、超载、严重超载的区域进行预警。该范式兼顾了承载力的客观性和动态性，通过指标监测快速实现承载力预警，提高政策管理效率，满足资源环境承载力监测预警科学性、前瞻性、可操作性的需要。

第二节　特大型城市资源环境承载力监测预警方案设计

一、特大型城市资源环境承载力系统特征

（一）开放性

在全球化背景下，区域之间的联系不断加强。人口、资本、技术等各类资源要素在全球范围内实现充分流动与配置，各区域之间成为一个相对开放的系统，对资源环境承载力的评价与监测预警提出了新的要求。在开放系统下，既要以区域自身的资源环境禀赋为基础，又要充分考量可从其他地区实现资源要素流动的因素，从而提高区域资源环境承载能力评价与监测的科学性。对于特大城市而言，其在城市规模、人口数量和经济总量上均具有绝对优势，因此在资源配置过程中往往处于优先地位，尽管区域内部部分资源相对不足，但可移动资源（如煤炭、石油、粮食等）能通过区域间流动实现互补，以满足经济社会发展需求。因此，在特大型城市资源环境承载力监测预警过程中，可相对弱化本地可流动资源的短板约束作用，重点从资源的总供给能力角度深入研究资源环境对社会经济系统的支撑能力，并着重考察不可流动资源和不可移动的环境要素等限制条件。

（二）流动性

开放性特征针对区域内、外部之间的资源要素流动，而流动性则侧重于区域内部各单元间的资源要素流动。对外，城市系统作为一个整体，与外部系统进行物质交换等活动；而对内，城市系统由众多的系统单元构成，各系统单元之间也发生着资源要素的流动。提升区域资源要素的流动性水平，旨在促进城市系统内部的资源优化配置，实现不同单元的优势互补，提高城市综合竞争力。传统的资源环境承载力评价往往从特定空间尺度出发，比较不同单元间的承载压力等级，这种尺度的严格划分否定了城市内部各单元间存在要素流动的可能性。因此，在实行资源环境承载力监测预警时不能陷入固定空间尺度的思维定式中，而应根据指标特点设置多样化的监测与预警单元，肯定某一要素对城市整体区域的供给服务能力。

（三）宜居性

城市是现代产业和人口集聚的地区，在区域经济社会中发挥着主导作用，但伴随着城市的高速发展，特别是大量人口快速向城市地区集聚，衍生出生态系统退化、环境污染加剧、资源约束趋紧等一系列问题。在城市环境问题日益突出的背景下，人类对城市宜居性的诉求不断提升，宜居性也逐渐成为衡量城市发展水平的重要标准。宜居性注重"以人为本"，其本质是实现资源环境承载能力与经济社会系统压力之间的平衡。特大城市作为区域乃至全国、全球范围内的资源集聚中心，更应强调城市环境的宜居性，维持并提高城市综合竞争力。因此，特大城市的资源环境承载力监测预警不同于一般区域注重资源环境的极限开发标准，而应综合考虑人类生存、经济、环境、居民生活品质保障等多种因素选择合适的标准，以适度原则实现资源环境的充分利用，保证舒适、健康、体面的人类生活、生产条件，削弱资源环境承载能力的极限约束，从城市可持续发展角度探究经济社会系统对

资源环境承载能力的适度压力水平，以提高城市环境的宜居性。

（四）服务性

随着现代服务业的不断发展，城市竞争本质上成为综合服务能力的竞争。大规模的人口流动实际上是对高层次服务品质的追求，其服务需求不仅体现在居住、商业等基本服务上，还对教育、医疗等公共设施服务和生态、文化等更高层次的服务提出了要求。资源环境承载力不仅是在基本活动和生存环境上为经济社会系统提供基本的支撑，更需要上升到对人类生活品质的提升。在资源环境的利用中，一方面加强生态环境的保护，保障基本的生态性需求；另一方面加强公共基础设施的配置，提升居民的生活福祉。特大型城市在服务性上不仅要注重公共服务的数量满足居民的需求，还要在布局、结构中实现均衡化，以缩小不同群体间的公共服务差异。

二、承载力监测预警目标定位

资源环境承载力随着区域人口规模、开发程度、产业发展、基础设施建设、空间布局、自然地理条件等因素而不断变化，建立监测预警机制有利于实时掌握当前的资源环境承受能力，找准承载力的制约因素和薄弱环节并及时进行补充强化，避免人类活动强度突破承载力底线（皮婷，2016）。而对于特大城市而言，资源环境承载力动态监测不仅是对区域资源环境本底状况的摸查，更为重要的是，在此基础上采取适当的结构优化和效率提升措施，以提高资源环境的利用效率，在维持生态环境稳定的同时尽可能满足经济社会发展需求。

（一）明晰城市发展现状问题，识别资源环境短板

快速城镇化进程为能源利用、城市交通、基础设施、生态环境等带来了巨大压力，随着城市集聚效应的进一步放大，特大城市还将吸引更多的外来人口流入，必将引发更多的资源环境问题。因此，加强国土资源保护、控制开发强度、调整空间结构、优化国土空间开发格局成为特大城市实现可持续发展的重中之重。首要目标是，通过科学翔实的资源支撑能力、环境容量及生态服务的计算分析和实施监测，摸清某一地区社会经济发展过程中重要资源环境要素本底和开发利用现状，识别不同区域社会经济发展与空间开发目标下的资源环境短板。

（二）理解城市发展阶段与资源环境供给的匹配关系，实现动态预警与调控

不同发展阶段人类对资源环境要素的要求是不同的。人类社会从农业文明时期进入工业文明时期，再发展至生态文明时期，人类的需求也从满足基本生存需求的可利用资源数量向更高层次的经济结构优化、生态价值服务上转变。不同状态的"人地关系"体现出不同的层次性。因此，有必要根据城市发展阶段对不同资源或环境要素的需求演进，建立差异化的阈值标准，实现动态监测与预警。

（三）为规划实施提供抓手，提升特大城市的空间治理能力

城市开发规模、强度、要素布局与区域承载力在时间和空间维度的适配程度是国土空间规划、城市空间格局优化的重要依据。承载力监测预警必须紧密联系各类规划中对城市可持续发展的要求，建立资源环境承载力监测指标体系和动态预警机制，使国土空间规划

目标的实现有据可循。同时，通过发布各区域内不同资源环境要素预警警情，协调资源环境要素与经济社会发展的关系，为城市空间布局提供决策支持，提升特大城市的空间治理能力。

三、承载力监测预警总体思路与技术路线

在生态文明建设背景下，为应对特大城市日益严峻的资源环境形势，亟须结合特大城市区域的特点，构建适应特大城市地区的资源环境承载力监测预警机制。为此，本章基于"三个层次"、"三类地域"和"三个维度"，构建了差异化监测指标体系，最终实现资源环境承载力的分级预警，监测预警逻辑关系图如图13-2所示。

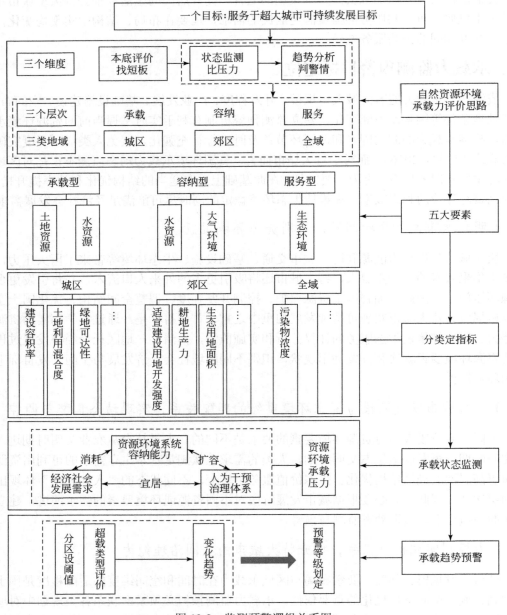

图 13-2　监测预警逻辑关系图

（一）三个层次

根据不同发展状态的"人地关系"，将资源环境承载力监测预警对象区分为承载型、容纳型及服务型三个层次。

1. 承载型要素：供需压力

承载型要素是资源环境承载力的第一层次，在人地生态系统中起到供给人类基本需求的作用。监测与预警的主体包括土地资源、水资源。基于"供需压力"和"人地系统相互作用机理"的视角，从开发程度和利用效率两个维度选取监测预警指标，即从已开发总量和资源粗放利用两个角度表征人类活动对资源环境施加的压力。

2. 容纳型要素："顶板"制约

容纳型要素是资源环境承载力的第二层次，在人地生态系统中起到污染物稀释和自我净化的维持作用。监测与预警的主体包括水环境、大气环境等。自然环境对人类排放的废弃物具有容纳和清除作用，但这种自净能力具有一定的阈值。因此，选择环境污染物数量或浓度等负向性指标作为监测预警指标，依据环境污染物排放阈值进行预警。

3. 服务型要素：规划目标

服务型要素是资源环境承载力的第三层次，强调城市生态环境为人类提供供给、调节、文化、支持服务的能力。与容纳型要素指标选择思路不同，服务型要素以增长型指标为主，从生态环境保障和生活宜居的用地结构两个维度选取监测预警指标，旨在满足人类对提升人居环境及自身生存状态的诉求，同时关注城市公共空间的公平正义问题。其中，生态环境保障类指标主要从城市开发边界内重要生态资源总量和人均水平变化两个角度考量，而用地结构类则是以具有公共服务功能的城市公共绿地及公共设施的可达性为重点。对其展开的预警主要参考管理目标与标准，例如，国土空间规划编制中对重要生态用地空间配置、数量及15min生活圈等的目标要求。

（二）三类地域

特大型城市往往占有广阔的地域空间。受制于城市发展历史和区位地理条件的影响，不同空间单元在开发程度、开发潜力等方面存在较大差异，因而往往也承担着不同的功能定位。为此，基于大都市区域空间异质性规律，本章进一步将监测预警范围细分为城区、郊区和全域三类区域。根据区域本底和发展需求选择各类区域适宜和关键要素，同时对指标、权重、标准、阈值等进行调整完善，构建分区监测预警指标体系，开展针对性监测预警。例如，针对已接近完全开发的城区，若采取传统的已开发建设用地与极限开发建设用地的占比来表征其开发强度则缺乏足够的合理性，因为部分地区平面开发强度已接近100%，而立体空间上的扩张仍在继续。因此，在城区范围内采用建设容积率指标替代传统的开发强度指标，以提高监测预警对城市管理的实用价值；郊区范围内的监测预警则重点关注耕地和部分重要生态用地等要素；此外，对于空间流动性较强的要素（如水环境、大气环境等），其监测预警则是在全域范围内开展。

（三）三个维度

1. 本底评价找短板

资源环境承载力本底评价是监测预警的基础性工作。区域的可持续发展主要受到关键性稀缺资源或者短板环境因素的限制，资源环境监测预警需要对要素禀赋条件进行评价，表征资源供给能力、环境纳污能力和生态支撑能力，并基于对短板要素的识别引导资源环境的开发强度及开发方向。

2. 状态监测比压力

资源环境承载力监测预警的重点在于实时监测资源环境系统和人类经济活动间的动态相互作用关系，需要在本底评价的基础上对人类活动造成的承载压力即资源环境的承载状态进行评估。合理设定监测周期和监测方式，通过可量化的指标直观反映资源环境承载状况。针对不同类型的资源环境要素（如承载型、容纳性和服务型），分别从供需矛盾、顶板限制和潜力挖掘等角度科学合理地设定阈值区间，以此评判不同资源环境要素是否超载，确定当前资源环境系统的整治目标靶区，实现区域均衡、可持续的发展。

3. 趋势分析判警情

资源环境承载力具有时空变化性，为避免静态评价的片面性，在资源环境承载状态监测的基础上，结合资源环境承载力系统发展态势进行动态预警，从而体现预警的前瞻性价值。警情诊断是预警的起始点和前提，是加强资源环境管理、优化空间开发格局的必要前提（岳文泽等，2018）。因此，警情诊断的核心思路是：以资源环境承载状态为基础，结合其变化趋势，由现状承载情况与变化趋势的组合综合判定各个资源环境要素的预警等级，分层预警方法如图 13-3 所示。

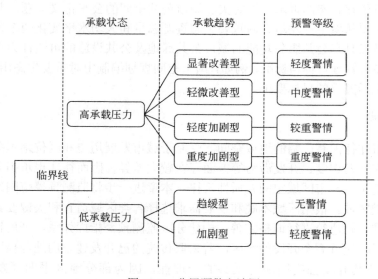

图 13-3　分层预警方法图

（四）技术路线

以城市可持续发展为目标，首先，确定三个层次的监测预警要素并建立相应的指标体系，进行资源环境承载力本底评价。基于评价结果，对不同时期的资源环境承载状态进行监测，掌握"自然—社会"经济系统的动态关系。同时，对超载类型进行及时评价和趋势预判，确定预警等级，最终实现警情的及时反馈和快速响应（图 13-4）。

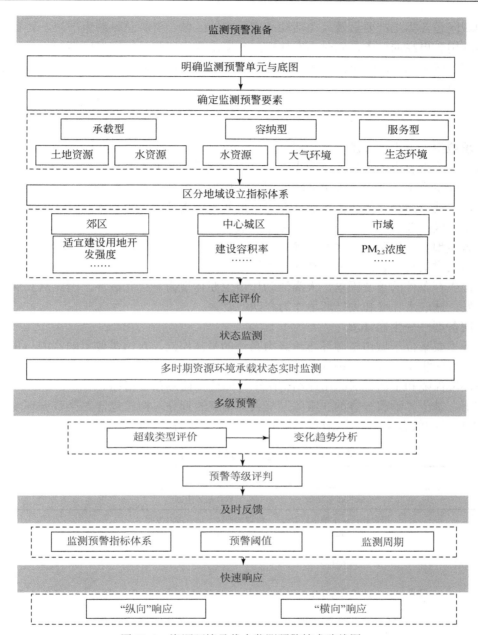

图 13-4　资源环境承载力监测预警技术路线图

四、分层—分区监测预警指标体系

（一）监测预警基本单元

考虑尺度效应，根据要素指标的特点和评价范围选择合适的单元。一方面，城市内部流动性较强的要素可基于区县行政单元进行监测与预警，而供给服务范围相对固化的要素可选择更加精细的评价单元如街道、网格等；另一方面，在分类型区监测与预警的基础上，考虑到城区是各类生产要素及人类活动高度集中的区域，资源总量约束严峻，对资源的集约节约利用有更高的要求，同时为发挥资源环境承载力监测预警在城区精细化管理中的作用，适应于城区范围内的指标监测与预警的基本单元不宜过大，本章选取精度为 500m 的网格或街道。

（二）监测预警要素选取

1. 承载型——土地资源、水资源

资源环境承载力的内涵之一为支撑力，即自然系统为人类社会经济活动提供稳定、安全的空间和生产生活资料。人类活动作用主要体现为消耗、利用和改造。在各类资源环境要素中，土地资源和水资源为人类活动提供最基本的支撑，是承担人类活动和压力的主要自然资源，因此选取土地资源、水资源作为承载型要素。

2. 容纳型——水环境、大气环境

随着人类活动和资源环境系统交互作用的演进，资源环境容纳能力成为影响人类生活质量甚至生存条件的重要因素，人类活动作用主要体现为干扰和破坏。因此从宜居城市的要求出发，选取水环境和大气环境作为容纳型要素。

3. 服务型——生态环境

服务型要素位于城市资源环境承载力系统的最高层次，对该类要素的监测与预警往往以保全良好的生态环境、保护绿色植被和水源等重要生态资源区域为主要目标。基于此，从生态环境保障和生活宜居的用地结构两个方面选择监测预警指标。

综上，基于"承载—容纳—服务"三大类维度的划分，构建包含 5 类资源环境评价要素和 21 项承载状态监测预警指标的城市资源环境承载力监测预警体系（表 13-1）。

表 13-1　城市资源环境承载力监测预警体系

类型	要素		预警	监测预警范围	监测预警单元	性质
		承载状态监测指标	承载趋势指标			
承载型	土地资源	建设用地	极限建设区土地资源开发强度	极限建设区土地资源开发强度变化率	郊区	街道	【—】
			建设容积率	/	城区	500m 网格/街道	【+】
			土地利用混合度	/	城区	500m 网格/街道	【+】
			地下空间开发程度	/	全域	区县	【—】
			年均地面沉积量	地面沉积量变化率	全域	街道	【—】
			万元 GDP 建设用地使用面积	万元 GDP 建设用地使用面积增长率	全域	区县	【—】
		耕地	耕地面积	耕地面积变化率	郊区	街道/区县	【+】
			耕地生产力	耕地生产力变化率	郊区	区县	【+】
	水资源		人均综合用水量	/	全域	区县	【—】
			万元 GDP 用水量	/	全域	区县	【—】
			万元工业增加值用水量	/	全域	区县	【—】
			农田灌溉亩均用水量	/	郊区	区县	【—】

类型	要素	预警		监测预警范围	监测预警单元	性质
		承载状态监测指标	承载趋势指标			
容纳型	水环境	水功能区达标率	水功能区达标率变化率	全域	水功能区	【＋】
		骨干河道劣五类河长占比	/	全域	区县	【－】
	大气环境	PM$_{2.5}$浓度	PM$_{2.5}$浓度增长率	全域	区县	【－】
		NO$_2$浓度	NO$_2$浓度增长率	全域	区县	【－】
		O$_3$浓度	O$_3$浓度增长率	全域	区县	【－】
服务型	生态环境	生态用地面积	生态用地面积变化率	郊区	街道	【＋】
		森林覆盖率	森林覆盖变化率	全域	区县	【＋】
		人均公园绿地面积	人均公园绿地面积变化率	郊区	街道	【＋】
		绿地可达性	可达性时耗	城区	100m网格	【＋】

注：表中【＋】表明指标为正向指标，对城市资源环境承载力有正向增加作用；表中【－】表明指标为负向指标，对城市资源环境承载力有负向降低作用。

五、总体方案设计的可操作性

（一）指标选取具有代表性

针对监测对象选取关键指标，服务规划决策。基于资源环境承载型、容纳型和服务型的层次内涵，合理选取具有代表性的指标。承载型要素体现其与人类活动的三种互动关系：一是人类对承载型要素资源的开发和消耗程度；二是对资源的利用效率；三是通过结构优化等人工干预手段挖掘资源的利用潜力。因此，选取了开发程度、利用效率和结构优化三大类指标：开发程度表示已开发的资源量和资源总量之间的关系，利用效率表示资源的利用质量，而结构优化则在一定程度上起到"扩容"的作用，例如，通过推进土地功能适度混合利用等规划或治理方式加大存量建设用地挖潜力度。容纳型要素以人类各种活动对资源环境施加的直接压力作为检测对象，通过各类污染物浓度表征资源环境承载压力。服务型要素分为基础性的生态保障类指标和注重分配公平的用地结构类指标，其中生态保障类指标主要体现为重要生态资源的质量和数量的配置，用地结构类指标则表征城市生态资源的配置效率，特别是对于特大城市而言，生态用地配置的公平性显得尤为重要。本章监测预警指标反映了资源环境承载力对城市系统的多层次内涵，体现了特大城市对资源环境承载力监测预警的要求。

（二）监测方法可操作性强

监测方法简便易行，满足资源环境承载力长期监测的要求。在保证科学性的基础上，指标建立、信息采集、数据计算与结果表达均在最大程度上体现了简洁性原则。例如，大气环境直接采用主要污染物浓度作为监测指标，其他大部分要素通过基础数据的简单计算即可获得。同时，所有计算过程可操作、可监管、可复制、可推广，所采用的指标、数据和标准均为当前政府部门提供的权威性数值，来源可靠，可重复、连续监测，与监管相衔接。此外，采用成熟的、在长期实践中被验证为高可靠性的计算方法，计算过程操作性强，有利于建立资源环境承载力监测预警长效机制。

（三）预警方法科学清晰

科学设定分级预警阈值，紧扣规划决策要求。科学合理的监测预警思路直接关系到监测预警结果的有效性，清晰准确的研究思路可提高监测预警执行的效率。本方案在"本底找短板，承载评压力，预警助管理"的思路基础上，重点探讨监测预警的思路方法，以地区承载压力监测为出发点，以国土空间规划目标要求、国际和国家公认标准为衡量标准，评估各地区资源环境承载状态。监测阈值的设定避免了人为主观性，城区、郊区的阈值往往不同，部分指标根据规划对各区的要求有所不同；结合多期监测数据的变化趋势综合判定资源环境承载预警等级，根据监测预警结果识别区域超载和情况恶化的资源环境要素及指标，突出决策和整治的重点，能够为资源环境问题治理和实现规划目标要求提供决策依据。

（四）监测单元多元合理

分区监测预警，服务于多层次的空间格局优化决策。资源环境承载力监测预警具有尺度适宜性，尺度和监测单元具有匹配性，监测尺度影响承载力监测过程及监测结果的呈现方式和精度。本章遵循空间单元可变、动态、多目标的原则，划分城区、郊区和全域三类地域并选择适宜和关键要素，构建分区监测预警指标体系，同时，根据分区要素指标的特点和评价范围选择合适的单元，从而服务于不同层次和不同级别的空间开发决策与空间规划管理，实现监测预警方案的可应用性。

第三节　上海市资源环境承载力监测预警研究

一、单指标承载力监测预警

（一）承载型要素

1. 土地资源

上海市陆域面积约为 6341km^2，截至 2020 年 10 月，承载了超过 2400 万的常住人口，是中国人口密度最大的城市之一。整体上，土地建设规模已接近饱和，提高资源利用效率、提升经济效益是未来资源开发的重点。

城区土地利用效率由中心城区向外降低，近郊利用效率有待提高。上海市城区建设容积率和土地利用混合度均呈现明显的"中间高、四周低"的格局，利用效率高值区域集中于中心城区，而建设容积率高值范围相对较小，以中央活动区为中心，从人民广场向西延伸至虹桥开发区、中山公园地区，向东跨越黄浦江延伸至陆家嘴、世纪大道。低值区域则广泛分布于浦东新区、闵行区、宝山区、嘉定区、松江区和青浦区等近郊地区，建设用地资源利用效益存在较大的提升潜力。

对郊区而言，建设用地利用效率低；耕地资源东多西少，近郊至远郊呈增加趋势。上海市郊区范围内宝山区、嘉定区开发强度最高，均已超过 75%，而崇明区开发强度相对较低。街镇水平上，高承载压力地区主要分布在主城区边缘和行政驻地附近的街镇，这些地区也是建设用地预警较严重的地区。利用效率上，地下空间开发程度和单位 GDP 建设用地使用面积均与中心城区存在较大差异，警情相对严重，立体空间的利用程度和资源开发效益水平均有待提高。

郊区耕地资源集中分布于崇明区东部、浦东新区、奉贤区及松江区西南部，宝山区西部、嘉定区东南部、青浦区东北部及松江区东部耕地资源较少，其中宝山区耕地资源减少幅度较大，呈现较重警情。耕地生产力上，呈现"西南高、东部相对较低"的态势，金山区、青浦区和松江区耕地生产力较高，但青浦区耕地生产能力下降较为显著，呈较重预警；宝山区和闵行区最低，警情相对严重。

2. 水资源

上海市水资源总量基本稳定，地表径流量与年平均降水量直接相关，太湖流域来水量、长江干流来水量主要受气候、区域影响，但总体上处于稳定水平。2015 年全市取（用）水总量达 103.85 亿 m^3，第二产业产值占总产值的 31.81%，用水量产生的效益较低，因此在有效控制总用水量的同时，应注重提高水资源的利用效率，推动节水型城市建设。

上海市水资源总体丰富，但节水效果差异显著，郊区整体利用效率低于中心城区，宝山区、崇明区等地较严重。就人均综合用水量而言，北部的宝山区和崇明区最高，警情最为严重，水资源利用效率较低。此外，金山区和浦东新区节水效果也不明显，均与中心城区存在较大差距；万元 GDP 用水量同样是宝山区和崇明区显著高于其他地区，为较重警情，金山区、奉贤区警情也相对严重。大部分地区工业用水效率均较高，万元工业增加值用水量在 50m^3/万元以下，但宝山区工业用水占上海工业用水总量的 44.66%，警情最为严重，浦东新区、崇明区和闵行区万元工业增加值用水量也较高，工业用水效率有待提高。

郊区农田灌溉亩均用水量总体差距不大，所有地区均稳定在 500m^3/亩，差距在 30m^3以内，总体警情较低，但仍然高于全国平均水平（380m^3/亩），整体的农业用水利用方式相对粗放。

（二）容纳型要素

1. 水环境

上海市水环境污染较为严重，其在一定程度上导致区域水质性缺水状况加剧。近年来，水污染趋势虽有所好转，但部分地区依旧未达水质目标要求。上海市水环境功能区达标率整体情况呈现趋好态势，全市的水功能区达标率由 2014 年的 23%提高至 2017 年的 55%，但与规划目标仍有较大差距。水环境承载压力较大，大致以黄浦江为分界线，黄浦江以西水功能区达标率较低，以东水功能区达标率较高，其中黄浦江上游地区达标率提升幅度较小，且整体的水质达标率也较低，警情相对严重。主要骨干河道劣五类河长占比在东西部差距明显，劣五类骨干河道主要分布在黄浦江西侧的西北地区，而东部、西南部和东北崇明岛地区水质情况均较好，劣五类水质占比较低。

2. 大气环境

上海市大气污染物整体浓度降低，空气质量整体趋好，但局部地区 NO_2、O_3 污染超标严重，且存在恶化趋势，是未来空气污染治理的重点方向。上海市 $PM_{2.5}$ 污染总体呈西高东低的分布特征，东部沿海地区空气质量水平较高，西部青浦区、嘉定区、金山区和松江区 $PM_{2.5}$ 污染浓度高于城市总体规划要求（42$\mu g/m^3$），但总体呈现趋好态势，警情相对较低。NO_2 污染浓度受到工业发展和汽车尾气排放等影响，宝山区和中心城区污染相对严重，且中心城区的黄浦区、普陀区和闵行区与宝山区污染改善幅度较小，处于相对较高警情状态。上海市 O_3 污染程度呈现明显恶化态势，2017 年全部地区均超过 160μg/m³，超过规定标准，其中除南部的金山区和奉贤区变化率相对较低，警情较轻，其他区域恶化幅度均较大，尤其以北部的虹口区、宝山区和崇明区最为明显。

（三）服务型要素

近年来上海市建设用地扩张迅速，生态空间被大量蚕食，并造成了生态用地布局的不均衡。主要表现在两个方面：

（1）城区生态用地分布不均衡，生态空间步行可达性由中心城区向外降低。上海市城区公共生态用地分布主要集中于城区中心区域，绿地可达性均在 30min 以内，在近郊区域较大范围内公共绿地可达性较差；乡镇层面上，宝山区杨行镇、顾村镇，嘉定区江桥镇，青浦区徐泾镇，松江区九亭镇，闵行区吴泾镇、马桥镇，浦东新区康桥镇、周浦镇、川沙新镇等区域的公共绿地可达性在 45min 以上，需加强有效配置。

（2）郊区生态资源分布不均，东部、南部多，西北少；部分街镇的森林覆盖率和人均公园绿地拥有量呈下降趋势。上海市郊区生态用地分布不均衡，生态资源丰富的区域集中在东部浦东新区和南部金山区、奉贤区，西部四区生态用地数量相对匮乏。近年来在建设用地扩张的胁迫下生态用地面积出现不同程度的减少，以市中心所处的纵轴为分割线，以西绝大部分街镇生态用地面积下降了 10%~20%，警情较重；以东大部分街镇预警情况相对较为乐观，超过一半的街镇生态用地减少率在 10% 以下，但浦东新区的老港镇生态用地减少率在 30% 以上，出现较重预警；森林覆盖率以崇明区、宝山区、松江区和闵行区四区保持较高水平，均在 15% 以上，金山区和青浦区虽呈现增长态势，但与规划目标要求仍存在差距；郊区范围内人均公园绿地拥有量整体情况表现良好，大部分街镇达 8.5m²/人至 25m²/人，人均公园绿地较为紧张的街镇主要分布在城区周边，浦东部分街镇呈明显下降趋势，警情程度较高。

二、资源环境综合承载力预警

城市作为功能复杂的综合体，难以采用单一要素类型的承载状态表征全部的国土空间，需要综合考虑不同要素重叠的现实情况。

（一）城区综合承载力预警

上海市城区的资源环境综合承载力处于中低承载压力水平，并且总体呈西北高、东南低的态势，较高或高承载压力的街镇主要位于宝山区各街镇。西部普陀区、长宁区和静安区的部分街镇形成综合承载压力较大的连片区，而东部街镇整体承载压力较小，尤其是浦东新区偏南的部分街镇承载压力最小。

从预警程度来看，承载型要素以利用效率指标为主，虽然城区建设用地资源紧张，但总体的资源节约集约利用水平普遍较高，因此没有明显的高警情分布。徐汇区、长宁区、普陀区、杨浦区和嘉定区出现轻度警情，主要表现为水资源利用效率较低。容纳型要素整体呈现较为明显的中度警情，且制约因素均为大气环境中的 O_3 污染，部分地区如徐汇区水环境污染较为严重。服务型要素以空间分布是否均衡为衡量指标，中心城区公共绿地分布密度较高且覆盖范围较广，表现为无警情。

（二）郊区综合承载力预警

上海市郊区的整体资源环境承载压力较小，但各区间的水平差距较大。包括浦东新区在内的 9 个外围郊区中，宝山区的资源环境综合承载压力最大；与宝山相邻的嘉定区综合承载压力也较大，处于各郊区的第二位；崇明区生态条件最好，整体的承载压力最小；位于西部的青浦区、松江区、金山区和东部的浦东新区承载压力处于中等水平。

从预警程度来看，郊区承载型要素以开发强度为重点，与城区建设用地关注重点有所不同。整体开发强度警情相对较低，部分地区出现较重警情和中度警情，主要是耕地资源的减少导致。其中，青浦区、宝山区和奉贤区均表现为耕地资源的制约，崇明区、宝山区、金山区和奉贤区还受到水资源利用效率低的制约。容纳型要素警情较为严重，并且由南至北预警等级呈增加状态，大部分地区受到大气环境中的 O_3 污染影响。此外，青浦区、松江区和徐汇区水质环境污染也较为严重。服务型要素预警等级较低，闵行区、崇明区警情略优于其他地区，但整体生态资源要素无明显短板。

三、基于承载力预警的国土空间开发格局优化建议

（一）优化城市空间布局，构建城郊协同式空间开发格局

以上海市资源承载力监测预警结果为依据，引导人口向资源环境承载能力强、经济发展潜力大的地区集聚，合理调控人口规模与空间布局，优化调整城市用地结构，提升承载型资源利用效率，以达到人口、资源与环境相协调的目标。

1. 优化人口空间布局，提升郊区城镇人口承载潜力

从上海市资源环境承载力监测现状来看，城市中心城区作为人口集聚规模最大、人口集聚密度最大的区域，城市空间开发面积已接近国土面积，未来开发空间过度饱和，而近郊区与远郊乡镇地区土地资源开发强度仍存在一定潜力，是未来城市空间扩展、人口集聚的重要区域。通过产业分布等引导人口向副城、新城和新市镇转移集中，增强郊区街镇的人口和产业规模，适度减弱中心城区的人口承载压力；推进城乡公共服务均等化，提升郊区城镇的人口承载潜力，以轨道交通促进城郊沟通联系，促进城郊协同发展。

其中，近郊区主要位于主城区的边缘地区，包含除原南汇区以外的浦东新区、闵行区和宝山区等地区，虹桥、宝山、闵行部分街镇土地资源建设开发强度趋于饱和，但对于中心城区来说，仍属于未来建设用地布局的重点区域。虹桥地区作为上海重要的航空、高铁等交通枢纽，应进一步优化航空、高速、铁路、市内轨道交通等综合交通体系，同时提升商务经济功能地位，聚焦枢纽、会展、商贸功能，提升综合交通网络化水平和商贸国际化水平。川沙地区位于上海外环沿线，是浦东新区的重点发展区域，应以张江科学城和上海国际旅游度假区为依托，促进各板块的联动发展，进一步强化科技创新、文化创意、旅游休闲等功能，完善配套设施建设，增加公共活动空间，提升文化内涵，打造国际旅游、休憩、文化娱乐示范区域。宝山地区是上海工业发展重要区域，但在工业的快速发展下，水资源消耗严重，资源利用效率亟待提升，因此应加快推进工业区转型，培育科技创新产业功能，实现产业高质量发展与转型，推进形成现代服务业发展的集聚地与先进制造业发展的重要高地。闵行地区以莘庄主城副中心建设为重点，结合轨道交通站点换乘枢纽提升商贸综合服务功能，促进城市更新和产业转型，强化科技创新功能，打造专业创

新引领区域。

资源环境承载力监测预警结果显示，上海市建设用地现状开发程度较低的区域主要集中于远郊区，即主城区以外区域。因此，未来需要积极引导人口向新城、核心镇和中心镇集中，提升远郊区人口承载潜力，与此同时，通过引进优质产业项目，推进嘉定、青浦、松江、奉贤、南汇等新城产业结构升级，打造战略性新兴产业培育区，增加大量先进制造业、生产性服务业等就业岗位，加强人口集聚能力。适度增加新城、核心镇和中心镇住宅用地的供应规模，逐步减少农村居民点用地总规模，引导农村居民进城入镇，完善基本公共服务设施，强化对外交通建设，保障居民基本公共服务水平，提升对人口的吸引力。

2. 调整用地结构，挖潜存量用地，促进资源节约集约利用

尽管上海市建设用地开发强度较高，中心城区几近饱和，但从资源环境承载力监测预警结果可知，上海市建设用地资源和水资源等承载型要素的利用效率仍有待提高，用地结构、产业结构均需调整，必须转变经济发展方式向内涵式发展，促进资源节约集约利用。

对于主城区，未来建设开发的重点是推进产业结构升级，盘活存量用地，提高资源利用效率。其中，中心城区以内环线内的中央活动区为主要阵地，集聚发展金融服务、总部经济、商务办公、文化娱乐、创新创意、旅游观光等功能，推进原有工业用地转型为现代服务业用地，进一步提高建设用地集约水平，同时加强历史城区内文化遗产和风貌的整体保护，打通滨江、滨河公共空间通道，创造良好城市环境。

主城区边缘的近郊区在建设容积率和土地混合利用度上均明显低于中心城区，并且地下空间利用程度较低，土地复合利用潜力较大，因此近郊区要积极盘活存量用地，鼓励低效用地和未利用地综合开发利用，提高投资强度、建设容积率和产出效率。同时，应推进居住、商业和生态用地结构优化，加强公共服务设施建设，积极引进综合设施项目，提高土地混合利用水平。若地质条件允许，应促进土地立体开发，充分利用地下空间建设，使地下空间开发利用成为缓解城市用地紧缺的途径之一。

对于远郊区，不仅在建设开发规模上存在一定潜力，而且在资源利用效率上仍有较大的提升空间。因此，要加大对闲置土地和低效用地的清理改造力度，并推动存量工业用地转型升级。一方面为引进优质项目提供发展空间，另一方面促进高能耗、高污染、低产出的劣势企业淘汰退出，提高土地利用效率。

（二）保障基本农业生产能力，着力发展复合型农业

上海市常住人口众多，是我国特大型粮食消费城市和粮食主销区，近年来上海市粮食自给率不断降低，粮食安全面临巨大挑战。依据资源环境承载状态和承载趋势，应挖潜上海市优质耕地资源，以农业专业化、规模化、市场化发展为抓手，提高耕地生产力，提升粮食供给能力。同时，加强农业空间复合利用，促进农用地生产、生活、生态等多元化功能，提高农业用地生产效益。

1. 坚守农业空间底线保护，提高农业生产效率

根据上海市耕地资源承载力监测预警结果，处于近郊区的宝山、闵行区耕地面积呈减少趋势，且低于要求的耕地保有量水平，其他地区耕地面积保持稳定缓慢增长趋势，其中崇明、金山、奉贤、青浦和松江等地区耕地面积较广，上述地区是极为重要的农业生产区域。而从耕地生产力角度看，上海市耕地生产效率普遍较低，其中宝山、闵行、奉贤、崇明和青浦共 5 个区低于最低耕地生产力水平，因此提升农业生产效率是未来加强上海市粮

食自给能力的重点方向。

立足于保障主要农产品供给的战略目标，坚守农业空间底线保护，将布局集中、用途稳定、具有良好水利和水土保持设施的高产、稳产、优质耕地纳入永久基本农田保护红线予以严格管控。尤其是宝山和闵行等近郊区，在城市开发建设中严格控制城镇规模，以城镇开发边界锁定城镇空间，避免侵占农田，通过土地综合整治、高标准永久基本农田建设和耕作层土壤剥离再利用等措施，构建形成"数量、质量、生态"三位一体的永久基本农田保护新格局。

崇明、金山、奉贤、青浦和松江等远郊区耕地数量和质量均优于近郊区，然而，仍存在农业生产投入力度不够，生产效率亟待提高的问题。在实现永久基本农田红线保护的基础上，积极促进基本农田集中成片，加强农田林网、农业生产基础设施和配套设施建设，加大针对中低产田的改造力度，实施土地平整、改良土壤等改造措施，在提升农业生产效率的同时，实现农业的可持续发展。大力提高农业现代化水平，坚持主要农产品最低保有量制度，保障城市蔬菜自给率，保障农产品稳定安全供应。

2. 因地制宜发展休闲观光农业，彰显都市农业多元化功能

上海市农业生产效益的实现离不开都市现代农业多元化功能的发挥。在大都市背景下，除保障基本的农业供给能力外，农业空间还应承担休闲观光、生态改善、文化教育等多种功能。对于上海等大都市地区而言，人类对农业空间存在多种功能需求，不仅局限于生产供给，而且更聚焦于农业空间的休闲、生态、文化等服务功能。因此，农业复合功能的利用不仅是对原有资源环境承载能力的提升，更是对资源环境效益的进一步挖掘。

以各地农业空间为载体，采取家庭农庄、农业公园、观光农园、市民农园、休闲农场、教育农园、高科技农业园区等多种经营方式，因地制宜开发上海都市农业，有效协调农业生产与城乡居民生活，实现农业生产、生态和生活功能的统筹（何美丽等，2014）。其中近郊环城区域位于中心城区外围，农地规模较小且相对分散，应以温室蔬菜和花卉、观赏性园艺等园艺型农业及特色家禽和微型动物养殖为重点发展方向，努力拓展休闲观光农业、旅游度假农业、科普教育农业等都市农业休闲产业。南部远郊区包含奉贤、金山和浦东南部，耕地集中分布，是上海市新兴的蔬菜生产集中区，应以优质蔬菜、特色经济果林等优势特色产业为重点，并适度提高设施粮田、高产粮田比重。西部远郊区包含青浦、松江地区，是黄浦江上游水源保护区核心地区，农田集中连片，可养殖水面较多，但受保护区制约，应以保护性农业发展为主导方向，并重点发展设施园艺业和特色休闲观光农业，推进农地资源的复合利用，提高农业综合效益。北部远郊区包含嘉定、宝山北部区域，耕地面积相对较少，农业生产以水稻和蔬菜为主，应着力推进农业适度规模经营和产业化经营，稳步发展立体农业、复合农业和循环农业。此外，崇明岛屿区生态条件优越，农地集中连片分布，且耕地质量较高，在保障基本粮食供应安全的基础上，应重点发展优质蔬菜、特色瓜果、特色水产和特色畜禽等特色农业，并积极推进休闲农场、观光农园、家庭农庄、教育农园、民俗观光园等休闲观光农业、旅游度假农业等新兴产业，促进农旅融合。

（三）合理配置生态用地，推进产业优化和生态宜居城市建设

在新一轮城市总体规划中，上海市定位"全球城市"的目标，将建设成为具有全球辐射力和影响力、具备更高品质的城市宜居环境、拥有全方位国际话语权和软实力的全球核心城市（庄少勤，2016）。为此，应重视生态环境空间的保护和建设，在全域层面合理配置

生态用地,提高森林覆盖率,提升生态服务能力。同时以产业结构调整为手段,改善水环境和大气环境,打造优良人居环境,营造城市生态竞争力。

1. 合理布局生态用地,维护城市生态服务空间分布公平

上海市生态用地分布不均衡,生态用地主要集中分布在主城区外围的远郊区,从服务型要素的资源环境承载力监测预警结果可知,上海市整体生态用地面积较小,且部分地区呈下降趋势,而随着近年来对森林、公园绿地等生态空间重视程度的提高,森林覆盖率和人均公园绿地面积则整体呈现增长趋势,但与规划目标要求仍存在较大差距。主城区的绿地可达性基本满足 15min 步行可达性的需求,这是由于中心城区绿地公园分布相对集中,而主城边缘的近郊区绿地公园则分布较为分散,部分区域绿地可达性在 1h 以上,呈较重警情,生态用地布局合理性仍有待提高。未来应注重提升生态空间质量和布局合理性,通过社区绿化、校园绿化、屋顶绿化等各种方式提高生态空间比例,结合工业用地转型,增加绿地公园数量。依托"山水林田湖草"资源,加强水岸空间的景观改善,提升居住环境。适当增加公共绿地、小型公园、市民广场、滨水空间等公共空间用地面积,充分利用建筑间隙和零星地块,尤其在平衡"三生"空间的基础上,加强近郊区公园绿地建设,提高绿地公共服务水平(金云峰等,2019)。

远郊区是上海市生态用地集中分布区域,但生态空间保护体系相对薄弱,生态用地减少态势明显,亟待进一步强化生态保护体系。以崇明生态岛、淀山湖风景区、长江口及沿海湿地区、杭州湾北岸生态湾区等为重点自然保护区,实现全面生态保护,严格限制建设开发。构建包括河流、林地、农田在内的多样化生态网络,增强生态空间的连接性及其服务功能。

2. 推进产业结构优化,提升城市环境宜居水平

根据上海市容纳型要素的资源环境承载力监测预警结果,上海市水环境质量较差,其中北郊宝山、嘉定地区水质亟待提高,黄浦江上游地区水质未达到水功能区质量要求。大气环境问题主要表现为 $PM_{2.5}$、NO_2 和 O_3 污染,其中 O_3 污染呈现逐年加重的趋势,全市均面临较大的挑战。

推进上海产业结构调整优化是促进环境友好型发展的重要手段,对能耗或水耗高、污染较重、运量大的企业进行综合整治,引导部分企业迁出,同时加快发展高新技术产业,将产业结构向着高级化、知识化、高附加值、低能耗方向转变,减少本地污染源。此外,对于水环境,除逐步减少工业污染外,还应采取强制性措施遏制生活污水随意排放,一方面着力提高城市污水处理率,另一方面降低农田化肥施用量,从源头上防治农业非点源污染。针对大气环境,需进一步加强机动车污染治理,合理规定新车排放标准,加快油品升级步伐,贯彻公交优先策略,加快轨道交通建设,减少私车使用率(祝秀芝,2013)。

四、预警方案的主要创新

(一)理论创新

建立"本底找短板—状态评压力—预警助管理"的综合理论框架,以"承载状态"为监测重点。以往的资源环境承载力研究着重于承载力中"承载"和"力"的研究,前者单纯判断目前地区资源环境要素是否超载及超载程度,后者从资源环境系统能够具体承载的人口数量进行承载能力评价。面对上海市复杂的城市资源环境系统与不断增长的人口规模等现实条件,以及上海市空间战略选择和空间治理要求,基于"承载"的评价理论框架忽视了资源环境要素禀赋条件、承载状态及监测预警的关系，割裂了现有资源环境条件、状态和未来管理对策之间的联系，评价结果实用性相对不足；基于"力"的评价理论框架由于计算条件难以准确设定，最终以单一承载量级数字作为评价结果缺乏科学性。本章紧扣资源环境承载力对国土空间规划的意义，构建了"本底资源禀赋"、"资源环境承载状态"和"动态预警"三个方面的资源环境承载力"评价—监测—预警"理论框架，并以监测预警研究为主要任务，动态监测特定时刻、给定区域的资源环境系统承载客体与人类活动系统承载主体相互作用所形成的相对平衡的"承载状态"（岳文泽和王田雨，2019）。

（二）指标体系创新

深入剖析了监测对象的内在关联与层次性，并建立了简明、易操作的监测预警指标体系。资源环境系统包含资源要素、环境要素和生态要素等多种要素，不同要素对人类系统的作用关系并不相同，承载力判断的逻辑亦不相同。而在已有的资源环境承载力评价体系中，资源、环境及生态这三类要素往往被放在同一层面考虑。本章构建的自然资源承载力监测预警体系基于对人-地关系的深入解读，将评价对象划分为三个维度，且各维度之间存在一定的层级关系，将资源环境承载力内涵解构为资源承载维、环境容纳维与生态服务维。承载型要素和人类活动的相互作用与反馈机制体现在资源对人类活动的支撑和人类对资源的消耗两个方面；容纳型要素提供容纳及消解人类活动排放的废弃物功能，相对于资源承载的基础性，居于中间层次；生态要素与人类活动的作用方式既不是支撑，也不是容纳，而是为人类提供生态服务，是一种更高级别的"承载"。社会发展的一般趋势是人类对居住环境、生活质量、生态服务分配的公平正义及社会福祉等的要求越来越高，所以在保证基本的生态服务基础上，提升生态服务分配结构合理性越来越重要。基于"承载—容纳—服务"三大类维度的划分，构建了包含5类资源环境评价要素和21项承载状态监测预警指标的上海市自然资源承载力监测预警体系。

（三）方法创新

探索了基于多源新型大数据的资源环境承载力监测技术。本案例在传统研究的基础上，探索了大数据在资源环境监测管理中的可能应用，具体表现在城市建设用地利用效率与生态用地可达性的监测中，利用百度地图大数据中的建筑底图数据，准确且方便地得到各建设用地的建筑密度，从而有效监测全域建设用地的利用现状和开发强度，将过去资源环境承载力监测的平面测度扩展到三维立体层面。同时，结合 Python 编程语言，利用城市兴趣点数据，实现了精细尺度城市公共绿地可达性的测度，不仅提高了可达性的评价精度，而且实现了对传统生态资源承载力的内涵延伸，进一步拓展了以往仅局限于生态用地数量与质量的评价模式。

参 考 文 献

代子伟. 2018. 面向省级国土规划的资源环境承载力评价方案研究. 杭州：浙江大学硕士学位论文

高佳斌. 2019. 大数据背景下的城市承载适配性评价研究. 杭州：浙江大学博士学位论文

何美丽，王军强，左停. 2014. 基于后现代思维反思都市农业发展. 生态经济，30（4）：165-168＋184

金云峰，杜伊，周艳，等. 2019. 公园城市视角下基于空间治理的区域绿地管控与上海郊野公园规划实践. 城乡规划，（1）：23-30

皮婷. 2016. 论土地资源承载力监测制度. 长沙：湖南师范大学硕士学位论文

石忆邵，尹昌应，王贺封，等. 2013. 城市综合承载力的研究进展及展望. 地理研究，32（1）：133-145

谭文垦，石忆邵，孙莉. 2008. 关于城市综合承载能力若干理论问题的认识. 中国人口·资源与环境，（1）：40-44

王丹，陈爽. 2011. 城市承载力分区方法研究. 地理科学进展，30（5）：577-584

叶裕民. 2007. 叶裕民解读城市综合承载能力. 前线，（4）：26-28

岳文泽，代子伟，高佳斌，等. 2018. 面向省级国土空间规划的资源环境承载力评价思考. 中国土地科学，32（12）：66-73

岳文泽，王田雨. 2019. 资源环境承载力评价与国土空间规划的逻辑问题. 中国土地科学，33（3）：1-8

张志良. 1993. 人口承载力与人口迁移. 兰州：甘肃科学技术出版社

周一星，曹广忠. 1999. 改革开放 20 年来的中国城市化进程. 城市规划，23（12）：8-13，60

祝秀芝. 2013. 土地综合承载力评价及预测研究——以上海市为例. 泰安：山东农业大学博士学位论文

庄少勤. 2016. 迈向卓越的全球城市——上海新一轮城市总体规划的创新探索. 上海城市规划，（4）：1-8

Abernethy V D. 2001. Carrying capacity: the tradition and policy implications of limits. Ethics in Science and Environmental Politics，（23）：9-18

Cohen J E. 1997. Population，economics，environment and culture: an introduction to human carrying capacity. Journal of Applied Ecology，34（6）：1325-1333

Liu R Z，Borthwick A G L. 2011. Measurement and assessment of carrying capacity of the environment in Ningbo，China. Journal of Environmental Management，92（8）：2047-2053

Oh K，Jeong Y，Lee D，et al. 2002. An integrated framework for the assessment of urban carrying capacity. J. Korea. Plan. Assoc. ，37（5）：7-26

Pan J H. 2013. Ensuring ecological security by adapting to carrying capacity. Social Sciences in China，34（4）：154-161

Van Kamp I，Leidelmeijer K，Marsman G. 2003. Urban environmental quality and human well-being: Towards a conceptual framework and demarcation of concepts: a literature study. Landscape and Urban Planning，65（1）：5-18

Wei Y，Huang C，Lam P T I，et al. 2015. Sustainable urban development: A review on urban carrying capacity assessment. Habitat International，46：64-71

Yu D L，Mao H Y. 2002. Regional carrying capacity: case studies of Bohai Rim area. Journal of Geographical Sciences，12（2）：177-185